主编 阎纯德 吴志良

北京语言大学
列国汉学史书系
Sinological History Series

意大利汉学史

张永奋 白桦 著

学苑出版社

图书在版编目（CIP）数据

意大利汉学史/张永奋，白桦著．—北京：学苑出版社，2016.4
（列国汉学史书系 ／ 阎纯德，吴志良主编）
ISBN 978-7-5077-4994-6

Ⅰ．①意… Ⅱ．①张… ②白… Ⅲ．①汉学－历史－意大利 Ⅳ．①K207.8

中国版本图书馆CIP数据核字（2016）第080082号

责任编辑：杨　雷
封面设计：徐道会
出版发行：学苑出版社
社　　址：北京市丰台区南方庄2号院1号楼
邮政编码：100079
网　　址：www.book001.com
电子信箱：xueyuanpress@163.com
联系电话：010-67601101（销售部）　67603091（总编室）
经　　销：新华书店
印　刷　厂：三河灵山红旗印厂
开本尺寸：710×1000　　1/16
字　　数：350千字
印　　张：21.5
印　　数：1500册
版　　次：2016年5月第1版
印　　次：2016年5月第1次印刷
定　　价：60.00元

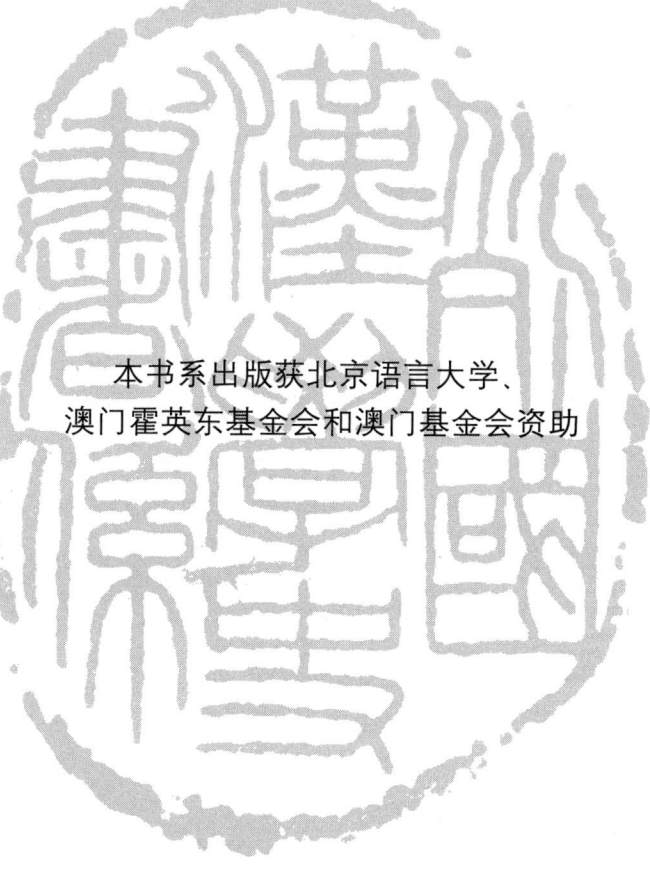

本书系出版获北京语言大学、
澳门霍英东基金会和澳门基金会资助

北京语言大学列国汉学史书系
编辑委员会

顾　　问：季羡林　李学勤　汤一介　王路江　李宇明
主　　任：崔希亮
副主任：韩经太　曹志耘
主　　编：阎纯德　吴志良
编　　委：王晓平　乐黛云　安平秋　许光华　刘顺利
　　　　　吴志良　张国刚　严绍璗　李明滨　李海绩
　　　　　陈开科　侯且岸　柴剑虹　钱林森　耿　昇
　　　　　阎纯德　阎国栋　熊文华

序 一

经过近30年多位学者的辛劳努力,现在我们可以说,国际汉学研究确实已经成长为一门具有特色的学科了。

"汉学"一词本义是对中国语言、历史、文化等的研究,而在国内习惯上专指外国人的这种研究,所以特称"国际汉学",也有时作"世界汉学""国际中国学",以区别于中国人自己的研究。至于"国际汉学研究",则是对国际汉学的研究。中外都有学者从事国际汉学研究,但我们在这里讲的,是中国学术界的国际汉学研究。

自从改革开放以来,国际汉学研究改变了禁区的地位,逐渐开拓和发展。其进程我想不妨划分为三个阶段:一开始仅限于对国际汉学界状况的了解和介绍,中心工作是编纂有关的工具书,这是第一个阶段。到了20世纪90年代,出现国际汉学研究的专门机构,大量翻译和评述汉学论著,应作为第二个阶段。在这两个阶段里,学者们为深入研究国际汉学打好了基础,准备了条件。新世纪到来之后,进入全面系统地研究国际汉学的可能性应该说业已具备。

今后国际汉学研究应当如何发展,有待大家磋商讨论。以我个人的浅见,历史的研究与现实的考察应当并重。国际汉学研究不是和现实脱离的,认识国际汉学的现状,与外国汉学家交流沟通,对于我国学术文化的发展以至于多方面的工作都是必要的。我曾经提议,编写一部中等规模的《当代国际汉学手册》,便于我们的学者使用;如果有条件的话,还要组织出版《国际汉学年鉴》。这样,大家在接触外国汉学界时,就不会感到隔膜,阅读外国汉学作品,也就更容易体味了。必须指出的是,国际汉学有着长久的历史,因此现实和历史是分不开的,不了解各国汉学的历史传统,终究无法认识汉学的现状。

我们已经有了不少国际汉学史的著作及论文。实际上,公推为中国最早的汉学史专书,是1949年出版的莫东寅《汉学发达史》,尽管是通史体裁,也包含了分国的篇章。这本书最近已有经过校勘的新版,大家容易看到,尽管只是概述性的,却使读者能够看到各国汉学互相间的关系。由此可见,有组织、有系统地考察各国汉学的演进和成果,将之放在国际汉学整体的背景中来考察,实在是更为理想的。

这正是我在这里向大家推荐阎纯德教授、吴志良博士主编的这套"列国汉学史书系"的原因。

阎纯德教授在北京语言大学主持汉学研究所工作多年,是我在这方面的同行和老友,曾给我以许多帮助。他为推进国际汉学研究,可谓不遗余力,所做出的重要贡献是学术界周知的。在他的引导之下,《中国文化研究》季刊成为这一学科的园地,随之又主编了《汉学研究》,列为《中国文化研究汉学书系》,有非常广泛的影响。其锲而不舍的精神,我一直敬服无地。特别要说的是,阎纯德教授这几年为了编著这套"列国汉学史书系"所投入的心血精力,可称出人意想。

在《汉学研究》第八集的《卷前絮语》中,阎纯德教授慨叹:"《汉学研究》很像同仁刊物,究其原因,是从事这个领域研究的学者太少,尤其是专门的研究者更是少之又少,所以每一集多是读者相熟的面孔。"现在看"列国汉学史书系",作者已形成不小的专业队伍,这是学科进步的表现,更不必说这套书涉及的范围比以前大为扩充了。希望"列国汉学史书系"的问世成为国际汉学研究这个学科在新世纪蓬勃发展的一个界标,让我们在此对阎纯德教授、这套书的各位作者,还有出版社各位所做出的劳绩表示感谢。

李学勤

2007 年 4 月 8 日

于清华大学国际汉学研究所

序 二
汉学历史和学术形态

汉学历史和学术形态历史是既抽象又具体的存在,是浩瀚无边的过去、现在和未来。历史会让我们兴奋,也会使我们悲哀,有时会令人觉得它又仿佛是一个梦。但是,当我们梦醒而理智的时候,便会发现——自然史、时间史、太阳史、地球史、人类社会史,一切的一切,不管是曾经存在过的恐龙,还是至今还在生生不息的蚂蚁社群,天上的,地下的,看得见的,看不见的,一切都有自己的历史。一切都有过发生,一切都还在发展,一切都还会灭亡。

任何事物的发生都有一个有形或无形的孕育过程,"汉学"(Sinology)也是这样,其孕育和成长,就是中国文化与异质文化相互交媾浸淫的历史。这个历史,始于公元1世纪前后汉代所开通的丝绸之路,接下来是七八世纪的大唐帝国、十四五世纪的明代、清末的鸦片战争和"五四"新文化运动,这种文化的碰撞和交流之潮时起时伏直到今天,还会发展到永远。这是历史,是汉学的昨天、今天和未来,是其孕育、发生和成长的过程显现出的文化精神。但是,昨天有远有近,我们可以循着蛛丝马迹探讨找回其真;而今天,只是一个过渡,一俟走过,便成为昨天的陈迹。写作汉学史是一件艰难的劳作,尤其对象是遥远的昨天,尤其是"遗失"在异国他乡的昨天,更非一件易事。时至今日,朦胧面纱下的汉学还不为一些学人所认识,因此有必要取下面纱,让人们看个究竟。

从20世纪70年代中期之后,尤其90年代以降,"汉学"(Sinology)便逐渐成为学术界耳熟能详的学术名词。中国大陆重提"汉学"(Sinology)至今,汉学就像隐藏在深山里的小溪,经过30年的艰辛跋涉之后,才终于形成一条奔腾的水流,并成为中国文化水系不可或缺的组成部分。这个变化是时代和历史变迁带来的结果,也是文化自己发展的规律。

那么，究竟什么是汉学（Sinology）呢？首先，这里的汉学非指汉代研究经学注重名物、训诂——后世称"研究经、史、名物、训诂考据之学"的"汉学"，而是指外国人研究中国历史、语言、哲学、文学、艺术、宗教、考古及社会、经济、法律、科技等人文和社会科学领域的那种学问，这起码已是200多年来世界上的习惯学术称谓。李学勤教授多次说："汉学，英语是Sinology，意思是对中国历史文化和语言文学等方面的研究。在国内学术界，'汉学'一词主要是指外国人对中国历史文化等的研究。有的学者主张把它改译为'中国学'，不过'汉学'沿用已久，在国外普遍流行，谈外国人这方面的研究，用'汉学'比较方便。"① Sinology 一词来自外国，它不是汉代的"汉"，也不是汉族的"汉"，不指一代一族，其词根 sino 源于秦朝的"秦"（Sin），所指是中国。

在历史长河里，汉学由胚胎逐渐发育成长。当汉学走过少年时代，在西学东渐和中学西传互示友情后，中学开始影响西方而成为人类文明史上的伟大事件。中世纪以来，欧洲视中国为"修明政治之邦"，对中国充满了好奇与好感，当"中国热"蜂起欧洲，19世纪初期法国便成为西方汉学的中心，巴黎成为"汉学之都"。戴密微（Paul Demiéville）曾说汉学的先驱是葡萄牙、西班牙和意大利。但是，汉学作为学术研究和一种文化形态，举大旗的则是法国人。1814年12月11日，雷慕沙（Jean Pierre Abel Rémusat）在法兰西学院首开"汉语和鞑靼——满语语言与文学讲座"，启开了西方真正的汉学时代。但指代汉学的"Sinologie"（英文"Sinology"）一词则出现在18世纪末，应该早于雷慕沙主持第一个汉学讲座的时间，更不会晚于1838年。从此之后，"Sinology"便成为主导汉学世界的图腾、约定俗成的学术"域名"。在世界文化史和汉学史上，外国人把研究中国的学问称为"汉学"，研究中国学问的造诣深厚的学者称为"汉学家"。因此，我认为，我们不必要标新立异，根据西方大部分汉学家的习惯看法，"Sinology"发展到如今，这一历史已久的学术概念有着最丰富的内涵，绝不是什么"汉族文化之学"，更不是什么汉代独有的"汉学"，它涵盖中国的一切学问，既有以儒释道为核心的传统文化，也包含"敦煌学""满学""西夏学""突厥学"以及"藏学"和"蒙古学"等领域。但是一直以来人们对汉学的理解和解释相

---

① 李学勤著《国际汉学漫步·序》，河北教育出版社1997年版。

左,因此便有了"中国学""海外汉学""海外中国学""域外汉学""国际汉学""世界汉学""国际中国文化"等不同的叫法;如果咬文嚼字,推演下来,一定还会有"国内汉学""国内中国学",甚至"北京汉学""河南汉学"等。由于汉学的发展、演进,以法国为首的"传统汉学"和以美国为首的"现代汉学",到了20世纪中叶之后,研究内容、理念和方法,已经出现相互兼容并包状态,就是说 Sinology 可以准确地包含 Chinese Studies 的内容和理念;从历史上看,尽管 Sinology 和 Chinese Studies 所负载的传统和内容有所不同,但现在却可以互为表达、"雌雄同体"同一个学术概念了。话再说回来,对于这样一个负载着深刻而丰富历史内涵的学术"域名",我以为还是叫它 Sinology 最好,因为,Sinology 不仅承继了汉学的传统,而且也容纳了 Chinese Studies 较为广阔的内容。另外,中国人对中国文化的研究应该称为国学,而外国学者研究中国文化的那种学问则称为汉学。汉学是国学的有血有灵魂的"影子",而汉学不是国学,是介于中学与西学两者之间,本质上更接近西学的一种文化形态。说它与国学同根而生,说它们是一条藤上的两个瓜,都不为过,然而瓜的形象与味道却不相同,一个是"东瓜",一个是"西瓜"。我认为这样认识汉学,既符合中国文化的学术规范,又符合世界上的历史认同与学术发展实际。

  汉学的历史是中国文化与异质文化交流的历史,是外国学者阅读、认识、理解、研究、阐释中国文明的结晶。汉学作为外国人认识中国及其文化的桥梁,是中国文化和外国文化撞击后派生出来的学问,实际上也是中国文化另一种形式的自然延伸。但是,汉学不是纯粹的中国文化,它与中国文化有着密不可分的血缘关系,既是中外文化的"混血儿",又是可以照见"中国文化"的镜子,是可以攻玉的"他山之石"。"'Sinology'是一门在国际文化中涉及双边或多边文化关系的近代边缘性的学术,它以'中国文化'作为研究的'客体',以研究者各自的'本土文化语境'作为观察'客体'的基点,在'跨文化'的层面上各自表述其研究的结果,它具有'泛比较文化研究'的性质。"①以上两种表述虽有不同,但学理一致,基本可以厘清我们对于 Sinology(汉学)的基本学术定位。

  法国汉学家马伯乐(Henri Maspero)说过:"中国是欧洲以外仅有的这

---

① 严绍璗《我对 Sinology 的理解和思考》,载《世界汉学》2006 年第4期。

样的一个国家：自远古起，其古老的本土文化传统一直流传至今。"法国哲学家弗朗索瓦·于连（François Jullien）也说："中国文明是在与欧洲没有实际的借鉴或影响关系之下独自发展的、时间最长的文明……中国是从外部审视我们的思想——由此使之脱离传统成见——的理想形象。"①他在《为什么我们西方人研究哲学不能绕过中国》中提出："我们选择出发，也就是选择离开，以创造远景思维的空间。人们这样穿越中国也是为了更好地阅读希腊。"为了获得一个"外在的视点"，他才从遥远的视点出发，并借此视点去"解放"自己。这便是一个未曾断流、在世界上仅存的几种古老文化之一的中国文明的意义。中国文明是一道奔流不息的活水，活水流出去，以自己生命的光辉影响世界；流出的"活水"吸纳异国文化的智慧之后，形成既有中国文化的因子，又有外国文化思维的一种文化，这就是"汉学"。也就是说，汉学是以中国文化为原料，经过另一种文化精神的智慧加工而形成的一种文化。从某种意义上说，汉学既是外国化了的中国文化，又是中国化了的外国文化；抑或说是一种亦中亦西、不中不西有着独立个性的文化。汉学作为一门独立的具有跨文化性质的学科，是外国文化对中国文化借鉴的结果。汉学对外国人来说是他们的"中学"，对中国人来说又是西学，它的思想和理论体系仍属"西学"。

  汉学研究是指对外国汉学家及其对中国文化研究成果的再研究，是中国学者对外国学者研究中国文化的反馈，也是对外国文化借鉴的一个方面。凡是对历史或异质文化进行研究，都有一个价值判断和公正褒贬的问题。因此，对于外国汉学家对我们中国文化的研究，必得有我们自己的判断，然后做出公正的褒贬。我们说汉学是可以攻玉的"他山之石"，但是这句箴言并非只是适用于中国人，对外国人也是一样。汉学也像外国的本体文化一样，对我们来说有借鉴作用，对西方来说有启迪作用——西方学者以汉学为媒介来了解中国，汲取中国文化的精华，完善自己的文明。人类由于文化背景差异和文化语境的不同，思维方向和方式也会不同，因而就会得出不同的结论，讲出不同的道理。"西方学者接受近现代科学方法的训练，又由于他们置身局外，在庐山以外看庐山，有些问题国内学者司空见惯，习而不察，外国学者往往探骊得珠。如语言学、民俗学、考古学、人类

---

① ［法］弗朗索瓦·于连著（François Jullien）《迂回与进入》，香港三联书店1998年版。

学、社会学诸多领域,时时迸发出耀眼的火花。"①汉学的学术价值往往不被国人重视,并利用汉学家对于中国文化的一些误读贬低汉学的价值。其实,这并不公平,有些汉学家对于中国文化确实有其独到的见解,能发中国人未发之音。法国汉学家马伯乐(Henri Maspero,1883—1945)对中国上古文化和上古宗教的研究就有独到的贡献,被称对中国宗教研究有"先河"之功。他研究中国宗教的宗教社会学的方法,促进和推动了中国学者采用宗教社会学来研究中国宗教,被称为"中国宗教社会学研究的真正创始人"。瑞典汉学家高本汉(Bernhard Karlgren,1889—1978),终生的最高成就是根据研究古代韵书、韵图和现代汉语方言、日朝越诸语言中汉语借词译音构拟汉语中古音和根据中古音和《诗经》用韵、谐声字构拟古音,写出了著名的学术专著《中国音韵学研究》《汉语中古音与古音概要》《古汉语字典重订本》《中日汉字形声论》《论汉语》《诗经注释》《尚书注释》和《汉朝以前文献中的假借字》等,他对汉语音韵训诂的研究是不少中国学者所不及的,并深刻影响了对于中国音韵训诂的研究。20世纪著名的日本学者津田左右吉关于中国文化的研究著述甚丰,他认为中国文化是一种"人事本位文化",其核心是"帝王文化",其他认识上尽管有偏颇,但也有其独异性和深刻之处。这就是"他山之石"的意义和价值。当然,不可否认,汉学家对于中国文化的误读或歪曲也是常见的,诸如瑞典考古学家安特生(John Gunnar Andersson)于1921年10月对河南仰韶文化遗址发掘之后,便说中国彩陶制作技术源于西方,并在他的《甘肃考古记》和《黄土儿女》著作中反复强调他的这一错误观点。这一观点亦为"西方文化东移造成中国文化之说"提供了说辞。日本学者石田干之助也推波助澜,闭门造车地推测出西方文化东渐的路线;甚至连我们的国学大师章太炎、刘师培也被"忽悠"得认可了"中国文化西来说"。②美国现代汉学(中国学)的奠基人费正清对中国历史尤其近代史的研究独具风采,为美国人民认识中国搭建了一座桥梁;但他在研究上的所谓"冲击—回应"模式,却近乎荒谬,认为是西方给中国带来了文明,是西方的侵略拯救了中国。综上所述,对于汉

---

① 季羡林《汉学研究・序》第七集,中华书局2003年版。
② 《章太炎全集・〈訄书・序〉・〈种姓篇〉》,上海古籍出版社1985年版;刘师培《刘申叔先生遗书・〈思念祖国〉・〈华夏篇〉・〈国土原始论〉》。

学成果的研究,只有冷静、公正、客观、全面,才能在沙中淘得真金,拥抱"他山之石"。

在中国,汉学的接受与命运,诚实地说,在20世纪80年代初期之前,基本上是无视它的学术价值,更没人把它看作是中国文化的延伸。此外,由于民族心理上的历史"障碍",我们还曾视汉学为洪水猛兽,甚至觉得它是仇视中国、侮辱中国的一个境外的文化"孽种"。这种"观点",虽嫌偏颇,但也不是空穴来风。因为自19世纪"鸦片战争"前后,直至20世纪40年代,偌大的中国曾经惨遭蹂躏,整个历史写满了炮火压迫和宗教怀柔,其间也不乏为列强殖民政策服务的传教士、"旅行家"和"学者"深入中国腹地,以旅行、探险、考古之名而实行搜集社会情报、盗窃和骗取中国大批文物。

人类思想的飞翔,是受社会和历史禁锢的,山高水远的阻隔也使得人类互相寻找的岁月特别漫长。交流是人类文化选择的自然形态,汉学就发生在这种物质交流和文化交流之中。

公元前后,中国人被称为赛里斯(Seres),中国叫赛里加(Serice),这是陆路交往关于中国最初的叫法,时间较早;另一种叫法,把中国人称为秦尼(Sinai),中国叫秦(Sin),这是海路交往关于中国的叫法,时间较晚。由商人输往西方的中国丝绸绢绘是当时帝王贵族倾慕的奢侈珍品,Seres 和 Serice 两字系由阿尔泰语所转化,是希腊罗马称谓中国绢绘的 Serikon、Sericum 两字简化而来。西方人当时称中国为"秦"(Sin),称中国人为"秦尼"(Sinai),则是源于秦朝。①

人类在互相寻找的初级阶段,中国和西方试探性的商业交往还很原始,那时的人类,不同的国家、民族和族群处于相对落后和封闭的状态,人类各个角落的不同文化还处于相对不自觉或是相对蒙昧的历史时期。在人类最早的沟通中,中国人走在最前边。公元前139年,张骞奉汉武帝之命,越过葱岭,亲历大宛、康居、大月氏、大夏、乌孙、安息等地,直达地中海东岸,先后两次出使中亚各国,历时十多年,开创了古代和中世纪贯通欧亚非的陆路"丝绸之路",为人类交往开了先河,也为汉学的萌发洒下最初的雨露。

---

① 莫东寅著《汉学发达史》,北平文化出版社1949年版,第3页。

在文化史上,以孔孟儒家学说为核心的中国文化最先影响朝鲜半岛,然后才是日本和越南等周边国家。这些周边国家与中国的关系复杂,甚至被说成同种同文,因此可以说它们的文化与中国文化有着很深的"血缘"关系。522年,中国佛教渡海东传日本,从那时开始,中国典籍便大量传入日本,但这只是一种"输入",只是日本创建自己文化的借鉴,并没有形成对于中国文化的深层研究。及至唐代,由于文化上承接了汉朝的开放潮流,那时与异质文化的交流相对更加频繁,商贸往来和文化沟通有了发展,西方和中国周边国家或地域的人士通过陆路和水路进入中国腹地,长安、洛阳、扬州、广州、泉州等城市,都是中外贸易和文化交汇的重要都会,尤其是前者,更是当时世界最大的商业文化之都;而后者,由于东南沿海经济崛起、人口增多、手工业发达、农田水利的改善,为海外贸易发展创造了条件,再由于唐代中期"安史之乱"切断了陆路"丝绸之路"的缘故,曾称为"鲤城""温陵""刺桐城"的泉州,便成为联结亚洲、欧洲和非洲的海上丝绸之路的"东方第一大港",是那时以丝绸、金银、铜器、铁器、瓷器为主的国际贸易之都。通过频繁的往来和交流,外国人对中国文化的认识越来越多、越来越深,汉学也便在这种交流中不知不觉慢慢衍生。

但是,源远流长的汉学,人们习惯地认为其洪流和网络在西方,西方是汉学的形象代表。这一看法一是源自近代以来西方强势文化和中国人的崇洋心理;二是西方汉学的某些特征也确实有别于朝鲜半岛、日本和越南的汉学。其实,如果我们从世界汉学历史发展的角度看,日本、朝鲜半岛和越南的汉学要早于西方的汉学,比如日本在十四五世纪已经初步形成了汉学,而那时西方的传教士还没有进入中国。因此,对于汉学的研究,无论是西方还是东方(朝鲜半岛、日本和越南),我们都不能顾此失彼,要以同样的关注和努力探讨其历史。当然,汉学的历史藏在文献里,而隐性源头却在文献之外。

文化往往伴随经济流动,其交流也会在不自觉或无意识状态下发生。到了明代初年,郑和率舰队出使西洋,前后七次,历经二十八年,到过三十多个国家,最远抵达非洲东岸和红海口,真正拓展了海上"丝绸之路"。

在公元八九世纪至十六七八世纪期间,关于中国,多见于西方商人、外交使节、旅行家、探险家、传教士、文化人所写的游记、日记、札记、通信、报告之中,这些文字包含着重要的汉学资源,因此有人把这些文献称为"旅游汉学"。这些来源于文艺复兴,因为思潮的开放影响了欧洲人的思想和生活,他们或通商,或传教,或猎奇,但了解和研究中国文化却是一致的,于是汉学便在葡萄牙、西班牙、意大利、法国、荷兰、英国、德国、俄罗斯等主要的西方国家逐步发展起来。

这类游记和著作较早的有约在851年成书的描述大唐帝国繁荣富强的阿拉伯佚名作者的《中国与印度游记》,吕布吕基斯的《远东游记》(1254),意大利的雅各·德安克纳的《光明城》,贝尔西奥的《中华王国的风俗与法律》(1554),《利玛窦中国札记》,亚历山大·德·罗德的《在中国的数次旅行》(1666),南怀仁的《中国皇帝出游西鞑靼行记》(1684),费尔南·门德斯·托平的《游记》,李明的《关于中国现状的新回忆录》(1696)和《中华帝国全志》(《中国通志》)等,以及罗明坚、金尼阁、汤若望、卫匡国等名士的著作,还有大量名不见经传的传教士、商人、旅行家、探险家的各种记述,都成为日后汉学兴旺发达的必然因素。这类著作主要涉及中国的物质文明,较多描述、介绍中国的山川、城池、气候以及生活起居、饮食、服饰、音乐、舞蹈,也涉及一些中国的观念文化。这些"旅游汉学"著作中,影响最大的是《马可·波罗行纪》(《东方见闻录》)。马可·波罗(Marco Polo)于1275年随父亲和叔父来中国,觐见过元世祖忽必烈,1295年回国后出版了这本书,它以美丽的语言和无穷的魅力翔实地记述了中国元朝的财富、人口、政治、物产、文化、社会与生活,第一次向西方细腻地展示了"唯一的文明国家"——"神秘中国"——的方方面面。

这些包罗万象的文献,不仅记录了不同时代的中国,还以自己的文化视角开始了中西文化最初的碰撞。作为文献,这些游记、日记、札记、通信和报告,有赞美,有误读,也有批评,但因为其中包含大量中国物质文化及政治、经济、历史、地理、宗教、科举等多方面的文化记载,而成为汉学的重要组成部分,在学术史上有重要价值。

汉学的发生、发展与经济、政治、交通以及资讯分不开。有学者把汉学的历史分为"萌芽""初创""成熟""发展""繁荣"几个时期,也有的分为"游记汉学时期""传教士汉学时期"和"专业汉学时期"三个阶段。但汉学的真正形成是在明末兴起的"西学东渐"和"中学西传"的互动之中。

从16世纪到十八九世纪,在数以千计的散布在中国各地的传教士中,有不少人成为名载史册的汉学先驱,他们为汉学的发展做出了重大贡献。

自1540年罗耀拉（S.Ignatins de Loyola）、圣方济各·沙勿略（Francisco Xavier）等人来华，开始了以意大利、西班牙传教士为主的第一时期的耶稣会的传教活动。接着，意大利的范礼安（Alexandre Valignani）、罗明坚（Michel Ruggieri）等著名传教士来华。1583年，即明朝万历十一年，罗明坚将利玛窦神甫（Matteo Ricci）带到中国，从此，耶稣会士在中国的宗教活动无论是对于西方或是东方，都开始了一个新的历史时期。西班牙的胡安·冈萨雷斯·德·门多萨（Juan Gonzalez de Mendoza）的《中华大帝国史》于1588年问世，这部世界汉学史上的第一部汉学著作，名副其实地对中国的政治、历史、地理、文字、教育、科学、军事、矿产、物产、衣食住行、风俗习惯等做了百科全书式的介绍，具有相当的学术价值，以七种文字印行，风靡欧洲。以利玛窦为核心的耶稣会士的历史意义在于他们开始了对中国文化的全面"开垦"，不仅著书立说，还把《大学》《中庸》《论语》《孟子》等中国文化经典译成西文，不仅开西学东渐之先河，也推动了中学西传，使中国文化对西方科学与哲学产生重要影响，因此这位思想家当仁不让地被视为西方汉学的鼻祖。与其先后到达中国的著名的传教士都著书立说、传播中国文化，对推动西学东渐和中学西传做出了贡献。在世界汉学史上，除了以上提及的，还有许多汉学家的名字十分响亮，诸如曾德照、柏应理、卫匡国、殷铎泽、南怀仁、汤若望、龙华民、金尼阁、罗如望、熊三拔、李明、张诚、白晋、马若瑟、宋君荣、钱德明、翟理斯、安特生、雷慕沙、儒莲、德理文、安东尼·巴赞、蒙田、冯秉正、尼·雅·比丘林、巴拉第·卡法罗夫、瓦西里耶夫、沙畹、伯希和、马伯乐、葛兰言、斯文赫定、马礼逊、斯坦因、理雅各、翟理斯、李约瑟、韦利、霍克斯、卫礼贤、福兰阁、孔拉迪、高本汉、卫三畏、费正清、戴密微、石泰安、谢和耐、欧文等。他们和东方日本、朝鲜半岛的富有建树的汉学家以及当今散布在各国的汉学家，对中国文化的独特理解，铸造成汉学史上的思想学术之碑，开垦了汉学成长的沃土。

"西方的汉学是由法国人创立的。"但是，在欧洲全面研究中国文明的问题上，"法国的先驱是葡萄牙、西班牙和意大利"。① 戴密微把以上三个国家誉为汉学的先锋，"他们于16世纪末叶，为法国的汉学家开辟了道路，

---

① 戴密微《法国汉学研究史》，载耿昇译《法国当代中国学》，中国社会科学出版社1998年版。

而法国的汉学家稍后又在汉学中取代了他们",真正建立起作为学术的汉学传统。就传统汉学而言,法国是汉学家最多的国家之一,有许多汉学界的学术巨擘,不断为汉学的崇高而添砖加瓦。

中外文化交流的结果不仅意味着中国文化"外化"的传播,也意味着异质文化对中国文化"内化"的接受。汉学家作为中外文化交流的桥梁和使者,在异质文化的交流中,也是人类和谐与进步的推动者。

汉学诞生在与异质文化碰撞、交流和相互浸淫之中。这个结果无异于一枚果子的成熟,只有"风调雨顺"才生长得好。和谐、宽容、理解与尊重,是异质文化彼此借鉴的保证。作为文化形态的汉学,其成长和生存离不开良好的国际语境。就中国而言,历史上凡是开放的时代,文化交流多,汉学就发展;反之,汉学就停滞,这似乎成为一种规律。

作为学术公器的汉学,文化上有其自己的成长过程。汉学是发展的,这一植根于中国文化土壤,生存于异国他乡的文化,同样深受不同时代语境的极大影响。这里所说的语境,既包括中国的历史演变,也包括异国和世界的历史变化。也就是说,不同的历史时期,不同的社会、政治、经济、文化背景,在很大程度上左右着汉学的发展方向和内容;换句话说,汉学的形成和发展,不仅受制于中国历史的更迭,也受制于他者社会的变化。这就是以历史悠久的中国文化为研究对象的汉学发展的基本轨迹。

汉学作为一种学术形态,总体上可以分为"传统汉学"和"现代汉学"。传统汉学以法国为中心,而现代汉学兴显于美国,20世纪中期以来,在西方其他国家葆有传统汉学的同时,现代汉学也很繁荣。随着中国与世界政治关系的变化,随着中国文化与世界文化交流的拓展,现代汉学有了显著的发展。

虽然20世纪的后五十多年,中国文化与世界各国文化接触开始多了起来,但就整体而言,1949年后有三十多年是一个相对"闭关锁国"的时期。公正地讲,这道意识形态的"长城"也并非就是中国的政策,是那时期以美国为首的国家在政治、经济、军事、文化上对我国全面封锁的结果。这个时期的"汉学"涂满了政治色彩,以法国为代表的汉学较多地保持着传统汉学的学术精神,而美国的"中国学"却成了充满政治意识的现代汉学的代表。美国的"中国学"所关心的不是中国文化,更不是中国的传统文化,而是中国的政治、经济、军事、教育和社会生活各个层面的问题。这种政治特征,是那个时期美国汉学的基础,这一特征也影响了其他国家汉学的研究方向和内容。

由于中国与世界的隔离,由于西方与中国少有交流,因此汉学家不了解中国最新的文化进展(比如新的考古发现),致使汉学处于断炊或"无米之炊"的状态,没有中国文化的支持,西方汉学要想取得研究上的突破也很困难。陌生感和神秘感困扰着汉学家,这不仅是文化的尴尬,也是汉学家的难堪。

人类文化包含了物质文化和观念文化等。物质文化表现在衣食住行生活方面,是一种看得见、摸得着又极易变化的"具象"文化,如饮食、服饰、住房、音乐、舞蹈等;观念文化是一个民族的核心,表现在人的价值观、道德观、家庭观、宗教观等诸多方面,以及关于自由、平等、民主的理解,观念文化是一个民族的思维经过高度抽象后形成的思想、观念和精神,它通过文化灵魂——哲学、文学、语言、宗教、历史等来表达。① 观念文化,一俟进入外国汉学家的研究视野,他们的研究也就进入了对中国文化核心的深层研究。

汉学家从对中国物质文化到观念文化的研究,其领域越来越广越来越深。现在,汉学不仅包括对中国的哲学、文学、宗教、历史领域的研究,还包括社会学、政治学和自然科学。Sinology(汉学)和 Chinese Studies(中国学),它们已经发展到可以"异名共体"的地步。

时至今日,传统汉学和现代汉学这两种汉学形态不仅同时存在着、共荣着,而且还互相浸透着。

19 世纪末至 20 世纪初,美国汉学悄然嬗变为中国学,并以自己独有的个性特点和极强的生命力出现在世人面前。美国汉学始自 1830 年东方学会(American Oriental Society)的建立,这个学会虽然代表了欧洲那种对东方学文学的兴趣,但这个学会"从一开始就有一种与众不同的使命感"——"为美国国家利益服务,为美国对东方的扩张政策服务"。② 这个特点也与"美国海外传教工作理事会"向中国派出基督教传教士的宗旨相

---

① 任继愈《汉学发展前景无限》,载《中华读书报》2001 年 9 月 19 日。
② 侯且岸《费正清与中国学》,载李学勤主编《国际汉学漫步》(上),河北教育出版社 1997 年版。

一致。可见，美国汉学一开始就和美国的国际战略和对华政策联系在一起。卫三畏（Samuel Wells Williams）1848年出版的百科全书式的《中国总论：中华帝国的地理、政府、教育、社会、生活、艺术、宗教及其居民观》就带有较为浓厚的社会科学特点，与欧洲具有人文科学特征的汉学颇有差异，但它依然属于 Sinology 的范畴。

美国从南北战争后的统一中走向强大，加入强国之列。八国联军对中国的侵略行径，是列强联合的第一次尝试。从那时起，承担着相当"政治"角色的传教士进入中国。真正美国式的"汉学"——中国学，就从那时开始，而奠基人和开拓者是之后的费正清（John King Fairbank）。作为美国首席中国问题专家的费正清，他的中国学研究不仅影响了美国，也对其他国家的汉学研究或中国学研究有强烈的影响。

在西方，费正清的魅力在于，没有谁能像他那样以更清晰、更富于洞察力的笔触来表述中国。"在使美国人了解中国，了解中国的传统、中国纷扰不安的近代史，以及中国神秘莫测的现状等方面，谁的贡献也没有像他那样大。"费正清等一批知名的美国中国学家都参与过战时情报工作，在战后作为美国政府的智囊而直接为制定对华政策服务。费正清的研究虽然充满了实用和功利色彩，立场和观点也有偏见，但这并不妨碍他在历史上作为一个贡献巨大的汉学家和中国人民的朋友的光辉。美国学者从事研究的根本出发点是"使命感""学术个性"和"反唯理智论倾向"，"蔑视学问，更为强调实用性知识"，"更为明显同自己以外的社会，即政治家、实业家及其实践家始终保持紧密的联系"。① 这就是美国中国学家的基本心态，他们讲究功利和实用，不理会学术上的理智倾向，这与法国汉学家的学术心态、学术个性与学术传统几乎大相径庭。

传统汉学（Sinology）和现代汉学（Chinese Studies）的差异在于前者是以文献研究和古典研究为中心，它们包括哲学、宗教、历史、文学、语言等；而以美国为中心的现代汉学（中国学）则以现实为中心，以实用为原则，其兴趣根本不在那些负载着古典文化资源的"古典文献"，而重视正在演进、发展着的信息资源。但是，汉学发展到21世纪，其研究内容和方式已经出现了融通这两种形态的特点。这种状况既出现在欧洲的汉学世界，也出现

---

① ［美］赖肖尔著《近代日本新观》，生活·读书·新知三联书店1992年版。

在美国的中国学研究之中,可以说世界各国汉学家的研究中,都兼有以上两种汉学形态。

汉学(Sinology)对中国研究者来说,被尘封得太久,所以它的空白很多,浩如烟海的资源还有待于深入开掘。这种开掘,不仅可以收获汉学,还可以无意中发现被历史"放逐"和"遗失"在异国他乡的中国文化。编撰"列国汉学史书系"的目的和宗旨,不仅是为了梳理已有的汉学资源,在世界范围内追踪中国文化的外传历史状况、经验及影响,同时探究汉学的产生、成长、发展与繁荣,还要尽可能厘清这块"他山之石"对于中国文化的作用。当然,"列国汉学史书系"还期望对推动中国文化与世界文化的交流有所裨益。

"列国汉学史书系"作为一个文化工程,其撰写的难度非一般学术著作所能比拟。严绍璗教授谈到 Sinology 的研究者的学识素养时提出四个"必须":①必须具有本国的文化素养(尤其是相关的历史、哲学素养);②必须具有特定对象国的文化素养(同样包括历史、哲学素养);③必须具有关于文化史学的基本学理素养(特别是关于"文化本体"理论的修养);④必须具有两种以上语文的素养(很好的中文素养和对象国的语文素养)。这几点确实都是汉学研究者必须具备的文化和语文素养,否则很难进入汉学研究的学术境界。

写作"列国汉学史"艰难,而出版可谓难上加难。人间的事好像天上的云、地上的风,飘忽不定没有根,铁板钉钉是没有的,因为钉子可以用"权力"拔出来,一切承诺和协议,都可以化为乌有。虽然"列国汉学史书系"一直受到经济的困扰,但它终没有自毙于摇篮之中,冬天之后是春天,接着便是收获的季节。这套富有创意和价值的书系,将对中外文化交流和汉学的发展及其比较研究产生深远影响。

有人认为"汉学史中国人写不了",当然这是一个很奇怪的"立论"。日本人石田幹之助写了《欧人的中国研究》(1932)、莫东寅写了《汉学发达史》(1949),接下来又有严绍璗的《日本中国学史》(1991)、张国刚的《德国的汉学研究》(1994)、张静河的《瑞典汉学史》(1995)、何寅、许光华主编的《国外汉学史》(2002)、刘正的《图说汉学史》(2005)和李庆的《日本汉学史》(2005)相继面世。在人类的文化长廊里,无论是中国还是外国,各种史书琳琅满目,这其中有外国人写中国的各类历史,也有中国人写外国的各类历史。历史，是往事，是记录，是选择，并有相对独立的评论和褒贬。但是，事实上任何一部历史都不是最后的历史，历史随着时光的流逝而演进，修史很难一步到位，它需要一代代学者"积跬步"才能"至千里"，只有"积土成山，积水成渊"，方能"风雨兴""蛟龙生"。学问之事非一夕之功，非得有前赴后继者敢于赴汤蹈火"流血牺牲"，才会达至光明顶峰。

开拓者也许会在某个时候将自己的真诚劳作化为欢乐，因为在以后的岁月里，定会有人踏着自己的肩膀或是踩着自己的鼻子和头顶攀上高峰，以鸟瞰美丽风光。21世纪是经济的大空间，对汉学来说也是一个"大空间"。但是，要探索这个"大空间"，需要有个和谐的"太空站"，需要大家联袂共建；当然世界上需要多元文化和谐相处的历史语境，共同创造彼此接近、认识、理解、尊重、沟通、借鉴与融合的机会，这个机会，就是汉学研究发展的机会。

时间在行走，历史在行走。人类创造过历史，书写过历史，但是没有最后的历史。汉学有历史，而且还正在创造新的历史，汉学及其研究将以自己的品格和个性在人类文化的世界里放出异彩。

阎纯德

2006年12月5日

于北京半亩春

目　　录

第一章　意大利汉学概说 ……………………………………… (1)
　　第一节　意大利汉学的发端 ……………………………… (1)
　　第二节　意大利汉学的历史脉络 ………………………… (4)
　　第三节　意大利汉学的贡献 ……………………………… (16)

第二章　萌芽时期的意大利汉学 ……………………………… (19)
　　第一节　概述 ……………………………………………… (19)
　　第二节　柏朗嘉宾 ………………………………………… (21)
　　第三节　马可·波罗 ……………………………………… (26)
　　第四节　鄂多立克和他的《东游录》 …………………… (44)

第三章　初创时期的意大利汉学 ……………………………… (52)
　　第一节　概述 ……………………………………………… (52)
　　第二节　西方汉学奠基人罗明坚 ………………………… (54)
　　第三节　西方汉学鼻祖利玛窦 …………………………… (69)
　　第四节　"西来孔子"艾儒略 …………………………… (105)
　　第五节　"西方研究中国地理之父"卫匡国 …………… (114)
　　第六节　系统介绍儒家学说第一人殷铎泽 ……………… (130)
　　第七节　第一部《汉拉词典》编纂者叶尊孝 …………… (136)
　　第八节　德西德里 ………………………………………… (139)

第四章　转向时期的意大利汉学 ……………………………… (147)
　　第一节　概述 ……………………………………………… (147)
　　第二节　马国贤 …………………………………………… (148)

第五章　意大利汉学的停滞和复苏时期
　　　　　（1800—1870—1945） …………………………… (159)
　　第一节　概述 ……………………………………………… (159)

第二节　汉学活动的主要院校及其代表人物 …………………（162）
　　第三节　来自意大利本土以外的主要汉学人物 ………………（208）

第六章　意大利汉学的恢复和繁荣时期
　　　　（1946—2001 年至今）………………………………（215）
　　第一节　概述 ………………………………………………（215）
　　第二节　兰乔蒂 ……………………………………………（217）
　　第三节　白佐良 ……………………………………………（222）
　　第四节　恢复和繁荣时期
　　　　　　意大利汉学代表人物及其研究领域 ………………（231）
　　第五节　繁荣时期　汉语教学与研究的三所重镇 ……………（257）
　　第六节　繁荣时期　主要研究机构及其汉学刊物 ……………（262）

附录 …………………………………………………………………（271）
　　一、19 世纪意大利汉语教学纪年表及分布图 ………………（271）
　　二、20—21 世纪（截至 2008 年）意大利汉语教学纪年表 …（272）
　　三、"繁荣时期"主要院校 ……………………………………（274）
　　四、中外人名对照录 …………………………………………（310）

后记 …………………………………………………………………（318）

第一章
意大利汉学概说

意大利作为伊特拉斯坎文明及罗马文化的孕育地,是一个颇有传奇色彩的国家。这个面积30多万平方公里的南欧国家创造了人类历史上的种种奇迹。从美术到歌剧,从诗歌到建筑,从文学到物理,从汽车、服装到家具、工艺饰品,意大利人曾经创造了人们穿的、用的、看的和听的等各方面的至高美学境界。从达·芬奇到普契尼,从但丁到伽利略,从米开朗基罗到拉斐尔,一个个耳熟能详的意大利名字造就了这个国家在人类文化史上举足轻重的地位。同样举足轻重的,则是其汉学研究在西方国家的影响力。那一个个名垂青史的汉学大家让人心生敬意。2000年,美国《生活》杂志评选1000年至1999年之间对中国历史进程及中外关系产生过重大影响的4位外国人中有两位就是意大利人,一位是马可·波罗,还有一位是利玛窦。同年,北京修建中华世纪坛,中央大厅内的一组巨型浮雕壁画《中华千秋颂》雕刻着几千年来对中华文明做出贡献的杰出人物,其中只有两个外国人,一位是马可·波罗,还有一位是利玛窦。这绝非是一个历史的巧合,而绝对是一个历史的共识。

第一节 意大利汉学的发端

所谓汉学,本书采用德国汉学家奥托·弗兰克所下的定义,即汉学"就是关于中国人和中国文化的研究"。[①]从狭义看,是特指中国以外的学者研究中国文化的学问,也叫国际汉学、海外汉学、世界中国学等。意大利汉学

---

① 转引自巴巴拉·霍斯特《德国汉学概述》,载任继愈主编《国际汉学》第一期,商务印书馆1995年版,第351页。

就是意大利的学者研究中国文化的学问。

如果从阐释学的角度来观照汉学,可以进一步深刻认识汉学研究的性质、特点及其作用。这一学术意义上的汉学实质是在非汉文化环境中成长起来的异域学者自觉不自觉地进入汉文化领域,通过各种方式和渠道对汉文化诸方面进行"二度创造式"的学习研究,然后把带着浓重创作色彩的汉文化"影像"带回到本土文化领域中,与本土文化实现信息互换与价值交汇,为本土文化繁荣发展输入有益的营养。因此,许多异域学者的汉学活动往往带有浓重的主观色彩和创造力,注重我之所知所好,注重为我所用,有时甚至不惜对中国文化作断章取义式的理解,构建并非客观状态的汉文化。这一二度创造或构建往往具有很强的功利色彩。特别是早期许多汉学活动,绝大多数均为其政治、文化和宗教等方面的某一明确目的服务,这种特点尤其显著。意大利汉学从本质上看也不例外。

意大利汉学的发生源于意大利与中国之间的交往。我们知道,意大利与中国的早期交往有着一个曲折而艰难的过程。期间,标志性的历史事件有三:一是班超的部将甘英出使大秦,二是马可·波罗仕元,三是鄂多立克东行。

关于甘英出使大秦,这实际上只是一个没有最终完成的计划。《后汉书·西域传第七十八》有如下记载:

> 和帝永元九年,都护班超遣甘英使大秦。抵条支,临大海欲度。而安息西界船人谓英曰:"海水广大,往来者逢善风,三月乃得度。若遇迟风,亦有二岁者。故入海人皆赍三岁粮。海中善使人思土恋慕,数有死亡者。"英闻之乃止。

甘英望而却步的结果,是东汉与罗马帝国的交往失之交臂。历史当然不可以假想,但如果当年甘英不听信安息船员不怀好意的劝阻,中国与意大利之间的近距离接触将提早两百多年。同样,意大利汉学史可能就是另一番情形了。

后两件事则真正关系到意大利汉学的起源问题。不过,关于马可·波罗等人,以游记为记述载体的方式到底算不算真正意义上的意大利汉学范畴呢?学界对此存在着严重分歧。白佐良教授认为:"在全意大利对中国一无所知之时,以第一手资料写一部有关中国的书,可算是开山之作,产生了重大影响,激发了对中国的兴趣,即使大学刊物上被旁征博引的文章也无法做到这一点。"①但他认为,马可·波罗不通汉语,而且"更糟的是,甚至现在还有人怀疑他是否到过中国"。②白佐良认为仅此两条,即可否定他的汉学家资格。张西平则视《马可·波罗游记》为西方"游记汉学"的奠基之作,"是整个西方游记汉学的集大成者"。③ 显然是承认其汉学价值的。笔者认为这样的认识是合理的。首先,汉学家是否都必须懂汉语呢?实际上,直至今日,国外许多研究中国历史、艺术等非语言文学学科的汉学家并不懂汉语。阎纯德教授的看法较为宽容,他并不认为汉学家必须懂汉语。他说:"外国人对于汉语言文化的学习、研究和传播的途径是多元的,相当一部分根本不懂汉语的汉学家也同样做出了卓越的成就。"④ 的确,从成果及其影响力的角度来鉴定和评价汉学家是相对客观的态度。如果我们能公允地以此看待现当代的汉学家,自然没有理由以更为严苛的标准来衡量七百多年前的马可·波罗。至于马可·波罗是否真正来过中国,著名的历史学家、南开大学杨志玖教授已经通过大量的研究分析做出了肯定的回答,学界主流认识日渐趋向统一,这里不作赘述。笔者之于汉学活动人物的看法,坚持这样三个简简单单的视点,即在汉学发展的历史上,是怎样背景下的谁?他或她做了什么?产生了什么样的影响?用这三个视点看马可·波罗等人的活动,应该不难得出结论。

  从另一个角度来说,我们知道,人物的活动及其事件的发生都处在一定的历史环境之中,而历史是不断前行的。在前行过程中,人类的知识学问越来越深入、越来越得以细化和系统化。在今天看来,真正意义上的汉学应该是有意识有系统并有一定深度地对中国文化某些方面所作的深入学习和观察思辨。以这种严苛的标准来看,真正意义上的汉学应以专业汉语的开创为标志。在这点上,马可·波罗,甚至利玛窦等人的记述或报告在对中国文化认识的深度和系统性等方面都还存在着天然的欠缺,很难称得上是真正的汉学。但是从历史发展的角度来看,马可·波罗、鄂多立克

---

  ① [意]白佐良《意大利汉学:1600—1950》,李江涛译,见朱政惠主编《海外中国学评论》第3辑,上海辞书出版社2008年版,第258页。
  ② 同上。
  ③ 张西平《西方汉学游记简述》,见《欧美汉学研究的历史与现状》,大象出版社2006年版,第44、55页。
  ④ 阎纯德《汉语教学与汉学的形成与发展》,见张西平、张晓慧主编《国际汉语教学动态与研究》第三辑,外语教学与研究出版社2006年版,第16页。

和利玛窦等人在还没有"汉学"概念、甚至还没有中西方文化交流概念的时代,在当时还是人迹罕至、苍茫萧索的中西文化的交流之路上筚路蓝缕,艰辛跋涉,深入中国,把东方文化传播介绍到西方,同时给东方世界带来西方文明的讯息,开辟出一条贯通东西方文化的羊肠小道。这些早期意大利人对世界汉学的贡献是显而易见的。阎纯德教授充分认识和肯定了早期意大利汉学活动的学术价值,他认为诸如《马可·波罗行纪》之类的文献"不仅记录了不同时代的中国,还以自己的文化视角开始了中西文化最初的碰撞。作为文献,这些游记、日记、札记、通信和报告,有赞美,有误读,也有批评,但因为其中包含大量中国物质文化及政治、经济、历史、地理、宗教、科举等多方面的文化记载,而成为汉学的重要组成部分,在学术史上有重要价值"。①我们认为,这样的认识和观点是符合历史发展观的。的确,正是这些先驱式人物,也即俗称的"中国通",开创了世界汉学之先风。这股风不仅推动了东西方文化彼此相通,甚至还从一定程度上改变了东西方政治、地理和文化的整个格局。

除了马可·波罗及其游记以外,能够代表意大利汉学发端的还有柏朗嘉宾、鄂多立克等人的活动。他们的游记、报告等也是汉学历史上的重要文献,为汉学研究提供了宝贵的史料,在一定程度上奠定了世界汉学的基础。因此,如果将他们称为"民间汉学家"或"传教士汉学家"的话似乎也未尝不可。他们以及他们的活动共同构成了意大利汉学的早期景象。

基于上述认识的基础,我们可以初步总结出"汉学家"的定义。汉学家或者汉学工作者应该是一些刻苦学习和钻研中国文化、对中国文化有着相当程度的了解和尊重、在把中国文化介绍和传播到国外方面取得了较大成就的外国人。更宽泛一点的话,也包括长期在国外从事研究和传播中国文化工作的中国人。

第二节 意大利汉学的历史脉络

历史是人类活动的历史,当然离不开人物的活动及其发生的事件,因此,我们不妨以时间为轴线、以汉学家们的汉学活动为关注对象回顾博大

---

① 阎纯德《汉学历史和学术形态》,见江岚著《唐诗西传史论·序二》,学苑出版社2009年版,第10页。

精深的意大利汉学活动的历史。顾名思义,意大利汉学史是记述意大利汉学工作者和汉学家的汉学活动的历史。历史既是过往一段时期的自然形成,更是后来者对过往一段历史的人为重构。重构的方式往往有两种,一种是以重大历史事件为线索进行串联,另一种是以重要人物为标志进行叙述。意大利的汉学活动、历史事件相对比较单一,而历史上有名有姓的大家则接踵而至、层出不穷。鉴于此,似乎有必要选择较有代表性的意大利汉学家,以他们的活动展开历史脉络来叙述。

要把握汉学发展的历史脉络,首先要对汉学作必要的分期。但目前学界对于汉学的分期问题分歧颇大。分歧还是源于对汉学的界定及其所采取不同的划分标准。有的学者把19世纪以前欧洲学者有关中国问题的研究均纳入"前汉学时期"。[1]有的学者从汉学发展形态角度出发,将汉学历史分为"萌芽""初创""成熟""发展"和"繁荣"几个时期。有的根据汉学成果性质及汉学主体活动情况,将汉学历史分为"游记汉学时期""传教士汉学时期"和"专业汉学时期"。[2]有的以中国文学研究为主要例证,把意大利汉学史分为四个大的时期,即传教士汉学、传教士汉学向专业汉学过渡期、专业汉学的确立期和繁荣期,[3]不过这样的分期没有涉及耶稣会士入华之前的一段时期。笔者综合各种分期的立场和方法,并把意大利耶稣会士入华之前的一段交往历史涵盖进去,形成意大利汉学史五个阶段的分期,即萌芽时期、初创时期、转向时期、停滞时期、恢复及繁荣时期。

第一个阶段是意大利汉学的萌芽时期。在中国与意大利的历史交往曙光初现的13世纪,意大利汉学之路人气渐旺。这一时期来华的意大利人以商人、宗教人士、旅行家为主。著名的有柏朗嘉宾、马可·波罗和鄂多立克等。

柏朗嘉宾是方济各会的创始人之一。他于1245年4月16日(复活节)奉教皇之命出使蒙古,试图说服蒙古统治者皈依基督教并停止攻击和杀戮。但他的使命以失败告终。不过他是一个有心人。回来后不久,他将沿途的所见所闻用拉丁文写成报告,名为《蒙古行纪》。报告详细介绍了

---

[1] 熊文华《国别汉学史编撰中的若干问题》,见阎纯德主编《汉学研究》第十一集,学苑出版社2008年版,第5页。
[2] 阎纯德《汉学历史和学术形态》,见江岚著《唐诗西传史论·序二》,学苑出版社2009年版,第10页。
[3] 陈友冰《意大利汉学的演进历程及特征》,见《华文文学》2009年第6期。

蒙古的地理概况、衣食住行、宗教信仰、民间习俗、诸王起源、军队的结构和武器、战略战术情况及深入探讨怎样与蒙古人作战等问题。在《蒙古行纪》的第五章里他还提到一个名为"契丹"的国家,从他所描述的"契丹的强大皇帝被击败了,这位成吉思汗便被拥立为帝。但一直到现在,他们尚未征服契丹国的另外半壁江山,因为它位于海面",综合当时的历史信息我们可以断定,他所称的"契丹"指的应该就是中国。柏朗嘉宾还描述了"契丹人"的语言、信仰、形貌及物产等情况。《蒙古行纪》是欧洲第一部关于蒙古人和中国人的著作,在相当长的时间内,是欧洲人关于东方知识的重要来源之一。由于作者在蒙古生活了两三年之久,目睹了许多历史事件的发生和经过,掌握了大量的第一手资料,因而可信度较高。该书对于蒙古史、中国宋元历史及东西方文化交流史研究具有一定的史料价值。

马可·波罗是中世纪最著名的旅行家之一,他的《马可·波罗游记》(又名《马可·波罗行纪》《东方见闻录》等)是中世纪最为著名、同时引起的争议也最多的东方游记,从影响力和学术价值来看,远远超出了一般的游记作品。

首先,它在很大程度上开阔了欧洲人的眼界,是从一个欣赏者的角度,向欧洲人展示了较为正面的中国形象。《马可·波罗游记》对中国及亚洲其他国家和民族的物产、宗教信仰、风俗习惯、政治状态、社会情况、奇闻逸事等作了生动记述。其中有很多记述,对于欧洲人来说闻所未闻,更遑论曾亲眼目击,难怪很多人根本不相信马可所说的是真有其事。正是通过这些让人将信将疑的游记记述,使欧洲人大大提高和拓展了对中亚及中国等地区和国家的认识,对这些区域的国家产生了深厚的兴趣和好感。

其次,《马可·波罗游记》对世界文明史的发展起到了间接但极为重要的影响。《马可·波罗游记》对东方世界的美化和夸大,激发了欧洲人的好奇心和财富欲望。哥伦布反复阅读了该书,对游记中所展示的文明富裕的东方国家产生了无限仰慕,他周密筹谋,四处游说,冒险远航,结果发现了美洲新大陆,开辟了欧洲资本主义文明历史的新纪元。此外,葡萄牙的迪亚士、达·伽马、鄂本笃和麦哲伦,英国的京生及弗朗西斯·德雷克爵士,意大利的亚美利哥·维斯普奇和乔瓦尼·卡博托等人,都是通过阅读《马可·波罗游记》,从中得到丰富的知识储备和巨大的精神鼓舞,从而引发了他们向未知地域远行的信心和热情。甚至20世纪初,世界著名考古学家和探险家斯坦因在深入我国新疆和甘肃沙漠时还将该游记作为少数几本重要的参考书之一。

再次,《马可·波罗游记》也对世界地理学的发展起到了推动作用。它大大丰富了欧洲人的地理知识,拓展了当时欧洲人的地理视野,打破了中世纪宗教谬论和传统的"天圆地方"说。它成为西班牙喀塔兰大地图(1375年)的中亚和东亚部分绘制的主要蓝本,该地图被誉为"中世纪最有科学价值的地图"。不仅如此,其后许多欧洲人绘制的地图也都参考了马可·波罗的游记。

此外,马可·波罗的游记在欧洲文学艺术方面的影响也不可低估。朱谦之指出:"《马可·波罗游记》在给文艺复兴期以一定程度的物质的影响外,更供给欧洲的文学界、科学界以许多丰富的中国题材。……此外即在绘画和美术工艺上面,文艺复兴亦确曾受了中国的影响。"①这一方面归功于,《马可·波罗游记》本身就具有极高的文学价值。马可·波罗本身很善于讲故事,为他作笔录及整理的鲁思梯谦诺又是当时著名的传记作家,既能对历史中的人物事件特点做出精确的把握,又能进行生动形象的描述。两者联手,使得该书具有极强的可读性。时至今日,《马可·波罗游记》读起来仍然妙趣横生,使人爱不释手。另一方面,该书给欧洲文学界提供了许多新奇而鲜活、极富生命力的东方元素,由此激发出作家们大量新的创作灵感。同时该游记对绘画和美术工艺等领域也产生了一定的影响,一些欧洲艺术家在他们的作品中创造性地运用某些中国元素,使作品焕发出令人耳目一新的艺术风格。

另外,还值得一提的是,《马可·波罗游记》也为中亚、蒙古和中国等国家和地区的历史学研究提供了重要的史料。

所以,张国刚教授指出:"西方人之了解东方,了解中国,马可·波罗功不可没。这位威尼斯人关于东方见闻的绘声绘色的描述,使欧罗巴人将信将疑之际,生出无限幻想。"②我们认为,马可·波罗作为一个东西方文化交流史上的先行者和开拓者,大大促进了东西方文化的交流和发展,是连接中世纪和近代的一个关键性历史人物。

在马可·波罗到达中国后四十年左右,又有一个意大利人鄂多立克也经过长途跋涉,历尽千辛万苦来到中国,留下一部记述他在中国游历生活

---

① 朱谦之《中国哲学对于欧洲的影响》,福建人民出版社1985年版,第26页。
② 张国刚《德国的汉学研究》,中华书局1994年版,第3页。

的《东游录》。与马可·波罗一样,他对东游的所见所闻作了许多生动详细的描述,其中有些可与马可·波罗的记述互为印证;鄂多立克还记下了许多马可·波罗所未提到的地方与民间习俗,如中国南方女人裹小脚、有钱男人喜欢留长指甲、渔民用鸬鹚捕鱼、杭州的飞来峰、呼猿洞等奇景、南京的城墙、北京的北海和北海中的琼华岛、西藏女人的小辫子以及中国人爱喝茶等。这些记述从一定程度上填补了《马可·波罗游记》的空白。同时读这两本书,就如同领略一幅全面展现中国十三四世纪的历史人文和风土人情的巨大画卷。

不过,也许鄂多立克没有马可·波罗那么幸运。马可·波罗虽然文化修养不高,不懂拉丁文,甚至不会书写,但他很会讲故事。当时在热那亚人的监狱里,经验丰富的传记作家鲁思梯谦诺成了他的"黄金搭档",为他把繁杂的回忆笔录下来并整理成一本生动的游记。而替鄂多立克笔录的是他的一位名叫威廉的教友。可能这位教友没有太多的写作经验,或者病榻上的鄂多立克的讲述较具随意性,因此《世界探险史》的作者,苏联著名的历史地理学家约·彼·马吉多维奇认为《东游录》只是一部谈及亚洲各国和城镇及其民族和各种奇异之事的杂乱无章的故事书而已。① 但不可否认的是,该书在历史学、地理学和宗教史等方面的研究领域都还是有着一定的价值。

总体来说,这个阶段意大利对中国的认识还是停留在较为表面化的浅层,主要以记述和描写在中国的游历生活以及由此而获得的感性认识为主,对于中国文化的了解和观察并不深入,尚未触及隐含在表层表象底下的中国文化内核。

第二个阶段是意大利汉学的初创时期,阎纯德教授称之为"汉学生成时代",②时间是十六七世纪,这是意大利汉学史上最为重要的时期之一。这个时期的汉学领域里最为活跃的是耶稣会士。耶稣会对教育非常重视,派出的传教士往往训练有素。从范礼安开始,著名的来华意大利人罗明坚、利玛窦、郭居静、艾儒略、利类思、毕方济、卫匡国、殷铎泽、艾斯玎等人,大部分都是耶稣会士。中国人对这些传教士的印象大多不错。《明史·意

---

① [苏]约·彼·马吉多维奇《世界探险史》,海南出版社2006年版,第73页。
② 阎纯德《汉语教学与汉学的形成与发展》,见张西平、张晓慧主编《国际汉语教学动态与研究》第三辑,外语教学与研究出版社2006年版,第13页。

大里亚传》对他们就有这样的评价："其国人东来者,大都聪明特达之人,意专行教,不求利禄。其所著书多华人所未道,故一时好异者咸尚之。"①这一阶段的意大利人与萌芽时期的马可·波罗等人大为不同。他们目的明确,意图清楚,组织纪律严明,办事有章法,先是以传教为目的而学习汉语及中国文化,进而在较为深入了解中国文化的基础上将中国文化西传至欧洲。他们这种伴随着传教活动而水到渠成的中国文化研究和传播方式,以强烈的宗教使命感和责任感驱使下高度自觉的文化交流,在深度、广度及创造力等诸多方面都是史无前例的。无论是对中国典籍的编译还是对中国历史地理的介绍记述中,我们始终可见他们对中国文化深透的了解和钻研,对文化精髓的体悟和洞悉。如果说,马可·波罗等人的汉学活动是着眼于中国文化,尤其是物质文化之表层的话,那么16世纪及以后的传教士们的汉学活动则越来越触及中国文化的内核。虽然当时利玛窦、卫匡国、艾儒略等人并不自诩为汉学家,但纵观历史,汉学史上却少有出其右者。以下对这一时期的汉学家们略作介绍。

　　罗明坚是进入中国的第一个耶稣会士,也是西方汉学的奠基人。由于利玛窦的炫目光芒,使得我们提起汉学的时候,往往忽略了罗明坚。实际上,罗明坚在汉学史上有着独特的贡献。他甚至被誉为"西方汉学的奠基人""西方汉学之父"。如果我们真正了解罗明坚在汉学之路上的开拓之艰辛和成果之丰厚,我们就会发现,赢得如此高的声誉对他来说并不过分。

　　作为第一个系统学习汉语的西方传教士,罗明坚有许多史无前例的创举。其所编的《葡汉词典》是目前所知的中国历史上第一部汉外词典。这部词典虽然较为简单粗糙,但开启了以西文标注汉语发音的新思路。这对后来的利玛窦、金尼阁等人的拼音方案有着直接的影响。过去有不少学者认为该词典是利玛窦的作品,后来经过杨福绵教授考证,认为该词典是罗明坚和利玛窦的共同作品。据一些历史资料表明,利玛窦当时的身份是罗明坚的助手。此外,罗明坚还开创了以汉语著述和翻译中国经典古籍的先河。他还在澳门建立了一座"经言学校"。这是中国第一个用汉语来传教的机构,也是中国第一所外国人学习汉语的学校。1606年,他绘制了一部《中国地图集》。张西平认为,罗明坚的该地图集,对卫匡国编撰《中国新

---

① 清·张廷玉《明史》第三百二十六卷,列传第二百一十四。

图集》有着必然的影响。①

利玛窦是汉学发展史上的一个里程碑式的人物。《利玛窦中国札记》1953年英译本作者加莱格尔在序言中指出,三个世纪以来"没有任何国家的哪一个汉学家不曾提到过利玛窦"。② 如果熟悉汉学史的话,定会觉得此言不虚。可以毫不夸张地说,秉性坚毅、聪慧好学的利玛窦,在汉学领域所达到的广度和高度至今无人企及。其汉学成就主要有以下几个方面:

一是在"中学西传"上的成就。从利玛窦来到中国开始,直至客死斯土,他不间断地以书信、报告等形式向欧洲介绍中国,其晚年所做的回忆录——《利玛窦中国札记》更是详细地讲述了中国人物质生活和精神生活诸多方面的情况,也详细记录了利玛窦及其前辈传教士们在中国的活动。在学习汉语及与中国人的交往过程中,他感受到中国文化典籍的巨大魅力。于是他着手将《四书》翻译为拉丁文,并将译稿寄回意大利,引起了极大的反响。正是因为他的自觉带动和示范引领,以耶稣会士为首的传教士们,在十七、十八世纪近两个世纪的时间内,以大量的通信、札记、报告和著述等形式,向西方社会介绍了中国哲学、经济、政治、人文、地理、科技、宗教和风俗等方方面面的情况,打开了西方社会了解中国的重要窗口,为后世西方思想家汲取中国元素建立和完善思想体系奠定了坚实的基础。这种奠基式的作用不应该为历史所低估,更不应该为历史所淡忘。西方研究者普遍认为,在1800年以前,中国给予欧洲的比它从欧洲获得的要多得多。这其中,利玛窦担纲大任,功不可没。

二是在"西学东渐"上的成就。利玛窦一生勤勉,著述颇丰。根据朱维铮教授的统计:"利玛窦生前公开刊布的作品,主要是中文著译,现存的至少有十九种。"从《交友论》《坤舆万国全图》《西国记忆法》《天主实义》《西字奇迹》《畸人十篇》《几何原本》等到最后的《利玛窦中国札记》,利玛窦一边宣扬教义,一边将当时较为先进的西方科学技术知识引入封闭自大的中国。他所传播的自然科学与地理知识冲击了落后的"中国中心论"思想,带来了全新的天地观和世界观,从而一定程度上开拓了中国人看待世界和自身的视界,推动了中国人在文化观念上转变,促进了明清实学之风形成。梁启超曾说:"要而言之,中国知识线和外国线相接触,晋唐间的佛

---

① 转引自张西平《西方汉学的奠基人罗明坚》,《历史研究》2003年第3期。
② 利玛窦、金尼阁著,何高济等译《利玛窦中国札记》,中华书局2010年版,第31页。

学为第一次,明末的历算学便是第二次……后此清朝一代学者,对于历算学都有兴味,而且最喜欢谈经世致用之学,大概受到利、徐诸人影响不小。"①除了对中国近代科技地理的影响之外,还需要特别指出的是利玛窦对于中国语言的贡献。在学习汉语之初,利玛窦就协助罗明坚编写了《葡汉词典》,开创了以拉丁文标注汉语发音的先河;在此基础上,利玛窦优化了这一标音系统,出版了《西字奇迹》;二十多年后法国耶稣会传教士金尼阁在《西字奇迹》的基础上进一步优化改进,编写了《西儒耳目资》,形成了被称为"利-金方案"的汉语注音体系,摒弃了六朝以来繁难的反切注音法,促进了中国传统的音韵学研究方法的革新,也为后来的汉语拼音方案奠定了基础。实际上,现行的汉语拼音方案中的很多字母都沿用了利玛窦的方案。同时,利玛窦在翻译《几何原本》等著作的过程中,创造了许多至今仍活跃在中国人语言生活中的新词语,丰富了汉语词汇体系。

总而言之,从利玛窦的汉学贡献来看,他无疑是意大利汉学史的一座丰碑。

如果把罗明坚、利玛窦等人看作是第一代入华耶稣会士代表,那么艾儒略是第二代入华耶稣会士中最为杰出的传教士之一。他与利玛窦一样,也精通数学、天文学和地理学,博学勤勉,以汉语著述,成果丰硕,被认为是继利玛窦之后汉语水平最高的传教士之一,人称"西来孔子"。他在中国生活三十六年,足迹遍及开封、北京、上海、杭州、扬州、福州等地,后期主要在福建传教,继承利玛窦学术传教的方针,发展了一万多名信徒,被称为"福建教宗"。

卫匡国是继利玛窦之后又一位将毕生精力奉献于中西方文化交流并作出杰出贡献的意大利人。他在《中国历史十卷》和《中国新图志》中,对孔子和儒家学说作了较为全面和深刻的介绍,并表达了他个人对孔子由衷的敬慕之情。他还是向欧洲较为系统介绍《易经》的第一人。尤其是《中国新图志》,作为当时最翔实精确的中国地理著作,影响极大。白佐良认为它是"这一领域的'首创',代表着从地理学和制图学的角度对这个国家所做的真正'发现'"。②因而一直被奉为欧洲地理学界关于中国堪舆学的权

---

① 梁启超《中国近三百年学术史》,东方出版社 1996 年版,第 9 页。
② [意]白佐良著,李江涛译《意大利汉学:1600—1950》,见朱政惠主编《海外中国学评论》第 3 辑,上海辞书出版社 2008 年版,第 260 页。

威参考书。卫匡国也由此被近代德国著名地理学家李希霍芬称为"中国地理学之父"。

殷铎泽则是第一个系统全面地向欧洲人介绍孔子及儒家学说的来华耶稣会士。从此,中国儒家思想远播西方,逐渐引起人们的关注,孔子也由此真正广泛地被欧洲人所认识和了解。白佐良认为他的《中国哲学家孔子》(*Confucius Sinarum Philosophus*,1687)"开启了欧洲理解儒家思想的新纪元,因为它开始进入普通人的视野之中"。①由于殷铎泽及其所带领的传教士团队的编译介绍工作,孔子及其思想越来越为欧洲人所了解,并对一些西方思想家产生了较为重要的影响。

叶尊孝以编写了《汉拉词典》而著名,他的词典是当时同类语言工具书中最早按汉字部首笔画数顺序排列的词典,代表了那个时期汉外词典编纂的最高水准。该词典给入华传教士们学习汉语带来了很大的便利。在很长时期内,也是欧洲汉学者们不可或缺的工具书。

还有一位我们无法忽视的汉学家是德西德里。他在西藏生活五年,通藏语,并悉心研习了藏传佛教,对西藏的情况很了解。他的西藏报告和著作,内容丰富,涉及西藏宗教、政治斗争、民俗、地理及物产等方方面面,风格朴实,所言均为耳之所闻、目之所见,又比较翔实可靠,无论对于欧洲人,还是中国人都有着十分重要的史料价值。他的汉学著述,既填补了欧洲人对中国这块西域高原圣地认知上的空白,同时也提供了十六七世纪西藏地区与欧洲文明接触交汇的历史资料。

除了上述几位耶稣会士以外,还有不少在汉学领域中做出贡献的意大利人,如龙华民、利类思、郭居静、罗雅谷、熊三拔等等。这些意大利汉学家的活动使中西文化交流史上产生了第一次较大规模、相当深入的接触。这一时期的意大利汉学对欧洲,甚至世界汉学都产生了巨大的影响力。

第三个阶段是意大利汉学的转向时期。时间大致在 18 世纪内,主要标志是 1732 年中国学院创立。这一时期除了马国贤等少数几位入华传教士以外,没有出现贡献特别大的意大利汉学家。应该说,到这个时期,意大利汉学开始走下坡路了。法国入华耶稣会士费赖之在其所撰《在华耶稣会士列传及书目》一书中作过统计,1552 年至 1687 年间,在华耶稣会士与汉

---

① [意]白佐良著,李江涛译《意大利汉学:1600—1950》,见朱政惠主编《海外中国学评论》第 3 辑,上海辞书出版社 2008 年版,第 260 页。

学有关的著作共 69 种,作者有 28 人,其中葡萄牙和意大利两国无论在作者人数或作品数量上均占优势,法籍耶稣会士当时在该领域明显落后于上述两国。但在 1687 年至 1773 年间,法国逐渐成了欧洲汉学研究的中心和中国知识之供应者。①以至于法国汉学家戴密微认为:"西方的汉学是由法国人创立的。"②即便如此,他还是承认:"法国的先驱是葡萄牙、西班牙和意大利。"③本书认为,从汉学成果和影响力来看,说意大利人创立了西方汉学是不为过的。当然,到 17 世纪后期,汉学的接力棒则传递到了法国人的手里。

这个时期,除了马国贤以外,鲜有可圈可点的人物。马国贤于 1732 年创办的中国学院最早以培养中国本土传教士为目的,后来发展成为闻名于世的那不勒斯东方大学,以研究东方语言和文化而著称,被公认为全欧洲最早教授汉语和东方语言的学校。

此外,马国贤还以回忆录的方式详细记录了他在清廷供职的情况和他在往返中国和意大利途中的所见所闻及创办中国学院的历程。书中关于"中国礼仪之争"之始末及这场冲突的有关细节的记述,以及他以局外人的眼光所观察到的中国清朝初期的外交、民俗、宫廷生活、皇位更替等情况,极具史料价值。该书被作为欧洲汉学的一个重要成果,在西方流传甚广,一百多年来对西方人认识中国产生了重大而深刻的影响,很多西方大学的中国课程将之列为重要参考书目。

马国贤还助推了欧洲的中国园林风。他本人就对中国园林师法自然的特点特别推崇。1724 年,马国贤随身携带了《避暑山庄三十六景图》风景铜版画画册回国,这些铜版画对于英国园林的风格变革发生了十分重要的影响。因为此前在欧洲逐渐兴起的中国园林热中,人们对于中国园林的知识大都是从书本或口耳相传中得来的,均缺乏具体直观的资料。马国贤带回的《避暑山庄三十六景图》,非常适合时机地给他们提供了中国园林第一手、直观形象的资料。马国贤也借此将中国人以模仿和收纳自然景观为主、依天道顺自然的东方园林美学传扬到欧洲。

---

① 法国杜赫德编,郑德弟、朱静等译《耶稣会士中国书简集:中国回忆录》(第一卷)中文版序,大象出版社 2001 年版,第 11、12 页。

② [法]戴密微《法国汉学研究史》,载耿昇译《法国当代中国学》,中国社会科学院出版社 1998 年版。

③ 同上。

第四个阶段是意大利汉学的停滞时期。从18世纪直至19世纪上半叶,曾经起步最早的意大利汉学失去了它在西方汉学的主角地位,几乎停滞不前。一度繁花似锦的汉学景象渐渐暗淡下来。究其原因,可能是多方面的。白佐良认为:"近百年里意大利没有一个名副其实的远东政策,1870年以后的一些举措也显得过于突然、空想,毫无收效。"①实际上还有两个重要的原因。首先与教会高层的中国政策有关——1773年,教皇克莱孟十四世下令解散了耶稣会。这导致了一直以来以耶稣会士为研究主体的意大利汉学猛然间被割断了脐带,失去了后续力量。其次跟意大利国情有关——意大利本国在这个时候也正好陷入了争取国家独立的斗争之中,对于远东根本无暇顾及。在这些因素的综合影响下,意大利汉学不可避免地进入了持续的低迷期。这个时期,成果不多,除晁德莅所编的字典和《中国文学选集》(Cursus Litteraturae Sinicae),以及《那不勒斯中国学院专业学校专用中文文法书》《中文文法——附范文、阅读、小字典及214个索引表》《中文拉丁文文法字典》等以外,汉学领地几近荒芜。

　　这一时期还有三位汉学家值得一提。两位是法国著名汉学家儒莲的学生,一个是安德罗齐,另一个是塞维里尼。前者是第一个翻译《水浒传》的西方人,后者在佛罗伦萨皇家高等研究院开办了第一个"远东语言"讲座。还有一位是塞维里尼的学生普易尼,他翻译了《龙图公案》等七个公案小说。他们的作品均收录于晁德莅的《中国文学选集》。

　　德礼贤和图奇教授是意大利汉学停滞时期与恢复和繁荣时期最为关键的两位衔接者。德礼贤是利玛窦及中国天主教史与哲学史等方面的研究专家。他以《中国基督教艺术之原始》(Le Origine dell'arte Cristiana cinese,1939)、《天主教教士在中西学术交流上之贡献》(Contributo dei Missionari cattolici alla scambievole conoscenza della Cina e dell'Europa,1943)、《中国古代史上一神论之贡献》(Contributo alla storia del monoteismo dell'antica Cina,1951)、《中国哲学史概要》(Una Storia della Filosofia cinese,1954)、《中国朱熹之哲学》(La filosofia di Ciusci in Cina,1955)等大量著作论文,表明他在汉学领域的坚守精神,这种坚守精神在汉学的停滞时期更显其寂寞和可贵。另外值得一提的是,他还培养了意大利现当代两位重要的汉学家学生白佐良和兰乔蒂。

---

① [意]白佐良、马西尼《意大利与中国》,商务印书馆2002年版,第155页。

图奇先是在那不勒斯大学教授中文,后执教于罗马大学,并担任意大利东方研究所的负责人,1950年创办了英文汉学期刊《东方与西方》,1957年于罗马创办国立东方艺术馆。作为二战前后汉学的少数坚守者,他在意大利现当代东方学界享有盛誉。

随着二战结束,意大利汉学进入了第五个阶段,即恢复及繁荣时期。刚刚走出战争阴影的意大利百废待兴,汉学的恢复进程也相当缓慢。当初的情形可谓惨淡经营,就专家言,只有那不勒斯的东方大学(Istituto Universitario Orientale)和罗马大学各有一个汉学教授席位,以及一名没有任何教学经验的义务汉语讲师,同时汉学资料也相当匮乏,学生则是屈指可数。

1970年中意两国建交,双边关系稳固发展。20世纪70年代末,邓小平的改革开放政策给中国带来了翻天覆地的变化,中国的国际地位日益提高,经济和政治影响力不断扩大。意大利人对中国的兴趣日益提高,研究中国及其文化的学者日益增多,汉学在原有基础上迅速恢复了元气,随后更是大力发展,渐渐进入了繁荣时期。到20世纪90年代初,据兰乔蒂统计,意大利有专职教授三位(白佐良、兰乔蒂、萨巴蒂尼)、研究中国语言文学的副教授15位,另有研究中国考古学、艺术史、满学、蒙学、藏学的副教授多位。①学习汉语的学生人数不断攀升,大学及研究会所开设的课程不断充实。仅有的几位汉学家的著作急告售罄而重印。兰乔蒂认为,二战后汉学研究的发展,其动力来自于学者对中国文化的真正探求。他说:"学界权威终于认识到,研究中国语言(或亚洲其他语言)并不是由于纯粹的好奇或追求异域风情,而是植根于真正的文化需求。"②笔者认为,除了这一内生动力之外,意大利汉学的发展,也得益于其研究客体,即中国自身命运的改变。若非改革开放,处于弱势状态下的中国不会渐成热点,世人也不会瞩目中国,各国汉学的欣欣向荣局面需待时日。

在汉学恢复和繁荣时期,汉学发展呈现明显的点面结合态势。"面"主要是几个著名的大学学院,如那不勒斯东方大学、罗马大学东方研究学院、威尼斯大学东亚学院及国立米兰大学。"点"则主要指有着较高造诣

---

① [意]雷欧内·兰乔蒂《意大利汉学1945年至今》,见朱政惠主编《海外中国学评论》第3辑,上海辞书出版社2008年版,第270页。

② 同上。

的一些汉学家,包括白佐良、兰乔蒂、萨巴蒂尼、兰珊德、史华罗、马西尼、卡萨奇等教授。这一阶段的汉学彻底摆脱了传教士汉学的传统和藩篱,研究人员的学术性和专业化程度相对较高。白佐良所著的《中国文学史》(1946)、兰乔蒂的《中国文学史》(1969)、萨巴蒂尼与史华罗合著的《中国通史》(1986)等,都是标志意大利汉学走上复兴之路的扛鼎之作。语言、文学、翻译、历史、宗教、哲学、考古、艺术及科学史等各个方面的研究都散发出盎然春意,在意大利,乃至欧洲产生了广泛而持续的影响。马西翻译的《红楼梦》,兰珊德翻译的《文心雕龙》及张爱玲的许多作品,在文学界具有较大的影响力。各方面的工具书也不断得以编撰和出版,如《意汉词典》《甲骨文专业词典》等,汉学的影响向各个领域不断辐射和延展。

此外,还有不少专门的汉学研究机构,如意大利汉语研究协会、意大利汉学学会等陆续建立,一些专门刊物如《东方杂志》《东方研究月刊》《那不勒斯东方大学月刊》与 CINA、Mondo Cinese 等创刊发行,都表明意大利汉学开始重新走上兴盛之路。

第三节　意大利汉学的贡献

把意大利汉学放在中外文化交流和语言交汇的历史长河中加以观照,意大利汉学之于西方汉学的发展、中意及中欧文化的深度交流、中国历史及东亚历史的史料抉发、对外汉语学习与教学规律研究等诸方面,可谓是功莫大焉。

第一,意大利汉学对于西方汉学研究具有开路之功。意大利汉学是西方汉学的发轫者,从 13 世纪开始,意大利汉学即呈萌芽状态。柏朗嘉宾、马可·波罗与鄂多立克的中国之行及其记述,无意中为意大利汉学的创立起了很好的铺垫作用。自 16 世纪中叶到 17 世纪中叶这一百年间,意大利传教士汉学更是群星璀璨,在范礼安制订的方针的指引下,罗明坚、利玛窦、卫匡国等一大批意大利传教士谱写了意大利汉学史上最为绚丽的篇章。罗明坚编写的词典和对《四书》的翻译、利玛窦二十来种汉语著作及大量的信件报告,卫匡国对中国历史地理的介绍等,源源不断地向欧洲传达鲜活的中国信息,讲述生动的"中国故事"。他们的榜样作用又引领了各国在华传教士的汉学活动,使越来越多的传教士加入到学习汉语、研究中国文化、用汉语著述和翻译的队伍中。正是利玛窦等人的汉学活动,带动了法、德等欧洲国家的汉学发展。虽然入华传教士们自身没有清楚地意识到他们所从事的活动在汉学上的意义，但正是当时的这一批富有献身精神和钻研精神的优秀传教士，出于对其所从事的宗教事业的耿耿忠心，而对中国文化进行了热心的研究与传扬，掀起了西方汉学史上第一个汉学活动的高潮。可以说，意大利早期汉学拉开西方汉学史的序幕，意大利传教士成为西方汉学活动的先行者。瑞士著名历史学家雅各布·布克哈特在其《意大利文艺复兴时期的文化》里曾说："近代国家中间，意大利最早出现了文明生活习惯，他们讲究礼貌，重视言辞，举止娴雅，服装整洁，居所舒适，注意教育和体育。他们是欧洲的老师。"①在汉学研究方面，意大利人也可算是欧洲的老师。

第二，意大利汉学拓宽并深化了中意及中西文化交流。从马可·波罗到利玛窦、马国贤，直至当代的意大利汉学家，他们以书信、报告、回忆录、翻译、著述等各种方式，表达了他们站在"他立场"上对于中国文化的认知和解读。与此同时，他们在中国的活动也直接或间接地向中国移植西方的本土文化，为中国文化注入诸多异域元素，从而使自己成为中意及中西文化交流会通的桥梁和纽带。他们所从事的汉学活动本身就是中意及中西文化交流的重要载体和组成部分，并且由汉学而发展到哲学、宗教、历史、地理、军事、风俗、文学、绘画，甚至园林美学等领域的交流，对中意和中西文化交流起到了卓有成效的推动作用。

第三，意大利汉学为中国历史和东亚历史研究提供众多珍贵史料和有益补充。无论是柏朗嘉宾、马可·波罗、鄂多立克等最早的汉学先驱，还是罗明坚、利玛窦、马国贤等明清入华传教士，他们留下的种种关于东方见闻的书信、报告、日记和回忆录等书面文字，涉猎极广，内容极为丰富，而又由于年代、身份、东游目的、知识储备和观察视角等不尽相同，可能注意到了中国人所习焉不察的事情物理，保存下了不见于官方正史的名人逸事，记载了许多历史长河中的偶发事件。这些事物和事件本如雪泥鸿爪，了然无迹地湮没于历史深处，但在西方人士看似无心实则有意的记录中，保存着历史原貌，勾画了历史脉络，交代了历史原委。这些历史留存，于后来人的研究言，往往提供了弥足珍贵的原始佐证。

---

① ［瑞士］雅各布·布克哈特《意大利文艺复兴时期的文化》，商务印书馆1983年版，第381页。

第四,意大利汉学在促进世界语言观发展和汉语研究与教学等方面有着较高的价值。对于作为人类活动的重要内容和工具之一的语言的研究,是西方学界的一个重要传统。但他们在相当长的时间内对远东语言状况的了解极为有限。直到16世纪,许多耶稣会士陆陆续续进入中国,并率先开始学习汉语,并将他们对汉语的了解和认识点点滴滴地反馈到欧洲,欧洲语言学界才渐渐对遥远中国的语言有了较为全面的认知。许多对汉语有较深认识和贡献的入华耶稣会士正是意大利人。他们将这样一种与罗曼语系全然不同的方块字、单音节、四声等元素构成的汉藏语系里的一种独特语言介绍给欧洲人,迫使欧洲学者重新审视世界语言面貌,引发了学界对于语言问题的各种讨论,甚至争议,促进了全新的世界语言观和语言哲学观的建立。日本学者小野文说:"回顾一下历史,从传教士开始接触中国的16世纪起,欧洲人研究汉语的关注点,就已经落到这个'与什么都不相似的语言'与其他诸语言持有怎样关系这个问题上了。他们把汉语同'原始语言'、古埃及语、'哲学语言'等相联系,激发了众多思想及想象。"①实际上,除了思想与想象之外,还有各种论辩。如19世纪初德国语言学家洪堡特与法国汉学家雷慕莎关于如何看待汉语问题的讨论。②我国学者姚小平认为,明末东来的传教士的汉语学习活动,有三方面的意义:一是为后继者认识汉语开启了方便之门;同时也为欧洲学术界带去一种全新的语型,引发了欧洲学者观察语言世界的视角的质变;再者对于中国语言学的发展及汉语本身的进步,无论是语法和标音体系的建立,抑或是词汇与句法的丰富,都有积极的作用和深远的影响。③这些从事汉学活动的明末传教士多数是意大利耶稣会士,此论亦可作为对意大利汉学之于语言学贡献的概论。此外,历史上意大利汉学家学习汉语的动机之于学习汉语的方式方法及效果的关系等,对于我们今天的汉语教学与研究,也有着深刻的启迪作用和有益的借鉴意义。

---

① 小野文《作为例外的汉语——威廉·冯·洪堡特〈致阿贝尔·雷慕莎的信〉之考察》,见日本关西大学亚洲文化交流研究中心编著《亚洲语言文化交流研究》,上海辞书出版社2009年版,第154页。

② 同上。

③ 姚小平《欧洲汉语教育史之缘起——早期传教士的汉语学习和研究》,见《长江学术》2008年第1期。

第二章
萌芽时期的意大利汉学

第一节 概 述

　　意大利汉学萌芽时期很长。由于交通不便，意大利与中国两个古老的国家虽然在公元前后即有商旅往来，但基本上还处于互不了解的状态。从13世纪开始，到中国的意大利人陆陆续续多了起来，并留下或深或浅的活动痕迹。他们的活动，尤其以马可·波罗为代表，直接或间接地促进了中国和意大利的交流和接触，特别是向欧洲传递了有关中国的讯息。当时来华意大利人主要以使者、商人、旅行家和天主教的传教士为主。

　　当时担当两国文化交往之桥的主要是两个群体，一是商人，一是传教士。商人代表非马可·波罗莫属。这位世界闻名的大旅行家以一本令人疑惑而惊异的游记为西方打开了遥望东方这个老大帝国的窗口，激发起无数欧洲人的东方梦想。传教士则以柏朗嘉宾、孟高维诺和鄂多立克为代表，其中尤以鄂多立克的影响力为大。

　　还得从传教士讲起。最早出使中国的是柏朗嘉宾。他于1245年被教皇作为使者派往蒙古。回到欧洲后他写就《蒙古行纪》，记载了中国的有关情况。最早被教会正式派到中国传教的是方济各会修士、意大利人孟高维诺。1289年，他带着教皇尼古拉四世的信函，取海路从波斯登陆，途经印度、马六甲海峡，从中国广州登陆，1294年抵达元大都（今北京），向朝廷呈交了信函。与柏朗嘉宾所带的教皇信函不同，这封信的语气极为谦卑恭敬，教皇在信中写道："谨致书鞑靼著名君主忽必烈大汗。……我们宣教伊始不久，即接见鞑靼名王、高贵的君主阿鲁浑派遣的诚实使者，他们极为坦率地告诉我们，陛下对我们、对罗马教廷、也对拉丁民族和百姓怀有热爱之情。……我们认为理应把我们喜爱之子约翰·孟高维诺修士及与其同行的方济各会同事(此信携带者)派遣给陛下,恳求陛下施予仁慈,接待他们(他们所传的教义愿陛下悉心聆听,因为此乃救世之道);还祈求陛下施予圣恩,赞助托付他们的有益工作。这项旨在拯救灵魂的工作,仰仗陛下圣恩庇护,彼等即可更顺利、更有效地进行……"① 也许正是这种谦卑的语气使孟高维诺受到了朝廷的礼遇,并被批准在汗八里(大都,今北京,下同)自由传教。1298 年,孟高维诺在大都建立了第一座天主教堂,1306 年又获准在皇宫大门旁边建造了第二座教堂,先后共兴建三座教堂。他还用蒙文翻译了《新约圣经》和《旧约·诗篇》,并派传教士前往泉州、扬州、杭州等地传教。1307 年,罗马教皇克莱孟五世获知他传教所取得的成就,大为欣喜且赞赏,特设汗八里总主教区,任命孟高维诺为总主教,统辖契丹(北部中国)和蛮子(南部中国)的教务。1328 年,孟高维诺在北京去世,享年 81 岁。他在长达三十五年的中国北方生活期间,向罗马寄出了许多关于他传教活动的信件。马吉多维奇在《世界探险史》中认为:"从地理学观点来看,这些信件索然无味,不如他从南印度发出的信件。"② 但这些信息从汉学史的角度看,价值就不同了。比如其中 1305 年从汗八里发出的信件,报告了他在契丹传教并在都城建筑教堂和领洗等事。最后一段他描述了大汗土地之广大,人口之众多,财富之充裕,普天下无出其右者。1306,年他写的一封信由教士带回罗马,再次渲染汗八里城的宏大,大汗所辖国境的广阔,还特别指出了京城里异教的各个宗派,其克己之严有过于拉丁僧人等。这些都给西方世界传达了有关中国的初步印象。当然其在介绍中国情况的涉及范围之广及影响之深,远远比不上柏朗嘉宾和鄂多立克的作为。关于柏朗嘉宾和鄂多立克的汉学传播后文将作详细阐述。

除传教士外,当时一批商人穿行于东西方之间,留下了大量的历史印记。他们同样增进了西方对于东方尤其是对于中国的了解。最值得一提的当然是大名鼎鼎的马可·波罗。他于 1271 年跟着身为蒙古大使的父亲和叔叔离开威尼斯出发,沿着"丝绸之路"东行,终于在 1275 年 5 月到达蒙古上都开平,在蒙古统治的地盘上活动了十多年,最后于 1291 年踏上返乡之路。回国后传记作家根据他的口述作《马可·波罗游记》。自此以来,

----

① 左芙蓉《罗马天主教与蒙元的关系试析》,见朱耀廷主编《北京文化史研究》,光明日报出版社 2008 年版,第 155、156 页。

② [苏]约·彼·马吉多维奇《世界探险史》,海南出版社 2006 年版,第 72 页。

马可·波罗成为传奇人物而为世间熟知,影响了许多冒险家和旅行家。如 1340 年,佛罗伦萨商人及政治家的佩格洛蒂写了一本名为《诸国记》的书,这本书后来被改名为《通商指南》。顾名思义,该书是被当作商人们通商指导书目的,因为"全书包含地域,东至中国,西至英国,凡欧人来华经商必需的知识,如道路里数、进出口货品、金融制度、度量衡制度、税捐问题,乃至纸币问题,均一一论及。"①一百年之后,又有一位意大利商人尼哥罗·康梯②随商队游历东方,他的经历由意大利知名的学者布拉卓利尼以拉丁语著成《游记》一书。根据此书所述,也可了解到一些所谓"契丹商人"的情况。

由于交通不便加上各种人为阻隔,13 世纪的中国和意大利交流不多,但这些宗教及商旅先驱长途跋涉,往来于东西方之间,留下了许多见闻,并将之介绍给欧洲。他们的记述不可避免地渗入了自己复杂的个人经历及情感,掺杂着异域身份者强加于中国的许多主观色彩,加上意大利人独有的语言表达方式,使得记述中不乏夸饰之风和道听途说之辞,因而在客观性方面难免有所欠缺。但无论如何,他们描绘的中国形象激起了中世纪欧洲人对中国的热切向往之心。他们所涉及的许多历史地理等方面的内容也为史学、地理学等研究提供了珍贵的史料,这是无可否认的,也是不能低估的。

第二节　柏朗嘉宾

一、生平和主要经历

柏朗嘉宾于 1182 年生于意大利佩鲁贾,出身于贵族家庭,学识渊博,是圣·方济各的挚友,也是方济各会(又名小兄弟会)的创始人之一。1221 年,受方济各教会派遣到日耳曼、西班牙等地,1245 年被教皇作为使者派往蒙古。虽然当时蒙古尚未入主中原,但蒙古当时的统治者贵由后来

---

① 尼哥罗·康梯,威尼斯人,回国后著有三卷旅行见闻,其中记述了在我国南部地区的见闻。

② 朱谦之《中国哲学对欧洲的影响》,上海人民出版社 2006 年版,第 37 页。

柏朗嘉宾像

被谥为元定宗,从这个意义上说柏朗嘉宾与贵由的接触也可被视为基督教与中国的接触的开端。

柏朗嘉宾出使蒙古有着特别的背景和使命。1236年,成吉思汗长孙拔都带领所谓的蒙古"长子军"西征。他们进兵俄罗斯,占领莫斯科,攻下波兰和匈牙利,势如破竹,一路打到威尼斯边界,直至1241年底因窝阔台去世才撤兵回到蒙古。蒙古大军一路狂飙突进的扩张引起欧洲社会的震惊和普遍恐慌。1245年教皇英诺森四世在里昂召集全欧主教大会,商讨如何防止蒙古军队进一步入侵等问题,会议决定派柏朗嘉宾携教皇的亲笔信前往蒙古帝国,以说服蒙古统治者皈依基督教并停止攻击和杀戮。

柏朗嘉宾于1245年4月16日(复活节)和一名波希米亚人从里昂出发,途中波希米亚人因病而返,柏朗嘉宾在西里西亚与另一位波兰修士本笃结伴同行。1246年4月4日,他们到达基辅,被蒙古人送到伏尔加河下游,接受蒙古统帅拔都接见。他们这样向拔都阐明此行的目的:"教宗派遣我们来见贵国皇帝、贵国皇太子和所有鞑靼贵人,教宗只有一个目的,他希望基督徒和鞑靼人做朋友,希望大家和平相处。他更希望鞑靼人能和天主同在天堂享受荣福。因此,他写了信,还派遣我们来劝他们奉教,接受吾主耶稣基督的信仰,因为他们如不这样,就无法得救。"这封信表达了反对蒙古西征和劝蒙古人信仰基督教两个意图。

因为大汗贵由即将举行即位大典,拔都决定将柏朗嘉宾作为献礼之一奉呈贵由。他命人将教皇信函翻译成俄语、萨拉森语和蒙古语,然后派人陪护柏朗嘉宾等人快马加鞭骑马东行,他们沿着里海,经过巴尔喀什湖南部,越过阿尔泰山进入蒙古地区。经过一路颠簸艰辛,终于在7月22日及时赶到了当时蒙古的首都和林(蒙古上都)。8月24日他们参加了新皇帝贵由大汗(定宗)的登基大典。11月13日,柏朗嘉宾觐见贵由,呈交了教皇致蒙古大汗和臣民的书信。信中详细阐述了基督教的教义,劝蒙古君王和臣民信奉基督教,并谴责了蒙古士兵滥杀无辜,劝告和请求蒙古皇帝停止向西方进攻,信中所用语气极为强硬倨傲。信中写道:

> 我们听说,你侵略了许多既属于基督徒又属于其他人的国家,踩躏它们,使之满目荒凉。而且,你以一种仍未减退的狂暴精神,不仅没有停止把你的毁灭之手伸向更为遥远的国度,而且打破天然结合的纽带,不分性别和年龄,一律不饶。你们挥舞着惩罚之剑,不分青红皂白地向全人类进攻。因此,我们遵循和平之王的榜样,并渴望所有人类都应在敬畏上帝之中和谐地联合起来共同生活。兹特劝告、请求并真诚地恳求你们全体人民:从今以后彻底停止这种袭击,特别是停止迫害基督徒。而且,在犯了这样多和这样严重的罪过之后,你们应通过忏悔来平息上帝的愤怒——你们的所作所为,严重地激起了上帝的愤怒,这是毫无疑问的。……①

定宗阅信后,不以为然,也以同样高傲的态度断然地拒绝了教皇的要求。这自然导致柏朗嘉宾的使命以失败而告终。1246年11月17日,柏朗嘉宾带着定宗写给教皇的国书离开蒙古,踏上归途。1247年回到当时教廷所在地法国阿维尼翁。定宗回复教皇的书信是用波斯语写成的,现藏于梵蒂冈教廷档案馆中。信中写道:

> 我们,在长生天力量下的宇宙大国
> 我们的命令:

---

① http://blog.renren.com/share/225152853/2060555245。另见道森《出使蒙古记》,中国社会科学出版社1983年版,第90、93页。

在可汗的国土举行大会时,你提交的请求书,已从你的使者那里收到了。

如果你的使者返回你那里汇报,那么你,教皇,和你所有的君主们一道,该立刻亲自过来为我们效力。那时,我会详细告诉你一切规矩。

你又说,你曾向上天祈求和祷告,希望我接受洗礼。我不懂你的这个祷告。你还对我说了其他的话:"你夺取了匈牙利人和其他基督徒的一切土地,使我十分惊讶。告诉我们,他们的过错是什么。"我也不懂你的这些话。长生天杀死并消灭了这些地方的人,是因为他们既不服从成吉思汗,也不服从(窝阔台)可汗,又不遵守长生天命令(成吉思汗和可汗都是奉派来传播长生天的命令的)。他们像你所说的话一样粗鲁无耻、傲慢自大。他们杀死了我们的使者。任何人,怎么能违反长生天的命令,依照他自己的力量抓人或杀人呢?

虽然你又说,我应该成为一个虔诚的聂思脱里(基督)教徒,崇拜上天,并成为一个苦行修道者,但是你怎么知道长生天要拯救谁、对谁真正表现出慈悲呢?你怎么知道你们的这些话是得到长生天批准的?从日出的地方,到日落的地方,一切土地都已被我征服了,谁能违反长生天的命令完成这样的事业?

现在你应该真心诚意地说:"我愿意投降并为你效力。"你个人位居一切君主之上,应立即过来为我们效力并给我们进贡。那时你才会得救。

如果你不遵守长生天的命令,如果你不理睬我的命令,我就把你当作敌人。同样,我会让你明白这话的意思。你不按照我的命令做,其后果只有长生天知道。①

信中借"长生天"之名,以一种威胁的口气命令教皇和君主们到他的驻地表示效忠。

我们不难想见教皇读了这封国书后的心情和感受。

可以说,柏朗嘉宾的蒙古之行是以失败告终的。返回欧洲后不久,柏

---

① http://blog.renren.com/share/225152853/2060555245。

朗嘉宾又以教皇使节的身份拜访了法国国王圣·路易。此后,他被任命为安蒂瓦利大主教,最终于1252年在今克罗地亚境内的达尔马提亚去世。

二、汉学贡献

虽然作为一名教廷使者,柏朗嘉宾的蒙古之行以失败告终了,但他在汉学领域留下了不可磨灭的印迹。1247年,他将当年沿途留心记下的所见所闻用拉丁文记录下来,写成报告,名为《蒙古行纪》。全书共分九章,详细介绍蒙古及"契丹"的地理概况、衣食住行、民间习俗、宗教信仰、诸王起源、军队的结构和武器、战略战术情况,同时深入探讨怎样与蒙古人作战等问题。

作为最早出使东亚的罗马教皇使节,柏朗嘉宾所作的《蒙古行纪》,在相当长的时间内成为欧洲人关于东方知识的最重要来源之一,也是欧洲第一部关于蒙古人的著作。他在蒙古生活了三年之久,十分熟悉蒙古人的生活习俗、地理风貌,且目睹了许多历史事件的发生和经过,掌握了大量的第一手资料,因而他所写报告的可信度是较强的,为研究蒙古史、中国北方地区历史及东西方文化交流史都提供了重要的史料。比如,对于当时所亲眼看见的大汗登基景象,柏朗嘉宾有细致的描述:"全体宗王们脱帽,解开宽腰带,把贵由扶上金王位,以汗号称呼他,到会者对新君九拜表示归顺,在帐外的藩王及外国使臣等也同时跪拜称贺。"他这样描述贵由:"在他当选时,约有四十,最多四十五岁。他是中等身材,非常聪明,极为精明,举止极为严肃庄重。从来没有看见他放声大笑,或者是寻欢作乐。"正如前文所提到的,他还对所谓的"契丹人"作过一些描述,如"契丹的强大皇帝被击败了,这位成吉思汗便被拥立为帝。但一直到现在,他们尚未征服契丹国的另外半壁江山,因为它位于海面",从这里我们可以确定,他所称的"契丹人"指的应该就是中国人。柏朗嘉宾还说:"……契丹人都是异教徒,他们拥有自己特殊的字母,似乎也有《新约》和《旧约》,同时也有神徒传、隐修士和修建得如同教堂一般的房舍,他们经常在其中进行祈祷。他们也声称拥有自己的圣人,崇拜唯一的尊神,信仰永恒的生命。他们敬重和崇拜他们的《圣经》,经常大量施舍。他们表现为通融之士和近乎人情。他们不长胡须,面庞形状非常容易使人联想到蒙古人的形貌,但没有后者那样宽阔。他们所操的语言也甚为独特。世界上人们所习惯从事的各行业中再也找不到比他们更为娴熟的精工良匠了。他们的国土盛产小麦、果酒、丝绸和人类的本性所需要的一切。"①法国已故汉学家韩百诗对此评价和分析道:"柏朗嘉宾对契丹人所做的描述在欧洲人中是破天荒的第一次;同样,他也是第一位介绍中国语言和文献的人,但由于其中所涉及的都是寺庙和僧侣,所以他所指的很可能是汉文佛经。对其他情况相当含糊不清,唯有对汉人性格和体形的描述除外"。②

柏朗嘉宾对蒙古人的性格也作过一些描述。他说:"在他们之中几乎发现不了任何真挚直率的性格""这些人无论在吃喝和其他处世为人方面,都十分肮脏卑鄙"、"这是一些最为贪婪地向别人索求东西的无耻之徒""总而言之,列举他们的丑陋恶习太费笔墨,我确实无法将之一一记录下来"。可见,蒙古人的性格给柏朗嘉宾留下了狡猾、肮脏、贪婪等极差的负面印象。

尽管柏朗嘉宾的《蒙古行纪》里的许多记述不尽详备,但我们不得不承认在汉学史发端之初,这些内容还是弥足珍贵的。

第三节 马可·波罗

马可·波罗是中世纪最为著名的旅行家之一,与鄂多立克、伊本·白图塔③和尼哥罗·康梯并称为中世纪四大旅行家。他的《马可·波罗游记》是中世纪最著名、影响力最大、同时也是引起争议最多的东方游记。可以说,他在所有向西方人介绍中国的旅行家中是最伟大的一位。

正如前文所述,学界对他的汉学家身份是不认同的。的确,如果汉学家专指狭义上的汉学研究专家,马可·波罗确实算不上汉学家,但如果从"世事洞明皆学问"的角度而言,马可却是当之无愧的"民间汉学家"。他的游记对于中国政治、经济、金融、地理、历史以及中国民间风俗等各方面作了细致的介绍和描绘,在西方世界产生了重大而深远的影响,这种影响尤其突出地体现在世界地理和政治等方面。可以说,《马可·波罗游记》不是向西方世界吹去一缕裹挟中国及东方世界诸多信息的微风,而是掀起

---

① [意]柏朗嘉宾著,耿昇、何高济译《柏朗嘉宾蒙古行纪》,中华书局2002年版,第48、49页。
② 同上,第129页。
③ 伊本·白图塔,摩洛哥人,著有《在美好国家旅游者的欢乐》,又名《亚非游记》。

马可·波罗

了震撼人心的飓风。这股飓风像除了将与其同时代的人吹得晕头转向、惊疑交加,甚至有人大呼"不可能"以外,更吹进了哥伦布、迪亚士、达·伽马、麦哲伦及利玛窦等众多年轻人的心里,激起了他们对东方世界的强烈向往和探索冲动,甚至世界著名的考古学家、敦煌学开山鼻祖之一的斯坦因在大漠之旅中,也随身携带着《马可·波罗游记》。从马可·波罗在世界历史、地理、文学和政治的各个领域所产生的影响来看,我们都不难看出他身上所独具的泛文化领域的耀眼光芒。因此,我们认为,在汉学史上,马可·波罗顺理成章地应该有一席之位。

一、马可·波罗是否真的到过中国?

在介绍马可·波罗及其游记之前,很有必要厘清学界一直以来争论不休的问题:马可·波罗是否真的到过中国?这个问题主要是由《马可·波罗游记》里所记述的内容引起的。《马可·波罗游记》是马可·波罗在狱中口述其东方之行的见闻由狱友鲁思梯谦诺用当时流行最广的法语笔录而成的一部书,于1299年出版。该书面世后很快就风靡欧洲,被称为"世界一大奇书",据说当时知识界人士以阅读该书、谈论该书为时尚,几乎人手一册。马可·波罗还在世时就出现了各种手抄本,另外还有法文本、意大利托斯卡纳方言本、威尼斯方言本及拉丁文本等多种版本。据说从15世纪末至今,该书至少有138种手抄本行世,后由于活字印刷术流行又出现了各种印刷本。这本游记塑造了一个令欧洲人将信将疑的美丽神奇、繁华富庶、美如天堂的东方世界。马可·波罗出色的叙事能力和添油加醋的表达方式使得人们一方面深深地被吸引,但另一方面又对他游记的真实性普遍产生了怀疑。人们不相信东方真的有那么繁华美丽的城市和先进的文化。很多人将《马可·波罗游记》当作是一部天方夜谭式的小说来看,有些人则对该书进行了严厉的指责。如18世纪就有一位法国作家说:"我们关于中国的最初知识,来自著名的威尼斯人马可·波罗。他谈到了这个国家的悠久历史,优秀的法律和政府,肥沃的土地,富足的生活,繁荣的商贸,众多的居民,等等。他描绘了中国人的礼节,他们对艺术和科学的喜爱以及发展艺术和科学的热情。所有这些记述都被视为虚妄的奇谈。人们认为,这种无稽之谈与其说是事实的真实记述,不如说是善意的想象结果。人们觉得,如果相信数千里外有一个强大的国家,它胜过治理得最好的欧洲国家,那简直就是荒谬。什么!在许许多多的野蛮国家那边,在世界的尽头,会有如那位威尼斯人所说的那样一个古老、聪慧和文明的民族?纯粹是痴人说梦,除了头脑简单的人和傻瓜,谁也不会相信。"①当时持类似想法的大有人在,因此很多人就怀疑马可·波罗是否真正到过中国,认为《马可·波罗游记》里所记述的内容是基于杜撰和想象。对此,马可·波罗自己曾多次作过回应,予以驳斥。最后一次是在他临终之际,亲友"为解救他的灵魂"起见,曾哀求他否认其书,至少也要对世人所认为纯属虚构的部分进行否认。他却郑重声明,自己不但没有言过其实,而且"所见的异事尚未说到一半"。②

然而,长期以来,因《马可·波罗游记》而引发的争议仍持续不断。围绕他是否到过中国这一焦点可分为两派:一种是认为马可·波罗确实到过中国的肯定派,另一种是怀疑派。先看肯定派。1966年,德国著名蒙古学家傅海波在《蒙古帝国时期的中西接触》(Sino-Western Contacts under the Mongol Empire)③一文中列举了游记中的一些可疑之处,如扬州为官、献投石机攻陷襄阳等以及书中未提及茶叶和汉字书法等问题。他认为:"这些事倒使人们对波罗一家长期住在中国一说发生怀疑。"但怀疑归怀疑,在举

---

① 转引自许明龙《欧洲18世纪"中国热"》,山西教育出版社1999年版,第15页。
② [意]马可波罗著,冯承钧译《马可波罗行记》,东方出版社2011年版,第34页。
③ *Journal of the Royal Asiatic Society*, Hong Kong Branch, 6.1966. Hong Kong, pp.49~72.

出疑点后他又紧接着说:"但是,不管怎样,在没有举出确凿证据证明波罗的书(只)是一部世界地理志,其中有关中国的几章是取自其他的,也许是波斯的资料(他用了一些波斯词汇)以前,我们只好作善意解释,假定(姑且认为)他还是到过中国。"到了 20 世纪 90 年代,英国的马可·波罗研究专家亨利·玉尔在其《马可·波罗游记导言》中指出马可·波罗书中有关中国的记载有多处遗漏。如万里长城、茶叶、妇女缠足、用鸬鹚捕鱼、人工孵卵、印刷书籍、中国文字以及其他奇技巧术、怪异风俗等。另外,《游记》里还存在不少不确之处,如地方名多用鞑靼语或波斯语、成吉思汗死事及其家族谱系有误等,玉尔认为最难解释的是攻陷襄阳城之事。但是玉尔并未怀疑马可·波罗的来华一事。法国东方学家伯希和也基本承认马可·波罗到过中国。国内肯定派则以我国著名元史专家、南开大学历史系教授杨志玖为代表。从 20 世纪 40 年代开始,他就不断地撰文与怀疑论者进行论战。

再看持怀疑论者的几位代表:美国学者海格尔。1979 年,他撰写了《马可·波罗到过中国吗——从内证中看到问题》一文对马可·波罗来华提出质疑。1982 年,英国学者克雷格·克鲁纳斯引用傅海波的文章,在英国泰晤士报(The Times) 4 月 14 日《中国增刊》(China Supplement)上发表了《探险者的足迹》(The explorer's tracks)一文,提出四条质疑,认为马可·波罗曾看过某种波斯的《导游手册》。还有英国不列颠图书馆中国部主任弗兰西丝·伍德博士(中文名吴苏思),她于 1995 年出版了《马可·波罗到过中国吗?》(Did Marco Polo Go to China?)一书,全面否定了马可·波罗到过中国一事。她认为,在中国史籍中没有一件关于《马可·波罗游记》的可供考证的材料。茶叶、筷子、汉字、印刷术、妇女裹足、长城及用鸬鹚捕鱼等这些具有中国特色的事物在书中未曾提及。书中有不少夸大失实或错误之处,如献炮攻襄阳、蒙古王室谱系混乱不清等。所以,她得出最后的结论:"我倾向于认为马可·波罗自己可能从来没有到比他家在黑海沿岸和君士坦丁堡的贸易站更远的地方旅行……"①她设想《马可·波罗游记》是马可·波罗根据他的家庭"为了便于旅行和贸易而收集有包括以远地区的波斯文导游手册、地图和历史书籍在内的材料"而编出的中国指南式手册。②

但是从多方面来看,马可·波罗来过中国,这个问题是毋庸置疑的。

---

① [英]吴芳思著,洪允息译《马可·波罗到过中国吗?》,新华出版社 1997 年版,第 198 页。
② 同上,第 197 页。

首先，马可·波罗到过中国这件事情并非没有历史佐证。目前至少有二。一是杨志玖通过研究史书《站赤》所做的突破性发现：

  1941年，本文著者在一本讲元代驿站的官书（书名《站赤》，在残存的《永乐大典》）中，发现了一段材料，讲的是元廷派遣兀鲁得、阿必失呵、火者三使臣往波斯阿鲁浑大王处的事。这三位使臣的名字在《马可波罗游记》中也有记载，他们是阿鲁浑派来的，马可波罗就是陪伴他们三人护送一位蒙古公主到波斯去，从而离开中国的。《站赤》中虽然没有提马可波罗的名字和护送公主的事，但事实是一致的。《站赤》记这一事的日期是元世祖至元二十七年八月十七日，即公元1290年9月21日，当时三使臣还在泉州待命出发。由泉州出海，因季候关系，须在阴历十一月、十二月或次年正月几个月内。所以他们至迟应在至元二十七年之末或二十八年之初起程，二十七年之末以公历计为1291年初，这即是马可波罗离华之年。

  这在波斯人当时写的历史上也可以得到印证。波斯人拉施特（或译拉施都丁）所著《史集》中，有一段记阿鲁浑之子合赞在波斯阿八哈耳城遇见阿鲁浑派往中国的使臣火者及蒙古公主事，时间据上下文推算，应在1293年7、8月间。据马可波罗说，他们从泉州到波斯费时二年两个月。仅若1292年初出发，那他们到达波斯时间最早应在1294年2月以后，与《史集》所记年代不合。如在1291年初出发，则到达波斯的时间应在1293年2月间。这是到达波斯湾港口忽里模子的时间，登陆后因移交公主又走了许多路，费了许多时间，最后在阿八哈耳城见到合赞，在1293年7、8间，即登陆半年后才完成护送和移交公主的使命，完全可能。因而，从波斯史料来考证，马可波罗在1291年初离开中国的推算比起来也是合理的。

在文中，杨志玖教授以《站赤》所记载的三使者护送公主一事与《马可·波罗游记》里护送一位皇族少女之事相互印证，并将马可·波罗离开中国时间推算为1291年。杨还找到了波斯人所记载的历史作为这一事件及发生时间的佐证。之后，世界著名的法国汉学家、探险家伯希和也根据西方的史料推算,得出和杨志玖相同的结论。①

二是忽必烈时代发生的阿合马被杀事件。阿合马是一个足智多谋的大臣,位高权重却专权任性、贪婪残暴,引起汉人不满,最后被人合伙谋杀。关于他的被杀经过,《元史奸臣传》有详细记述:至元十九年(1282年)三月,有个名叫王著的益都千户与一个自称有秘密法术的高和尚等人设计用大铜锤杀了阿合马。②《元史》的《裕宗传》和《安童传》都对此事有所记载,而《马可·波罗游记》第八十四章也详细记载了这一事件,并指出马可·波罗当时正在那里。③这正可与《元史》互相补充、互为印证。马可·波罗也提到王著的名字(冯译本用的是"王箸")。冯承钧译本原文:"其中有一契丹人名陈箸(Tchen-tchou)者,身为千户,母及妻女并为阿合马所辱。愤恨已极,遂与别一契丹人身为万户名称王箸(Wang-tchou)者同谋杀之。"④

以上仅为两个小小的例子,至少可以说明,马可·波罗在这两个事件上并非胡编乱造。

其次,马可·波罗在游记里经常说明从某地到另外一地需要走几天的路,经过什么江河。某地如果对他而言印象深刻,如有特别的风景、风俗或出产等情况,就加以详细记录。从他对相关地方和事情的描述来看,如果不是亲身经历、亲眼所见,很难有如此细致入微的描述。如第一五一章关于杭州的记载相当详细:

> 自强安城发足,骑行三日,经行一美丽地域,沿途见有环墙之城村甚重众,由是抵极名贵之行在(Quinsay)城。行在云者,法兰西语犹言'天城',前已言之也。既抵此处,请言其极灿烂华丽之状,盖其状实足言也,谓其为世界最富丽名贵之城,良非伪语。⑤
> ……
> 城中有一大湖,周围广有三十哩,沿湖有极美之宫殿,同壮丽之邸舍,并为城中贵人所有。亦有偶像教徒之庙宇甚多。湖之中央有二岛,各岛上有一壮丽宫室,形类帝宫。城中居民遇有大庆

---

① 杨志玖《马可波罗离开中国在1291年的根据是什么?》,载《历史教学》1983年第2期。
② 《元史第二百五卷·列传第九十二·奸臣传》。
③ [意]马可波罗著,冯承钧译《马可波罗行纪》,东方出版社2011年版,第216—218页。
④ 同上,第217页。
⑤ 同上,第371页。

之事,则在此宫举行。中有银制器皿、乐器,举凡必要之物皆备,国王贮此以供人民之用。凡欲在此宫举行大庆者,皆任其为之。①

此城尚有出走的蛮子国王之宫殿,内有世界最美丽而最堪娱乐之园囿,世界良果充满其中,并有喷泉及湖沼,湖中充满鱼类。中央有最壮丽之宫室,计有大而美之殿二十所,其中最大者,多人可以会食。全饰以金,其天花板及四壁,除金色外无他色,灿烂华丽,至堪娱目。②

杭州在当时被称为"行在",在中国历史上,"行在"指天子所在之地,如《汉书·武帝纪》中有"谕三老孝弟以为民师,举独行之君子,徵诣行在所"。颜师古作注解释:"天子或在京师,或出巡狩,不可豫定,故言行在所耳,不得亦谓京师为行在也。"后来也专指天子巡行所到的地方。如宋高宗赵构于1127年即位后,为避金兵进攻,以巡幸为名,先后流亡到扬州、平江府(今江苏苏州)、杭州、建康府(今江苏南京)、绍兴府(今浙江绍兴)等地,这些地方都被称为"行在"。建炎三年即1129年下诏以杭州为行宫,1138年正式以杭州(当时称临安府)为都,仍称作行在。这一名称一直通行于元代。除了《马可·波罗游记》,鄂多立克的《东游录》里谈及杭州时也使用了同样的名称。

关于百工商贾的记录也很详细:

> ……此城有十二种职业,各业有一万二千户,每户至少有十人,中有若干户多至二十人、四十人不等。其人非尽主人,然亦有仆役不少,以供主人指使之用。诸人皆勤于作业,盖其地有不少城市,皆依此城供给也。③

他还写道:

> ……城中有商贾甚众,颇富足,贸易之巨,无人能言其数。应知此职业主人之为工厂长者,与其妇女,皆不亲手操作,其起居清洁富丽,与诸国王无异……④

---

① [意]马可波罗著,冯承钧译《马可波罗行纪》,东方出版社2011年版,第372页。
② 同上,第373页。
③ 同上,第372页。
④ 同上,第372页。

这些描述可在宋代周淙任临安知府时所修的乾道《临安志》及南宋吴自牧所著的《梦粱录》等书中找到印证。

在游记的第七十一章中，马可·波罗对鹿科动物麝、麝香产地及摄取麝的最佳时机、方法等作了详细的描述：

> 此地有世界最良之麝香，请言其出产之法如下：此地有一种野兽，形如羚羊，蹄尾类羚羊，毛类鹿而较粗，头无角，口有四牙，上下各二，长三指，薄而不厚，上牙下垂，下牙上峙。兽形甚美。取麝之法如下，捕得此兽以后，割其脐下之血袋。袋处皮肉之间，连皮割下，其中之血即是麝香。其味甚浓，此地所产此兽无算。①

如果马可·波罗不是亲自去过杭州，对所描述的内容有过实际的接触和了解，很难想象仅凭臆想能有如此生动深刻的印象。

《马可·波罗游记》第六十九章《鞑靼人之神道》中还有关于元朝法律的记载：

> 有窃一微物者，杖七下，或十七，或二十七，或三十七，或四十七，而止于一百零七，视其罪大小而异。有时被杖至死者。设有盗马一骑或其他重要物品者，则为死罪，处以腰斩之刑。然应附带言及者，其罪可以买赎，偿窃物之九倍则免。②

这段叙述与《元史·刑法志》中《名例》所解释的"笞刑"（用小竹板打）及"杖刑"（用大竹板或木棍打）基本上是一致的：

> 其五刑之目：凡七下至五十七，谓之笞刑；凡六十七至一百七，谓之杖刑。③

---

① ［意］马可波罗著，冯承钧译《马可波罗行纪》，东方出版社 2011 年版，第 168、169 页。
② 同上，第 161 页。
③ 《元史·刑法志》卷一百零二。

《元史·刑法志》也有"诸盗驼马牛驴骡,一陪九"的规定。这都表明,马可·波罗关于元朝法律的叙述并非随口胡诌。

还有最主要的,从判定某游记真伪的标准来看,我们能否从其所未记载的某些内容,进而就否定它的真实性呢？这在逻辑上是完全不成立的。这里我们也不禁要问,对于历史上的人物行迹的考证,仅凭他没有说过什么而对他说过什么却置若罔闻,这是一种科学的方法吗？一个历史人物,在一个特定的历史时期,他所关注的、感兴趣的、想记述的、想表达的东西很大程度上是根据其经历、兴趣等很多因素决定的,而不是为了满足后来人的考证需要而取舍的。这就注定了他所记述的一定不会是面面俱到、包罗万象的。也正因为这个原因,杨志玖教授对伍德的做法表示了不满："要求一部旅行记或地理志事无巨细、小大不弃一一记录下来,是一种不切实际的苛求。以此为标准判断一本书的真伪,未免过于轻率。伍德恪守傅海波教授的成规并加以发展,写出专章,指责马可·波罗所漏记的事物。"①的确,任何游记作者,都只会记录其所认为值得记录的东西。比如对于女子缠足问题,晚于马可·波罗来华的鄂多立克是提到过的,说这是中国南部妇女的一个习俗,而《马可·波罗游记》却未曾提及。伍德对此就非常不解,"因为这几乎是后来的旅行者首先看得入迷的习俗"②。实际上,对某一旅行者来说会"首先看得入迷"的事物是不是一定也是其他旅行者都会"首先看得入迷"的呢？这样的"推己及人"完全是没有逻辑不合常理的推断。同样还有印刷术问题。伍德认为马可·波罗提到过纸币,却未提及印刷术；又认为马可·波罗曾去过当时中国的刊印中心福建及书商云集的杭州等,也未提及印刷术,这也是不可理解的。我们则认为,即使对一段路线相仿的游历,不同的游记作者会根据自己的兴趣爱好或情感表达需要而对游记内容做出不同的取舍,这也使得不同的游记各具自己的特色和风采,并保证了其互相补充和印证的可能性。

伍德又说,传教士鲁布鲁克曾提及汉字的写法,但马可·波罗提及汉字。这可能与马可·波罗自身文化水平有关。马可·波罗不懂拉丁文,本身就是个文化修养不高的意大利商人。他所关心的大部分是与财富相关的事物,以及一些奇风异俗。再从当时的社会背景来看,在蒙元统治时期,

---

① 杨志玖《马可波罗在中国》,南开大学出版社1999年版,第137页。
② [英]吴芳思著,洪允息译《马可·波罗到过中国吗?》,新华出版社1997年版,第99页。

汉人被归为末等公民(一等为蒙古人,二等色目人),地位很低,不能学习当时的官方语言蒙语。蒙古统治者从根本上蔑视汉文化,官吏们多为蒙人和色目人,文化程度普遍较低,大部分不懂汉语,学习读写的更少,在需要签名时往往画个花押代替,也因此造就了衙门里的一批翻译官。试问,在这样的大环境下,一个本身文化程度不高的外国商人会对汉字产生兴趣吗?

对马可书中没提到中国人普遍爱喝的茶叶,伍德也认为难以想象。关于这一点,傅海波教授早于20世纪60年代即已设想,这可能是因为马可·波罗不爱喝茶或蒙古人没有招待过他喝茶。杨志玖教授则解释:"马可·波罗书中没有提到中国的茶,可能是因他保持着本国的习惯,不喝茶。当时蒙古人和其他西域人也不大喝茶,马可·波罗多半和这些人来往,很少接触汉人,因而不提中国人的饮茶习惯。"①实际上,目前还没有资料证明蒙古人当时已经有普遍饮茶的习惯。实际上,当时蒙古人最普遍的饮料是马奶酒,他们认为马奶酒能养生治病。傅海波和杨志玖教授的猜测应该是有道理的。

伍德还认为马可·波罗漏掉了长城。姑且不说当时"长城"之名是否存在,即使存在,马可·波罗是不是就非得提及它呢?马可·波罗作为一个商人是不是会对这些事物感兴趣呢?实际上,元代还无"长城"之称,见于史者只称"边堡"和"界壕"。据王国维考证,"界壕"是"掘地为沟堑以限戎马之足","边堡"是"于要害处筑城堡以居戍人"。②杨志玖分析:"秦朝以后,除唐、北宋、辽和元朝以外,历代都有修筑。但就其规模之宏大、城垣之坚固、气象之雄伟,使见之者叹为奇观,攻之者踌躇不前的,恐怕只有明朝修筑的至今仍然屹立的万里长城了。"③他认为,伍德心目中的长城是明长城,元代当然不会有。即使如伍德设想,从西安到敦煌的火车线上仍可以看到泥土筑的城墙遗址,但学识不高的马可·波罗并不一定会对断壁残垣或突起的碉楼感兴趣的。因此,杨志玖认为:"无论从客观环境或主观素养,马可·波罗之不提长城,并不值得人们大惊小怪。"④总而言之,如果单凭一些主观感受上的所谓"漏写"而否定一部游记的真实性,那么世

---

① 杨志玖《元史三论》,人民出版社1985年版,第130页。
② 王国维《金界壕考》,见孙文政主编《金长城研究论集》(上),吉林文史出版社2009年版,第257页。
③ 杨志玖《马可波罗在中国》,南开大学出版社1999年版,第145、147页。
④ 同上,第147页。

界上的任何游记的真实性都值得怀疑。所以伍德的逻辑是讲不通的。

　　当然,游记里所述的确有不少矛盾夸张、张冠李戴以及令人匪夷所思之处,这可能有几方面的原因。第一,游记是在马可·波罗离开中国多年后(8年左右)才写成的,根据他在狱中口述其事来看,当时应该没有留下可供参考的书面记录,他所口述的,是对几年、十几年甚至二十几年前的经历的回忆,事实上是对过往经历的一种重新梳理。在这样的情况下,一般人纵然有再好的记忆力也难免产生纰漏和偏差,马可·波罗可能也不例外;第二,马可·波罗从来没有以历史学家自居,游记也并非《史记》,人们无法要求其内容完全真实无误。《马可·波罗游记》第十六、十七章里有些很有意思的记述,大概意思是马可·波罗自诩有极好的语言天赋,也很能揣摩人的心理。与别的"愚蠢、无知"的使臣"无法给忽必烈汗讲述所到地区的其他趣闻"不同,马可·波罗很了解忽必烈的心思,每次外出当差,都会仔细记下沿途的所见所闻,以便回朝后生动详细地讲给大汗听。于是博得了"旅行家""故事大王"一类的名号。①他对自己的这一才能颇为自得。要使一件事被描述得生动活泼往往会牺牲事件本身的一部分客观真实性,马可·波罗可能有意无意中牺牲了后者。第三,笔录者鲁思梯谦诺没有到过东方的经历,对马可·波罗一路所遇毫无所知,那么他把马可·波罗的口述转写为不同语言的书面文字时就难免会在表述上产生一定的偏差。第四,《马可·波罗游记》问世后,不断被传抄转述,在此过程中也难免会产生一些错误以及以讹传讹等情况。第五,世界之大,无奇不有。有的人认为匪夷所思之事,事实上并非不存在。比如《马可·波罗游记》第一一九章里所记的云南某地妇女生孩子后,丈夫坐月子的风俗,②似乎令人匪夷所思。但实际上,这种"产翁"风俗在中国云南、贵州、广西等地区的一些少数民族地区都曾有过。如云南西双版纳地区傣族妇女生完孩子三天后就得干活,由丈夫卧床照顾婴儿。过去獠族妇女生完孩子也即起身活动,《太平广记》引尉迟枢的《南楚新闻》记载:"南方有獠妇,生子便起。其夫卧床褥,饮食皆如乳妇。……又云:越俗,其妻或诞子,经三日,便澡身于溪河。返具糜以饷婿,婿拥衾抱雏,坐于寐榻,称为产翁。"③冯梦龙

---

① [意]马可波罗著,冯承钧译《马可波罗行纪》,东方出版社2011年版,第28、29页。
② 同上,第305页。
③ 见明代冯梦龙《太平广记钞》下卷,中华书局1996年版,第1271页。

批注道:"奇极。"直到清末,贵州威宁一带的仡佬族仍保留着这一产翁习俗。

如果说马可·波罗的东方游历是孤例的话,那或许还多一份可以质疑的可能性,问题是他并非"前无古人、后无来者"。在他之前,有柏朗嘉宾、鲁布鲁克等先行者,在他之后,有孟高维诺、鄂多立克等后来人,他们的经历和记录实际上也为《马可·波罗游记》里的某些内容提供了有力的佐证。如鄂多立克《东游录》也把杭州称为"天堂之城",认为它是全世界最大的城市:"它四周足有百英里,其中无寸地不住满人"等等,他们两人在中国的活动时间相距三四十年,对杭州的印象却比较一致。

至于马可·波罗在游记里用了一些波斯词汇,应该不难理解。前文讲到,当年柏朗嘉宾受教皇派遣,送信给贵由,贵由的回信用的就是波斯语,加盖有蒙古帝国玉玺印文。该国书至今仍藏于梵蒂冈档案馆,①可见波斯语也应该是当年蒙古帝国使用的官方语言之一。

目前,已有更多的学者通过谨慎而严肃的研究,肯定了《马可·波罗游记》的真实性。如张西平教授就认为:"笔者认为从学术上来看,这本书基本是属实的。"②他认为《马可·波罗游记》奠基了西方的"游记汉学"。③《马可·波罗游记》的内在价值得到了越来越多的承认和发掘。

二、马可·波罗的生平与主要经历

马可·波罗于1254年出生在威尼斯的一个贵族家庭。在那个时代,人们普遍觉得旅行是一项费时又费力而且危险的活动。但威尼斯人的观念则很不同。威尼斯当时是欧洲最重要的商业文化中心,海军强大,经济文化发展迅猛,旅游业发达,威尼斯人几乎个个经商,很多人都梦想成为旅行家或者大商人。在这种背景下,商人贵族阶层崛起,其中就有波罗家族。马可·波罗的祖父安德列·波罗有三个儿子,分别叫马费奥、马可和尼科洛,当时他们在威尼斯地位显赫,但拥有的声望远远比不上出过几位总督和威尼斯舰队司令的芝诺、奎尔尼斯和丹多洛等家族。1253年,马可·波罗的父亲尼科洛和叔叔马费奥决定去东方寻求财富和机会。在他们启程

---

① http://blog.renren.com/share/225152853/2060555245。
② 张西平《西方汉学游记简述》,见《欧美汉学研究的历史与现状》,大象出版社2006年版,第62页。
③ 同上,第44页。

后的第二年,马可·波罗出生,而他的父亲与叔叔则在漫长的经商之旅中。他们沿途将珠宝、银币和各种织物与其他商人进行交换,并用闲暇时间学习蒙语,后来遇到一位蒙古大使,并跟随大使到达蒙古帝国。在蒙古,他们见到了蒙古大汗忽必烈,逐渐得到其信任。当时的蒙古帝国任用了许多热那亚人、威尼斯人、犹太人、俄罗斯人、波斯人担任官员,帮助朝廷处理事务。波罗兄弟则被派作大汗的使臣,去觐见教皇并请他派遣学识渊博并能言善辩的智者来宣扬基督教、教化他的子民,大汗还要求波罗兄弟取回一些耶路撒冷圣墓里的长明灯灯油。借此机会兄弟俩回到了阔别16年的威尼斯。当时马可·波罗已经长成一个15岁的少年。父亲和叔叔所讲述的一切对他来说不啻于天方夜谭,神奇的东方世界令他日夜向往。他渴望自己也成为一个旅行家去闯世界、见大世面。机会终于来了,1271年马可·波罗跟着身为蒙古大使的父亲和叔叔离开威尼斯,随一个威尼斯船队踏上了东行的旅程。他们沿着后来被称为"丝绸之路"的漫长路线,从地中海东岸的阿迦城出发,穿过叙利亚、伊拉克、伊朗,翻越帕米尔高原,走过新疆的喀什、于阗(今和田)、罗布泊和甘肃的敦煌。1275年5月,他们终于到达上都开平,向忽必烈面呈了教皇驻阿迦城特使致忽必烈的信。忽必烈隆重接待了他们。少年马可·波罗被忽必烈关注到并受到青睐。年轻机敏的他很快就熟悉并习惯了蒙古生活,学会了蒙古语,并且凭借着极强的办事能力和口才,博得了忽必烈的信任和赞赏。不久,他被派到云南的一些地方和济南、南京、九江、镇江、常州、苏州、杭州、泉州等地采购货物,并在扬州任过三年总管,还出使过南洋一些国家,从商入仕,得心应手。在中国生活近二十年以后,马可·波罗和他的父亲及叔叔思乡之意日浓,他们几番向忽必烈提出回国请求。1291年,恰好十七岁的皇族少女阔阔真要远嫁伊儿汗国,给伊儿汗国的君主阿鲁浑为妃,忽必烈便指派熟悉海路的波罗兄弟及马可·波罗一路陪伴护送。借此机会,父子叔侄三人终于得以踏上返乡的旅途。1295年冬马可·波罗一行终于回到阔别24年的威尼斯。

当时,威尼斯与热那亚两个城邦之间经常发生海战。1298年,热那亚海军进攻威尼斯。马可·波罗作为威尼斯舰队的舰长参加了战争,与热那亚舰队激战。结果威尼斯舰队大败,马可·波罗被俘。在热那亚人的监狱里,马可经常向人们讲述在中国的经历,引起了狱友、比萨作家鲁思梯谦诺的兴趣。鲁思梯谦诺写过小说,擅长写传记,并且精通当时流行欧洲的法语,他将马可·波罗所口述的内容记录在羊皮纸上,1299年以《马可·波罗游记》为书名出版。这本书很快就风靡欧洲,也被叫作《东方见闻录》。

1299年,马可·波罗获释,回到威尼斯,以经商为生。1324年,马可·波罗因病去世,享年70岁。他的遗体被葬在圣劳伦佐教堂。①

三、《马可·波罗游记》内容及其评价

《马可·波罗游记》共分为四卷、229章。第一卷讲述了马可·波罗等人自地中海岸到蒙古上都沿途所经之地及传闻之地;第二卷讲述了马可·波罗出任元朝官员,游历中国各地的经历;第三卷记述了他出使日本、南洋各国及非洲东部等地情况;第四卷则概述自成吉思汗以来蒙古各王公之间的争斗,以及亚洲北部各国情况。游记以中国生活经历为重点,从其身为商人的角度和兴趣,以二十八章的篇幅热情洋溢地记述了当时中国的经济、商业、交通、地形地貌等情况。在他的记忆里,中国商业城市繁荣、宫殿建筑华丽、交通设施发达。由于内容新奇、引人入胜,游记出版后即广为流传,16世纪意大利著名学者、编辑赖麦锡(Ramusio)说,马可·波罗在1299年写完《游记》,"几个月后,这部书已在意大利境内随处可见"。② 其后两个世纪里它成为一个广为流传的传说。700年来,《马可·波罗游记》被译为多种语言文字,版本繁多,还出现了不少校勘注释本,影响广泛。

西方研究马可·波罗的学者莫里斯科·利思对的《马可·波罗游记》评价道:"这不是一部单纯的游记,而是启蒙式作品,对于闭塞的欧洲人来说,无疑是振聋发聩,为欧洲人展示了全新的知识领域和视野。这本书的意义在于它导致了欧洲人文科学的广泛复兴。"③确实,《马可·波罗游记》的影响力远远超出了一般游记作品。

第一,它在很大程度上开阔了欧洲人的眼界,向欧洲人展示了较为正面的中国形象。《游记》对中国及亚洲其他国家和民族的物产、宗教信仰、风俗习惯、政治社会情况、逸闻奇事等作了生动记述,成为欧洲人了解中国的窗口。正如他自己所言:"无论什么种族,什么时代,从没有人看见过或

---

① 黄时鉴《元朝史话》,北京出版社1985年版,第191页。
② 引自徐淦《"中"为"洋"用:中国美术对西方的影响》,见张祖英主编《新时期中国油画论文集1976—2005》,岭南美术出版社2005年版,第132页。
③ 引自宋兴无《当代西方文化概论》,吉林大学出版社2007年版,第127页。

观察过本书中所描述的如此多、如此伟大的事情。"①《游记》详细描述了北京、西安、成都、杭州、苏州、南京、镇江、福州、泉州等城市，极尽溢美之词。他认为北京"规划有如棋盘，其美善之极，未可言宣。"②

他描写了繁华的城市和宫殿，涉及宏伟的建筑、繁荣的商业、各地特别的吃穿住行等习俗。他这样描述大宫殿："宫顶甚高，宫墙及房壁满涂金银，并绘龙、兽、鸟、骑士形象及其他数物于其上。屋顶之天花板，亦除金银及绘画外别无他物。"③他记述了北京当时的商业盛况："外国巨价异物及百物之输入此城者，世界诸城无能与比。盖各人自各地携物而至，或以献君主，或以献宫廷，或以供此广大之城市，或以献众多之男爵骑尉，或以供屯驻附近之大军。百物输入之众，有如川流不息。仅丝一项，每日入城者计有千车。"④

他对当时被称为"行在"的杭州有许多记述，如居民"面白形美，男妇皆然，多衣丝绸……"而富裕的商店店主"皆不亲手操作，反貌若庄严，敦好礼仪，其妇女妻室亦然。妇女皆丽，育于婉娩柔顺之中，衣丝绸而带珠宝，其价未能估计……"⑤还有杭州人的风俗："若有胎儿产生，即志其出生之时生肖，由是每人知其生辰。如有一人欲旅行时，则往询星者，告以生辰，卜其是否利于出行，星者偶若答以不宜，则罢其行，待至适宜之日。人信星者之说甚笃，缘星者精于其术，常作实言也。"⑥这些栩栩如生的描述使得当时杭州的民情民俗跃然纸上。

马可·波罗对所经之处的物产资源，只要能引起他特别兴趣的，都做了一定的记述。如对云南黄金的记述："此地亦产金块甚饶，川湖及山中有之，块大逾常，产金之多，致于交易时每金一两值银六两。"⑦又如对阿美尼亚油井的描述："有一泉，喷油甚多，同时竟可盛满百船。然其油不可食，只供燃烧……"⑧再如对契丹全境的煤炭的记述："契丹全境之中，有一种黑石，采自山中，如同脉络，燃烧与薪无异。……其质优良，致使全境不燃他

---

① 引自杨丹《最神秘的33个探险故事》，远方出版社2008年版，第88页。
② [意]马可波罗著，冯承钧译《马可波罗行纪》，东方出版社2011年版，第215页。
③ 同上，第208页。
④ 同上，第240、241页。
⑤ 同上，第378页。
⑥ 同上，第373页。
⑦ 同上，第300页。
⑧ 同上，第38、39页。

物。所产木材固多,然不燃烧。盖石之火力足,而其价亦贱于木也。"①他还讲到印度尼西亚、斯里兰卡、印度等国出产的宝石、珍珠与香料、土耳其的深红色丝织品、巴格达的珍珠、中亚的红宝石、畏兀儿的钢铁和石棉织物以及在欧洲名贵的香料,如胡椒、肉豆蔻、丁香,以及檀香木和龙涎香等等。

马可·波罗对元代的货币制度十分感兴趣:"在此汗八里城中,有大汗之造币局,观其制设,得谓大汗专有方士之点金术,缘其制造如下所言之一种货币也。此币用树皮作之,树即蚕食其叶作丝之桑树。……人取树干及外面粗皮间之白细皮,旋以此薄如纸之皮制成黑色,纸既造成,裁为下式。"接着马可·波罗细致地描述了纸币的规格大小及币值等情况,并连带揭示了纸币的掠夺性本质:"由是君主每年购取贵重物品甚多,而其帑藏不竭,盖其用此不费一钱之纸给付也……大汗用此法据有所属诸国之一切宝藏。"②

他还记述了当时的交通运输情况。如驿站的设置:"应知有不少道路从此汗八里城首途,通达不少州郡。此道通某州,彼道通别州,由是各道即以所通某州之名为名,此事颇为合理。如从汗八里首途,经行其所取之道时,行二十五里,使臣即见有一驿,其名曰站(lamb),一如吾人所称供给马匹之驿传也。"③再如瓜州的水路交通:"大汗曾将内河及湖沼连接,自此城达于汗八里,凡川与川间、湖与湖间,皆掘有大沟,其水宽而且深,如同大河,以为连接之用。由是满载之大船,可从此瓜州城航行至于汗八里大城。"④

他还介绍了元代时期中国的养蚕、造纸、印刷等技术以及法律等各方面的情况。

很多记述,对于欧洲人来说闻所未闻,更遑论曾亲眼目击,难怪很多人根本不相信马可所说的是真有其事。但无论如何,这些记述使欧洲人大大提高和拓展了对中亚及中国等地区和国家的认识。

第二,《马可·波罗游记》对世界文明史的发展起到了间接,但极其重要的影响。《马可·波罗游记》对东方世界的美化,激发了欧洲人的好奇心和财富欲望。有的读者付诸行动,干成了很有影响的事情。其中有著名的旅行家哥伦布。据说,哥伦布在阅读该书后,对游记中展示的东方国家

---

① 同上,第259页。
② 引自[意]马可波罗著,冯承钧译《马可波罗行纪》,东方出版社2011年版,第243、244页。
③ 同上,第250页。
④ 同上,第362页。

文明富裕的形象产生了极大的兴趣,他游说西班牙国王支持他去航海探险,结果偏离航向,发现了美洲新大陆,开辟了欧洲资本主义文明历史的新纪元。马可·波罗的直系第 26 代重孙女说:"哥伦布就是阅读《游记》之后,才产生从另一个方向寻找去中国旅行路线的计划,使用的第一张地图就是根据《游记》的描述绘制的。"①在致西班牙国王的信中,哥伦布这样写道:"无论如何,我是要去大陆的。我要到杭州,把陛下的国书呈给大汗,并且还要取到复信返回。"②根据北京师范大学已故学者张至善实地考证,目前在西班牙塞维利亚市的哥伦布图书馆(Bibliotheca Columbina in Seville)中,仍存有一本 1485 年版的拉丁文《马可·波罗游记》。从书上许多哥伦布亲笔留下的密密麻麻的边注可以想见,当年的哥伦布读这部游记时是何等认真。在书的边栏空白处总共留下了 264 处共 475 行的注释和批语。这些边注的内容反映了哥伦布对东方各地的地理位置和物产的关心,特别是香料、药材和珠宝。③

除了哥伦布以外,《马可·波罗游记》也影响了当时及后世的很多航海家、旅行家及探险家。葡萄牙的迪亚士、达·伽马、鄂本笃和麦哲伦,英国的京生、弗朗西斯·德雷克爵士,意大利的亚美利哥·维斯普奇和乔瓦尼·卡博托等,他们都是在读了这本游记之后,从中得到巨大的精神鼓舞和启示,引发了他们远行的信心和热情,甚至成为他们的行动指南。如上文提及的世界著名考古学家和探险家斯坦因,20 世纪初在沙漠中还将该游记作为少数的参考书之一。

第三,《马可·波罗游记》也对世界地理学的发展起到了推动作用。它大大丰富了欧洲人的地理知识,拓展了当时欧洲人的地理视野,打破了中世纪宗教谬论和传统的"天圆地方"说。绘于 1375 年、被誉为"中世纪最有科学价值的地图"的西班牙喀塔兰大地图,其中亚和东亚部分即以该书为依据绘制而成。其后许多欧洲人绘制的地图也都参考了马可·波罗的游记。

第四,马可·波罗的游记在欧洲文学、戏剧、绘画艺术方面的影响也不可低估。朱谦之指出:"《马哥波罗游记》在给文艺复兴期以一定程度的物

---

① 引自李希光《找回中国昨日辉煌》,国际文化出版公司 1996 年版,第 414 页。
② 引自沈定平《明清之际中西文化交流史——明代:调适与会通》,商务印书馆 2001 年版,第 54 页。
③ 张至善著《哥伦布与中国》,见黄邦和等编:《通向现代世界的 500 年:哥伦布以来东西两半球汇合的世界影响》,北京大学出版社 1994 年版,第 359 页。

是蒙古人和中国人的形象也越来越多地在他们的作品中出现。"①这种说法或许可从意大利文艺复兴时期的开创者,有"欧洲绘画之父"之誉的乔托以及杜乔等画家的作品中得到印证。也有学者从中西文化比较的角度观察到达·芬奇的《蒙娜丽莎》(Mona Lisa)画作中作为人物背景的幽深风景,与中国古代山水画有一定的相似之处。

第五,《马可·波罗游记》也为研究中国、蒙古和中亚等国家和地区的历史学、地理学提供了重要的史料。如马可·波罗对当时上述国家和地区的经济金融、民族矛盾、战争、宗教信仰及一些历史事件等的描述,对一些地形地貌、物产的描写等,不仅有助于普通读者了解当时的社会生活各方面状况,而且也给学者们提供了宝贵的研究资料。

当然,不可否认的是,马可·波罗不畏艰辛、跋涉万里来到中国的动力主要还是来自于他对物质财富的追求和向往。作为一个文化程度不高的商人,他对物质层面的追求和关注显然强于精神层面,能引起他兴趣的大都是奇闻逸事以及丰美的物产、便利的交通等物质化的事物,因此他眼里的中国形象被赋予了浓厚的物质化色彩。直到16世纪末、17世纪初罗明坚、利玛窦等具有较高文化素养的传教士们,才给西方人带去关于中国的一些重要文化信息。

张国刚认为:"西方人之了解东方,了解中国,马可·波罗功不可没。这位威尼斯人关于东方见闻的绘声绘色的描述,使欧罗巴人将信将疑之际,生出无限幻想。"②我们认为,马可·波罗作为一个东西方文化交流史上的先行者和开拓者,大大促进了东西方文化的交流和发展,并催生了航海史上的新时代。可以说他是一条东西方文化交流的纽带,也是一座连接中世纪和近代的桥梁。

第四节 鄂多立克和他的《东游录》

在马可·波罗到达中国后四十年左右,另一个意大利人从威尼斯出发,经过长途跋涉,历尽千辛万苦来到中国。他就是元代最著名的东方传

---

① 徐淦《"中"为"洋"用:中国美术对西方的影响》,见张祖英主编《新时期中国油画论文集1976—2005》,岭南美术出版社2005年版,第132页。

② 张国刚著《德国的汉学研究》,中华书局1994年版,第3页。

质的影响外,更供给欧洲的文学界、科学界以许多丰富的中国题材。……此外即在绘画和美术工艺上面,文艺复兴亦确曾受了中国的影响。"①

先从文学和戏剧角度来看,《马可·波罗游记》在文学和戏剧方面产生了极大的影响力。《马可·波罗游记》本身就具有一定的文学价值。马可·波罗有极强的记忆力和表达能力,鲁思梯谦诺又善于写作,两者合作、强强联手,使得该书条理清晰、语言生动。另一方面,它给欧洲文学界提供了令人耳目一新的东方元素。朱谦之说:"《游记》中所述之人名及契丹、汗八里之类,在文艺复兴的重要作家里面时常发现。"②这里仅举几例:意大利文艺复兴运动的先驱、杰出的人文主义者乔万尼·薄伽丘在他被称为"人生百面图"的现实主义小说《十日谈》(Decameron)中所描写的宽宏大度和舍己救人的那坦,就是契丹国的一个贵族。意大利文艺复兴时期的宫廷诗人菩雅多在其诗作《恋爱的奥兰度》(Orlando Innarmorato)中所塑造的英雄形象罗兰,其爱恋的安格莉卡就是契丹的一个女王,这可能是欧洲文学最早的东方公主形象之一。意大利诗人阿利俄斯托的作品《疯狂的奥兰多》(Orlando Furioso)也取材于契丹女王安格莉卡和奥兰多的恋爱,也体现出作者对中国文化的向往。英国戏剧家莎士比亚在其1601年及1602年的名剧《温莎的风流娘儿们》(The Merry Wives of Windsor)和《第十二夜》(Twelfth Night)中出现了带有贬义色彩的"契丹人"(Cataian)这一词。1605年,他在《一报还一报》(Measure of Measure)中说到上好餐具时直接提到了China(中国)一词。英国戏剧家艾尔卡纳·塞特尔在1674年公演的戏剧《中国之征服》(The Conquest of China),第一次出现了中国民间女英雄的形象,剧中题材则部分取材于意大利传教士卫匡国的《鞑靼战纪》。1802年,德国戏剧家席勒的《图兰朵》则出现了中国公主的形象。

再从绘画艺术的角度观察,我们也可以发现,《马可·波罗游记》对欧洲许多画家也产生了一定的影响。随着该游记的广泛传播,一些中国元素也开始渗透进了绘画和美术工艺等领域。美术界有学者指出:"意大利13至15世纪的绘画,至少是受到中国游记中详尽细节的影响,或者受在意大利的东方奴隶形象的影响,开始越来越现实主义地描绘东方人形象,显然

---

① 朱谦之著《中国哲学对于欧洲的影响》,福建人民出版社1985年版,第26页。
② 同上。

教士,中世纪大旅行家之一的意大利圣方济各会会士鄂多立克。

鄂多立克像

一、生平和主要经历

　　鄂多立克,中文名又叫和德理,1286年出生于意大利弗里乌黎区(Friuli)波代诺内市(Pordenone)。其父母都是虔诚的天主教徒,他年幼时即听父亲经常讲起中国军队勇敢作战的故事,在这样的家庭环境熏陶下,他慢慢对中国产生了强烈的向往之情。他在很年轻时就皈依了方济各会,在乌第内(Udine)方济各会僧院修道,成为灰衣修士,终年赤脚褐衣,以苦行著称。为了实现到中国旅行的目标,他很早就开始有意识地从生活、语言、意志等各方面训练自己。① 1316年,鄂多立克从威尼斯启程开始东游。路线大致为:经土耳其的君士坦丁堡(今伊斯坦布尔)到达特拉比松、伊朗的大不里士等地,然后经设拉子或库尔德斯坦到达巴格达,从那里到达波斯湾的忽里模子。再乘船前往印度、锡兰,经苏门答腊岛、爪哇、加里曼丹岛、越南,于1322年抵达广州,进入中国内地,足迹遍及泉州、福州、明州、杭州、金陵等地,然后又从扬州沿大运河北上,1325年到达元朝都城汗八里(今北京),整个行程历时九年之久。鄂多立克在北京居留了三年,协助总主教孟高维诺开展传教工作。1328年他踏上了回国的旅程,经天德(今

---

① 见朱培初《元代宫廷意大利传教士和德理》,《紫禁城》1987年第5期。

河套)、陕西、甘肃等地,取道西藏拉萨,通过中亚、波斯、阿拉伯等地,最终于1330年春回到意大利威尼斯。由于长期的艰苦跋涉,经受饥饿、劳累、恶劣天气等的侵蚀,其"身体消瘦、皮肤棕黑,容貌几乎变了样,以致当他和久别的父母们拥抱时,父母竟认不出这就是他们所宠爱的儿子"!① 他生命的最后阶段是在病榻上度过的。在病榻上,他口述了其旅途中的所见所闻,由他的挚友、索拉纳教士威廉用拉丁文笔录,写成了著名的《行纪》(即《鄂多立克东游录》)。

1331年1月14日,鄂多立克在乌第内(Udine)去世,享年45岁。

二、《鄂多立克东游录》

《鄂多立克东游录》生动记述了元朝时中国各地的风土人情。内容主要涉及地理、历史、经济、宗教等方面。该书有许多种语言的译本。1889年留学意大利那不勒斯圣家书院的中国神父郭栋臣将之翻译为中文,书名叫《真福和德理传》,由武昌崇正书院刊行。1981年,中国学者何高济从英文版《东游录》将该书翻译为汉语,收编于《中外关系史名著译丛》。

鄂多立克到过中国许多地方,留下了许多关于那些地方的具体而珍贵的资料。

首先他从广州登陆。广州被称为辛迦兰(Sincalan),源于阿拉伯语Sinkalan或Sinikalan。他笔下的广州人口密集、经济繁荣、物价便宜。"该城都有数量极其庞大的船舶,以致有人视为不足信。确实,整个意大利都没有这一个城的船只多"②,在那里有一个令人印象深刻的食蛇风俗:"这些蛇(很有香味并且)作为如此时髦的盘肴,以致如请人赴宴而桌上无蛇,那客人会认为一无所得。"③离开广州后他到了被他称为"刺桐(Zayton)"的泉州。当时泉州已经有一些基督教徒,不过根据鄂多立克的描写,当时在泉州佛教(大乘佛教)和伊斯兰教更为兴盛。他访问了当地的一所寺院,留下这样的描述:"我在那里访问的一所寺院有三千和尚和一万二千尊偶像。其中一尊偶像,看来较其他的为小,大如圣克里斯多芬像。我在供

---

① 何高济译《海屯行记 鄂多立克东游录 沙哈鲁遣使中国记》,中华书局2002年版,第70页。
② 同上,第71页。
③ 同上。

奉偶像的时刻到那儿去,好亲眼看看;其方式是这样:所有供食的盘碟都冒热气,以致蒸气上升到偶像的脸上,而他们认为这是偶像的食品。但所有别的东西他们留给自己并且狼吞虎咽掉。在这样做后,他们认为已很好地供养了他们的神。"①从这样的描述中我们可以看出鄂多立克对于中国的拜灵祭祖习俗是有些惊讶而不解的。在这个他认为是"世上最好的地方之一"的泉州,他寄放了为信仰基督教而殉教的僧侣的骨骸。

接着他行抵达福州(Fuzo)。在那里,他看到了世上最大的公鸡,目睹了男女居民极奇特的生活方式。然后他经由至今无从考证的"白沙(Belsa)"到达了杭州。他将杭州称为 Cansay(与马可·波罗所称的"行在"发音较为相似)。他在游记里写道:"它是全世界最大的城市,(确实大到我简直不敢谈它,若不是我在威尼斯遇见很多曾到过那里的人)。它四周足有百英里,其中无寸地不住满人。那里有很多客栈,每栈内设十或十二房屋。也有大郊区,其人口甚至比该城本身的还多。城开十二座大门,而从每座门,城镇都伸延八英里左右远,每个都较威尼斯或帕都亚为大。所以你可在其中一个郊区一直旅行六七天,而看来仅走了很少一段路。"②可能杭州的江南水乡形象勾起了他对故乡的怀念,在描述杭州时,他常常将之与意大利景象相比,"此城位于静水的礁石上,像威尼斯一样(有运河)……城旁流过一条河,城在河旁就像波河(Po)畔费腊腊(Ferrara)之建设,因为它的长度胜过它的宽度"③。在杭州他还碰到了一个由方济各会的四名修士们劝说而皈依天主教的当权者,他以"阿爹(Atha)"称呼鄂多立克,将后者邀至家中盛情款待。在他的陪同下,鄂多立克参观了该地老百姓常去的一座大寺庙。在那里,他们以残羹剩菜喂饱猿、猴及其他很多面孔似人的3000只动物。在他眼里,杭州"是世上所有最大和最高贵的城市,并且是最好的通商地"。④

从杭州出发,经过六天的旅行后,他抵达金陵(Chilenfu,金陵府,今南京),他看到了"世上最大的河流"——塔剌伊河(Talay,实际上就是长江)和河里的"大量使人叹为观止的船只"。沿河北上,他又到了扬州。在那

---

① 何高济译《海屯行记 鄂多立克东游录 沙哈鲁遣使中国记》,中华书局2002年版,第73页。
② 同上。
③ 同上,第75页。
④ 同上,第75页。

里也有他们同派的传教士。他不厌其烦地记录了扬州待客的一个特别风俗。然后他从塔剌伊河出口处,到了明州(Menzu)。关于这个明州,有人认为很可能是宁波。鄂多立克称明州港内大船云集,但从其回忆的地理位置在杭州之北来看,这有两种可能:或许明州不是宁波,也有可能他在回忆时发生了顺序上的错误。他这样描述明州:"此城的船只恐怕比世上任何其他城市的都要好、要多。船身白如雪,用石灰涂刷。船上有厅室和旅舍,以及其他设施,尽可能地美观和整洁。确实,当你听闻,乃至眼见那些地区的大量船舶时,有些事简直难以置信。"①从这些描述中我们可以想见当时此地海运的发达景象,也可以推断,这很可能就是宁波。

并沿着大运河往北,经过临清(Lenzin),他最后终于到达汗八里(Cambalech,北京)及半里之遥的大都(Taydo)。在北京他停留的时间最长,待了至少三年时间。期间他受天主教在中国的主教孟高维诺的赏识,担任教会里的教职,协助管理教会事务。因此他对元朝的行政建制、典章礼仪、宫殿建筑、狩猎活动、驿站制度等情况非常熟悉。

如他对"大汗"的宫殿有这样的描述:

> 大汗在这里有他的驻地,并有一座大宫殿,城墙周长约四英里。其中尚有许多其他的壮丽宫殿。(因为在大宫殿的墙内,有第二层围墙,其间的距离约为一箭之遥,而在两墙之间则有着他的库藏和他所有的奴隶;同时大汗及他的家人住在内层,他们极多,有许多子女、女婿、孙儿孙女以及众多的妻妾、参谋、书记和仆人,使四英里范围内的整个宫殿都住满了人。)
>
> 大宫墙内,堆起一座小山,其上筑有另一宫殿,系全世界之最美者。此山遍植树,故此名为绿山。山旁凿有一池(方圆超过一英里),上跨一极美之桥。池中有无数野鹅、鸭子和天鹅,使人惊叹;所以君王想游乐时无需离家。宫墙内还有布满各种野兽的丛林;因之他能随意行猎,再不要离开该地。②

---

① 何高济译《海屯行记 鄂多立克东游录 沙哈鲁遣使中国记》,中华书局2002年版,第76页。

② 同上,第79、80页。

可见鄂多立克对皇宫的印象之深刻。

他还曾受到过元泰定帝也孙铁木儿的接见。对当时受接见的情景他有详尽的描述：

> 当大汗登上宝座时，皇后坐在他的左手；矮一级坐着他的另两个妃子；而在阶级的最低层，立着他宫室中的所有其他妇女。已婚者头上戴着状似人腿的东西，高为一腕尺半，在那腿顶有些鹤羽，整个腿缀有大珠；因此若全世界有精美大珠，那准能在那些妇女的头饰上找到。
>
> 国王右手是他的将继位的第一个儿子；下面立着出身于皇室血统者。还有四名书记，记录皇帝说的话。皇帝前立着他的诸王及其他人，其数无穷，除了说些浑话逗乐君王的小丑外，没有人敢致一词，除非君王点到他。但甚至他们也不敢斗胆越国王给他们设置的雷池一步。
>
> ……
>
> 我，僧侣鄂多立克，在他的那座城市中整整住了三年；因为吾人小级僧侣在王宫中有指定的一席之地，同时我们始终必须尽责地前去为他祝福。……①

鄂多立克还提到信使和驿站(yam)。物资完备、效率甚高的驿站给他留下了很深的印象：

> 这些屋舍中有各种生活必需品，(对于在那些地区旅行的一切人，无论其境况如何，有旨叫免费供给两餐)。当帝国中发生新事时，使者立刻乘马飞奔宫廷；但若事态严重紧迫，他们便骑单峰骆驼出发。他们接近那些驿站——客栈或车站——时，吹响一只号角，因此客栈的主人马上让另一名使者做好准备；前来投递情报的骑士把信号交给他，他本人则留下来休息。接过信的另一名使者，赶快到下一驿站，照头一人那样做。这样，皇帝在普通的一

---

① 何高济译《海屯行记 鄂多立克东游录 沙哈鲁遣使中国记》，中华书局2002年版，第81、82页。

天时间中得知三十天旅程外的新闻。①

鄂多立克还详细观察了大汗的狩猎活动及其安排。狩猎场位于离汗八里有二十天旅程的森林中。那里周围有为汗驻守的看管人,精心地照看着森林。每隔三四年,大汗会带领人马去那儿狩猎。对具体的情况鄂多立克有详细描述:

> 他们首先和猎户把整个林子包围,放出为狩猎而训练的鹰犬,然后逐渐地围拢猎物,他们将猎物驱赶到林子中央的一个开阔的空地。这里集中了特别多的野兽,诸如狮子、野牛、熊、鹿,及其他种种野兽,都在极度惊恐的状态中。……大汗乘三头象赶上去,向猎物发射五支箭。一当他射毕,他的整个扈从也这样做。当大家发完矢后(每人的箭都有作为辨识的记号),于是大皇帝叫大家喊'舍唷(Syo)',其意犹如对(即是说)林中赶出来的野兽说'免死'。这时(猎人鸣金收兵,叫回追捕猎物的鹰犬。)逃掉性命的野兽被允许返回森林,同时所有的诸王都去察看杀死的猎物,找回他们所发的箭(他们从箭上的记号容易辨识);于是每人都得到他们射中的猎物。这就是汗的狩猎安排。②

这些描述至今读来,仍令人有身临其境之感。可见鄂多立克观察、叙述事物之细致。

鄂多立克游记所涉猎的内容非常丰富,与马可·波罗一样,他对元代人的生活作了许多生动详细的描述,其中有些可与马可·波罗的记述互为印证;鄂多立克的游记还涉及许多马可·波罗所未提到的很多地方与情况,如中国南方女人裹小脚、有钱男人喜欢留长指甲、渔民用鸬鹚捕鱼、杭州呼猿洞奇景、南京城墙、北京北海和北海中的琼华岛、西藏女人小辫子及中国人爱喝茶等。这些记述从一定程度上填补了《马可·波罗游记》的不足之处。

---

① 以上引文均见何高济译《海屯行记 鄂多立克东游录 沙哈鲁遣使中国记》,中华书局2002年版,第84、85页。
② 同上,第86页。

三、历史评价

作为与马可·波罗、伊本·白图塔、尼哥罗·康梯齐名的中世纪四大旅行家之一的鄂多立克,虽然其游记的可读性比不上《马可·波罗游记》,但不可否认的是,该书记录了许多14世纪中国以及东方的社会生活情状。这些记述既有亲身经历之事,也不乏道听途说之辞,与马可·波罗的记述一样有虚有实,但总体而言较后者更为真实可信。它向意大利及其他欧洲人展示了渗透着他个人情感和宗教观念的异域色彩浓郁的中国形象,在历史学、地理学和宗教史等领域的研究都有着一定价值。《东游录》在鄂多立克时代的影响力仅次于《马可·波罗游记》。周宁认为它是"蒙古世纪里最有代表性的东方游记文本"。[1] 他认为:"《东游录》表现出的对宗教与财富两方面内容的关心,正是那个时代西方的中国形象的两个核心。"[2]遗憾的是在漫长的历史中他渐渐为人们所淡忘。他在中西文化交流史上的功绩经过五个多世纪的湮没之后,到19世纪末才重新得以发现和重视。1881年,国际地理学会在威尼斯为他建起了纪念铜像。1999年,意大利著名作家卡尔洛·斯戈隆以鄂多立克为题材创作了历史小说《春蚕吐丝》。他描绘了主人公鄂多立克作为中国文明的崇尚者,热衷学习中国语言、深入了解中国的文明和文化、与中国人和谐相处的文明使者形象。书名《春蚕吐丝》有很深的寓意,把鄂多立克比作矢志不渝的春蚕,用自己的艰辛跋涉化为坚韧的丝线,将中国和意大利连接在一起。著名学者、翻译家吕同六在其生命的尽头将该小说翻译为中文,并于2007年出版。

此外,意大利还拍摄了影片《在天涯》,以纪念这位中意文化交流史上的先驱。这样,鄂多立克才终于重新进入了人们的视线,赢得了公正的评价。

---

[1] 周宁著《2000年西方看中国》(上册),团结出版社1999年版,第48页。
[2] 周宁著《2000年西方看中国》(上册),团结出版社1999年版,第49页。

第三章
初创时期的意大利汉学

第一节 概 述

历史翻到对于人类文明发展有着特殊意义的十六七世纪,意大利汉学史进入了初创时期。说其"初创",也许并不十分确切,因为这一时期的意大利汉学,刚从萌芽期迈入正常轨道,随即就出现了像利玛窦这样的巅峰式人物,一时间名家辈出、巨匠迭现、著述繁盛,罗明坚、艾儒略、卫匡国、殷铎泽、叶尊孝、德西德里等各放光彩,一路高歌,将意大利汉学推向了空前的辉煌。

这一时期的意大利汉学,就时间跨度而言,如前所述,主要指的是十六七世纪。这个时期的意大利汉学,既可以说是人类不同文明之间进行频繁而深度交往的直接受益者,也可以说本身就是使人类不同文明由交流交融走向繁荣兴盛的重要组成部分。我们都知道,16世纪在人类文明交往史上具有特别的意义。正如《全球通史——1500年以后的世界》的作者、美国学者斯塔夫里阿诺斯所言:"1500年以前,人类基本上生活在彼此隔绝的地区中。各种族集团实际上以完全与世隔绝的方式散居各地。直到1500年前后,各种族集团之间才第一次有了直接的交往。从那时起,他们才终于联系在一起,无论是南非的布须曼人、有教养的中国官吏,还是原始的巴塔哥尼亚人。"[①]打破这种隔绝的,就有为数众多的传教士的突出贡献。当时大批意大利耶稣会传教士进入中国,全方位接触中国文化,有意识传播欧洲文化,从而揭开了西方与中国这个古老的东方帝国深度交流的

---

① [美]斯塔夫里阿诺斯著《全球通史——1500年以后的世界》,上海社会科学出版社2003年版,第3页。

序幕。与13世纪传教士孟高维诺等不同的是,他们到达中国后,并不急于传教,而是首先潜下心来了解熟悉中国文化,学习中国语言。他们从自己的姓名、穿着、语言等各方面着手,入乡随俗,贴近中国人的生活,成为"中国通"。这一利玛窦创下的方法和策略,后来被明末清初的传教士们所沿用,成为"利玛窦规矩"。这一规矩不仅使他们的传教活动获得了巨大的成功,也使由此带来的文化交流开辟了前所未有的新纪元。毫不夸张地说,正是罗明坚、利玛窦、卫匡国、艾儒略等一大批耶稣会传教士切切实实的努力,一方面推动了意大利汉学的发展,另一方面也造成了中国文化对于欧洲文明的巨大冲击,点燃了欧洲学者对于中国研究的热情。法国学者艾丹妮认为:"曾德昭神甫和卫匡国神甫的著作引起巨大轰动,当时许多法国学者的著作表明了他们的影响。……泰弗诺(Thévenot Melchisédech,1620—1692)引用卜弥格神甫的'中国是世界的浓缩'这句话时,人们并未想到其后果:世界中心再也不是耶路撒冷,而是中国的某个地方了。"①可见,意大利耶稣会传教士对于欧洲和中国连接的意义是至为关键的。

　　这一时期的意大利汉学,就活动主体而言,如上已述,主要为意大利来华传教士,其中又以耶稣会士的活动最为突出。西方传教士入华历史很早,但多数以传教为单纯目的,与中国文化的接触交流并不深入,所以也难有汉学方面的成就。但耶稣会士由于其强烈的殉道精神以及深厚的文化教育背景,造就了他们的独特眼光、意志和智慧,使他们致力更有效地传教布道而打入中国文化的内核,着汉服、学汉语、习汉俗,与达官贵人接触之广,在各个层面活跃之频,与中国文化体悟之深,实非前人可比,其于汉学研究之广度和深度,自然也就非前人所能望其项背。

　　这一时期的意大利汉学,就传播方式而言,主要是传教士向西方寄送书信、报告、札记以及用西语编译的中国典籍和用汉语译著的西方典籍等。需要特别指出的是,能否把用汉语译著西方典籍纳入汉学范畴,学界有不同意见。笔者认为,像利玛窦、艾儒略等人的汉语译著,看似与汉学活动没有直接关联,但他们在从事用汉语编译西方哲学思想、人文地理、几何数学等方面的内容时,根据他们对中国文化和语言的研究与理解,不仅为中国文化注入了大量富有生命力的西方元素,同时也创造了许多汉语新词语、

---

①　转引自许明龙著《欧洲十八世纪"中国热"》,外语教学与研究出版社2007年版,第204页。

新概念、新观念,并为后来许多入华传教士开展汉学研究和传播做出了示范、奠定了基础、提供了便利。由此不难看出,这实际上就是一种间接的汉学活动,是他们汉学活动的重要组成部分。

初创时期的意大利汉学在整个意大利汉学史上占有至关重要的地位,对十七八世纪以反对宗教神学、提倡理性主义为宗旨的欧洲启蒙运动产生了巨大的影响,如伏尔泰等启蒙思想家从意大利汉学家们转述的中国儒家学说中找到了许多理论根据,以此作为他们的斗争武器。可以说,初创时期的意大利汉学对欧洲近代文明的诞生有着不可忽视的影响。但遗憾的是,18世纪后意大利汉学渐趋式微,汉学的接力棒传到了法国人手里,意大利汉学的繁荣光景直至当代才再次出现。

第二节　西方汉学奠基人罗明坚

巨星往往不能总是以自己的强光照亮周边的人,有时候反而会掩盖周边人的光芒。利玛窦之于罗明坚的影响就是这样的一个例子。

罗明坚像

罗明坚是进入中国的第一个耶稣会士,是意大利汉学的奠基人,也是西方汉学的奠基人。但我们提起汉学的时候,往往只会想到利玛窦,而忽略了罗明坚。实际上,罗明坚在汉学史上创造了许多个"第一":

他是第一个进入中国内地的耶稣会士;

他是第一个系统学习汉语的西方传教士；

他是第一个在中国大陆创办耶稣会院的西方人；

他是第一个编写汉外词典的西方人；

他是第一个用汉语著述的西方人，写作并出版了天主教在华第一部中文教义书——《天主实录》。

他是第一个翻译中国经典古籍的西方人；

他是第一个出版中国地图的西方人，等。

因此，有人称罗明坚为"西方汉学的奠基人"或"西方汉学之父"。

一、生平及其主要经历

罗明坚，字复初，1543年出生于意大利中南部维诺萨（Venosa）区的斯皮纳佐拉（Spinazzola）城，曾获民法与教会法两个法学博士学位。博士毕业后他在政界服务多年，29岁时辞职入修道院学道。不久"彼自觉宜于传道远方，遂不待神学研究完毕，请于默库里安神甫，得派赴印度"。① 1578年3月，他与利玛窦、巴范济等13名耶稣会士奉命到东方国家担任传教士的工作，随即从葡萄牙出发，经过长达六个月的海上航行，于9月13日到达印度果阿。1579年7月20日，罗明坚应范礼安的要求抵达澳门，开始学习汉语及汉文化。由于当时明朝政府不允许外国人定居内地，于是罗明坚就借葡萄牙商人进入广州贸易之机，跟随他们进入内地。在与当地官员的交往中，取得了广州海道的信任，特别准许他上岸过夜，为他结交中国官员及士大夫创造了有利条件。1582年12月27日，罗明坚与另一名传教士巴范济一起抵达肇庆，晋见两广总督陈瑞，并献上自鸣钟和三棱镜等西洋物品，获准留居天宁万寿寺。1583年3月，由于陈瑞被撤职，罗明坚等失去了保护伞，只好返回澳门。1583年9月10日，罗明坚与利玛窦一起再次来到肇庆，受到知府王泮的款待。同年，他出版了《祖传天主十诫》。1584年11月，他又出版第一部西方传教士用汉语著述的《天主实录》。后由于教士们自觉地位"颇不安定，随官府之喜怒为转移。则欲地位巩固，势须请求

---

① ［法］费赖之著，冯承钧译《在华耶稣会士列传及书目》（上），中华书局1995年版，第23页。

宗座正式遣使于北京"。① 而罗明坚久居中国,熟知中国的人情风俗,范礼安就派他返欧请命。于是1588年11月20日,罗明坚离开了他度过九年艰苦岁月的中国,返回罗马,要求教宗派遣使团,请中国皇帝正式批准"传扬圣教"。1589年罗明坚抵达里斯本,到菲利普二世宫廷,向国王做了汇报。但在罗马期间,由于当时四易教宗(十七个月里,四个教皇相继去世),范礼安交给他的使命因此而未能完成,他本人则因身体原因(实际上,他在肇庆时已经身体有所不济②)而退隐撒莱诺(Salerno)耶稣会院。③但在欧期间,他把《四书》中《大学》的部分内容,翻译成拉丁文并公开发表。他还出版了详细的关于中国各省情况及中国行政建构的地图集——《中国地图集》,这是西方较为全面介绍中国地理及行政等情况的第一次。

1607年5月11日,罗明坚病故于撒莱诺。

二、汉学活动

1.学习汉语

学习汉语是罗明坚和利玛窦等传教士汉学活动的起点。但是,他们开始学习汉语是出于何种考虑?而且当时有那么多西方传教士,为什么只有罗明坚、利玛窦等为数不多的人学习汉语呢?这些疑问或许可以从一些关于传教士的文献以及利玛窦等人的日记中得到答案。

根据文献记载,尤其是《利玛窦中国札记》里的记述,我们可以知道,16世纪的传教士们在走上汉学之路之前有很长的一段铺垫。从掌握的现有文献看,我们发现让传教士学习汉语的念头最早始于被封为"传教圣徒"的西班牙人沙勿略。

沙勿略1506年出生于西班牙纳瓦拉省,是耶稣会创始人之一,1540年奉耶稣总会派遣前往印度、日本等地传教,1541年到达印度果阿,其后主要在东南亚一带活动,1549年进入日本,在东方进行了十多年的传教活

---

① [法]费赖之著,冯承钧译《在华耶稣会士列传及书目》(上),中华书局1995年版,第28页。
② [法]裴化行著,管震湖译《利玛窦神父传》(上)第108页记载:"实际上罗明坚生病后从来似乎没有痊愈,他头一次同巴范济神父一起住中肇庆时就已经抱怨'非常疲倦'"。
③ 明代徐宗济《中国天主教传教史概论》记载:"而罗公积劳成疾,退隐耶稣会院"。上海世纪出版集团2010年版,第214页。

动。在此期间,他经常来往于马六甲及南亚各地。在与商人以及传教士等人口中,他了解到不少有关中国的情况,并通过各个信息渠道汇集的信息逐步加深了他对中国文化的认知,而且体会到在中国开展传教活动是很艰难的。这使他认识到学习汉语对于开展传教工作是十分重要和必要的。这一认识清楚地体现在 1548 年他写给印度总督加尔西亚·德·萨的报告中。在该报告中,他引用了一位在上川岛经商的葡萄牙商人的话说:

  如果会讲中文,可以毫无顾忌、安安全全地走遍各地。①

  另外不容忽视的一点是,沙勿略在日本传教时,发现中国文化对日本影响极深。还是在同一封信中,他引用同一个商人的话说:

  他们还把书带到日本。那里还有学习治疗各种疾病的学校,拥有关于这一切知识的巨著,都用汉语撰写。除了汉语之外,他不知道还有用其他文字写作阅读的。他说从占婆到日本陆地的京都,人们都读汉字书籍。②

  利玛窦晚年也在回忆录里说:

  他(按:沙勿略)注意到每当日本人进行激烈辩论时,他们总是诉之于中国人的权威。这很符合如下的事实,即在涉及宗教崇拜的问题以及关系到行政方面的事情上,他们也乞灵于中国人的智慧。因而情况是,他们通常总是声称,如果基督教确实是真正的宗教,那么聪明的中国人肯定会知道它并且接受它。③

  由于以上两点原因,一方面为了"使中国人能从迷信之中皈依",另一方面为了"更容易争取日本人",沙勿略开始想方设法进入中国,学习汉语,向中国人传教。但当时明朝政府的海禁制度非常严格。所谓海禁制

---

  ① 引自王锁英译《一位先生向沙勿略神父提供有关中国的信息(1548)》,载《葡萄牙人在华见闻录——十六世纪手稿》,海南出版社 1998 年版,第 3、4 页。
  ② 同上。
  ③ 利玛窦、金尼阁著,何高济等译《利玛窦中国札记》,中华书局 2010 年版,第 127、128 页。

度,是朝廷出于政治上的考虑而实行的一种闭关锁国的政策,也称"洋禁"政策。明初朱元璋就表示"朕以海道可通外邦,故尝禁其往来",即禁止私人出海贸易,也不准外国人来中国经商,也不允许外国人在中国内地定居,以此"守边自固"。政府在山东至广东的沿海一带修筑了海防工事,建立了严密的"巡检"制度。沙勿略对此十分了解,他说:"朝廷的告示威胁说,要把未经官方允许擅自在中国登陆的外国人缧继入狱",不过他对此倒是无所畏惧,甚至想到了一旦自己被捕,"作为囚犯,他们就会把它(按:天主教)在百姓中传播开来。至于他自己,他如能一旦获释,就要马上宣传有关基督及其法令和学说的知识"。① 但尽管热忱如火,他还是未能如愿进入中国内地传教。1552 年底他在上川岛因病去世。

沙勿略去世后,由梅尔基奥尔·努内斯·巴雷托神父继任远东的耶稣会最高负责人。我们从他的两封信中可以知道他对传教士学习中国语言文化的重要性不仅有了更加清晰的认识,而且相比于沙勿略,他还设计了实现这一目的具体路径。

第一封信是 1555 年 11 月 23 日写给印度、葡萄牙、罗马以及全欧洲修士的。信中专门写了名为"关于中国的情报"的特殊章节,谈到进入中国的两条途径并提到了传教士学习中国语言的设想。

另一封是同年同月 27 日写给耶稣会创始人圣依纳爵·罗耀拉的一封信。在这封信中他再次提及学习语言的计划。"随他(使节)一起进入该国的神父可以学习语言,请求特权,像平民一样自由,并享受都市的法律。……因为根据当地的习惯,使节完成任务需要 3 年,所以在此期间,神父们可以显示生活上的神圣模范,学习语言。"②

但努内斯的计划最终也未能得以实施。1557 年,葡萄牙人在澳门获得了居住权,此后来自欧洲的传教士们常将澳门作为落脚点。但这并没有给传教士们学习中国语言文字带来便利。从 1553 年到 1579 年,在澳门传教的耶稣会士先后多达三十二人,明朝政府对葡萄牙人自行奉教并不予以禁绝,但明文规定不允许葡人引诱华人入教。澳门同知印光任在《管理番舶及澳夷章程》中规定:"其从前潜入夷教民人,并窜匿在澳者,勒限一年,

---

① 利玛窦、金尼阁著,何高济等译《利玛窦中国札记》,中华书局 2010 年版,第 127、128 页。
② 引自戚印平《远东耶稣会史研究》,中华书局 2007 年版,第 175、176 页。

准其首报回籍。"①而且,当时的传教士把南美洲传教经验生硬地移植到中国人身上,"凡欲进教保守者,须葡萄牙化,学习葡国语言,取葡国姓名,度葡国生活,故不啻进教即成葡国人也"!② 这种强硬死板的传教方式使得澳门的传教工作步履维艰。

这一状况直到范礼安来到澳门才开始产生根本性的变化。范礼安,1538年出生于意大利那不勒斯。还不到19岁时就获得了法学博士。于1566年加入耶稣会,1578年作为全印度及远东耶稣会传教视察员来到澳门视察。他看到很多传教士们在澳门生活了三十多年,因为不会汉语,也缺乏对中国风土人情的了解,一直找不到机会进入中国内地。如何进入中国内地传教成了困扰教士们的大难题。面对这种情形,范礼安非常焦急,据说,有一天,他凭海远眺,大声呼喊:"岩石!岩石!汝何时得开?"③通过多时的观察和仔细的分析,范礼安推断:"一个聪明的、有成就的、献身于艺术研究的民族,是可以被说服同意让一些同样以学识和品德而出名的外国人来到他们中间居住的,特别是假如他们的客人精通中国语言和文字的话。"④因此,他认为,要在中国传教,传教士们必须娴熟中文,"必须不单单学会广州话,还要学官话,而且不单单会讲,还得会认方块字,会写"。⑤ 于是他提出使传教士全面"中国化"的想法:"采用他们的服装、他们的语言、他们的习俗、他们的生活方式,总而言之,在一个欧洲人的可能范围之内竭力将自己改造成中国人……"⑥具体的办法是:"委派几个人学习中国语言和文学并做好准备,利用任何可能出现的时机把福音传入这个新的世界"。虽然这一想法遭到许多人的反对,但"范礼安对这事下了决心,它是不会改变的"。⑦ 当时在澳门没有符合范礼安要求的人选,所以他写信给印度区主教罗德里哥·文森斯,请他至少派一名合适的"饱学之士"到澳门。在他动身去日本前,他还特地给即将到来的教士留言,指示他如何更好地为将来在中国开展传教工作做好准备。1579年7月罗明坚作为"合

---

① 引自邓开颂、吴志良、陆晓敏著《粤澳关系史》,中国书店1999年版,第159页。
② 明代徐宗泽《中国天主教传教史概论》,上海书店影印版1998年版,第169页。
③ [法]费赖之著,冯承钧译《在华耶稣会士列传及书目》(上册),中华书局1995年版,第20页。
④ 利玛窦、金尼阁著,何高济等译《利玛窦中国札记》,中华书局2010年版,第142页。
⑤ [法]裴化行著,管展湖译《利玛窦神父传》,商务印书馆1998年版,第56页。
⑥ 利玛窦、金尼阁著,何高济等译《利玛窦中国札记》,中华书局2010年版,第672页。
⑦ 同上,第142页。

适的"人选被派到了澳门。

就这样,罗明坚走上了汉语学习之路,虽然接受这样的安排并非心之所愿。据说,他刚到澳门时,读了范礼安留下的训示时的第一反应是"大惊骇,脱非忆及服从之义,将为之气沮。"① 可见他心里十分清楚要完成上级交代的这项任务是何等艰巨,但明知艰巨,他却无法拒绝。

汉语是与意大利语以及拉丁语有着很大差异的语言文字体系。对意大利人来说,汉字不是用他们所熟知的拼音字母来表达语义和思想的。在他们眼里,一个个汉字就像一幅幅神秘的图画令人难以捉摸,简直就是一种天书。至今意大利人在遇到听不懂的话时还常说一句俗语:"你讲的是汉语吧?"更何况当时罗明坚已届中年,早过了学习新外语的最佳时期。

当然,如果有优良的师资,那么学习这么困难的外语可能还相对容易一些,毕竟好老师无异于一盏照亮黑暗之路的明灯。但问题是当时在澳门找不到好的汉语老师,利玛窦对罗明坚当时的处境评述道:"听起来和读起来都是最困难最复杂的中国语言,由于缺乏教它的教师而格外加深了它的困难。"② 因为传教的目标是中国内地,所以罗明坚要学习的是官话,即当时全国通行的一种特殊语言。对这种语言,利玛窦在其日记里有详细的记录:"除了不同省份的各种方言,也就是乡音之外,还有一种整个帝国通用的口语,被称为官话(Quonhoa),是民用和法庭用的官方语言。……官话在受过教育的阶级当中很流行,并且在外省人和他们所要访问的那个省份的居民之间使用。懂得这种通用的语言,我们耶稣会的会友就的确没有必要再去学习他们工作所在的那个省份的方言了。"③ 罗明坚虽然一年两次跟随葡商进入广东省会参加集市贸易,时间长达半年左右,但他并不学习广东方言,因为"各省的方言在上流社会是不说的,虽然有教养的人在他的本乡可能说方言以示亲热,或者在外省也因乡土观念而说乡音"。④ 而在澳门的中国人大多既不熟悉官话,也不懂葡萄牙语。因此,罗明坚的中文老师"不能用中国字表达欧洲的词义时,他就常常乞灵于画一连串的符号"。⑤ 对此,罗明坚自己曾在写给罗马总会长阿桂委瓦神父的信中就有

---

① 见[法]费赖之著,冯承钧译《在华耶稣会士列传及书目》,中华书局1995年版,第121页。
② 利玛窦、金尼阁著,何高济等译《利玛窦中国札记》,中华书局2010年版,第144页。
③ 同上,第30页。
④ 同上。
⑤ 同上,第144页。

这样的描述：

"起初为找一位能教我中国官话的老师非常困难，但我为传教非学官话不可；可是老师如只会中国官话，而不会讲我们的话（葡萄牙语）也是枉然，因为我听不懂啊！因此后来找到一位老师，只能藉图画学习中国语言了，如画一匹马，告诉我这个动物中国话叫'马'，其它类推，世上有多少事物，就有多少中国字，它并无字母可循，这为葡萄牙人以及神父们学习简直是不可能的事。"①

17世纪，早期英国学者Samuel Pucrhas对罗明坚刚到澳门的情形有过这样的描写：

1579年7月，意大利人罗明坚来到澳门后奉命学习汉语，这是一门在中国朝廷和官员之间使用的语言。（当然每个省也有自己的方言）。他还要学会阅读和书写中国的文字，而这种文字数量极多，这门语言很难学，也找不到老师。那些生活在澳门的中国教徒，以及来那里经商的人都不懂这种官方语言，也不懂葡萄牙语。尽管他们能明白，但是却不会说。他们也仅能看懂一些经商词汇和常用汉字。他的老师不得不通过绘图来教授汉字。葡萄牙人每年两次得以进入广州，通常是1月和6月，罗明坚就跟随他们而来。②

没有好老师必然增加了学习的难度。这一问题直到进入肇庆后才得以解决。在那儿，"他们以高薪聘请了一位有声望的中国学者，住在他们家里当老师"。③

罗明坚学习汉语还遇到另外一个困难。由于当时澳门教区负责人对罗明坚学习汉语没有信心，经常派遣他执行各种教务，从而分散了他的学

---

① 见《1583年2月7日罗明坚致总会长阿桂委瓦神父书》，引自罗渔译《利玛窦书信集》（下），台北光启出版社、辅仁大学出版社1986年版，第446页。
② Samuel Purchas, *His Pilgrimes*, London, 1625—1626, Vol.Ⅲ, p.320.
③ 利玛窦、金尼阁著，何高济等译《利玛窦中国札记》，中华书局2010年版，第171页。

习精力:"澳门团体诸道长意度其永远不能操华语,写华文,常阻扰其学业,而命其执行教务。"①由此他的学习时间就无法得以保证。还有些教友对他学习汉语很是不解。在1581年11月12日罗明坚致麦古里亚诺神父的信中他转述了教友的质疑:"一个神父可以从事会中的其他事业,为什么浪费大好光阴学习什么中国语言,从事一个毫无希望的工作?"②面对如此难学的语言,而且在不为教友们理解的情况下,罗明坚也有打退堂鼓的时候。他在同一封信中说:

> 汉语非常难学,超出其他任何国家的语言。因为它无字母,字数又极其多,即便要达到阅读的程度也需花费很长的时间。据说即使中国人也要读书十五年后方能读通书写文章、阅读书籍。由此可知是何等地难学了,因此开始时我没有信心能把它学好。③

无论千难万难,执着的罗明坚还是坚持了下来。虽然一开始是迫于上级的命令,但后来他越来越清楚地意识到掌握汉语汉字"比多发展一万名基督徒还更有价值,因为这是为整个帝国(指中国)的全面归化在做的准备"。④ 这种强大的内在动力激发了罗明坚知难而进学习汉语的热情。费赖之在《罗明坚传》中说:"自是以后,诸友识辈以其虚耗有用之光阴,从事永难成功之研究,有劝阻者,有揶揄者,然彼皆不为所动。"⑤《利玛窦中国札记》里多次提到罗明坚刻苦学习的情形。利玛窦写道:罗明坚"是一位不断攻读中国文献的教师"⑥,"他通宵钻研中国的典籍",当葡萄牙人做生意时,"他单独留下来进行学习"。有时候,"他在译员的帮助下,用很多时间攻读中国书籍"。⑦ 神父们同中国人交往之余,"就把时间用于研习中国

---

① [法]费赖之著,冯承钧译《在华耶稣会士列传及书目》(上),中华书局1995年版,第24页。
② 罗渔译《利玛窦书信集》(下),台北光启出版社、辅仁大学出版社1986年版,第426页。
③ 同上,第431页。
④ 徐宗泽《中国文化西渐之介绍者》,见张维华主编《明清之际中西关系简史·附录》,齐鲁书社1987年版,第289页。
⑤ [法]费赖之著,冯承钧译《在华耶稣会士列传及书目》,中华书局1995年版,第121页。
⑥ 利玛窦、金尼阁著,何高济等译《利玛窦中国札记》,中华书局2010年版,第145页。
⑦ 同上,第146页。

语言、书法和人们的风俗习惯"。①

当时的海禁制度虽然还是很严厉,但广东政府还是作了些许变通,他们允许葡萄牙人每年两次进入广东进行贸易。利用这个机会,罗明坚随着葡商进入中国内地,并以谦和的态度和丰富的学识,加上以中国人所未曾见过的各种西洋器物作为赠礼而得到了当地官员的认可。1583年罗明坚等传教士被允许在肇庆建造仙花寺。这是一件有标志性意义的事件,一般被认为"是中国耶稣会传教团的开始"。②

这应该也主要得益于罗明坚对汉语的熟悉与运用。经过一年多的努力,罗明坚终于认识了一万五千多个汉字,可以看些中文书籍了。学习汉语的效果也慢慢体现了出来。根据《利玛窦中国札记》的记录,1580年到1583年期间,罗明坚趁着葡商每年去广州贸易两次的机会,曾多次前往广州。根据当时的规定,外国人日间可以在市区从事贸易活动,但夜晚必须返船休息。而罗明坚在葡萄牙商人的介绍下认识了几位官员,由于他温文尔雅,会说汉语,而且了解并尊重中国的风俗习惯,很快取得官员的好感和信任,他找准时机请求中国官员让他留在陆地上活动,他在给官员的呈文中写道:"既为司铎,必须逐日敬奉天主,不能处处追随葡萄牙人也。"③结果"中国官吏认为其请求正当,允许他留在陆地上"。④ 这给他的传教活动带来了许多便利条件。

2.用汉语著述

罗明坚在学习汉语后不久,便开始着手用汉语著述。他在一封信里曾明确表达过他学习汉语的目的:"以便日后用中文著书,驳斥中文书中(有关宗教方面)的谬误,希望将来能为天主服务,使真理之光照耀这个庞大的民族。"⑤可见以汉语著述是他所认为的可以服务天主的一个途径。这也源于传教士们对用汉语著述的清醒而自觉的认识,他们认为对于中国人来说,"用象形文字所表达的中国著作具有特殊的力量而且表现力巨大"⑥,

---

① 利玛窦、金尼阁著,何高济等译《利玛窦中国札记》,中华书局2010年版,第168页。
② [意]柯毅霖著,王志成等译《晚明基督论》,四川人民出版社1999年版,第48页。
③ [法]费赖之著,冯承钧译《在华耶稣会士列传及书目》(上),中华书局1995年版,第24页。
④ 同上。
⑤ 罗渔译《利玛窦通信集》,台北光启出版社1986年版,第413页。
⑥ 利玛窦、金尼阁著,何高济等译《利玛窦中国札记》,中华书局2010年版,第172页。

因此"基督教信仰的要义通过文字比通过口头更容易得到传播"。① 他的汉语著述主要是两部分：一部分是将天主教经言翻译成汉语，另一部分是直接著述宣扬天主教思想教义。

先看看他的译著。还在澳门时，罗明坚就开始"专心致志于'用方块字'译出《主祷文》《圣哉玛丽亚》《十诫》《教理问答》"。② 1582年，罗明坚完成了《十诫》的汉语翻译，并以此作为他宣讲天主教的基本资料，这是他译著方面的代表作品。该书1583年于肇庆出版，又名《祖传天主十诫》，是天主教第一篇用汉语在华刊传的经言。十诫主要指：一、要诚心奉敬一位天主不可祭拜别等神像。二、勿呼请天主名字而虚发誓愿。三、当礼拜之日禁止工夫；谒寺诵经，礼拜天主。四、当孝亲敬长。五、莫乱法杀人。六、莫行淫邪秽等事。七、戒偷盗诸情。八、戒谗谤是非。九、戒恋慕他人妻子。十、莫冒贪非义财物。总体而言，该经文的译文较为清通典雅。

再说他的汉语专著。1582年，罗明坚在家庭教师的帮助下，用"适合百姓水平的文体写了一部关于基督教教义纲领的书"。③ 因为罗明坚的汉语水平毕竟有限，所以"写的时候先将拉丁文译成中语讲给这位司书听，然后他按照所领略的程度，而写成中文"。④ 该书名为《天主圣教实录》，又名《天主实录》。1583年，罗明坚校完全书后，"又请利玛窦和在肇庆府住的一位福建儒士，郢斫、润饰"⑤，最终于1584年11月刻印于肇庆（不少资料采取1583年的说法，但按罗明坚该书引文所记的"时万历甲申岁秋八月望后三日 远西罗明坚撰"推断，该书出版时间应不早于1584年）。这是罗明坚第一部用中文写成的著作，也是"天主教教士到中国后之第一刊物"。⑥ 当时的一些中国官员对《天主圣教实录》非常满意，也比较感兴趣，他们同意罗明坚出版了该书。书中采用了宾主之间一问一答的对话体写作形式。关于采用这一形式的原因，罗明坚自己是这样解释的："第天主义

---

① 利玛窦、金尼阁著，何高济等译《利玛窦中国札记》，中华书局2010年版，第172页。
② [法]裴行化著，管震湖译：《利玛窦评传》，商务印书馆1993年版，第91页。
③ 利玛窦、金尼阁著，何高济等译《利玛窦中国札记》，中华书局2010年版，第171页。
④ [法]裴化行著，萧浚华译《天主教十六世纪在华传教志》，上海商务印书馆1936年版，第264页。
⑤ 张奉箴《福音流传中国史略》上编，卷2，台北辅仁大学出版社1971年版，第613页。转引自张西平《利玛窦的著作》——《文史知识》2002年第12期。
⑥ 徐宗泽著《明清间耶稣会士译著提要》，上海书店出版社2010年版，第2页。

理精微,难以阐发,故作二人问答于是篇云"①。全书分为题解、目录、引言和正文四大部分。内容以宣扬天主教义为主,认为:"盖天地之先,本有一天主,制作乾坤人物,普世固当尊敬之。"而天主"尊大",非一般人可比,所以即使"贤臣、圣人"也"难以尽言""不能穷尽"。因此,作者"以理譬喻天主","以理见天主"。他还指出"释迦之言不可信","贫富寿夭皆天主所命"。从第十二到十四节他再次阐释了天主十诫的具体内涵。徐宗泽对这本书的文笔评价不高:"此书文理不甚清顺,名词亦多牵强。"②但他紧接着又肯定了罗明坚的成就:"案此书作时,罗公不过到肇庆之后年也,而已能成书,且天主教之道理已能以华语宣述之。"③作为入华传教士在中国的第一本用中文宣扬天主教义的文献,该书的意义是深远的。首先,它开创了西方传教士用汉语著述的先河,尝试用当时中国人所习惯的书面方式来传播天主教义,利玛窦及其他耶稣会士们勤于写作以宣扬教义可以说是该方式的一种延续和传承;其次,这是罗明坚将西方文明本土化的一个尝试,在翻译一些不为中国人所熟悉的天主教基本观念和思想时,他尽量靠拢中国人的思维方式,通过音译法、音义结合法及意译法等,创造出的如"天主""天堂""魔鬼""地狱""赎罪""耶稣"等概念术语,至今仍鲜活沿用在现代汉语中。如罗明坚将天主教所信奉的造物主 Deus 一词由原先的音译法"陡斯"而改为意译法的"天主",就是极好一例。利玛窦特别赞赏这一译法,他认为"天主"一词,从字面上解释,有天地主宰之意,非常符合天主教的创世说。后来利玛窦又发现,在《诗经》《中庸》等一些中国古代典籍中,"上帝"一词的含义与"天主"(Deus)非常接近,于是他即以"上帝""天主"等说法来称呼造物主。这些译法一直沿用至今。仅从这两点来看,《天主圣教实录》在中西文化交流史上的地位就不同一般了。

3.编写汉语学习的教材和词典

罗明坚在澳门时以中国的二十四节气为教材的识字课本散页在罗马耶稣会档案馆被发现。④ 除了课本以外,罗明坚还编写了一本 189 页的汉外词典——《葡汉词典》,在词典正文之前还有一篇罗马字注音对话录,即

---

① 徐宗泽著《明清间耶稣会士译著提要》,上海书店出版社 2010 年版,第 106 页。
② 同上,第 108 页。
③ 同上,第 105 页。
④ 张西平《西方早期汉语教学史研究》,见张西平编《传教士汉学研究》,大象出版社 2005 年版,第 204 页。

《宾主问答辞义》（一作《平常问答词意》，不过按其罗马字注音 pin ciù ven tà ssì gnì 来看，前者可能性较大）。这是目前所知的中国历史上第一本汉外词典。过去有不少学者认为该词典是利玛窦的作品，后来美国乔治城大学杨福绵教授通过对罗马耶稣会档案馆的一组手稿进行对比分析和综合研究，认为该词典是罗明坚和利玛窦的共同作品。杨福绵先生认为，从手迹上看，有罗明坚的，也有利玛窦的。手稿形成时间应在 1585 至 1588 年之间，定稿时间为 1586 年 6 月。张西平教授则通过罗马耶稣会档案馆的实地考察，进一步确认该手稿出自罗明坚之手，而利玛窦当时的身份很可能是罗明坚的助手。该字典共分三栏，第一栏是葡萄牙语词条，大体按 ABC 字母顺序排列；第二栏是对应的汉语词的罗马字拼音；第三栏是对应的汉语词条。如：

BOM PARECER, PIAU CI　　标致，美貌，嘉
FALLER CHIA CUA, SCIUO CUA　　讲话，说话

　　手稿共收葡语词汇 6000 余条，汉语字词 5460 条，其中 540 多条葡语词条由于在汉语中无对应词而空缺。该词典并非采用两人的母语意大利语而以葡语为汉语的对照语，很可能是因为当时耶稣会士的在华活动归葡萄牙在东方的传教区管辖的缘故。① 而且因为当时葡萄牙在海上的霸主地位造成了葡语的强势，葡语为许多传教士、商人及航海家们所普遍掌握。该词典前后还附有学习汉语的笔记、词汇、天干地支、中国十五省的名称及天文知识等。杨福绵先生确定《葡汉词典》中的罗马字拼音系统是中国最早的一套汉语拼音方案。这套拼音方案，是按照 16 世纪的西文拼写习惯来拼写的，虽然显得较为粗糙，比如没有送气音与不送气音的区别，也存在同一个韵母却有不同的拼写法等现象，但它作为史上最早的汉语罗马字拼音系统，它的开创性对其后利玛窦的拼音方案及后世出现的各种拼音方案来说都是功不可没的。据说这本书的手稿现在保存在罗马耶稣会档案馆里。②

---

① 见［法］杜赫德编，郑德弟，朱静等译《耶稣会士中国书简集：中国回忆录》，大象出版社 2001 年版，第 7 页。
② 引自潘剑芬《晚明耶稣会在穗港地区的图书出版活动》，《文化杂志》2009 年第 70 期。

4.在澳门创办圣玛尔定经言学校

罗明坚在学习汉语后不久,于1580年在澳门成立了一座"经言学校",利玛窦称之为"圣玛尔定经言学校"。① 这座学校一方面为新入教的中国人讲授天主教教义,另一方面也是传教士学习汉语的场所。罗明坚自己也在该学校学习汉语。罗明坚称:"目前我正在这里学习中国语文……这些教友无疑将是最佳的翻译,为传教工作将有很大的助益。"②这是中国第一个用汉语来传教的机构;也是中国第一所外国人学习汉语的学校。除了创始人罗明坚外,利玛窦、麦安东、孟三德等教士都曾在此学习汉语。1594年,该学校与另一所澳门培养远东传教士的初级学校合并,扩建为澳门圣保禄学院。学院里开设有专门的汉语课程,明确规定凡是入华传教的耶稣会士,一律要先在澳门学习中国语言文字和礼仪。可见当时教会对教士学习汉语的重视程度,这也是对罗明坚工作成绩的极大肯定。

5.译介中国文化典籍并出版中国地图

罗明坚是第一个把中国文化典籍译介到西方的传教士。在1583年2月7日的信中,他明确地写道:"去年我曾寄去了一本中文书,并附有拉丁文翻译。"③他告诉耶稣会总会长,由于"时间仓促,拉丁文译文也很不通顺"。法国来华传教士、汉学家裴化行认为罗明坚1582年寄回罗马的拉丁文译稿应该是《三字经》。虽然这个译本后来流失,但我们还是从他的信中了解到他的译介活动之点滴。

1588年12月20日,罗明坚被派回欧洲。大约在1590年,罗明坚携带一批中文书籍以及一些译稿回到罗马。由于当时教廷教宗更迭、情形混乱,请教宗遣使一事一直无果。后来罗明坚奉命赴那不勒斯的撒莱诺(Salerno)耶稣会公学服务,担任诺莱(Nole)学院的教师。工作之余他把《四书》中的《大学》的部分内容翻译成拉丁文。他的译文被收进波赛维诺的《历史、科学、救世研讨丛书选编》(*Bibliotheca Selecta*:*Qua Agitur de Ratione Studiorum*.Roma,1593),于1593年得以正式发表。波赛维诺是耶稣会会长麦古里亚诺的秘书,曾担任罗马教皇的外交官,对文学和神

---

① [意]罗渔译《利玛窦通信集》,台北光启出版社1986年版,第432页。
② 引自李真《简论明末清初在华西方人的汉语教与学》,见蔡昌卓主编《多维视野下的对外汉语教学研究 第七届国际汉语教学学术研讨会论文集》,广西师范大学出版社2009年版,第310页。
③ 引自张西平《西方汉学的奠基人罗明坚》,《历史研究》2003年第3期。

学颇有研究。罗明坚回到罗马后与波赛维诺多有交往。波赛维诺书中所发表的只是罗明坚译文中的一小部分,据说他翻译的《四书》的全部拉丁文原稿现在仍保存于梵蒂冈图书馆和罗马耶稣会士档案馆中。尽管他的译文可能算不上尽善尽美,但罗明坚此举意义却不一般——他由此成了来华传教士中最早从事中国古典文献西译的人,这是西方汉学史上的一件大事。

罗明坚还是第一个绘制并出版中国地图集的欧洲人。1606年,他绘制了一部《中国地图集》。该地图集共有28幅地图及37页介绍中国地理状况的文字说明,其中有些还是草图,比较粗糙,有些则绘制得比较精细。它第一次较为详细地列出了中国的行政建构,对明朝的行政建构,从"省"到"府""州"和"县"进行了逐一介绍;还对明朝时期的中国的南北两直隶和13个行省的地理状况、农业生产等情况作了较为详细的说明,甚至连"皇家成员居住的地点诸如茶叶等特殊作物、学校和医科大学以及宗教方面的情况",都有比较详细的介绍。可能是因为罗明坚在中国的主要活动范围以南方为主的原因,他在地图集里突出了南方的重要地位,对各省份的介绍也是从南方沿海各省开始。国外有学者认为,罗明坚的这部《中国地图集》是在明朝罗洪先(1504—1564)编绘的《广舆图》的基础上绘成的。[1]

罗明坚的《中国地图集》长期深藏于罗马国家图书馆中,直到1987年才被发现。可以说,是罗明坚第一次将东方地图介绍到了西方,推动了西方制图学的发展。

三、罗明坚汉学活动评价

其实,众多"第一"即是对罗明坚汉学活动的最好评价。说得具体点,罗明坚作为系统学习汉语及中国文化的西方传教士之第一人,对中国文化有着深刻的了解,开创了以汉语宣扬天主教义的新道路,通过翻译、著述等方式,努力将西方文明本土化,在一定程度上促进西学东渐的发展;另一方面,他翻译了《大学》和《三字经》等中国经典古籍,出版了《中国地图集》,第一次用西方话语方式向西方人介绍中国文化,又以合适有效的方式促进

---

[1] 龚缨晏《欧洲与杭州:相识之路》,杭州出版社2004年版,第121页。

了中国文化的西传。因此说他是"西方汉学的奠基人""西方汉学之父",是当之无愧的。他也由此获得了国际汉学界的较高敬重和众多赞誉。

第三节 西方汉学鼻祖利玛窦

明末以来,在众多入华耶稣会士中,意大利人利玛窦无可争议是最为知名、具有里程碑式意义的人物。正如朱维铮先生所言:"利玛窦不是第一位进入中国大陆的欧洲耶稣会的传教士,却是第一批入华耶稣会士中间最具历史影响力的杰出人物。"①意大利天主教耶稣会史学家、汉学家德礼贤也有类似的评价:"天主教在中国的传教事业,有今日这样的组织却该归功于意籍耶稣会士利玛窦。"②而利玛窦的影响力,不仅来自于他在中国的传教成果,更来自于他在汉学史上的突出成就。汉学原本不是利玛窦来中国的目的所在,但伴随着传教布道而进行的汉学活动,却使得他实实在在地成了一个汉学家。而且由于他的秉性坚毅,聪慧好学,他在汉学领域所达到的广度和高度至今无人企及。《利玛窦札记》1953 年英译本作者加莱格尔在序言中高度肯定了利玛窦在世界汉学史上的地位和声望。法国汉学家戴密微在他的《戴密微汉学论文集》中,认为利玛窦是具有改革观念的伟大思想家,是第一个真正沟通了欧洲和中国思想的人,几乎所有的西方汉学家都奉他为鼻祖。③ 利玛窦在其短短的五十八年生命历程中,有二十八个年头(1582—1610)是在中国度过的。他说汉语,穿汉服,在传教的同时,学习、研究和传播中国文化。《利玛窦传》的作者平川佑弘把利玛窦称为"人类历史上第一位集欧洲文艺复兴诸种学艺和中

利玛窦像

---

① 朱维铮《走出中世纪(增订本)》,复旦大学出版社 2007 年版,第 63 页。
② 明代徐宗济《中国天主教传教史概论》,上海世纪出版集团 2010 年版,第 55 页。
③ 引自任继愈主编《国际汉学》(第二辑),大象出版社 1998 年版,第 419 页。

国文化,他是当之无愧的沟通中西文化的第一人"。① 在他的眼里,利玛窦是地球上出现的第一位"世界公民"。② 可以说,利玛窦不仅是西方汉学史上最杰出的人物之一,也是世界汉学史上的一座划时代的丰碑。

一、利玛窦生平及主要经历

利玛窦于 1552 年 10 月 6 日出生于意大利中部一个叫马切拉塔(Macerata)的小城。1561 年 5 月,利玛窦进入耶稣会士办的小学念书。小学毕业以后,就读于当地一家耶稣会办的寄宿中学。1568 年 10 月,被父亲送到罗马学习法学。但利玛窦对法律并不感兴趣。他"自觉适于教会生活,乃入耶稣会"。③ 1571 年圣母升天节(8 月 15 日)那天,利玛窦进入圣安德修院,在耶稣会主办的学校学习神学和哲学,并在那里系统地学习了几何、天文、物理、工程、地图等学科。这段时间的学习为他后来在中国传教及传播西学打下了坚实的基础,其中有几位老师对他日后的工作是至关重要的。一位是当时最有名的科学家和数学家之一的克拉维乌斯。这位罗马学院著名的德国籍数学家不仅精于数学,而且擅长地理,从他那里利玛窦不仅学到了数学知识,而且也学习到了地图制作等方法。这些知识与技能,为利玛窦后来在中国行"学术传教"之路打下了坚实基础。利玛窦在中国制作地球全图,赢得文人们的尊敬仰慕,后又与徐光启一起翻译《几何原本》,这对他拓展中国工作大有裨益。另一位十分重要的老师是首倡传教士学习汉语之风的范礼安。利玛窦学习神学的时期,正是耶稣会迅速发展的时期,进入了向东方传播的新阶段。范礼安神父是当时的耶稣会东方总巡察使,他的主要工作是向中国派遣基督教传教士。后来又被派遣为观察员去组织驻印度、日本和中国的机构。利玛窦和许多同伴一样非常希望去东方国家传教。经过几番努力争取,利玛窦终于获得了机会。他是如此急迫地要奔赴遥远的东方传教,以至于当耶稣会总会长批准他顺便回家看望并告别亲人时,他都谢绝了。1577 年 5 月 18 日他与巴范济神父等人一起出发。他们从罗马经佛罗伦萨和热那亚前往葡萄牙。因为当时葡萄

---

① 平川佑弘著,刘岸伟、徐一平译《利玛窦传》,光明日报出版社 1999 年版,序言。
② 同上。
③ [法]费赖之著,冯承钧译《在华耶稣会士列传及书目》(上),中华书局 1995 年版,第 31 页。

牙国王控制着非洲以及东亚的航海和传教权。利玛窦等人不得不先去里斯本请求葡萄牙国王的批准。

从1577年6月到1578年3月,利玛窦在耶稣会训练赴东方传教团的一个学术中心——葡萄牙的科因布拉(Coimbra)学院,继续他在罗马未完的学业。这段时间的学习对他后来在中国的翻译活动产生了深远影响——该大学的许多教科书成为他后来在中国从事"西书中译"活动的蓝本。3月24日,葡萄牙国王批准了利玛窦等人前往东方国家传教,并且颁旨予以资助。3月29日,25岁的利玛窦与罗明坚神父等13名耶稣会士分乘三条船踏上了前往东方的旅程。经过长达六个月漫长而又艰辛的海上漂泊,9月13日,利玛窦一行终于到达印度果阿。在那里,他一面攻读神学,一面开始学习印度的佛教,并在果阿教授希腊文和修辞课。在这一时期,他还表现出对历史和制图学的特殊才能。另外他对制造自鸣钟等手工技术和建筑行业也颇感兴趣。这一切对他今后的传教和汉学活动都起到明显的促进意义。

1581年,利玛窦被授予神父职位。

1582年8月7日,利玛窦到达澳门。1583年,利玛窦与罗明坚获准入广东肇庆居住。他们带去的一些西方物品,如圣母像、罗盘、地图和三棱镜等,吸引了许多中国官员和民众。同年8月,利玛窦与罗明坚等人在肇庆建造了仙花寺,他们身穿僧侣服装开始传教。在肇庆居住期间,他"感觉传道必须先获华人之尊敬;以为最善之法莫若渐以学术收揽人心,人心既附,信仰必定随之"。①

1584年,利玛窦制作并刊印了《坤舆万国全图》。

1588年11月,罗明坚被范礼安派回欧洲请教宗遣使来华传教,但由于种种原因而未果,罗明坚也没能再回到中国。从此,利玛窦挑起了耶稣会在中国传教的大梁。

1589年,广东新任总督将利玛窦所建的欧式建筑据为己有,于是利玛窦只能移居韶州。客居韶州期间,利玛窦在好友及弟子瞿太素的帮助下翻译了欧几里得《几何原本》的第一卷。利玛窦苦读《四书》,并将之翻译成拉丁文。在瞿太素的指点下并征得范礼安的同意后,1594年利玛窦开始

---

① [法]费赖之著,冯承钧译《在华耶稣会士列传及书目》(上),中华书局1995年版,第32页。

蓄发留须,穿着儒服。

1595年利玛窦以帮助一位官员之子治病为由,得到一个去南京的机会。但是未能获准长留南京。他只好折返南昌,并获准居住。在南昌期间,他结交了许多儒士名流,并往白鹿洞书院讲学,当众表演了令中国人大为讶异的记忆法,接着又出版了《交友论》,撰写《天主实义》,成为当地名人,并建立了教会组织,创立了"南昌传教模式",获得很大成功。南昌的教会组织后由葡萄牙人苏如望神父接管。

1596年,利玛窦被范礼安任命为耶稣会当时和未来在华所有布道团的会督,实际上就是担任中国耶稣会会长的职位,全权负责耶稣会在中国的传教活动。按照范礼安的指示,他应该进京开展活动。

1598年6月25日,利玛窦与郭居静神父陪同北上任南京礼部尚书的官员王忠铭一起离开南昌奔赴南京。他们一行于7月到达南京,9月7日抵达北京。但当时适逢日朝战争,外国人恐有"日本间谍"之嫌,不宜久留北京。利玛窦等于1599年2月回到南京。在南京期间,利玛窦在王忠铭的介绍下结识了南京礼部侍郎叶向高、思想家李贽、徐光启等名士。名士们争相与利玛窦交往,探讨问题:"士人视与玛窦订交为荣,官吏陆续过访。所谈者天文、历算、地理学等。凡百问题悉加讨论。有著名道士某曾被折服而去。"①在南京期间,不少士大夫追随利玛窦而受洗。受此鼓励,利玛窦派郭居静赴澳门汇报,并请负责人继续派教士前来协助。不久,郭居静和西班牙耶稣会士庞迪我带着许多可作贡品的西洋宝物回到南京。利玛窦打算再度北上,将这些贡品献给朝廷。

公元1600年5月18日,利玛窦在庞迪我和一位名为游文辉的中国慕道友的陪同下再度进京。途中遭到一宦官的陷害,好在有惊无险,最后平安渡过难关。万历二十八年十二月二十一日,即1601年1月24日,利玛窦终于抵达北京,夜宿宫门外太监虎殿,第二天一早,由太监们将小大自鸣钟、《万国图志》、大西洋琴、圣母像、天主经沙刻漏等西洋贡品送进宫内。过了两天,他又向神宗皇帝呈上奏章。在奏章里他自称为"大西洋陪臣",绝口不提传教之事,而是用谦卑的语气阐述了他慕名远道而来的原因和情形:"逖闻天朝声教文物,窃欲沾被其余,终身为氓,庶不虚生。因是辞离本

---

① [法]费赖之著,冯承钧译《在华耶稣会士列传及书目》(上),中华书局1995年版,第37页。

国,航海而来,时历三年,路经八万余里,始达广东。缘音译未通,有同喑哑,僦居学习语言文字,淹留肇庆、韶州二府十五年,颇知中国古圣先人之学,于凡经籍,亦略诵记,粗得其旨……"奏书言辞谦卑恳切,但当朝的万历皇帝却是个"不郊""不庙""不朝""不见""不批""不讲"的六"不做"皇帝,二十八年来怠政不上朝,利玛窦自然无缘得见。不过万历皇帝对自鸣钟颇感兴趣,命人将大的自鸣钟供于皇寿殿内,小的留在内殿。八天后自鸣钟突然停走,宫中无人能修理此钟。于是利玛窦和庞迪我被紧急召入宫中维修。其结果是利玛窦如愿留在了北京——"帝嘉其远来,假馆受粲(注:上等白米),给赐优厚。公卿以下重其人,咸与晋接。玛窦安之,遂居留不去。"① 就这样,利玛窦终于在北京长期居留了下来。此后,他以北京为中心,指挥各个地区的传教士通过各种方式开展传教活动。1605年,利玛窦更是在宣武门买下了一座四十间房的大院,创建"宣武门天主堂",又称"圣母无染原罪堂"(今北京南堂)。自此,北京的天主教有了稳定正式的传教点。

1610年5月11日,利玛窦病逝于北京。享年59岁。葬于阜成门外二里沟藤公栅栏官地。

二、利玛窦在中国的汉学活动

利玛窦来中国的目的只有一个,那就是传教。为顺利融入中国社会,取得中国人尤其是上层社会的认同与尊重,利玛窦一方面在沙勿略、范礼安等制定的方针指导下,学习汉语,研究中国文化,迅速融入中国社会;另一方面向耶稣会总会及西方学界介绍传播中国的风土人情、历史地理、政治法律等各种情况,赢得欧洲宗教界及政界对他们在中国传教事业的认同和支持。因此在传教过程中自然而然地成了举足轻重的汉学家。从汉学研究角度看,他的活动主要有以下五个方面:

1.研习并熟稔汉语及中国文化

前文已述,传教士走上中国语言文化学习之路有着复杂而漫长的铺垫。罗明坚学习汉语以后,趁着陪葡萄牙商人到广州参加一年两次的集市活动的机会,与很多官员进行了交往,其中汉语自然起了重要作用。罗明坚学习汉语遇到很多困难,首先是因为神父们得到葡萄牙商人的许多照

---

① 引自晏可佳《中国天主教简史》,宗教文化出版社2001年版,第40页。

顾,为回报葡商也需要帮助他们做些工作,罗明坚神父的任务很重,"这样一来,就要牺牲他很多学习中文的时间"。① 另外,一年两度的集市要花差不多半年时间,这给罗明坚"应该把全部时间投进去"②的汉语学习又增加了困难。而且罗明坚毕竟年龄大了,精力上、记忆力等也有不利因素。即便如此,罗明坚还是在汉语学习上取得了重大突破,与不少中国官员建立了联系,由此也带动了传教工作的突破,印证了范礼安原先的设想,因此"上司闻其传教颇著成效,故又遣一人"。③ 谁比较合适呢? 罗明坚就推荐了利玛窦。除了因共同信仰而产生的同会情谊之外,还有长期共处共事使罗明坚对利玛窦禀赋及天资的熟悉了解。于是范礼安"决定把利玛窦神父从印度召来参加拟议中的赴中国传教的工作"。④ 利玛窦一到澳门,随即开始工作,"因为教廷视察员严格禁止那些受命到中国去传教的人担任任何其他工作"。由此可见,利玛窦在澳门的主要工作就是学习中国语言文化,为进入中国做好种种准备。

与罗明坚刚学习汉语后的感觉相似,利玛窦觉得汉语很难。在 1582 年 8 月 13 日致罗马学院富尔纳里神父的信中他写道:

"我立刻学习中文,您要知道中国语文较希腊文和德文都难;在发音上有很大同音而义异之,许多话有近千个意义,除掉无数的发音外,尚有平上去入四声;在中国人之间,有时还须藉笔写以表达他们的思想,但文字在他们之间并无分别。不过中国文字的构造实难以形容,除非亲眼见、亲手去写,就如我们今天正学习的,真不知从何说起。有多少话、多少事,便有多少字,好像七万左右,彼此都不一样,非常复杂;假使您愿我给您寄几本中文书籍,我会满全您的希望,并附说明。说有的话皆是单音的,他们的书法几乎等于绘画。因此他们用刷子(按指毛笔)写字,正如我们用它画画一样。……中文没有冠词(nèartiocoli)、性别(nè casi)、单复数(nè numeri)、时态(nè tempi, nè modi)的区别,不过

---

① 利玛窦、金尼阁著,何高济等译《利玛窦中国札记》,中华书局 2010 年版,第 146 页。
② 同上,第 147 页。
③ 台北辅仁大学天主教史料研究中心编《燕京开教略》,《中国天主教史籍汇编》,台北辅仁大学出版社 2003 年版,第 351 页。
④ 利玛窦、金尼阁著,何高济等译《利玛窦中国札记》,中华书局 2010 年版,第 147 页。

他们用副词(adverbij)作补救,表达的十分清楚。"①

但利玛窦还是刻苦学习汉语,其用心非一般人所能及。他特地聘请了一位家庭教师,以《四书五经》为教材学习中文。"我每天听他授课两小时,而后编写……"②为了解中国文化之精髓,他还潜心研读中国历来重要文献,尤其是儒家经典。对学习汉语及中国文化之勤苦他自己有这样的记述:"我们会说这个国家本土的语言,亲身从事研究过他们的习俗和法律,并且最后而又最为重要的是,我们还专心致志日以继夜地攻读过他们的文献。"③艾儒略在《大西利先生行迹》中谈到利玛窦学习汉语时曾说:"初时,言语文字未达,苦心学习,按图画、人物,请人指点。渐晓语言,旁通文字,至于六经子史等篇,无不尽畅其意义。"④

利玛窦不仅学得努力,而且学得巧妙。他学习过记忆法,在南昌时还曾向中国官员及其朋友们表演过他惊人的记忆力,并应人们的要求撰写了《西国记法》一书。在汉语学习过程中他自然也利用了各种记忆法,比如形象记忆法,他把"要"字想成是一个从西部部落来的女子;把"好"字想象成怀抱孩子的女仆;把"利"字想成收割庄稼的农民,等等。

功夫不负有心人,他的学习效果是显著的。在短短的几年时间内,利玛窦就通晓了《四书五经》,并能将《四书》倒背如流,赢得了过目成诵的美誉。张尔岐《蒿庵闲话》在提到利玛窦初到广东时的情形说:"遂僦馆延师读儒书,未一二年,四书五经皆通大义。"⑤他的刻苦换来了中国人的尊重,士大夫们尊他为"西儒利氏"。⑥ 李贽在《与友人书》中有如此记述:"西泰,大西域人也。到中国十万余里,初航海至南天竺始知有佛,已走四万余里矣。及抵广州南海,然后知我大明国土先有尧舜,后有周、孔。住南海肇庆几二十载,凡我国书籍无不读,请先辈与订音释,请明于《四书》性理者解其大义,又请明于《六经》疏义者通其解说,今尽能言我此间之言,作此

---

① 罗渔译《利玛窦书信集》(上),台北光启出版社、辅仁大学出版社1986年版,第31页。
② 同上,第139页。
③ 利玛窦、金尼阁著,何高济等译《利玛窦中国札记》,中华书局2010年版,第3页。
④ 艾儒略《大西利先生行迹》,民国八年铅印本,第1页。
⑤ 见清代方浚师撰《清代史料笔记丛刊 蕉轩随录·续录》卷一,中华书局1995年版,第33页。
⑥ 樊树志《晚明史》,复旦大学出版社2005年版,第158页。

间之文字,行此间之仪礼,是一极标致人也,中极玲珑,外极朴实……我所见人未有其比,非过亢则过谄,非露聪明则太闷闷瞆瞆者,皆让之矣!"①赞美之意溢于言表。

利氏的成功,一方面要归功于他娴熟地掌握并运用了科学的记忆法原理;另一方面,作为传教士所肩负的责任也激发其强大的精神动力。他之所以学习汉语,研习中国文化并不仅仅出于一般的宣扬教义的目的,而是怀有更高的理想,即希望能协助更多的传教士学会这门艰深的语言,能自己去发掘中国文化宝库中与宗教相关的问题的资料,以掌握理论武器,驳斥谬误,宣扬教理。正是坚定的信仰和强大的内在动力,才使得他能够夜以继日地攻读中国古代的各种典籍文献,并熟悉了许多中国文化典籍。在《天主实义》中,仅为了论证"吾天主乃古经书所称上帝",他广征博引,引用了《诗》《书》《礼》《易》及《中庸》等许多经典古籍。可见,他对这些古籍的内涵是了然于心的,而且能信手拈来、灵活运用。我们从徐宗泽的评价里也可感受到这一点:"利玛窦者,最深究中国古书之一人,不特学有根源,且能纠正经书注疏之错误,而予原文以正确之诠解,其启示清代考证学家之新途径,其功有足多者。"②

利玛窦并非死读书的"书虫",他善于在对中国文化逐步了解的基础上及时修正和调整各种行为策略。这在两易其服上表现得尤为明显。1583年9月10日,利玛窦与罗明坚到达肇庆。对于当时的情景,张尔岐在《蒿庵闲话》有过这样的描述:"利玛窦初至广,下舶,髡首袒肩,人以为西僧,引至佛寺。"③可见他们当时穿的是僧服。因为他刚从印度到澳门时,听说中国人敬畏鬼神,因此推想中国人对僧人的态度也必敬重,所以他与罗明坚在肇庆一度以僧人的打扮开展活动,他们"剪发髻,披袈裟,以示弃俗之意",装束"颇类僧人,人称西僧或番僧"。事实证明,利玛窦等人穿着僧服是起到过一定作用的。他在札记里记载有这样的场景:

> 许多人也开始献香以供熏香祭坛,向神父们布施,供给食物和灯油,灯油是为在祭坛前点灯用的。为教堂的土地而向官员们

---

① 李贽《续焚书》卷一,中华书局1975年版,第35页。
② 引自徐宗泽《中国文化西渐之介绍者》,见张维华编《明清之际中西关系简史·附录》,齐鲁书社1987年版,第289页。
③ [意]柯毅霖著,王志成等译《晚明基督论》,四川人民出版社1999年版,第13页。

请求一笔地租,那是轻而易举的。①

但随着在肇庆生活的时间一长,他发现中国人对僧人并不十分敬重。1584年他在一封信中写道:

> 这里的人从未见过洋人,把我们当作笑料或者稀罕。我们只要在街上走一走,尤其是在距离我们居住的这座城市很远的其他城市,必须急速跑过去……人们给我们取了无数的绰号,其中最常用的要算"洋鬼子"。②

经过了解,利玛窦才明白:

> 但他们(按:指僧人)里面决没有一个人是心甘情愿为了过圣洁的生活而选择了参加这一修道士的卑贱阶层的。他们也和师父一样,既无知识又无经验,而且又不愿学习知识和良好的风范,所以他们天生向恶的倾向就随着时间的推移而每况愈下。这种生活方式可能有一些例外,但如果是这样,他们就成为其中的极少数喜欢学习并靠自己的努力而能有所成就的人。虽然这个阶级不结婚,但是他们放纵情欲,以致只有最严厉的惩罚才能防止他们的淫乱生活。③

难怪教士们的僧人打扮反而容易引起人们的不敬。这是利玛窦和罗明坚始料不及的。而同时,利玛窦在观察中发现经由科举考试走上仕途的人,很受人们的尊敬。他进一步了解到儒家在中国的社会地位和政治影响力远远超过佛教。首先,"儒教是中国所固有的,并且是最古老的一种。中国人以儒教治国,有着大量的文献,远比其他教派更为著名"。④ 而且"本朝的始祖洪武皇帝规定为了国家的好处,应该保留这三大教。他这样做是为了调解每一教派的信徒。然而,在为保持这三大教香火不断而立法时,

---

① 引自利玛窦、金尼阁著,何高济等译《利玛窦中国札记》,中华书局2010年版,第668页。
② 朱维铮主编《利玛窦中文著译集》,复旦大学出版社2001年版,第27页。
③ 利玛窦、金尼阁著,何高济等译《利玛窦中国札记》,中华书局2010年版,第108页。
④ 同上,第101页。

他却严格从法律上规定儒家的教派应优先于其他两种"。① 基于对儒教地位的重新认识，利玛窦一面更加刻苦地学习研究儒家文化典籍，一面决定走上层路线，积极结交达官贵人、名流学士，向他们介绍西方文明并宣传天主教教义。1592 年 2 月 18 日，正值中国的阴历新年。利玛窦按惯例拜访当地名士瞿太素，瞿太素回访，并邀请利玛窦去南雄作客。作客期间，瞿太素曾建议利玛窦说：

> 先生洁身修行，昭事天地真主，与僧道之崇奉土木偶像者，相去天渊矣。然则何不服儒士衣冠，而雉发剪须，若僧徒也。②

其实，早前瞿太素已经做过类似建议。艾儒略在《大西西泰利先生行迹》中有这样的叙述："姑苏瞿太素，太宗伯文懿公之长子也。适过曹溪，闻利子名，因访焉。谈论间，深相契合，遂愿从游，劝利子服儒服。"③这次利玛窦经过反复思量终于决定将"西僧"的身份变为"西儒"。在上级的同意下，他蓄起须发，换上宽衣博带的儒生装束。利玛窦后来在晚年回忆说，瞿太素在韶州宣称利玛窦和其他耶稣会士为 letterati（按：意大利语，意指"文人"），从而转变了人们的看法，提高了耶稣会士的信誉和名声。④ 从各种资料看，利玛窦当时的交游是相当广泛的，著名戏剧家汤显祖、徽州戏剧出版家汪廷讷（字昌朝，号无如、坐隐先生、无无居士、全一真人等，安徽休宁海阳镇人。万历间官任盐运使。）等都与他有过交往。汤显祖在 1592 年春从徐闻取道肇庆北上，回江西临川老家，当时利玛窦正迁居韶州，因夜间遇盗至肇庆处理讼事。汤显祖得知后，亲自上门拜访利玛窦，两人交谈甚欢。汤显祖还写了两首七绝——《端州逢西域两生破佛立义，偶成二首》，诗中写道："画屏天主绛纱笼，碧眼愁胡译字通。正似端龙看甲错，香膏原在木心中。二子西来迹已奇，黄金作使更何疑。自言天竺原无佛，说与莲

---

① 利玛窦、金尼阁著，何高济等译《利玛窦中国札记》，中华书局 2010 年版，第 113 页。
② ［法］萧若瑟著《天主教传行中国考》，见《民国丛书》，上海书店出版社 1992 年版，第 116 页。
③ 引自方豪《中国天主教史人物传》，宗教文化出版社 2007 年版，第 192 页。
④ 引自宋黎明《神父的新装》，南京大学出版社 2011 年版，第 67 页。

花教主知。"①该诗题目中的"端州",就是肇庆。西域是汉唐时的说法,指今新疆维吾尔自治区以及中亚或中亚以西地区。"两生"指利玛窦和他的一位神父同伴。从题目和内容可以知道,利玛窦在汤显祖面前颂扬了天主,贬斥了佛教。利玛窦还为汪廷讷的《棋谱》题过词。汪则以《酬利玛窦赠言》回谢:"西极有道者,文玄谈更雄。非佛亦非老,飘然自儒风。"②

在日常生活方面,他还了解到明朝人宽衣博带,喜欢在大袖口里藏书本文具的习惯,于是他也在袖子里放些"袖珍本",比如《圣经》和《四书》等。他就用这些自然、细微而温和的方法,使自己逐步深入地融进了中国社会的上层。

当然还要看到,利玛窦自身对中国文化兴趣也很浓,并且天生具备很强的钻研精神,这无疑是他学习并精通汉语的先天条件。这里有件事很值得一提。利玛窦初到北京时,认识了四夷馆里的一些穆斯林。四夷馆也叫"四译馆",是明成祖时期设置的培养译员及翻译并保存各国外交来文的一个机构,隶属于翰林院。在与四夷馆穆斯林们的交谈中,他感觉到,中国北方应该就是马可·波罗所说的"契丹",汗八里就是北京。他在1605年及1608年寄往意大利的信函中两次阐述了他的这一猜想。《利玛窦中国札记》中译者序言中引学者何兆武的话说:"这一重大的发现可以和亚美利哥·维斯普齐(Amerigo Vespucci,1451—1512)之证实哥伦布所发现的新大陆并不是印度相媲美,堪称我近代初期西方地理学史上最有意义的两大贡献。"③虽然他的论断起初并不为印度教友们赞同,但后来的事实证明利玛窦的分析是正确的。利玛窦的钻研精神从此可见一斑。

正是上述种种因素,利玛窦很快掌握了汉语,在短时间内对中国文化的方方面面都有了较深的认识,使他得以顺利居留北京,去完成他的传教布道事业。

2.编写汉语学习教材及词典

如前一节所述,罗明坚和利玛窦学习汉语时,很难找到理想的汉语教师,更遑论有助于汉语学习的词典及教材了。利玛窦与罗明坚两个人逐字

---

① 汤显祖《玉茗堂诗集》卷17,《端州逢西域两生破佛立义,偶成二首》,浙江文艺出版社1997年版。
② 朱维铮主编《利玛窦中文著译集》,复旦大学出版社2001年版,第286页。
③ 利玛窦、金尼阁著,何高济等译《利玛窦中国札记·中译者序言》,中华书局2010年版,第9页。

逐句地翻译《四书》里的文章,并着手编写了一本叫《平常问答词义》的词典,也叫《葡汉词典》。这是中国历史上第一部汉外词典,也是中国最早的一套汉语拼音方案。

利玛窦与郭居静等人第一次进京后在坐船返回南京的路上,在华人修士钟鸣仁的帮助下编写了《中国词汇》。该字典主要解决的是汉语发音问题,即为传教士们确定了一套统一的汉语发音规范。发音问题一直以来是外国人学习汉语的难点。有教士曾说:"对于一个欧洲人来说,汉语的发音尤其困难,永远是个障碍。简直是不可逾越的障碍。首先,每一个词有五个不同的声调,不要以为每个声调都是清晰可辨的。这些音节在耳边一晃而过,好像就怕被人抓住似的。中国人还省掉不知多少元音,几乎听不到双音节的词。从一个送气发音的词紧接着就是一个连音词;一个嘘音接着就是一个被吃掉的音;一会儿气流通过嗓子,一会儿气流通过上颚,几乎总是鼻音。"①而利玛窦有很好的汉语基础,加上郭居静神父精通乐理音律,他们仔细辨认总结汉语各个声调的发声要点,终于编成了一部比较系统的可供传教士们学习汉语发音用的字典。对于这本字典,利玛窦这样记述:

> 神父们利用这段时间编了一部中文字典。他们也编了一套中文发音表,这对后来传教士们学习中文有很大帮助。他们发现,中国话全部是由单音字组织起来的;中国人利用多种不同的音调来区分多字的不同意义,若不懂这些音调,说出话来就不知所云,无法与人交谈,因为别人不知他说的是什么,他也听不懂别人说的是什么。神父们选定了五个音标,使学生一看就知道该是哪个音。中国字共有五音。郭居静神父在这方面贡献很大。……神父们决定,以后用罗马拼音时,大家都一律采用这五种符号。为了一致,利玛窦下令,以后大家都要遵守,不可像过去那样,每个人一种写法,造成混乱。用这种拼音法现在编的字典,及以后要编的其他字典可以送给每位传教者,都能一目了然。②

---

① 朱静编译《洋教士看中国朝廷》,上海人民出版社1995年版,第222页。
② 引自谭慧颖《〈西儒耳目资〉源流辨析》,外语教学与研究出版社2008年版,第14页。

在利玛窦自己精通中文以后,他就经常为不识字的中国人和一些西方传教士教授汉语。其中方法之一就是用拉丁文字母给汉语注音。1605年,他在北京出版了六页共 387 字的《西字奇迹》(20 世纪 50 年代由文字改革出版社重印并改名为《明末罗马字注音文章》)。内有同年他为当时的制墨专家程君房写的《信而步海疑而即沉》等四篇文章。利玛窦在书中用拉丁字母给文章注音,形成了利玛窦注音系统。罗常培先生根据该文的汉字与拉丁文对照的译文,整理出一个包括 26 个声母和 44 个韵母的汉语拼音方案,可见利玛窦的注音方式已具有一定的系统性。1626 年,法国耶稣会传教士金尼阁(Nicolas Trigault,1577—1629)在杭州出版的《西儒耳目资》就是在利玛窦该拼音方案的基础上生成的。这套拼音方案被称为"利、金方案"。"利、金方案"促进了中国传统的音韵学研究方法的革新,为从东汉以来一直沿用的反切法开辟了一条简易途径,也为后来的汉语拼音方案奠定了基础。实际上,现行的汉语拼音方案中的很多字母都沿用了利玛窦的方案。可惜《西字奇迹》原书现已失传。

3.向西方介绍中国

利玛窦的另一汉学贡献,是他将关于中国的知识及学术传播给西方,尤其是欧洲,这就是所谓的"中学西传"。

地理上的阻隔客观上造成了中国和欧洲在古代和中世纪交往不多的结果。欧洲人对中国的印象大多来自于丝绸、茶叶,以及商人们的闲谈,虽然有《马可·波罗游记》,但书里夸大的成分较多,令人将信将疑。总体而言,欧洲人对中国文化的认知度是不高的。

罗明坚和利玛窦是中学西传初期重要的领军人物。罗明坚回意大利以后,向欧洲介绍中国文化,其主要阵地在意大利;而利玛窦自离开欧洲后,再也没有回去过,他的阵地是中国。他先是通过书信等方式,把中国的各种情况介绍给西方。到了晚年,利玛窦预感到来日无多,于是就把他在中国传教的经历撰写下来。这份记录后来由金尼阁翻译为拉丁语,并作了整理和补充,编成《利玛窦中国札记》,于 1615 年在德国奥格斯堡出版。金尼阁猜测,利玛窦的主要写作目的在于向欧洲人介绍有关中国的情况和在中国的传教事迹,使同会教友及有关人士从中获得教益。

在利玛窦的书信中,我们可以清晰地看到利玛窦如何事无巨细而不厌其烦地将其观察到的中国历史地理、气候物产、行政区域、税收制度及信仰等各个方面的情况一一介绍给西方社会。利玛窦本人或许并未意识到,他的介绍对于"中学西传"来说具有何等重要的历史意义。他在1584年9月13日写给西班牙税务司司长罗曼的信中这样写道：

> 中国土地的肥沃、美丽，富有和中国人的智识与能力，真是卓越异常，太高太大了。如把他详细写出，那就需要几大册。
>
> 在中国，人们虽俭于消费，但穿丝绸很是普遍的。此外也有麻类及其他东西制成的衣服，也是我们一般所没有的，他们用高粱与米酿成的各种酒类；因此，即使很穷的人，买五毛钱的酒，也可足一天之用，而不习于喝水。①

他还特别提到亲眼看到中国的麦子与稻米以及其他蔬菜的产量"远超过西班牙"，"他们耕种似乎比我们更好"。②

他描述的中国有如天堂，几乎使人陶醉：

> 中国天生好奇与乐观，它整个看来像一座大花园，并有无可形容的宁静与安详。陆地上充满着果树、森林、蔬菜，大部分整年一片青绿，充满着广大的良好田地和丰盛的庄稼，各处都有淡水河流分布其间，大部分都能航行船只，大运河还可通航到北京，人们也可以由陆路前往，那需要三个月，总之，水陆两路，任人自取，好像一个大威尼斯。这些河流真是非常的宁静，两岸的树木成荫，真是柳暗花明，处处一片青翠，至少广东的情形是如此。
>
> ……
>
> 人们都说，他们可与罗马人的工程相比美。这些少许我所见到的真是太美了，街道修得笔直，铺地砖，牌坊处处有，比罗马城还多；由于这些牌坊，使城市变得更加庄严，显出国家治理得好，工程伟大，其上镶有大理石的碑文，刻上精美文字，似乎比我们的要好得多。王府很多，但建筑比不上我们欧洲的结实，他们仅仅外表好看。

---

① 引自林雄主编《东土西儒 沟通中西文化第一人 利玛窦》，南方日报出版社2007年版，第174、175页。

② 同上，第175、176页。

第三章 初创时期的意大利汉学

……

这不能不算是一个最幸福的土地,物产丰富,盛产各种金银与各种宝石,河流纵横,湖泊密布、果树百花到处都有;所以这土地上的人既不相信,也不希望伊甸园,他们视自己现世所有的土地就是人间天堂了。①

他还细致入微地观察了中国人的衣着,了解到农夫都有一两件见官员或朋友的好看的衣服,那些好看的衣服在平日里是不穿的,平常都是收藏起来的。

他认为中国人很有智慧,聪明博学。而中国政府治国的能力也很强,超出其他所有的国家。②

在《利玛窦中国札记》里,他对中国的情况进一步进行了更为详尽的介绍。从中国的名称、位置和版图到物产和机械工艺,从中国人的人文科学、自然科学及学位制度到中国的政府机构,从中国人的某些习俗到服装和其他习惯及奇风异俗,从某些迷信及礼节到中国人的各种宗教派别等等,都作了比较详细的介绍。

他选取了几个对欧洲人来说比较陌生的方面加以特别说明。

首先是茶。他这样介绍:

有一种灌木,它的叶子可以煎成中国人、日本人和她们的邻人叫作茶(Cha)的那种著名饮料。……在这里,他们在春天采集这种叶子,放在阴凉处阴干,然后他们用干叶子调制饮料,供吃饭时饮用或朋友来访时待客。在这种场合,只要宾主在一起谈着话,就不停地献茶。这种饮料是要品啜而不要大饮,并且总是趁热喝。它的味道不很好,略带苦涩,但即使经常饮用也被认为是有益健康的。③

他不仅详细地介绍了茶叶这种"灌木"的制作工艺及其饮用方式,还

---

① 引自林雄主编《东土西儒 沟通中西文化第一人 利玛窦》,南方日报出版社2007年版,第177页。
② 同上,第178页。
③ 利玛窦、金尼阁著,何高济等译《利玛窦中国札记》,中华书局2010年版,第17、18页。

附带介绍了茶在当时的不菲价格:"这种灌木叶子分不同等级,按质量可卖一个或两甚至三个金锭一磅。"①

其次是"一种特殊的树脂"——漆。他这样描述:

> 它通常用于建造房屋和船只以及制作家具时涂染木头。涂上这种涂料的木头可以有深浅不同的颜色,光泽如镜,华彩悦目,并且摸上去非常光滑。这种涂料还能耐久,长时间不磨损,应用这种涂料很容易仿造任何木器,颜色或纹理都很像。②

他发现因为家庭用具涂漆,所以"中国人的习惯是进餐时餐桌上不铺台布,这种习惯有甚于使用这种涂料的别国人民。如果桌子失去光泽或被残羹剩饭弄脏,只要用水洗过用布擦干,马上就可以恢复光泽,因为这层薄薄但坚硬的涂料足以防止污渍久留"。③ 这与意大利人在餐桌上铺桌布的做法大不相同,看来也给利玛窦留下了深刻印象。

他还考察了中国印刷术。他说:

> 中国使用印刷术的时间要比人们认定的欧洲印刷术开始的时间(即大约1405年)要略早一些。可以十分肯定,中国人至少在五个世纪以前就懂得印刷术了,有些人断言他们在基督纪元开始之前,大约公元前五十年就懂得印刷术了。他们的印刷方法与欧洲所采用的大不相同,而我们的方法是对他们无法使用的,这是因为中国字和符号的数量极大的缘故。目前他们把字反过来以简化的形式刻在很小的木板上,多用桃木或苹果木制成,虽然有时枣木也有这项用途。④

利玛窦介绍中国人的印书方法时带着明显赞赏的口吻。他指出:"这种刻制木版的方法极适合中国字既大又复杂的特点,但我不认为它能适用

---

① 利玛窦、金尼阁著,何高济等译《利玛窦中国札记》,中华书局2010年版,第17、18页。
② 同上,第18页。
③ 同上,第18页。
④ 同上,第21页。

于我们欧洲的字型,我们的字型太小很难刻在木头上。"①他认为中国人的印刷方法快速经济而且实用,并且推知"正是中文印刷的简便,就说明了为什么这里发行那么大量的书籍,而售价有时那么出奇地低廉。没有亲身目睹的人是很难相信这类事实的"。②

此外,利玛窦还重点介绍了中国的戏曲、印章、制墨、制扇等方面的情况。

他还总结了中国人的性格——勤劳节俭、普遍讲究温文有礼、孝敬长辈、尊敬师友以及不好战的性格。

但不都是赞赏。对中国落后的一面,利玛窦也作了较为客观的记述。比如,所生产的纸的质量问题。他写道:"纸的使用在中国要比别的地方更为普遍,制造方法也更多样化。但这里生产的最好的纸也远不如我们自己的许多产品。它不能在正反两面都印刷或书写,所以我们的一张纸就等于他们的两张。此外,它很容易撕坏,不能耐久。有时他们把纸制成长方形,边长一步或两步。他们用棉纤维制成的纸和西方所能有的最好的纸一样洁白。"③

比如中国人的机械工艺问题。他认为中国人机械工艺很是发达,但人们往往并不热衷于物品创作上的精益求精反而只追求表面上的好看。其重要原因在于中国人生活节俭,忽视了对品质的追求:"因为这里的人民习惯于生活节俭,……而买主通常满足于不很精美的东西。结果,他们常常牺牲产品的质量,而只满足于表面好看以便吸引买主注目。"④

再比如中国建筑上的问题。他说:"从房屋的风格和耐久性看,中国建筑在各方面都逊于欧洲。……在他们着手建造时,他们似乎是用人生一世的久暂来衡量事物的,是为自己盖房而不是为子孙后代。"由于目光短视,没有长远考虑,因此打地基常常马马虎虎,"结果是他们的房屋城堡甚至不能经受百年的风雨,而不得不经常修缮。"⑤

利玛窦还认为中国的很多工艺过于原始。利玛窦举了油画和雕塑两个例子:"他们对油画艺术以及在画上利用透视的原理一无所知……看起

---

① 利玛窦、金尼阁著,何高济等译《利玛窦中国札记》,中华书局2010年版,第21页。
② 同上,第22页。
③ 同上,第17页。
④ 同上,第20页
⑤ 同上。

来他们在制造塑像方面也并不很成功……"①

他还指出音乐方面中国人的盲区："他们不知道使用风琴与翼琴(clavichord),中国人没有键盘式的乐器。……他们似乎根本不知道可以用动物的肠子做琴弦这一事实。……中国音乐的全部艺术似乎只在产生一种单调的节拍,……但对于外国人来说,它却只是嘈杂刺耳而已。"②

同时,他也对中国社会的各种弊端作了揭露。如"君主专制、夜郎自大、封闭猜疑和吏治腐败"等等。

另外,基于利玛窦的中国文化素养,特别是研修儒学的独特造诣,自然使其把在中国及东南亚地区颇具影响力的儒家思想及其创始人孔子,也列入介绍和解读的一个重点。

在介绍中国道德哲学部分,他对孔子作了详细的描述：

> 中国哲学家之中最有名的叫作孔子。这位博学的伟大人物诞生于基督纪元前五百五十一年,享年七十余岁,他既以著作和授徒也以自己的身教来激励他的人们追求道德。他的自制力和有节制的生活方式使他的同胞断言他远比世界各国过去所有被认为是德高望重的人更为神圣。的确,如果我们批判地研究他那些被载入史册中的言行,我们就不得不承认他可以与异教哲学家相媲美,而且还超过他们中的大多数人。中国有学问的人非常之尊敬他,以致不敢对他说的任何一句话稍有异议,而且还以他的名义起的誓,随时准备全部实行,正如对待一个共同的主宰那样。③

他把儒教当作与佛教和道教并列的一种宗教信仰的体系。他说："儒教是中国所固有的,并且是国内最古老的一宗。中国人以儒治国,有着大量的文献,远比其他教派更为著名。"④他猜想,儒教学说来自于"大约五个世纪以前开始流传的那种崇拜偶像的教派"。⑤ 他对儒教教义的解读具有

---

① 利玛窦、金尼阁著,何高济等译《利玛窦中国札记》,中华书局2010年版,第22、23页。
② 同上,第23页。
③ 同上,第31、32页。
④ 同上,第100、101页。
⑤ 同上,第101页。

一定的独特性。他阐述道：

> 这种教义肯定整个宇宙是由一种共同的物质所构成的，宇宙的创造者好像是有一个连续体（corpus continuum）的，与天地、人兽、树木以及四元素共存，而每桩个体事物都是这个连续体的一部分。他们根据物质的这种统一性而推论各个组成部分都应当团结相爱，而且人还可以变得和上帝一样，因为他被创造是和上帝合一的。……儒家这一教派的最终目的和总的意图是国内的太平和秩序。他们也期待家庭的经济安全和个人的道德修养。他们所阐述的箴言确实都是指导人们达到这些目的的，完全符合良心的光明与基督教的真理。①

就这样，利玛窦以这种书信报告及日记的方式将关于中国的各种情况介绍到西方，和罗明坚一道开启了"中学西传"之门。学者们认为，利玛窦的开启之功不容低估。加莱格尔在《利玛窦中国札记》英译本序言中指出："……它对欧洲的文学和科学、哲学和宗教等生活方面的影响，可能超过任何其他17世纪的历史著述。它把孔夫子介绍给欧洲，把哥白尼和欧几里得介绍给中国。它开启了一个新世界，显示了一个新的民族，而且把一个有问题的成员介绍到国际大家庭里来……"②学者吴孟雪、曾丽雅认为，首先他对中国之了解是建立在其长时间的全面观察和研究的基础上的，远非当时欧洲社会对中国的那些道听途说所能比拟，其次他是一个掌握有一定先进科学知识的硕学之士，因此得以较为客观地向欧洲介绍中华文明和中华民族的优秀之处，同时又结合自身感受毫不客气地指出了中国社会、文化、科技、礼仪、教育等方面的弊端。韩琦也认为，利玛窦对中国科学的评述成为17世纪欧洲人了解中国科学的主要信息来源，他对中国科学做出了总体上客观公正的评价，赞扬了中国人的良好道德修养以及古代科学曾经取得的辉煌成就，同时也对当时中国的科学现状提出了批评。

总体来说，利玛窦对中国的评价大多是正面的，向欧洲人所介绍的中国形象也是以积极为主的。

---

① 利玛窦、金尼阁著，何高济等译《利玛窦中国札记》，中华书局2010年版，第102—104页。
② 同上，英译者序言。

4.译介中国文化典籍

1591年,利玛窦奉范礼安之命开始翻译《四书》,他感受到中国文化典籍的巨大魅力。在给耶稣会总会长阿桂委瓦的信中,他对《四书》大加褒赞:"四书所述的伦理犹如第二位塞尼加(Seneca)的作品,不次于古代罗马任何著名作家的作品"。① 1594年,他完成了《四书》的拉丁文翻译。这些拉丁文译作也被他用以指导对其他神父的汉语学习,《利玛窦中国札记》中提到:"利玛窦神父所写并以他的注释加以增补的四书拉丁文释文,对别的神父的学习中文也有很大价值。"②译稿于同年被寄回意大利,而且反响不错。艾儒略在《大西利先生行迹》中说:"(利玛窦)曾将中国《四书》译为西文,寄回本国,国人读而悦之。知中国古书,能识真源,……皆利子之力也。"③ 翻译《四书》并将译稿寄回欧洲的事,利玛窦曾在信中提到过。1593年12月10日,他在写给阿桂委瓦的信中说:

> 今年我们都在研究中文,是我念给目前已去世(11月5日)的石方西神父听,即四书,是一本良好的伦理集成,今天视察员神父要我把四书译为拉丁文,此外再编一本新的《要理问答》。这应当用中文撰写;我们原有一本(指罗明坚所编译本),但成绩不如理想。此外翻译四书,必须加写短短的注释,以便所言更加清楚。托天主的帮忙,我已译妥三本,第四本正在翻译中。这些翻译以我的看法在中国与日本为我们的传教士十分有用,尤其在中国为然。四书所述的伦理犹如第二位塞尼加(Seneca)的作品,不次于古代罗马任何著名作家的作品。④

1594年11月15日,他又在一封信中说:"几年前我着手翻译著名的中国《四书》为拉丁文,它是一本值得一读的书,是伦理格言集,充满卓越智能的书。待明年整理妥后,再寄给总会长神父,届时你就可以阅读欣赏了。"⑤美国学者孟德卫认为,这本书在中国长期被作为在华耶稣会士的中

---

① 罗渔译《利玛窦书信集》,(台北)光启出版社1986年版,第135页。
② 利玛窦、金尼阁著,何高济等译《利玛窦中国札记》,中华书局2010年版,第336页。
③ [法]裴化行著,管震湖译《利玛窦传》,商务印书馆1993年版,第257页。
④ 利玛窦著,罗渔译《利玛窦书信集》(上),(台北)光启出版社1986年版,第134页。
⑤ 同上,第143页。

文课本,并成为后来柏应理等人所编译的《中国哲学家孔子》的底本。① 可惜的是,该译稿并没有得以出版,而原译本至今没被发现。

5.运用汉语著述和翻译

利玛窦一生勤勉,著述颇丰。根据朱维铮教授的统计:"利玛窦生前公开刊布的作品,主要是中文著译,现存的至少有十九种。"利玛窦勤于写作的一个重要原因在于他对于中国独特的宗教传播方式的发现:"中国人还有与众不同的事情,那就是他们所有的宗教教派的发展以及宗教学说的传播都不是靠口头,而是靠文字书籍。他们很不喜欢人们聚集成群,所以消息主要是靠文字来传布。"②在1584年11月致当时耶稣会总会长阿桂委瓦的信中,他有类似的阐述:"所有异教都是通过书籍,而不是口传,发展壮大起来的……"③他向远东副省会长做了汇报:

> 在这里用书籍传教是最方便的方法,因为书籍可以在任何地方畅行无阻;这里很多人皆可看书,很多事皆可由书籍传授,讲话便没有那样方便,这是我们的多年经验之谈。目前我们的教会已因四五种印刷的书籍而传开了(按指《天主实义》、《交友论》、《二十五言》与《畸人十篇》等);在此以前因无教会书籍,只有用语言与其他方法传教。我发现中国人以为天主教与他们的宗教大不一样。这在中国无形中是一种特殊的帮助,是东方其他的国家不曾有的。我可给您证明,假使可能的话,把我们宗教有关的一切皆笔之于书,那么圣教会只要一些指点与训诲便可因而自传了,尤其没有神父的地方。④

其实在中国,这种以笔代口的传教方式有深刻的历史原因。从历史上我们知道,中国的朝代更迭大多是由于农民起义而起,而农民起义之始又通常借助于某一宗教作为宣传工具,以此来增强信服力。常见的一幕是一些起义领头人站在街头聚众宣扬起义宗旨、煽动民众情绪。明代朱元璋即

---

① [美]孟德卫著,陈怡译《奇异的国度:耶稣会适应政策及汉学的起源》,大象出版社2010年版,第45页。
② 利玛窦、金尼阁著,何高济等译《利玛窦中国札记》,中华书局2010年版,第482页。
③ 利玛窦著,芸娸译《利玛窦中国书札》,宗教文化出版社2006年版,第131页。
④ 罗渔译《利玛窦书信集》,台北光启出版社1986年版,第412页。

以这一方式起家。然而等他夺取最高权力之后,因为有亲身经历,他自然就对聚众宣讲有着很深的惧怕。因此明朝一直对民众聚会严加控制。利玛窦很快就了解到这一情况,在1596年12月10日致耶稣会士朱利奥·福利嘉蒂神父的信中他写道:"这个国家幅员辽阔,重视读书,人们的文笔精彩。对科学很感兴趣,但是,很藐视武力。由此可以懂得,他们害怕所有外国人,就好像所有的洋人都能把他们的国土夺走似的。所以,他们不愿意让许多外国人来,这就使得我们的传教工作很难进行。我们不能随心所欲地召集更多的人,也不能将更多的人聚集在一起讲道理……"①但书籍却不一样,它具有独特的优势:"在中国有许多传教士不能去的地方,书籍却能走进去,并且依赖简捷有力的笔墨,信德的真理,可以明明白白地由字里行间,透入读者的心内,较比用语言传达更为有效。"②于是利玛窦想出了对策——以著述写作的方式进行传教。其实,这并不仅仅是利玛窦的发现,早在16世纪中期,沙勿略就提出向中国派遣"学术修养高深,笔谈流利而长于撰述的神父,不徒善辩而已",建议在中国用著述的方式以取代欧洲的口头传教方式。③ 事实也的确证明,以写作的方式传教对于在当时的中国士大夫阶层来说是很合适的。

  当然,作为一个外国人,利玛窦用汉语著述自然困难不小。虽然他在汉语学习上勤勉努力,口语流利,但直至晚年,以中文写作对他来说仍非易事,因此在下笔时常常需要中国人的帮助。1584年11月他在给耶稣会总会长阿桂委瓦的信中就提到:"我的同伴罗明坚神父送来了一部我们用中文撰写的要理……通过一名外教人同欧洲神父的对话,条理清晰、文字严谨地用中文全面阐述了基督教信仰的道理。在编辑中文要理的过程中,我们得到了中文学士们的帮助,还纠正了中国一些主要异教的错误。与我们不同,他们习惯把注释放在书的最后……"④

  除了编辑中文传教资料以外,他还大力翻译西方名著。最为著名的《几何原本》就是他与徐光启等人合作的一大成果,也是他们深厚友谊的见证。他在自序中写道:

---

① 利玛窦著,芸娸译《利玛窦中国书札》,宗教文化出版社2006年版,第101页。
② [法]裴化行著,萧浚华译《天主教十六世纪在华传教志》,上海商务印书馆1936年版,第261页。
③ 方豪著《中国天主教史人物传》,中华书局1988年版,第62页。
④ 利玛窦著,芸娸译《利玛窦中国书札》,宗教文化出版社2006年版,第71页。

"……当此之时,遂有志翻译此书,质之当世贤人,用酬其嘉信旅人之意也,而才既浅薄,且东西文理又自绝殊,字义相求仍多阙缺,了然于口尚可勉图,肆笔成文便成艰涩矣,嗣是以来,屡逢志士左提右挈,而每患做辍,三进三止……先生就功,命余口传,自以笔受焉,反复展转,求合本书之意,以中夏之文重复订政,凡三易稿。"①

从这里我们一方面看到利玛窦和徐光启二人对于译著的严谨态度;另一方面,也可见利玛窦在写作过程中借助了不少中国文人之力。

徐光启与利玛窦:利玛窦(左),徐光启(右)

1629年,明末科学家李之藻在其《天学初函》中收录了利玛窦的《交友论》《天主实义》《二十五言》《畸人十篇(附西琴八章)》《辩学遗牍》《几何原本》《测量法义》《同文算指》《浑盖通宪图说》《乾坤体义》等著作。这是

---

① 朱维铮主编《利玛窦中文著译集》,复旦大学出版社2001年版,第301页。

中国历史上第一部天主教丛书。在序言中他阐释了编书缘由:"皇朝圣圣相承,绍天阐绎,时则有利玛窦者,九万里抱道来宾,重演斯义,迄今又五十年;多贤似续,翻译渐广,显自法象名理,微及性命根宗,义畅旨玄,得未曾有。顾其书散在四方,愿学者毋以不能尽睹为憾。兹为丛诸旧刻,胪作理、器二编,编各十种,以公同志,略见九鼎一脔。"幸亏有他的整理和编录,才使利玛窦的许多著作至今得以保存流传。

利玛窦著作被收录进《四库全书》子部的有七部:《乾坤体义》、《测量法义》一卷、《测量异同》一卷、《勾股义》一卷、《浑盖通宪图说》上下二卷、《同文算指》及《几何原本》。

《利玛窦中国札记》一书的英文翻译者、耶稣会士加莱格尔对利玛窦的学问及著述作了极高的评价:"作为用中文写作的许多科学和宗教著作的作者,利玛窦以一名卓越的物理学、数学和地理学的教授、一名有学问的精通中外学理的哲学家、一名杰出的孔夫子的诠释者,特别是一名优秀的基督教的教师,而为中国受教育的阶层所熟识。他独立完成的一些中文著述,连同后来耶稣会传教士在中国官吏的帮助下所写的作品,是被列为各个时代最好的中国著作的官方书目之内的。"[①]

下面对其中较有代表性的几种著作作一简单的介绍。

(1)《坤舆万国全图》

这是利玛窦以当时的西洋世界地图为蓝本绘制的世界地图。1584年第一次印制于肇庆,之后在南京和北京进行了多次修订和印制。作为中国历史上第一张世界地图,该地图为中国人带来了许多全新的近代地理学概念。为了迎合中国人传统的地理观念,他不得不改变了当时欧洲制图学者将本初子午线置于世界全图中央的传统做法,特地将福岛零度经线移位,这样中国就被置于至整幅地图的中央位置上。这种做法在中国一直沿用至今。《坤舆万国全图》开篇即引用了汉代天文学家张衡在《浑天仪图注》中的鸡子之喻——"浑天如鸡子,天体圆如弹丸,地如鸡中黄,孤居于内,天大而地小。"他以此提出形象而新颖的地球观:"地与海本是圆形,而合为一球,居天地之中,诚如鸡子,黄在青内。"这幅椭圆形的世界地图,以地球为一圆球,用不同色彩渲染五大洲和海洋。山脉以写景法描绘,河流以双

[①] 利玛窦、金尼阁著,何高济等译《利玛窦中国札记·英译者序言》,中华书局2010年版,第34页。

曲线描绘,海洋以深绿色绘出水波状。地图上还绘有9艘帆船、鲸、鲨、海狮等15头海生动物以及犀牛、大象、狮子、鸵鸟、恐龙等8头陆上动物。这幅1584年绘制的地图今已失传。利玛窦到北京后,应一些官绅的要求,利玛窦重制了六幅该地图。不同的是,这幅地图在地图圈外另附有一系列补充性质的小图(九重天图、天地仪图、日蚀图、月蚀图、中气图、赤道北地半球图、赤道南地半球图等)。利玛窦还在图后附文:"……又以地势分舆地为五大洲,曰欧罗巴,曰利未亚(非洲),曰亚细亚,曰南北亚墨利加,曰墨瓦蜡泥加。"中国人自此知道欧罗巴之名,也知道了除了"九州"之外,还有五大洲。可以说,利玛窦地图彻底改变了中国人对于世界地理格局的原有认识。该地图在中国先后被十二次刻印,影响较广。1608年,宫中太监奉万历皇帝之命在丝绸上摹绘了12幅《坤舆万国全图》,并张贴在宫内。原作六幅条屏,可连缀为一整幅地图,后来又装裱成横幅,长纵192厘米,宽380.2厘米。目前,罗马梵蒂冈教廷图书馆、日本东京帝国大学图书馆、南京博物院、辽宁省博物馆等仍收藏有利氏《坤舆万国全图》。

(2)《交友论》

1595年10月,《交友论》于南昌初版,1599年再刻于南京,1630年又刻于北京,北京版加冯应京作的序。这是利玛窦写的第一部汉语著作。该书最先缘于利玛窦在南昌时与明宗室建安王的交往经历。当时建安王多次向利玛窦询问西方人对"友道"的看法。于是利玛窦就将西方哲人亚里士多德、西塞罗、圣奥斯丁等人论友谊的上百则格言及天主教的交友观用文字形式进行了阐述。在《友论引》中,利玛窦详细交代了《交友论》的写作缘由:"窦也,自太西航海入中华,仰大明天子之文德,古先王之遗教,卜室岭表,星霜亦屡易矣。今年(按:1595年)春时,度岭浮江,抵于金陵,观上国之光,沾沾自喜,以为庶几不负此游也。远览未周,返棹至豫章(按:南昌),停舟南浦,纵目西山,玩奇挹秀,计此地为至人渊薮也,低回留之不能去,遂舍舟就舍,因而赴见建安王。荷不鄙,许之以长揖,宾序设醴欢甚。王乃移席握手而言曰:'凡有德行之君子,辱临吾地,未尝不请而友且敬之。西邦为道义之邦,愿闻其论友道何如。'窦退而从述囊少所闻,辑成友道一帙,敬陈于左。"①利玛窦在书中阐述了天主教的交友之道:"吾友非他,即我之半,乃第二我也,故当视友如己焉。友之与我,虽有二身,二身之内其

---

① 朱维铮主编《利玛窦中文著译集》,复旦大学出版社2001年版,第107页。

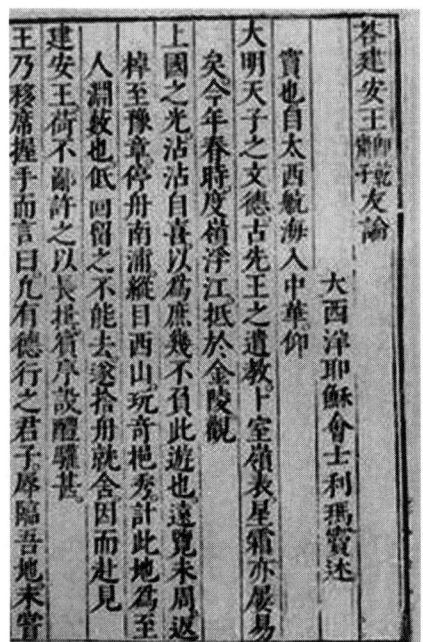

《交友论》书影

心一而已。"他还提出交友当"相须相佑""德志相似"等观点。该书最早是采用中文与拉丁文对照的形式刊印的,后来赣州知县苏大用又把其中的中文部分抽出来单独作了刻印,使《交友论》得以更广泛地流传,也为利玛窦赢得了更大的声誉。利玛窦自己曾说:"这本书是以拉丁文和中文对照而写的,更引起读者的好奇心,后来赣州区域知县苏大用出版中文单行本。"①这也证实了金尼阁的说法:"就在它付印后不久,赣州有一位知县完全用中文把它加以重印,流传于各省,包括北京和浙江。它到处受到知识阶层的赞许,并往往被权威作家在其他著述中引用。"②该书 1599 年再版于南京,1603 年三版于北京。1629 年一,被《天学初函》收编,也被收入《四库全书》子部杂家类存目。现在在梵蒂冈教廷图书馆及法国国家图书馆都有藏本。

---

① 利玛窦著《天主教传入中国史》,台北光启出版社 1986 年版,第 255 页。
② 利玛窦、金尼阁著,何高济等译《利玛窦中国札记》,中华书局 2010 年版,第 301、302 页。

该书从某种意义上也反映了利玛窦对于友谊的重视。利玛窦交友甚广,除了欧洲人外,还有许多中国人,他与朋友们总是保持着联系。不过也有人认为,"利玛窦是友谊的殉道者,他的早逝就是因为接待宾客太多,太劳累了。"①观察利玛窦的一生经历,这种说法似乎也并非毫无道理。

(3)《天主实义》

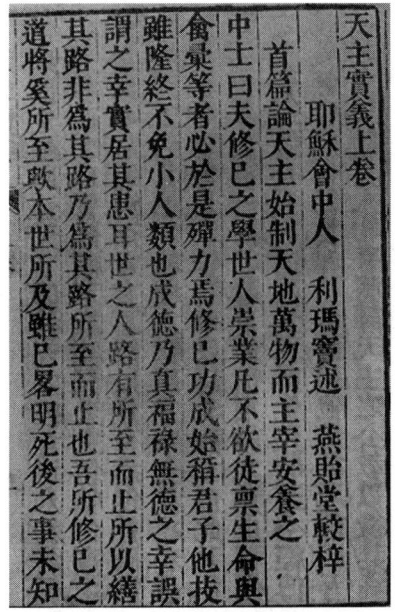

利玛窦《天主实义》书影

《天主实义》,也叫《天学实录》。为利玛窦在南昌时所著,1595年出版,后在北京润色后分别于1601年和1603年再版。这是利玛窦宣扬教义最为重要的著作,在罗明坚《天主实录》的基础上重新修订补充而成,但相比于罗明坚的《实录》更适合中国人阅读,因为该书"既不放弃原来依据天然秩序而运用的理由,又引述中国典籍以权威论据予以论证"。② 利玛窦沿袭了罗明坚对于"天主"(Deus)等概念的中文叫法:"人谁不仰目观天?

---

① 引自[意]柯毅霖著,王志成等译《晚明基督论》,四川人民出版社1999年版,第78页。
② [法]裴化行著,管震湖译《利玛窦神父传》,商务印书馆1998年版,第163页。

观天之际,谁不默自叹曰,'斯其中必有主之者哉?'夫即天主,吾西国所称'陡斯'是也。"①不过,1704年教皇克莱孟十一世禁止"天主"、"上帝"等叫法,所以其后的《天主实义》重印时都改掉了这些名称。与罗明坚《实录》相同,该书也是以"中士""西士"问答的形式,以基督教立场为出发点,一方面介绍"太极""理"等概念,另一方面也介绍了天主教的教义。比起罗明坚的《实录》,利氏的《实义》更为系统,对天主教义所做的阐述更为全面,强调上帝的存在及其全知全能性,并结合中国人祭祖等风俗论证了天主实有、灵魂不灭、死后必有天堂地狱之赏罚等观点,对佛、老和宋儒关于宇宙本体的观点作了驳斥。该书还提到了《易经》:"《易》曰:'帝出于震。'夫帝也者,非天之谓,苍天者抱八方,何能出于一乎。"可见,利玛窦对《易经》不仅有所了解而且是有过研究心得的。书中还第一次将星期制度引入中国。

该书在1604年被译为日语,后来又有高丽语(朝鲜语)、蒙古语、法语等版本,在东亚及东南亚地区有较大影响。同其他汉语著作一样,该书的写作过程也得到了中国文人的帮助。利玛窦在致龙华民的信中说:"《天主实义》用中文撰写,已经过一位大官文豪,也是我们的朋友润色一番。他校正非常仔细,任何一笔一画都要修改,必先和我商议讨论。"②根据罗渔的考证,信中所称"大官文豪"当为冯应京。冯应京是安徽泗州人,进士出身,官至湖广监察御史,因弹劾太监陈奉而遭诬陷入监。在一个很偶然的情况下,他读到利玛窦的《天主实义》,很有感触,于是为该书作序,并敦促利玛窦早日出版该书。徐宗泽评价此书:"是书之言论深得当时士大夫之赞许,其观念又浸润人心,有极大之威权,有阅之而感动,因而皈依圣教者不一其人,若冯应京即其一也。"③冯应京是1602年皈依的天主教,极有可能就是受到该书的影响。

(4)《二十五言》

又名《二十五箴言》,成书于1599年,是利玛窦在南京时写的一本小书,约4000字,共收25节修身格言。冯应京读到后很赞赏,于1604年出资刊印于北京。1629年,被李之藻收入《天学初函》。它以天主教精神为

---

① 朱维铮主编《利玛窦中文著译集》,复旦大学出版社2001年版,第9页。
② 利玛窦著,罗渔译《利玛窦书信集》,(台北)光启出版社1986年版,第261页。
③ 徐宗泽著《明清间耶稣会士译著提要》,上海书店出版社2010年版,第107页。

基础，强调"禁欲和德行的高贵"。由于有冯应京和徐光启两人作序推荐，该书很快得以传播，取得了成功。明代医学家王肯堂在《郁冈斋笔尘》中摘录此书并评价它"若浅近而其旨深远"。《四库全书》将之列入存目，但评价不高（"大旨多剿窃释氏而文词尤拙"）。

(5)《西字奇迹》

1605年刊刻于北京。该书用拉丁字母为汉字注音，一共用了26个声母、43个韵母、4个次音、5个声调符号。这套注音方案开了用拉丁字母为汉字注音之先河。其后金尼阁将利玛窦的拼音方案加以补充和修改，在此基础上又前进了一步，用西方语音学来研究汉语音韵规律，编撰了《西儒耳目资》，成为我国最早的一部以罗马字注音的汉字字汇。我国著名语言学家罗常培称之为"明末耶稣会士在中国音韵学上的第一个贡献"。① 这种拼音注音法，摒弃了繁难的反切注音法，开启了一条文字拼音化的新思路。

(6)《浑盖通宪图说》

这是1607年由利玛窦口授、李之藻笔录的一本实用天文学译著。李之藻在序中说道："昔从京师，识利先生，欧罗巴人也，示我平仪，其制，约浑为之，刻画重圜，上天下地，周罗星曜，背绾睨筒，貌则盖天，而其度仍从浑出，取中央为北极，……得未曾有，耳受手书，颇亦镜其大凡。"②可见该书由两人合力完成。原作共有三卷，两人合译了两卷，主要讲解了日晷、星盘等天文仪器的实用操作技术。被收入《四库全书》。

(7)《畸人十篇》

1608年初版于北京，1609年于南京、南昌再版。共10篇。题目取名自《庄子·大宗师》："畸于人而侔于天"。除最后一篇以外，其他都采用问答对话的形式，记录了作者与徐光启、李之藻、吴可达、龚三益等八位当时著名士大夫的谈话，内容涉及死亡、灵魂、斋戒、灵修、善恶报应、占卜以及财富等方面，结合儒家学说来解释天主教理，把天主教的精髓与儒家思想糅合为一体，引用西方寓言和先哲言行，用比喻、设问和逻辑推理等方法来进行论证。他大力宣扬"人寿既过误犹为有""人于今世惟侨世耳""常念死后利行为祥""常念死后备死后审""君子希言而欲无言""自省自责无为为尤"以及"善恶之报在身后"等思想，提出"知终乃能善始，知死乃能善

---

① 《罗常培文集》编委会主编《罗常培文集》第八卷，山东教育出版社2001年版，第211页。
② 徐宗泽著《明清间耶稣会士译著提要》，上海书店出版社2010年版，第197页。

生""敛心检身、治淫欲之害、轻富贵名利、攻伐倨傲之心和安受死"以及"士不谨言不成德"等观点,较为成功地宣扬了天主教义。该书出版后大受好评。1608 年,他在给罗马高斯塔神父的信中写道:"在我用中文所撰写的书籍中,最受中国人欢迎、影响最大的当推出版不久的《畸人十篇》。"① 李之藻在《畸人十篇》的序言中对该书作了很高的评价:

> 与《天主实义》相近,以行于世,顾自命曰"畸人"。其言关切人道,大约淡泊以明志,行德以俟命,谨言苦志以褆身,绝欲广爱以通乎天载,虽强半先圣贤所已言,而警喻博证,令人读之而迷者醒,贪者廉、傲者谦、妒者仁、悍者悌,至于常念死候,引善防恶,以祈佑于天主,一唱三叹,尤为砭世至论,何畸之与有?……人心之病愈剧,而救心之药不得不瞑眩,瞑眩适于德,犹是膏粱之适于口也,有知十篇之于德适也,不畸也。②

将《畸人十篇》与《天主实义》的价值相提并论,可见李之藻对此书的推崇。

(8)《乾坤体义》

《乾坤体义》是利玛窦与李之藻根据利玛窦学生时代的数学老师、著名的数学家克拉维乌斯的《〈天球论〉注解》合作编译的一部著作,1605 年刊印于北京。这是一本介绍西方天文学原理的自然哲学著作,编译者以中国代表天地的"乾坤"一词为书名。全书分上、中、下三卷,上卷分"天地浑仪说、地球比九重天之星远且大几何、四元行论"等章节,讲述天体的构造、地球和日月五星相互关系,介绍了西方的"九重天说"和"四元行论",中卷收"日球大于地球地球大于月球、论日球大于地球、论地球大于月球",讲述了圆形之美,通过十八道几何题,证明在数学图形中,圆形最具包容性和美感,概括了作为观测天体准则的几何学原理,宣扬天圆地圆思想。下卷为圜容较义,主要讲述圆内接正多边形和球内接正多面体的性质等。《四库全书提要》评价该书:"下卷皆言算术,以边线、面积、平圜、椭圜互相容

---

① 利玛窦著,罗渔译《利玛窦书信集》(下),台北光启出版社、辅仁大学出版社 1986 年版,第 357 页。
② 徐宗泽著《明清间耶稣会士译著提要》,上海书店出版社 2010 年版,第 111 页。

较,亦是以补古方田、少广所未及。虽篇帙无多,而其言皆验诸实测,其法皆具得变通,可谓词简而义赅者,是以御制《数理精蕴》多采其说用之。当明季历法乖舛之余,郑世子载堉、邢云路诸人虽力争其失,而所学不足以相胜。自徐光启等改用新法乃渐由疏入密,至本朝而益为推阐始尽精微,则是书固亦大辂之椎轮矣。"①该书将西方从天地之外察看宇宙的新视角引入中国,并将新视角下所观察到的宇宙几何模式传入中国,试图打破天圆地方学说,拆散儒佛之间的联盟,体现了利玛窦一贯的传教策略。从客观上说,利玛窦无疑对西方天文学传入中国起到了不可忽视的作用。难怪清代刘献廷认为:"天文实用及地球纬图,皆利氏西来后始出。"②该书被认为是"西学传入中国之始"。

(9)《几何原本》

《几何原本》书影

《几何原本》是一本算学书。由利玛窦与徐光启合译而成。1606年刻

---

① 徐宗泽著《明清间耶稣会士译著提要》,上海书店出版社2010年版,第238页。
② 刘献廷著《广阳杂记》(第二卷),中华书局1957年版,第99页。

于北京。原书希腊数学家欧几里得的《几何原本》共 13 卷,经利玛窦的老师克拉维乌斯以拉丁文校订增补为 15 卷(后 2 卷为注释),随利玛窦带入中国。利玛窦到中国后,一直以此为讲授西方数学知识的教材。他多次想将该书翻译为汉语,但都由于困难重重而放弃。遇到徐光启后,该书的命运有了转机。徐光启感于汉代以来,人们对于度数之学"多任意揣摩,如盲人射的,虚发无效",而"《几何原本》者,度数之宗,所以穷方圆平直之情,尽规矩准绳之用也"。① 所以两人通力合作,合译出最重要的前 6 卷,即平面几何部分。翻译过程是艰辛的,从 1609 年 9 月到 1607 年 5 月期间,徐光启每天下午都去利玛窦寓所待上三四个小时,两人一个口授,一个笔录,字斟句酌,屡经推敲,力求合于原书之意,几易其稿而成。由于当时没有现成的汉外对照词表可循,他们合力创造了许多新词来表达相应的数学概念,其中有不少神来之笔,如书名"几何"一词在汉语里有"衡量大小"之意,又与原文 geometria 的词头谐音,音义兼顾。还有书中的一些名词术语,如"点、线、直线、平行线、角、锐角、钝角、三角形、四边形、相似"等,一直沿用至今。徐光启"意方锐,欲竟之",后由于各种原因(一说利玛窦不愿继续此项工作;一说徐光启因父亲去世而回乡丁忧守制,回京时,利玛窦已经去世等),使得后 9 卷的翻译无法继续。当时有人对徐光启和利玛窦的此项工作不以为然,徐光启则在《刻几何原本序》中说:"余以为小用、大用实在其人,如邓林伐材,栋梁榱桷恣所取之耳。"②他认为这些基础科学是一切应用科学的基础。确如他所料,作为中国最早的自然科学译本之一的《几何原本》,对后世学者的影响极大。梁启超就认为,清朝一代学者对于历算学的兴味,以及喜谈经世致用之学,很有可能是受到利、徐诸人的影响。③ 梁给予它极高评价:"如利、徐合译之《几何原本》,字字精金美玉,为千古不朽之作,无用我再为赞叹了。"④他还说:"在科学中此学最为发达,经学大师差不多人人都带着研究。"⑤后来康熙命人将之翻译为满文,并收入朝廷"御撰"的数学百科全书《数理精蕴》(上编),该书序言中说:"《几

---

① 徐宗泽著《明清间耶稣会士译著提要》,上海书店出版社 2010 年版,第 192 页。
② 同上,第 193 页。
③ 梁启超著《中国近三百年学术史》,东方出版社 1996 年版,第 11 页。
④ 同上。
⑤ 同上,第 28 页。

何原本》乃度数万物之根本。"①可以说,该书在中国的科学发展史上具有划时代的意义。

(10)《利玛窦中国札记》

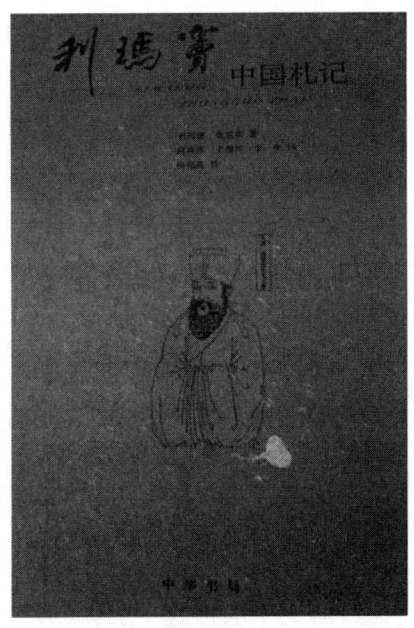

中华书局1983年版《利玛窦中国札记》封面

1609年,利玛窦56岁。20多年来在中国艰苦卓绝的传教生涯,使利玛窦身心俱感疲惫。他自感来日无多,为了给耶稣会上层留下可以参考的文献,并向欧洲人传达耶稣会在中国传教的事迹,他决定在余下的日子里,根据书信、笔记等原始材料,亲手把他在中国的传教经历用母语作一详细记录。利玛窦去世后,人们在他的书桌中发现了他的手稿。为了确保手稿的安全,人们抄写了一份,同时又用葡萄牙语翻译了一份。1612年底,金尼阁被利玛窦的接班人龙华民派回欧洲时,就想把利玛窦的手稿进行翻译

---

① 引自李兆华著《〈几何原本〉满文抄本的来源》,见苏天钧主编《北京考古集成》,北京出版社2000年版,第1715页。

和出版。① 1613年2月9日,金尼阁从澳门出发前往欧洲,1614年10月11日到达罗马。在长达20个月的旅途中,他随身携带着利玛窦的回忆录手稿,将书中的意大利语翻译为欧洲知识阶层通用的拉丁语,并作了许多增补和修改,最后编为五卷,名为《基督教远征中国史》。第一卷是中国国情介绍,包括中国的名称来源、地理位置、物产、机械工艺、人文科学、自然科学、科举制度、政治体制、风俗、迷信及宗教等各方面情况。在这一卷里,利玛窦通过观察和研究后大胆推断:《马可·波罗游记》里的Cathay(契丹)就是中国。利玛窦去世十多年后,德国籍耶稣会士汤若望通过测定北京、西安等城市的经纬度的方法也证实了利玛窦的这一论断。在这一卷中他还介绍了孔子及儒家学说,第一次将"己所不欲,勿施于人"的理念传达到欧洲。第二卷至第五卷记述了明末耶稣会士在中国的传教经历,包括沙勿略等人进入中国的努力及其失败的结局,利玛窦和罗明坚神父进入中国内地的初战告捷,利玛窦在韶州、南京、南昌等地的一些传教活动,他的南京生活、北京之行、教授数学、天津入狱以及北京活动等情况。由于利玛窦长期生活在中国,经历丰富,与中国各阶层都打过交道,因此书中也反映了中国当时各阶层的较为真实的社会面貌。这种由纵深挖掘而来的真实感,使得欧洲人对于遥远而朦胧的中国日渐形成清晰而具体的印象。正如裴行化所说:"他不像在他以后来华的传教士那样,为了娱乐读者,说得个天花地坠。……利玛窦并不满足于这类外在印象。面对着四面八方包围着他的这个奇异世界,他抱着强烈的好奇心予以探究,这个千百年来为崇山峻岭所阻,为不可逾越的伊斯兰壁垒所隔,封闭的、与欧洲隔绝的远东,渐渐一步又一步显现出来,竟比起初的印象与我们亲缘关系近得多。我们参照有年代的资料,阅读利玛窦的记述,就可循序得知这种'认识东方'日见进步的过程。"②或许欧洲读者们认可利玛窦翔实而平和的讲述风格,1615年该书拉丁文版在德国奥格斯堡甫一面世,即引起极大轰动。1616年,金尼阁的侄子瑞克贝将其译为法文,在里昂出版,随后又被译为英语、西班牙语及德语等多种文字,中文版《利玛窦中国札记》则根据1942年的英译本转译而来。1910年未经金尼阁修改的利玛窦手稿被收入《利玛窦神甫的

---

① 见[美]孟德卫著,陈怡译《奇异的国度:耶稣会适应政策及汉学的起源》,大象出版社2010年版,第29页。

② [法]裴化行著,管震湖译《利玛窦神父传》,商务印书馆1998年版,第103、104页。

历史著作》中，1942 年又被收入《利玛窦全集》。《札记》在欧洲产生了极大的影响。这种影响不仅仅在于当时，作为欧洲第一本系统地介绍中国情况及完整记录个人传教经历的书籍，它对于后人研究基督教入华传教史、中西文化交流史以及明代历史，都提供了极其珍贵的史料佐证。英文版翻译者加莱格尔神父评价该书："打开了中国与欧洲关系的新纪元，留给了我们一份世界上最伟大的传教文献……它对欧洲文学和科学、哲学和宗教等生活方面的影响，可能超过任何其他十七世纪的历史著述。它把孔夫子介绍给欧洲，把哥白尼和欧几里得介绍给中国。它开启一个新世界，显示了一个新的民族，……"①这充分说明这部书的历史地位和价值。

如果说，《马可·波罗游记》是从物质财富的角度向欧洲人塑造了一个令人热切向往的中国形象，那么《利玛窦中国札记》则塑造了多层次更为真实全面的文化中国形象。

利玛窦的著述和译著丰富了中国文化和世界文化之宝藏。从语言学的角度来看，利玛窦对于汉语的发展也是功不可没的。利玛窦的汉语著述把当时许多西方科学技术知识传播到中国，对于当时的中国来说很多都涉及全新的事物和概念，所以必然会产生相应的新词语。尤为可喜的是，当时由利玛窦与一些中国文人共同创造的词语，仍有相当一部分活跃于现代汉语之中，成为反复现身于相关中文著述中的经典表述，如"半圆""报时""北半球""北极""边""比例""测量""赤道""大厦""点""地平线"等等。有些词语则随着利玛窦著作流传海外也被其他语言所吸收，如"地球""几何""上帝""天主""审判""三角形""三棱镜""子午线"等就被吸收进日语。

三、利玛窦汉学功绩及其评价

利玛窦在华二十八年，在其传教的过程中，苦心孤诣，搭建起中西文化互通交融之桥，既在中国各地播撒了西方文明的种子，又将中国文化传回了西方，促成了中国知识界和外国知识界的接触，有人称之为一种中学西传和西学东传相结合的"双向式传播"。他到中国后，以口头及著述的方

---

① 利玛窦、金尼阁著，何高济等译《利玛窦中国札记》，中华书局 2010 年版，《英译者序言》第 31、32 页。

式讲述西方的情况,将文艺复兴后期的一些科学技术知识传播介绍到中国,对中国人尤其是对处于社会上层、对社会极具示范影响作用的当时士大夫阶层的思想和认识有较大影响,也从一定程度上促进了明末清初中国的科技发展。同时,通过书信、报告、翻译及日记等方式将中国的情况传送回西方,特别是欧洲,对历史悠久、神奇迷人的中国文化作了多方位、纵深式的介绍,从而在当时的西方人心目中确立了较为具体生动的"中国形象"。因此,他在汉学历史上的功绩是双方面的。

不少学者注重于利玛窦对中国的深远影响。他们认为,利玛窦来到中国,不仅带来了天主像、圣母像、圣经、《万国舆图》、自鸣钟、三棱镜、大西洋琴和玻璃镜等西洋方物,而且他所传播的自然科学与地理知识冲击了当时落后封闭的"中国中心论"思想,开创了中国人全新的天地观和世界观,也开启并激发了中国人的实证精神,从而促进了明清之际经世致用的实学之风形成。

当然,也有人对于以利玛窦为代表的传教士是否把当时西方最好的文化科学知识传给中国持怀疑态度。何兆武先生就指出:"当时中国所需要的是文艺复兴以来人文主义思想与近代科学,但耶稣会所传来的那套经院哲学刚好是和新科学新思想相对抗的落后理论,而对于当时的古典科学,则讳莫如深,故意掩盖起来。当时世界学术思想的新潮流及中国历史发展的新方向都和耶稣会的过了时而且退了色的时代精神是矛盾着的。"他还指出:"所以我们不可以把十六七世纪耶稣会传入的'西学'看成是近代中国民主主义革命时期所谓'西学'的前驱。"①我们认为,每个历史人物都处于一定的历史背景下,带着时代的印痕和各种限制因素。无论如何,从总体上讲,我们还是应该肯定利玛窦在向中国人介绍西方文化的过程中,在许多领域所具有的开拓意义,甚至在汉语发展史上的卓著贡献。另外,我们确实也无法否认利玛窦对于中学西传的深远影响。利玛窦自觉带动和身体力行,引领了明末以降中学西传的风尚。以耶稣会士为首的传教士们,在十七八世纪近两个世纪的时间内,以大量的通信、札记、报告和著述等各种形式向西方社会介绍了中国哲学、经济、政治、人文、地理、科技、宗教和风俗等各个方面的情况,打开了西方社会了解中国的重要窗口,为后世西方思想家汲取中国元素建立和完善思想体系奠定了坚实的基础。可

---

① 何兆武著《中西文化交流史论》,湖北人民出版社2007年版,第6页。

以说,如果没有这些生香活色、"当头棒喝式"充满悟性的东方思想元素的注入,西方哲学家们可能还将继续探索徘徊在那套陈旧、枯燥而严密的旧有路子上。这种基础性的作用无论如何不应该为历史所低估,更不应该为历史所淡忘。西方研究者普遍认为,在1800年以前,中国给予欧洲的比它从欧洲获得的要多得多。总而言之,从利玛窦的汉学贡献上看,他无疑是意大利汉学史的一座丰碑,也是欧洲"中国学"的伟大奠基者。

第四节 "西来孔子"艾儒略

如果把罗明坚、利玛窦等人看作是第一代入华耶稣会士代表,那么艾儒略可称得上是第二代入华耶稣会士中最为杰出的传教士之一。他与利玛窦一样,也精通数学、天文学和地理学,勤勉博学,以汉语著述,成果丰硕,被认为是继利玛窦之后汉语水平最高的传教士之一,史学称其为"西来孔子"。他在中国生活三十六年,与徐光启等士大夫交厚,足迹遍及开封、北京、上海、杭州、扬州、福州等地,后期主要在福建传教,继承利玛窦学术传教的方针,发展了一万多名信徒,世称"福建教宗"。

一、生平及主要经历

艾儒略,"艾"译自 Aleni,名则为 Giolio 的音译,字思及。1582年,生于意大利米兰附近布雷西亚(Brescia)的一个贵族家庭。1597年,进入威尼斯圣安东尼学院学习数学和哲学,后又学习了两年文学。1600年,加入耶稣会。1602年至1605年间,在帕尔玛(Parma)耶稣会大学学习哲学,并全面学习了数学、物理及逻辑等课程。期间请求去远东或西印度群岛传教,未被批准。1606年,他被派往博洛尼亚教授文学,并被委任为神父。1607年12月,进入罗马学院学习神学。1609年,尚未完成硕士学位学习就被派往中国传教。1610年1月,艾儒略途经印度果阿到达澳门,开始学习汉语。据说他"天资绝超",很快就对"中华典籍,如经史子集、三教九流诸书靡不洞悉"。① 1611 年,他与法国传教士史惟贞企图秘密进入中国广州,却因被船家告发而遭到拘捕,耶稣会为他们交付了一大笔罚金之后他们才得以返回澳门。1613 年,艾儒略与毕方济、史惟贞、曾德昭等神父一起进入内地。因为他精通希伯来语,所以被派往开封与当地的犹太人后裔接触,希望能研究他们保存的经书,但犹太教掌教拒绝了他的要求,艾儒略只好空手而归。后与毕方济奔赴北京。在北京时艾儒略结识了徐光启,并于同年秋天随辞职返乡的徐光启前往江南。1616 年,南京教案爆发,许多耶稣会士遭到严厉处罚,艾儒略等一部分耶稣会士避难于杭州的杨廷筠家。杨廷筠是明朝著名文士和官员,后称病告归在家,在李之藻的影响下,弃佛入教。杨与徐光启、李之藻并称中国天主教"三大柱石"。艾儒略在杨廷筠的亲自指导下继续学习汉语,研究中国典籍。直到 1618 年抵教、禁教形势渐渐好转,他才开始在杭州传教。在徐光启的推荐下,他结识了当时在扬州为官的杭州人马呈秀,并向他传授数学及其他科学知识,1620 年马呈秀父子入教。此后,由于马的任职调动等原因,艾儒略跟随他辗转踏遍了陕西、山西、江苏、浙江等地。

1624 年,艾儒略在杨廷筠寓所结识了退职归里的内阁首辅叶向高,叶是福建福清人,提议艾儒略随他南下入闽传教。其实,艾儒略很早就有入闽传教的打算,但因为福建路途艰险,语言难懂,只好作罢。这次有了叶向高这位大员作依傍,几乎是千载难逢的机会。于是同年 12 月 29 日,艾儒略随叶向高乘船到达福州。第二年春天便开始了在闽长达二十五年的传教生涯,开创了外国人入闽传教的先河。与利玛窦等传教士一样,艾儒略非常重视上层路线,每到一地必先拜谒地方官,与地方官员和当地名士(如福建巡抚张肯堂、督学周之训以及曾异撰、孙昌裔、翁正春、张瑞图、何乔远、苏茂相、黄鸣乔、林侗、陈鸿等)都有交情。艾儒略经常参加当时福州书院举办的各种活动,常常凭借着流利的汉语发表即席演说,与士大夫们讨论天学,宣扬"天命之谓性"等主题,同时提出天主教的概念,扩大天主教的影响。除传教外,他还向士大夫们介绍西方的学术思想和科学技术。事实证明,他的方法是卓有成效的。费赖之称"儒略既至,彼(叶向高)乃介

---

① 李嗣玄著《泰西思及艾先生行迹》,转引自许明龙主编《中西文化交流先驱》,东方出版社 1993 年版,第 27 页。[法]费赖之著,冯承钧译《在华耶稣会士列传及书目》(上册),中华书局 1995 年版,第 265 页。

绍之于福州高官学者,誉其学识教理皆优,加之阁老叶向高为之吹拂,儒略不久遂传教城中,第一次与士大夫辩论后,受洗者25人,中有秀才数人"。①叶向高的两个孙子、一个曾孙和一个孙媳也都受洗入教。1625年,叶向高长孙叶益蕃在福州宫巷为艾儒略建造了"三山堂",也叫"福堂",这是福州第一座天主教堂。至1635年十余年时间,他走遍了福建大小城镇,"福安、建宁、延平、邵武、汀州、兴化、泉州、漳州等初建教堂开教,其余别处成立会口,尤不计焉",②福州城内教徒达到数百人。在这期间,艾儒略还出版了《职方外纪》《西学凡》《性学觕述》《三山论学纪》《涤罪正规》《悔罪要旨》《耶稣圣体祷文》《万物真原》《杨淇园行略》《弥撒祭义》《大西利先生行迹》《几何要法》《出像经解》《天主降生言行纪略》《天主降生引义》《西方答问》《圣梦歌》等著作,一时间,福州成为耶稣会在中国刻印出版汉文著作的中心之一。艾儒略所写内容涉猎甚广,涉及神学、哲学、数学、医学、地理等诸方面知识,为西学东渐做出了多方面的贡献。

　　艾儒略不仅在当地名流中传播基督教,同时也注重在平民阶层中传播教义。但是传教活动也引发当地反对天主教的上层文人和佛教徒的强烈不满与抵制。反天主教人士猛烈攻击耶稣会传教士"合儒诋佛"(即把天主教和儒学混为一谈,毁谤佛学)的思想,认为天主教是"邪教"。他们的不满与抵制不断加剧,最终导致了1637年福建教案爆发,这也是艾儒略在华传教事业的一个重大变故和转折点。当时福建巡海道施邦曜首先在福州城内张贴"示禁传教"通告,驱逐"天主教夷人"。随后,福建提刑按察司徐世荫与福州知府吴起龙也在省城张榜禁教,并指名驱逐艾儒略和阳玛诺。三山堂等多所教堂遭到查封,艾儒略因此被迫藏匿到乡下,出版书籍的工作暂时中止。艾儒略在阁老张瑞图、好友曾樱(时任观察使,福州知府的上司)和蒋德璟等人的斡旋保护下,一方面四处躲避藏匿,另一方面通过各方关系缓解教案所产生的不良影响。这里有件事有必要提及:1638年在泉州,教士们发现了三块刻有十字架的石刻,经艾儒略考证,断定在明清之前景教(天主教的一支)就到过福建。此为研究泉州历史和基督教传教

---

① [法]费赖之著,冯承钧译《在华耶稣会士列传及书目》(上册),中华书局1995年版,第134页。

② 徐宗泽著《中国天主教传教史概论》,上海书店出版社1990年版,第318页。

史的重要材料。直至 1639 年，福建的反天主教浪潮才渐趋缓和，教产被发还，教会恢复运行。同年农历七月十四日，教案之后的艾儒略首次在福州教堂做公开弥撒。

1641 年至 1648 年间，教会由于艾儒略的贤明温厚，熟悉中国风俗，于是任命他为耶稣会中国副区区长，管理南京、江西、湖南、四川、浙江、福建等地教务，下辖教士 15 人。1643 年，由于李自成农民起义军和清军的双面夹击，北京告急，艾儒略在史可法的邀请下经邵武、绥安北上，准备讨论在澳门筹备抗清之事，但史可法的军队才到浦口，清兵便已经进入北京。艾儒略只得折返福州。1645 年，隆武帝于福州登基，赐匾予福堂。1646 年 10 月，清军攻入福州，许多人惨遭杀戮，艾儒略与阳玛诺神父及范有行修士等逃至莆阳，后又避难于延平。延平地处偏僻，相对安全，但生活物资奇缺。艾儒略一边编撰书籍，一边仍然传教。

1649 年 4 月病逝于延平，葬于福州北门十字山。1999 年，因为城市大规模建设和房地产开发，艾儒略墓被迁至莲花山墓园一隅。

二、艾儒略的汉学活动——主要著述介绍

在杭州时期，艾儒略就开始用汉语著述。在福建活动的前十二年间，他写作了大量书籍，根据梁启超统计，共有 34 种：《弥撒祭义》《天主降生言行纪略》《出像经解》《耶稣言行纪略》《圣梦歌（也叫《性灵篇》）》《景教碑颂》《耶稣圣体祷文》《坤舆图说》《玫瑰经十五端图经（即玫瑰经图像十五端）》《熙朝崇正集》《杨淇园行略》《张弥克遗迹》《万物真原》《涤罪正规》《三山论学记》《圣体要理》《圣教歌》《圣教四字教文》《悔罪要旨》《几何要法》《口铎日钞》《五十言余》《西方答问》《西学凡》《职方外纪》《性学觕述》《天主降生引义》《大西利西泰子传》《大西利先生行迹》《艾先生行述》《思及先生行迹》《泰西思及艾先生行述》《四海艾先生行略》《泰西思及先生语录》。

较为重要的有以下二十四种：

杭州时期：

1623 年，即明天启三年，著《万国全图》《职方外纪》《西学凡》及《张弥克遗迹》。

入闽教案前：

1623年,即明天启三年,著《性学觕述》;

1627年,即明天启七年著《三山论学记》《七年涤罪正规》《七年悔罪要旨》《耶稣圣体祷文》;

1628年,即明崇祯元年,著《万物真原》《杨淇园行略》;

1629年,即明崇祯二年,著《弥撒祭义》;

1630年,即明崇祯三年,著《大西利先生行迹》;

1631年,即明崇祯四年,著《几何要法》;

1635年,即明崇祯八年,著《天主降生言行纪像》《天主降生言行纪略》及《天主降生引义》;

1637年,即明崇祯十年,著《西方答问》《圣梦歌》《玫瑰经十五端图经》。

入闽教案后:

1640年,即明崇祯十三年,著《口铎日抄》;

1642年,即明崇祯十五年,著《圣教四字经文》;

1644年,即明崇祯十七年,著《圣体要理》;

1645年,即清顺治二年,著《五十言余》。

下面简要介绍艾儒略最为重要的六部著述。

1.《职方外纪》

《职方外纪》1623年出版。由艾儒略在庞迪我和熊三拔所著底本的基础上增译,并由杨廷筠汇记而成。书名"职方"源于《周礼》,指夏朝官职中掌管地图和各地朝贡的官员,而该书所及内容为自古以来舆图之所无,因此称"职方外纪"。该书称得上是中国第一本世界地理书。卷首有李之藻、杨廷筠、瞿式谷所作的序言,并有艾儒略自序一篇,重版时增加有叶向高序。序后有《万国全图》和《五大洲总图》。主要内容有:第一卷记亚细亚洲;第二卷记欧罗巴洲,介绍了西班牙、意大利等地中海国家,对其故乡意大利的介绍尤为详细;第三卷记利未亚洲,即非洲;第四卷记亚墨利加洲(美洲)及墨瓦蜡尼加洲(大洋洲)。第五卷为四海总说,列举了海名、海岛、海产、海道等情况,介绍了西方的常见海船及两条主要来华航道,一条是经非洲南端好望角后越过印度洋的航线,另一条是跨越大西洋至美洲再越过太平洋至菲律宾的航线。全书内容非常丰富,第一次向中国介绍了欧洲概况及各国的民情、地貌、气候、物产、风俗、建筑、交通、教育、宗教、赋税,也第一次向中国详细介绍了"阁龙"(即哥伦布)远航新大陆等情况,是继利玛窦的《坤舆万国全图》之后最为详细介绍世界五大洲地理的文献之一,是19世纪以前中国人学习欧洲地理的重要书籍,被收入《四库全书》史部地理类。谢方认为该书"是传教士用西方宗教地理学观点写成的中文版的第一部世界地理(著作),也是传教士众多译著中较为有名气的一种。这部书在中国的流传,反映了中西两种不同文化相遇后产生的矛盾、碰撞和融合的情况,是研究明末清初中西文化交流史的重要史籍"。① 值得一提的是,该书还专门向中国读者介绍了欧洲各国的图书馆——第二卷记述欧洲各国地理概况时,艾儒

谢方注解《职方外纪校释》封面

略说:"以西把尼亚(即西班牙)有书堂阁三十步,长一百八十五步。同列诸国经典书籍,种种皆备。即海外额勒济亚国之古书,亦以海泊载来,贮于此处。""其都会大抵皆有官设书院,聚书于中,日开两次,听士子入内抄写诵读,但不许携出。"②这是中国目前所知最早介绍西方图书馆的文字。该书对中国地理学的影响较深,据说魏源的《海国图志》至少有33处引述了该书内容。大部分介绍则被当作"异闻"而没有得到重视。清朝大学士纪昀在《四库全书总目》中对《职方外纪》就做出了"所述多奇异,不可究诘,似不免多所夸饰。然天地之大何所不有,录而存之,亦足以广异闻也"的评价。③

2.《西学凡》

---

① 谢方著《职方外纪校释》,见《中外交通史籍丛刊》,中华书局2000年版,前言第1页。
② 曾主陶著《我国对西方图书馆的认识过程》,见《图书馆理论与实践》1988年第2期。
③ 徐宗泽著《明清间耶稣会士译著提要》,上海书店出版社2010年版,第239页。

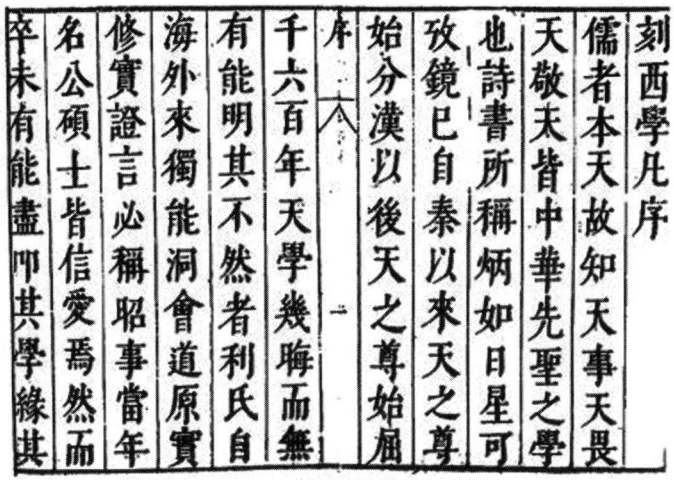

《西学凡》1623年写于杭州，1629年与《职方外纪》一起被李之藻收进《天学初函》的《理编》篇。由杨廷筠作序，许胥臣作引。介绍了17世纪欧洲大学所授各学科的课程纲要。这是中国首次引入与中国传统教育和科举取士制度大相径庭的西方知识分类体系和西方学校课程教学体系。该新体系包括文科、理科、医科、法科、教科、道科六大科目，对欧洲中等教育和高等教育体系作了比较系统的介绍。《四库全书总目提要》介绍说：

> 所述皆其国建学育才之法。凡分六科。所谓勒铎理加者文科也，斐录所费哑者理科也；默第济纳者医科也，勒斯义者法科也，加诺搦斯者教科也，陡禄日亚者道科也。其教授各有次第，大抵从文入理而理为之纲。文科如中国之小学，理科则如中国之大学，医科、法科、教科者皆其事业。道科则在彼法中所谓尽性至命之极也。其致力亦以格物穷理为本，以明体达用为功，与儒学次序略似……①

该书还首次介绍了亚里士多德和托马斯·阿奎那。书中还出现了概

---

① 徐宗泽著《明清间耶稣会士译著提要》，上海书店出版社2010年版，第221页。

说西方学问的"西学"一词。据法国学者梅谦立的考证,第一位以"西学"一词概言西方学问的是意大利籍耶稣会士高一志。① 高一志《西学》序言却说,有一位"同志"已经出版了相似的书。这位"同志"应该就是艾儒略。艾儒略的《西学凡》出版于1623年,可能两人介绍"西学"的时间不相先后。为了使中国知识分子能接受来自于西方的新型知识分类,艾儒略尽量采用术语本土化的做法。如将Philosophia译为"理学",称之为"义理之大学也"。在《西学凡》篇末,艾儒略阐述他写书的目的:"旅人九万里远来,愿将以前诸论与同志翻以华言。试假十数年之功,当可次第译出,更将英年美质之士,乘童心之未泯,即逐岁相因而习之。始之以不空疏之见,继加循序递进之功。洞彻本原,阐发自广,渐使东海西海群圣之学,一脉融通。"②其后"西学"一词成为西方学术与文化的代名词。可惜的是该书在中国没有得到应有的重视。

3.《性学觕述》

该书为艾儒略所译,阳玛诺耶稣会士一同修订。成书于1624年。是一本问答式的心理学综合读物,艾儒略对其两个主要概念,即"天学"与"人学"作了详细阐释,介绍了基督教的灵肉观。书中涉及神经学及人体各部位的功能的描述。全书共分八卷,第一、二卷论灵魂及其性体,第三卷论生长等,第四卷论目、耳、鼻、口、体五种器官,第五卷论知觉,第六卷论觉性、灵性等,第七卷论记心、论梦等,第八卷论夭寿等。该书较为全面地描述了各种心理现象,如感觉、知觉、表象、记忆、思维、言语、情欲、意志以及人的生长发育、睡眠、梦和死等。书中还介绍了盖伦的灵气说,以及四德、四液、五脏、四季相配等理论。徐宗泽认为"此书可谓心理学之常识,而杂以辩论,对于吾国民众之谬解随论纠正",但他同时也认为该书文笔不算"雅丽"。③

4.《三山论学记》

该书刻印于1627年。湘隐居士黄景昉及石水道人苏茂相分别为该书作序,记录了艾儒略与叶向高等人关于天主造天地万物之学、赏善罚恶及降生救赎等道理的问答之词,主要是宣扬天主教义。"三山"是福州的别

---

① 梅谦立《理论哲学和修辞哲学的两个不同对话模式》,见景海峰编《拾薪集:"中国哲学"建构的当代反思与未来前瞻》,北京大学出版社2007年版,第82页。
② 季羡林主编《四库全书存目丛书·西学凡》,齐鲁书社1997年版(影印本),第638页。
③ 徐宗泽著《明清间耶稣会士译著提要》,上海书店出版社2010年版,第156页。

称。书里还详细记载了艾儒略与福州名士们对一些当时热门话题的讨论。比如书中记录了一次在叶向高府邸艾儒略与曹学佺对于佛教与天主教"趋向"不同的解释:"丁卯初夏,相国再入三山,一日余造谒,适观察曹先生在坐。相国笑而谓曰:'二君俱意在出世,故一奉佛,一辟佛,趋向不同,何也?'儒略曰:'大都各以生死大事为重耳。'观察公曰:'吾于佛氏亦择其善者从之'"。① 从这段绘声绘色的记录中,我们可以感觉到虽然艾儒略与曹氏观点不同,但当时的谈话气氛是非常轻松友好的。书中还涉及西方教会和国家分权的政教体系以及国家政治体制改革等一些内容。

5.《西方问答》

艾儒略撰写,阳玛诺等人修订。1637年刻于福建。分为上下两卷,上卷分国土、路程、海舶、海险、海奇、土产、制造、国王、西学、官职、服饰、五伦等,下卷分地图、历法、交蚀、列宿、年月、岁首、年号、西土、堪舆、术数、风鉴、择日等。篇幅不多,但涉猎甚广。被利类思、安文思、南怀仁等传教士节录成《御览西方要纪》,流传较广。②

6.《天主降生言行纪略》

该书为中国最早的一部福音书汉语节译本。刻于1642年。共八卷,内附木刻版画,图文并茂。该书多取自《新约》,主要记载耶稣一生的言行,实际上是一部耶稣传记。该书文笔流畅,明白易懂。

从教案结束到1649年去世这十一年间,因为教务繁忙以及躲避战乱等缘故,艾儒略只出版了三种著作:1642年《圣教四字经文》、1644年《圣体要理》与1645年《五十言余》。

三、汉学贡献和历史评价

艾儒略"历尽沧溟九万程,廿年随处远经行",③他学识渊博,通晓汉语,在天文、历学、心理学、哲学、医学及教育等多个领域都颇有研究和建树。他尊重中国人祭孔祭祖的传统,巧妙地利用自己的优势开展传教活

---

① [意]艾儒略著《三山论学记》,见吴相湘编《天主教东传文献续编》第一册,(台北)学生书局1966年版,第435页。
② 沈福伟著《中西文化交流史》,上海人民出版社1985年版,第417页。
③ 见《熙朝崇正集》,晋江天学堂辑,见吴相湘主编《天主教东传文献》,台湾学生书局1982年版,第652页。

动,结交上层官员,下达地方百姓,并以汉语著述论辩,努力使西学本土化,出版了三十多种著作,虽然"先生西来著书凡数万言,总而归之无言,唯一天主"。① 但客观上极大地促进了西学东渐,一时间,明末社会掀起一股学习西学之热潮——"所谓泰西文明便普遍地成了士大夫中间时髦的学问。"②因此,范适在《明季西洋传入之医学》对艾儒略有这样的评价:"于中国学术颇多贡献,而于传入西洋医学之功,亦足多焉。"③这样的评语是十分中肯的。艾儒略也因此成了入华传教士中最受欢迎的人之一。方豪说:"在中国天主教外来传教士中,再没有比艾儒略更受学者欢迎。《圣教信微》说他被誉为'西来孔子',这样崇高的尊称,连利玛窦也没有获得。"④虽然他不如利玛窦那么有名,其著作也大多没有受到应有的重视,但观察其言行著述对当时社会的影响来看,他无疑是当时最为杰出的汉学家之一。

第五节 "西方研究中国地理之父"卫匡国

有人认为,在十六七世纪所有来华传教士中,撰写中国史方面最为成功的人当属 17 世纪的卫匡国,他对中国史的研究水平,反映了那个时代欧洲人对中国历史了解的最高程度。⑤

一、卫匡国生平简介

卫匡国,本名马尔蒂诺·马尔蒂尼,1614 年出生于意大利北部城市特伦托(Trento)。1631 年 10 月 8 日,他在罗马加入耶稣会,入罗马学院研习数学。其数学老师为德国著名数学家基旭尔神父,该神父也是著名的东方学家,可能从那时起卫匡国就受老师的影响对东方产生了兴趣。1638 年,卫匡国被派到中国传教。由于遭遇风暴及缺少船只等原因,旅途极不顺利,直到 1642 年他与同伴才历经千难万苦到达澳门。1643 年,卫匡国到达杭州,途经上海的时候,会友潘国光教他学习汉语,并帮他取了"卫匡国"

---

① 徐宗泽著《明清间耶稣会士译著提要》,上海书店出版社 2010 年版,第 253 页。
② 侯外庐主编《中国思想通史》第 5 卷,人民出版社 1956 年版,第 28 页。
③ 方豪著《中国天主教史人物传》,天主教上海教区光启社 2003 年版,第 141 页。
④ 方豪著《中国天主教史人物传》(上册),中华书局 1988 年影印版,第 185 页。
⑤ 吴孟雪《明清欧人对中国历史的研究和介绍(二)》,《文史知识》1994 年第 8 期。

卫匡国像

这个中文名字,寓意"匡救国家、保卫大明"。入华之初,卫匡国主要在浙江杭州、兰溪、分水、绍兴、金华、宁波等一带传教。之后逐渐走出浙江,足迹遍及当时中国十五个省中的七个省。到过南京、北京以及山西、福建、江西、广东等地进行传教。每经过一地,他都会仔细测量并绘制地图,确定该地的经纬。因此,他对中国的地理人文有着相当准确的了解,这对他后来编写《中国新地图集》很有帮助。

他不仅仅只是在取名字上表达了融入中国的决心,而且还有扶助当时朝廷的实际行动。南明弘光帝朱由崧1645年5月被俘后,同年6月唐王朱聿键称帝于福州,改年号为隆武。隆武帝一心试图出兵北伐、恢复明朝,听说卫匡国熟知数学、弹道发射学以及大炮火药生产等方面的知识,对他十分青睐和器重,几番邀他入宫做官。朝廷还命他穿上绣花官服,卫匡国却以此为做弥撒时用的圣袍。有一次,卫匡国受隆武帝的委托,前往温州分水活动。不料遇上清军来袭。机智的卫匡国并没有逃走,而是在住所的门楣上贴了一张字条,说明自己的身份是欧洲来华传教士,并把平日里保存的一些科学仪器、书籍和圣像等摆放在客厅里,自己则神情坦然地在院子里写起诗来。他的举动引起了一名稍有文化修养的清军军官的注意,与卫匡国聊了几句之后,军官知道他确实是西方文人,于是劝他投靠清政府。卫匡国很快就被"做通了思想工作",穿上了清军士兵的衣服,并把头发梳向脑后,看上去颇像新政权的支持者了。在这名军官的护送下,卫匡国回到了杭州的教堂内。费赖之在《卫匡国传》中这样记载:1645年,卫匡国与一些避难的人居住在离杭州不远的 Wen-Choei 的一座大宅内。听到鞑靼兵（清兵）快到了，卫匡国灵机一动，在门上写了"泰西传布圣法士人居此"，然后将"所携之书籍、望远镜及其他诸物陈列桌上，屋内桌于中设坛，上挂耶稣像"。清兵见此情景，非常惊异，"未将害，其主将召匡国至，礼接之，去其汉人衣，易以鞑靼服，遣回杭州教堂，出示禁止侵犯"。① 从这个事件里我们也可以看出当时的耶稣会士为了达到传教的目的，是可以同任何政治势力，甚至是完全对立的政治势力合作的。

1643 年，多明我会教士黎玉范上书罗马教廷，认为崇孔敬祖等中国礼仪应被视为迷信，请求教廷裁决。1645 年 9 月 12 日，教皇英诺森十世作出答复，支持多明我会士的主张，指令："凡是敬城隍、敬孔子、敬祖先的祭祀，都加禁止，除非圣座以后另有规定"②。其实，关于中国的传统礼仪是否符合天主教义的争论由来已久。早在明末耶稣会士们入华之初，利玛窦对于中国的文化传统采用较为宽容的调适政策，认为中国人所谓的"天"和"上帝"在本质上与天主教的"唯一真神"没有分别，中国人祭祖、祭孔也只是缅怀先人、纪念先哲的一种形式，并不含有迷信的成分，因此中国人的祭天、祭祖、祭孔并没有违反天主教的教义，应被视作可接受的礼俗。利玛窦的这一观点和传教策略一直为后来到中国传教的耶稣会士所遵从和继承。利玛窦去世前，指定龙华民接任中国耶稣会总会长之职。龙对利玛窦的传教策略抱有不同意见，他认为"天"指苍苍之天，"上帝"并非代表造物主，因此主张废除"天""上帝""天主"等词，直接采用译音。耶稣会内部派系之间的不同意见和纷争，后来被多明我会所利用与介入。多明我会在中国起步比耶稣会稍迟，声望也不如耶稣会，但他们的介入很快使得礼仪之争扩大化了，并且不断得以升级。前文所述的黎玉范上书教廷，就充分表明中国礼仪之争在当时的白热化程度。教皇英诺森十世禁止敬孔敬祖的答复，显然对中国耶稣会传教团是很不利的。

耶稣会为了改变这种不利局面，遂于 1650 年派知识渊博而又能言善辩的卫匡国回欧洲辩解。1653 年，卫匡国抵达罗马，向教廷阐明中国礼仪的意义，请求教廷收回成命。1654 年，卫匡国和另一位耶稣会士卜弥格与

---

① ［法］费赖之著，冯承钧译《在华耶稣会士列传及书目》（上），中华书局 1995 年版，第 261 页。
② 罗光著《教廷与中国使节史》，（台北）传记文学出版社 1983 年版，第 85 页。

多明我会会士在罗马展开了关于中国礼仪之争的激烈辩论,最后以卫匡国的见解获胜告终。1656年,教皇亚历山大七世及传信部枢机团确认祭天、祭祖及敬孔等在中国纯属社会礼仪,并颁布敕令准许中国教徒在无碍于天主教传播的情形下可以照旧进行。

虽然其后礼仪之争仍在继续,但卫匡国在改变罗马教廷的意向方面起到了决定性的作用,使利玛窦的调适策略在中国得以延续,使得入华西方传教士的活动在一段时期内仍能顺利地开展下去。

完成使命的卫匡国再次被派往中国。1657年4月,他与南怀仁等十七名耶稣会传教士从里斯本乘船出发来华。经长途跋涉后到达广州,顺治帝颁谕准其进入中国。他觐见了顺治皇帝,交谈之后,顺治帝对他深厚的汉学功底印象颇深。1658年,他返回杭州传教。回杭州后,他得到当时浙江巡抚佟国器等人的大力支持。教会在今杭州下城区中山北路天水桥附近购买了土地,按西方的"造作制度",建造了杭州教堂。该教堂1659年开工,1661年完工,成为当时中国最为宏伟壮丽的教堂,被称为"中国西式教堂之首"。

1661年6月6日,卫匡国因感染霍乱、误服过量泻药死于杭州,享年仅47岁。他被安葬在杭州西湖区留下镇老东岳大方井天主教墓地。1736年,墓地重修,立"天主圣教公坟"碑。后墓地一度被毁,1985年墓地得以重建。现为浙江省重点保护文物单位。

卫匡国墓

虽然卫匡国真正在中国生活的时间只有十来年（分为两个时段：1643—1650,1658—1661）,但他对天主教在中国的传播和对汉学研究的贡献都是相当突出的。一方面,卫匡国足迹遍布中国多省,到处传教,为中国礼仪辩护,得到罗马教廷赞同,为传教士在中国活动扫除了障碍;他继承了耶稣会一贯以来走上层路线的传统,广交江南名士、达官贵人,取得中国官员的支持,扩建了教堂,扩大了教会在中国的影响。另一方面,因为广泛游历,走遍了大半个中国,熟知中国人文地理,编写了《中国新图集》,同时又致力于汉语及中国文化研习,阅读了大量中华典籍舆志,对中国历史文化熟稔于心,写作了《逑友篇》《鞑靼战纪》《中国新图志》《中国历史十卷》《中国文法》《中国耶稣会教士纪略》等极具影响力的书籍,使他拥有了在意大利汉学研究界不可撼动的重要地位。

奠定卫匡国在西方汉学界重要地位的上述著述,都是在西方汉学史上有着筚路蓝缕之功的扛鼎之作,很有必要逐一进行详细介绍,让我们直接触摸卫匡国在西方汉学研究史上留下的深刻烙印。

二、卫匡国主要著述

1.《逑友篇》

该书成书于1647年,定稿于1661年。是卫匡国在中国教徒祝石（子坚,浙江兰溪人）的帮助下,由卫口授、祝笔录而成的一部中文著作。书前有小引及杭州张安茂、松江徐尔学（徐光启孙）以及祝子坚所作的三篇序文。该书是卫匡国关于交友主张与理念的专著。它与利玛窦的《交友论》书名相似,但内容并不雷同。意大利著名汉学家白佐良指出:"利玛窦只限于翻译某些古典哲学家和神学家所著书中的一些段落;卫匡国则自由地引述他们的论点,还不时加进自己的评论和观点。"①该书可以说是在利玛窦《交友论》基础上的发展,因为《交友论》仅列出一条条格言,而《逑友篇》还引用了许多古代的格言和故事,包括西塞罗《交友论》中的论说,并更偏重于论证说理。其重要的特色之一是作者根据自己的人生体验结合西方哲

---

① 白佐良《卫匡国论友情与他的其他中文著作》,卫匡国与中西文化交流国际学术讨论会论文,1994年4月,北京;转引自李志军著《西学东渐与明清实学》,巴蜀书社2004年版,第204页。

人的关于友谊的论述,找到了儒家思想与基督教义之间的融合点,由此继承并发展了利玛窦所倡导的合儒主张。其立足点至始自终扎根于基督教教义。如《逑友篇小引》中,卫匡国将交友与上帝相关联。他写道:"缘旅人自西海观光上国,他无所望。惟朝夕虔祝,愿入友籍者,咸认一至尊真主为我辈大父母,翼翼昭事,为他日究竟安止之地,此九万里东来本意也。"①《逑友篇》多处引用了《圣经》里的话,体现了交友的德性来自上帝,讲究交友之道在于认识上帝的思想。祝石也在该书的《叙》中阐述了求友之道乃上帝赋予秉性的看法。他指出,逑友实"上主所定之公性也";贯彻其中的爱,亦"上主所赋之仁性也"。② 卫匡国还用了相当长的篇幅来讨论报仇问题,提倡"不复仇"甚至于"爱其人",认为不仅要喜爱朋友,而且要喜爱敌人。他说:

或曰,报仇不可,然以直报怨足矣,何必以德报怨邪?曰,以直抱怨,匪罪亦匪功。以德报怨,甚感天主之心,而成大勋也。以直抱怨,不为彼仇。以德报怨,不但解仇,且化为友,俾其改过矣。亲仇之爱必反深于亲友之爱,盖爱仇为克己之至。不惟不怨其仇,且以我之真爱,化仇为德。如火然,且化物为火。故抱怨之德,甚于报德之德也。难行,其功更丰。

(大意:有人说:不可以报仇,但是以正直回报怨恨也就够了,为什么非得用德行来回报怨恨呢? 回答是:以正直回报怨恨,既不是罪恶但也称不上功劳。以德行来回报怨恨,却能感动天主圣心,而成就伟大功勋。以正直回报怨恨,不会被对方所仇恨。而以德行去回报怨恨,不但可以化解彼此的仇恨,还可以把怨恨转化为友爱,给对方改正错误的机会。爱仇敌的感情一定会比亲爱朋友的感情更深,因为爱仇敌是达到克己之极致。不但不怨恨自己的仇敌,还以我真诚的爱将仇恨转化为德行。就像火燃烧一样,也把别的东西变成火。所以回报怨恨的德行比回报德行的德行更伟大。因为这很难做到,所以功德自然更大。)

---

① 引自徐宗泽著《明清间耶稣会士译著提要》,上海书店出版社2010年版,第265页。
② 同上,第267页。

实际上,"爱朋友,也爱敌人"也是基督教所倡导的基本教义之一。卫匡国还进一步提出了轻己重友甚至舍身救友的主张。他说:

> 爱之能力,甚巨。心性伟烈,不辞鸩毒,不避兵刃,以救其所亲爱。盖视友之命如己,且尊于己。故宁轻己之生,而冀久生厥友。

> (大意:爱的能力是非常巨大的,能使一个人为了拯救他所爱的人而变得伟大和刚烈,即使是饮鸩毒、断头颅也在所不辞。这是因为他把朋友的生命当作自己的生命,甚至比自己的生命更为重要。所以宁可轻看自己的生命,而希望朋友得生。)

在《逑友篇》中,我们处处可以看到儒家思想与基督教教义的紧密结合。这可能体现了卫匡国两方面的用心。一方面,这种诠释友谊的方式容易在读者心里树立天主和《圣经》的权威。另一方面,又迎合了在中国古代占统治地位的儒家学说,更容易为深受儒家价值观浸润的中国读者所理解和接受。不过也许正因为书中友谊与基督教教义过分紧密的结合,影响了中国读者的接受度,该书在中国只出版了一次,而利玛窦的《交友论》却得以多次出版,为许多中国文士所认可,为利玛窦赢得了巨大声誉。

2.《鞑靼战纪》

《鞑靼战纪》完成于卫匡国奉命回欧洲向罗马教廷申辩中国礼仪问题的途中,从 1650 年开始到 1653 年完成,历时三年。从书名的字面义看,该书记载的是鞑靼人(当时西方人对中国北方蒙古族与满族人的统称)的战争情况,可以说是一部纪实性的新闻报道。虽然清兵入关发生在 1644 年,但在当时交通不便的情况下,发生在中国的十年前的事,对于欧洲人来说,仍几近于新闻。卫匡国将其在中国的所见所闻、亲身经历以及与他交往的儒生、传教士、官员们所讲述的清兵入关战事作为基础,向欧洲读者介绍了明朝自朱元璋开国以来与女真的关系,描述了天启、崇祯朝的政治与国内形势,特别是详细地记载了清兵南下和江南沦陷等历史事件。与基督教在中国传播相关的内容主要有三个方面:一是全面反映了明清之际中国基督教发展的基本状况;二是真实记录了在战乱中各地传教士的遭遇;三是证实了如孙元化、瞿式耜、丁魁楚、庞天寿等明末政坛上重要人物的基督教徒身份,以及他们不平常的人生经历。

第三章　初创时期的意大利汉学

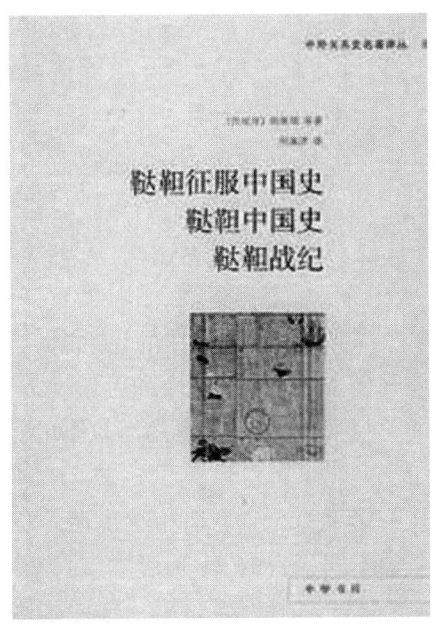

中华书局 2008 年版《鞑靼战纪》封面

在写作风格上,《鞑靼战纪》有别于一般的域外游记。卫匡国在前言中说明该书是为了回答欧洲人士所提的有关中国国情、民族和文化等问题而作,他说:"我不打算记述他们之间发生的所有战争,这里只记载我们记忆的及目睹的事。其余的详情见于我记中国的一部书中。"① 可见卫匡国的写作基本上是以自身及其教友的见闻为基础的。该书以颇为冷静和客观的态度见证了明清交替之际的历史变革,记载了从 1619 年努尔哈赤攻克明朝边关重镇开原至 1650 年底、1651 年初清摄政王多尔衮病逝的一段历史。书中对努尔哈赤、阿巴亥和多尔衮等人的文治武功作了评述。它按照历史发展的顺序客观地介绍了明末清初战事的翔实情况,而且力图通过作者的观察评论和引述他人的意见,探讨了引起明朝战败的深层次原因。他认为明朝赋税过重和官员的贪污腐败及宦官专权等弊端是造成明朝灭亡的主要原因。他还指责了吴三桂愚蠢的引狼入室行为。书中处处体现

---

① [西]帕莱福著,何高济译《鞑靼征服中国史　鞑靼中国史　鞑靼战纪》,中华书局 2008 年版,第 342 页。

了作者敏锐的洞察力和思辨力。此外,它还真实地记录和保存了明清战乱之际耶稣会士和中国基督教皈依者的活动情况,如鲁德照在广州被清军逮捕和获释后受到的礼遇,以及利类思和安文思在成都与张献忠的交往等,可以反映出当时基督教在中国传播的广泛和深入。由于清朝当政后将涉及明朝的不利于清朝的文献全部禁毁,并全面篡改了明朝的历史。因此,卫匡国"真笔无隐"的记载,成了当时历史的重要见证,对明末清初历史的研究具有很高的参考价值。也正是因为这样,历史学家方豪认为它"于清军入关及南下情形,所记至详,直言不隐,足补我国正史之阙略"。① 1654年该书的拉丁文本在安特卫普(位于现在的比利时,当时比利时还不是独立国家)出版,由于较强的新闻性、生动性和可读性,该书出版之初就大受欢迎,在欧洲文化界产生了极大的影响。随后该书的德文版、英文版、荷兰文版及意大利版在德国科隆(1654)、英国伦敦(1654)、荷兰阿姆斯特丹(1655)和意大利罗马(1654、1655)等地相继出版。据统计,从1654年到1706年间共发行了9种不同语言的21种版本,足见该书在当时广泛流传的程度。许多欧洲学者盛赞该书为当时第一部中国现代史和欧洲第一部中国政治史。

3.《中国新图志》

《中国新图志》,又译作《中国新地图集》或《中国新地图册》,是一部地图集。与一般地图集所不同的是它的每幅地图后面都配有详细的解说文字,因此实际上是地图与地志合二为一的地理志。这也是书名中"新"的最重要含义。该图集在参考明代罗洪先《广舆图》的基础上,以西式制图法绘制,共收十七幅黑白图:一幅中国全图,十五幅分省(直隶、山西、山东、陕西、河南、四川、湖广、江西、江南、浙江、福建、广东、广西、贵州、云南)地图。另有一幅日本地图。总图按比例尺大小约为1∶18000000绘制,省图约为1∶3000000。书一开篇即有一篇20页的前言、19页目录,穿插着长达171页的拉丁文说明文字,还配有中国各区域城关的经纬度表,按中国省份和城市大小排列。1655年该图集出版于荷兰阿姆斯特丹,采用铜板刻制、彩色手工印刷,非常精美。在1773年前,该图集是欧洲第一部深入完整地介绍中国地理的图集,一直被当作欧洲人关于中国的地理著作范本。

---

① 方豪著《方豪文集》,北平1948年,第92页。转引自许明龙著《欧洲十八世纪"中国热"》,外语教学与研究出版社2007年版,第66页。

该书有三个显著的特点：

第一是富有科学精神。卫匡国自称为该书的写作作了十年之久的准备。一方面他广泛参阅中国古代地理书籍和各种地图，如罗洪先、陆应旸、利玛窦、徐光启、李之藻和徐霞客等人有关中国地理的记载和研究成果；另一方面他在旅途中进行了细致的实地考察和测量，充分利用他的老师基旭尔神父传授给他的数学知识和欧洲近代先进的科学仪器，收集了各地多达 1754 处经纬度。通过多方搜求查证得到的许多第一手资料，避免了由于一人之力可能造成的偏颇，大大提高了地图志的科学性。可能正是出于科学性方面的考虑，卫匡国没有采取在《中国上古史》中

1655 年阿姆斯特丹版《中国新图志》封面

系统地使用拉丁文标注地名的做法，而是用汉字标注，使书中的中国地名所指的地理位置具有更强的准确性。

第二是内容丰富。《中国新图志》虽然是一部地理著作，但该书突破了中国官私地理志书一贯以来因偏重政治建置而造成的拘囿，极大地扩大了知识容量，体现了欧洲地理学的综合性学科的性质。该书前言以作者自己在中国旅行中的所见所闻为基础，结合在西方文献中有关中国的资料，介绍了包括中国的地理位置、自然环境、居民组成、城乡风貌、手工技艺、建筑、科学、宗教信仰、历朝纪年表、中国长度单位等方面在内的诸多内容，还涉及女真族的历史、语言、习俗、宗教及其与汉族关系的介绍分析。各分省的解说部分则涵盖了各地区的地理位置、面积方位、称谓来源及其变更、建置沿革、气候、物产矿藏、名山大川、主要城市、人口赋税、风俗习惯、人文古迹等逸闻掌故等内容。在每幅地图的四周都有经纬度格，还有他亲手绘制的与中国地理沿革、地名来源等有关的神话人物。他甚至还记录了战火中的城市变迁，如他第一次到福建延平（今南平）时，延平还是一座繁华的城

市,而第二次他途经时,那里却到处是残垣断壁,几乎完全毁于战乱。从这个角度来说,他的地理书还兼具史学价值。卫匡国还第一次提出"中国"一词的英文名称 china(拉丁文 sina)是来源于中国第一个封建王朝——秦的音译的观点,这一说法虽仍存争议,但已为大多数学者所认可。① 可以说,《中国新图志》第一次系统而具体地把中国的自然面貌结合政治、经济、人文、历史等情况介绍给了欧洲。该书内容充实丰富,地理标志清晰准确,因此信息量大,实用性强,甚至可作为旅游观光指南来使用。

第三是描述详细生动。卫匡国将各分省图行政区划标到府(或州)一级,每幅图的四周都标出精密的经纬度数,并附有反映当地风土人情或传说掌故的图饰。比如在北直隶(Pechili)地图上,就有皇帝皇后和龙凤等图案,表示该地为政治中心所在地;四川(Svcheven)地图中画有关羽像;云南(Iunnan)地图上绘有观音、大象等图案。这些图案加上解说文字,使得地图集显得非常直观而又生动有趣。图集中有些介绍详细到无以复加的地步。比如在介绍泉州的洛阳桥时卫匡国写道:"两个桥墩之间铺放五块同样的巨石,巨石长约18步,这是我以慢步行走时的步幅测得的。"因此,历史学家马雍认为该书的"详细和正确的程度实足令人惊叹不置"。② 他还举了几个例子,比如:"他在叙述浙江省湖州府的沿革时指出,古代属吴国,后属越,后属楚,秦代名为乌程,沿用至唐不改,宋称昭庆(军),明代称湖州。他在解释金华府的名称来源时指出,该府得名于金华山,而金华山与婺女星争华而得名。他在介绍台州府的名山时指出盖竹山道书以为第19洞天。他在标举严州府桐庐县的富春山时,指出该山位于七里濑附近,是纪念著名哲人严子陵的胜地。"③ 马雍认为:"一位十七世纪来华的外国人能对中国地理做出这样水平的报道,简直使人不敢相信。阅读这部著作就如同阅读中国地理学家所修的地理志一样。"④他对该地图给予了极高评价:"这部地图集不仅在17世纪有着相当的科学价值,直到今天仍有其科学价值;不仅对欧洲人研究中国历史地理来说是一部经典著作,对中国人

---

① 见[法]费赖之著,冯承钧译《在华耶稣会士列传及书目》(上),中华书局1995年版,第265页。
② 马雍《近代欧洲汉学家的先驱马尔蒂尼》,载《历史研究》1980年第6期。
③ 同上。
④ 同上。

研究自己的历史地理,也是一部珍贵的参考书。"①

正是由于具有地图绘制的科学性、内容的丰富性和描述得详细生动等特点,该书甫一出版,即引起欧洲地理学界的重视,成为当时欧洲了解中国地理人文状况的必读书目。继 1655 年在阿姆斯特丹出版拉丁文版之后,各地相继出现了各种版本,一度有欧洲九种语言的版本。其中以江浦拉的印刷版最为人们所称道(地图增至 27 幅,解说文字达 260 页),在欧洲影响甚广。英国早期的汉学家玉尔认为,17 世纪中叶所绘制的欧洲国家地图无一能和卫匡国的相比。② 该图志被欧洲地理学界视为地图绘制史上的里程碑,在 1735 年法国神父杜赫德出版"法国汉学三大奠基作之一"的《中华帝国全志》之前,卫匡国的这部地图集一直被欧洲地理学界视为关于中国地理状况的权威参考书,即便是对于研究相关课题的中国学者来说,《中国新图志》也是十分宝贵的域外史料。也正由于此,卫匡国被后世学者尊为杰出的地理学家。

4.《中国上古史》

《中国上古史》又名《中国历史十卷》或《中国历史概要》或《中国史初编》等,是卫匡国用拉丁语写成的编年体历史名作。原书全名很长,为 *Sinicae historiae decas prima res à gentis origine ad Chirstum natum in extrema Asia, sive Magno Sinarum Imperio gestas complexa*(《中国历史最初的十个时期,从人类历史之初到耶稣降世的远东大事记,或围绕中华大帝国崛起之记事》)。从这个冗长的书名中我们可以看出作者主要讲述的是从人类起源到耶稣诞生即西汉哀帝元寿二年(公元前 1 年)之间的中国上古史,为断代史。它以中国古籍为依据,将中国史发端定于公元前 2952 年伏羲称王时期。按时间顺序分别叙述了神农、黄帝、少昊、颛顼、帝喾、尧、舜等传说中的所谓"三皇五帝"。全书共分十卷:首卷介绍了中国神话传说中宇宙的起源和人类发展的脉络,涉及"混沌说"及三皇五帝的事迹;第二卷为夏代史,从禹到桀;第三卷是商代卷,自汤至纣(纣被卫匡国称为 Nero,即罗马暴君尼禄);第四、第五卷为周代史,包括西东周,自周武王至公元前 255 年赧王亡国。在第四卷中分析和评价了老子、孔子和释迦牟尼的思想学说,认为老子奠定了当时三大哲学体系之一的道教宗教哲学体系,是"真实

---

① 马雍《近代欧洲汉学家的先驱马尔蒂尼》,载《历史研究》1980 年第 6 期。
② 亨利·玉尔《论卫匡国在地图绘制方面的功绩》,载《地理杂志》1987 年 7 月。

的伊壁鸿鲁"。与利玛窦一样,卫匡国认为在中国儒家思想占据了统治地位,认为儒家思想有其积极的社会作用,因为它帮助人们发展"本性的理智",人们通过学习儒家思想能意识到该做和不该做的事情。第六卷为秦代史,自秦昭王五十三年(前254年)至子婴降刘(前206年);第七至十卷为西汉史,自高祖刘邦(前206年)到哀帝刘欣(前1年)。卷末附有编年表。卫匡国对每一个帝王在位的时间都以中国特有的干支纪年法和公元纪年法两种方法作了统计。

作为一个西方人,要把三千年中国上古历史交代清楚,其难度可想而知。卫匡国为此付出了极大的艰辛和努力。他在前言中写道:"(资料)全部来自于具有天才、勤奋、细致和学识远博的作家。我完成这部著作的辛劳是不能想象的,简直需要付出大力神海格雷(Hercules)的气力,辨别书目达六万多,字形和意义又彼此截然不同的中国文字,几乎非人力所能及,更不能说去发掘那浩如烟海的中国文化了。为研究和编纂这部历史著作,我化了整整十年的时间,除了日常的祈祷外,我是全力以赴。"①

卫匡国所全力完成的,是第一部由西方人执笔的、系统地向欧洲介绍中国历史的著作。它对中国人的世界起源观"混沌说"、三皇五帝、《易经》及中国文字等各个方面都做了详细介绍,进一步丰富了欧洲人对于中国的认知。正是通过卫匡国,欧洲人才第一次知道了中国最早的经书《易经》,这比比利时汉学家柏应理对《易经》的介绍早29年。他提出了《易经》是中国第一部科学数学著作的观点。② 书中还详细介绍了易经卦图中"阴"和"阳"及其各种组合所代表的意义。他还把中国的文字和埃及的象形文字作了比较,提出中国文字是伏羲而非仓颉发明的观点。也正是通过卫匡国,欧洲人较为全面和深刻地了解了孔子和儒家学说。虽然他没有评价孔子的特别论著,但在《中国历史十卷》及《中国新图志》中,他比较详细地介绍了孔子和儒家学说,并表达了他个人对孔子由衷的敬慕之情。在《中国历史十卷》的《周灵王》一章中,他提到孔子的诞生。在周景王和周敬王纪事中,对孔子的生平、政治主张和主要经历以及重要的儒家典籍等进行了详细的介绍和评价,他从孔子的言行中总结出孔子和儒家学说的一些基本特征,最主要的就是始终不退避,

---

① 转引自徐明德著《论明清时期的对外交流与边治》,浙江大学出版社2006年版,第312页。

② [美]孟德卫著,陈怡译《奇异的国度:耶稣会适应政策及汉学的起源》,大象出版社2010年版,第125页。

直面人生和社会。卫匡国还描述了孔子死后所享有的尊荣,如历代君王都给予孔子嫡传后代"贵族头衔";在中国许多城市建有"孔子学校"(实际上是文庙),他很清楚地了解孔子所受到的极大尊崇,孔子的著作和言论几乎不容修改。与利玛窦一样,卫匡国是将儒家思想当作与佛教和道教并列的三大宗教之一来介绍的,他如此评价孔子和儒家学说:"孔子是最受中国人民称赞的思想家,他所创立的由文人学士组成的儒家学派,乃是中国三大宗派中最著名的。"[1]无论是对于《易经》的介绍,还是孔子的介绍,都从一定程度上丰富了欧洲人对中国文化和历史的认识。

另一方面,由于著作的第一章讲到"中国第一位皇帝"伏羲即位于公元前2952年,这样按时间来推断的话,就比诺亚大洪水(前2348年)早了六个多世纪,这实际上是与《圣经》所记载的人类起源有矛盾的,这样就自然地使人们对《圣经》记载的可靠性产生了怀疑。因此,该书引起了欧洲学术界、思想界的高度关注,引发了长时间的宗教和学术争议,在一定程度上动摇了基督教会的权威,并为18世纪以伏尔泰为代表的启蒙思想家进行历史批判和确立新的史学观提供了史学依据。

该书于1658年首版于慕尼黑(今德国巴伐利亚州),4开本,共362页。在初版后的第二年又在阿姆斯特丹再版。1692年该书的法文版在巴黎发行。它取材丰富,内容翔实,富有神学色彩,但也不乏独到见解。在1777年由法国传教士冯秉正司铎编撰的《中国通史》出版之前,该书一直被认为是有关公元前中国历史的最佳著作,享有极高声誉。

5.《中国文法》

1650年,中国天主教内部发生了激烈的礼仪之争,耶稣会士推荐学识高深并熟悉中国民风习俗的卫匡国赴罗马教廷就有关中国礼仪问题进行申辩。1651年至1652年间,卫匡国回欧洲的路上,被荷兰人逼迫在印度尼西亚巴达维亚(今雅加达)滞留了八个月。在这八个月里,他用拉丁文撰写了欧洲第一部中国语法书——《中国文法》。离开巴达维亚前,他将《中国文法》的一部手稿抄本赠送给了荷兰医学家克利耶。这部著作由于印刷和费用等问题而从未正式出版,一直以手抄本的形式保存着。在长期流传过程中,不断地被修改和完善,衍生出众多版本。据意大利已故汉学家白佐良的考证,目前

---

[1] 引自梅文健《耶稣会士卫匡国著作中的中国哲学和古学》,载《纪念利玛窦来华四百周年中西文化交流国际学术会议论文集》,(台湾)辅仁大学出版社1983年版。

华东师范大学出版社 2011 年版《中国文法》封面

有三个抄本仍存于英国格拉斯哥大学图书馆。其中有一个抄本的扉页上有卫匡国的原名,并有注释说明该抄本是克利耶 1689 年从巴达维亚寄给一位想学中文的德国医师门泽尔的。① 该抄本用拉丁文和中文写成,个别字使用了希腊文、荷兰文、葡萄牙文等。分三章,每章下分节。第一章是汉语词条表。收录了 318 个单音节词,每个词条下有汉字及其拉丁文注音和释义;第二章介绍汉语语法,分别是名词、代词和动词及其变位;第三章分介词、副词、叹词及数量词等七小节。三章之外还收录了 330 个汉字部首。

这部中国语法书为欧洲人了解汉语基本情况以及学习汉语都提供了许多方便,意大利学者陆商隐认为卫匡国"应被看作是官话语言学的开拓者"。② 不仅如此,该书也为我们今天研究三百五十多年前汉语的语音及语法面貌提供了可贵参考。

---

① 见[意]陆商隐《从〈中国文法〉到〈中国语文文法〉:卫匡国语法的流传与不断丰富的过程探讨》,载[意]卫匡国著,[意]白佐良意大利文翻译,白桦中文翻译《中国文法》,华东师范大学出版社 2011 年版,第 30 页。

② 同上,第 40 页。

6.《中国耶稣会教士纪略》

又名《中国基督徒的数量和质量简述》，是一部传教纪略。1654年出版于罗马。该书通过叙述传教士在中国活动的情况，展示传教士们在中国传教取得的成绩，一方面意欲增强欧洲社会和教廷对于传教士们在中国活动详细情形的了解，另一方面也是一个为耶稣会进行中国礼仪之争辩护的途径。内容主要有四个方面，一是中国基督徒的数量，二是中国官员及文士的皈依，三是中国基督徒的素质和特征，四是耶稣会士在中国的传教情况。该书继《利玛窦中国札记》后，进一步加深了欧洲人对于中国的了解。

三、卫匡国的汉学贡献和历史评价

卫匡国是继利玛窦之后又一位将毕生精力奉献于中西方文化交流并作出杰出贡献的意大利人。他通过著作，将中国的历史、地理、经济和人文等各个方面的情况详细地介绍给欧洲，使欧洲人对中国有更为全面、更为深入的了解和认识。如上所述，他的一个突出的成就是第一次向欧洲人较为系统地介绍了《易经》，同时对于孔子及儒家学说一并进行了介绍。

他所编的《中国新图志》一直被奉为欧洲地理学界关于中国舆地权威参考书。相对于以往任何地图而言，他绘制的中国的海岸线最为准确；他清楚地标明了黄河、珠江及长江自金沙河以下的流向；他准确地描绘了中国十五个省的省界及各个府州的分界；他还详细地说明了中国各地的风土人情、户口田赋和矿产资源的分布情况。近代德国著名地理学家李希霍芬称他为"中国地理学之父"。

当然，卫匡国的著作，除了他作为学者的一种本能爱好外，还隐含实用主义的目的。因为只有让欧洲充分认识到中国基督化的价值，才能获得他们的支持。但无论如何，卫匡国的艰辛努力继承和发展了利玛窦所创立的文化调适策略，客观上维护和推动了中西方文化的交流，在推动欧洲汉学发展上起到了重要作用。

这个集地理学家、历史学家和神学家以及欧洲早期著名汉学家等诸多身份于一身的耶稣会士，本当与利玛窦一样为人们所熟知，但在三个世纪的时间里他却几乎为世人所遗忘。直到20世纪60年代，卫匡国故乡特伦托的方济各会修士博尼法丘·波罗尼亚尼在研究该会神甫欧塞比奥·奇尼的时候，意外发现了卫匡国。欧塞比奥·奇尼是卫匡国的表弟，受到卫匡国的影响,决定追随卫匡国的足迹到中国传教。但向西航行的欧塞比奥·奇尼并没来到亚洲,而是到了美洲,成为当地富于传奇色彩的传教士。在细致考证研究的基础上,1977年波罗尼亚尼出版了《历史上欧洲对中国的发现》,介绍了卫匡国的经历及其在中西文化交流史上的功绩,这时才引起人们对卫匡国的广泛关注。其后,特伦托大学的创始人德尔马奇教授也对卫匡国产生了浓厚的兴趣。在他的倡导下,1981年在特伦托隆重举办了"卫匡国:地理学家、制图学家、历史学家和神学家"的国际学术研讨会。1983年意英合刊《卫匡国纪念国际会议文件记录册》出版。特伦托大学成立了卫匡国研究中心,《卫匡国全集》的意语版和中文版也相继面世。其时,卫匡国的墓地也在杭州被找到并于1985年进行了重建。2004年9月,中意两国学术界在北京外国语大学举办了"让西方了解中国——中西文化交流的使者卫匡国学术研究会"。这位曾一度被湮没在历史尘埃中的汉学家终于重新进入世人的视线,并重新为学界所认识和研究。

第六节 系统介绍儒家学说第一人殷铎泽

在来华耶稣会士中,有一位第一个将《论语》完整地译成拉丁文的欧洲人,被尊为"孔子的第一名欧洲译者"。他还组织耶稣会士将《中庸》等中国经典古籍翻译为拉丁文,带回欧洲出版。他也由此成为系统全面地向欧洲人介绍孔子及儒家学说的第一人,从他开始中国的儒家思想远播西方,并逐渐引起欧洲人的广泛关注。他就是殷铎泽,一个在东学西渐中产生过重大影响的意大利人。

一、生平及主要经历

殷铎泽,字觉斯,1625年出生于意大利西西里岛的皮亚察·阿美利纳(Piazza Armerina)。17岁时进入卡塔尼亚耶稣会学院学习,其叔父是该学院著名的神学家。后就学于梅西纳学院。1657年春,殷铎泽与卫匡国、南怀仁等17位耶稣会士一起从葡萄牙里斯本出发东行。途中遭遇海盗和风暴,历经各种艰辛,九死一生,最后到达印度果阿的只有6人。这行人最终在1658年到达澳门。1659年,殷铎泽与卫匡国一同进入中国内地,先在江西建昌传教,后被派到浙江杭州。1662年,他和葡萄牙耶稣会士郭纳爵在江西建昌出版了《中国之智慧》。1665年9月,杭州教案发生,康熙下令逮捕耶稣会士,殷铎泽被捕并转往北京的监狱关押,1666年与其他23名教友被转往广东软禁了一段时间。1667年12月18日到1668年1月26日,耶稣会士们在广州举行了一次会议。会议期间,耶稣会士因对儒家经典的态度问题而分为两派,殷铎泽和大多数耶稣会士认为,儒家经典的翻译应该作为传教工作的基础。会议选举了殷铎泽作为"中华耶稣会传教区代表"前往罗马,向教会报告在华遭遇,请求耶稣会总会给予支持。中国政府准许他返回欧洲,但要求澳门派一位耶稣会士到广州替他。① 1669年1月21日,殷铎泽回到里斯本,然后途经热那亚,最后于1671年初抵达罗马。他向耶稣会总会长报告了耶稣会士们在中国的传教活动情况,提出两个要求:第一,批准中国人能担任司铎职位;第二,允许用中文做弥撒。但这两条要求都没有得到支持。1673年3月15日,他重新踏上前往中国的旅途,1674年到达中国,被派到杭州。1676年,被任命为中国及日本传教团巡视员。从1678年到1690年,他担任耶稣会中国副省会长,负责杭州教务。殷铎泽在杭州近郊大方井购地,建立传教士公墓及教堂。1689年,康熙南巡至杭,殷铎泽两次迎驾,觐见康熙,获赏赐。1691年9月8日,浙江巡抚张鹏翮发布告示禁止天主教,宣布要驱逐欧洲传教士,禁止百姓信天主教,并审问了殷铎泽。殷铎泽向北京的法国传教士张诚告急,请求帮助。张诚与葡萄牙传教士徐日升等上疏面见皇帝,求弛教禁。1692年3月22日,北京教士得到康熙的保教诏书(即所谓的"1692年宽容敕令"),允许天主教在中国自由、合法地传播,教禁才得以解除。

1696年10月3日殷铎泽去世,享年71岁。他与钟鸣仁、金尼阁、郭居静、卫匡国等传教士一样,被安葬在杭州西郊老东岳大方井天主教墓地。

二、汉学活动及贡献

殷铎泽在华37年,从事传教和汉学活动,在欧洲和中国之间架起了又一座文化交流桥梁。他的汉学贡献主要表现在他对中国经典古籍的译介上。他的译介成果主要体现在以下三本著作。

---

① 方豪著《中国天主教史人物传》,天主教上海教区光启社2003年版,第328页。

1.《中国的智慧》(Sapientia Sinica)

这是 1662 年殷铎泽和郭纳爵一起在江西建昌用木板刻印的一本拉丁文书籍,内容包括介绍孔子的生平传记、《大学》前五章的译文以及《论语》前五章的译文,共 102 页。此书分《大学》和《论语》上下两册。这是《论语》第一次被正式译为拉丁文并刊行。很多文章称这是《四书》第一次被正式译成拉丁文刊行①,这是不够准确的说法。其实早在 1590 年之前,罗明坚就已经开始把中国经典古籍译为拉丁文的工作,回到意大利后,翻译了《四书》中《大学》的部分内容,并于 1593 年正式发表于波赛维诺的《历史、科学、救世研讨丛书选编》一书中。②但遗憾的是,罗明坚译文的影响力和影响范围较小,而殷铎泽与郭纳爵的这一译著影响较大,被称为"开启了中国经典西译之先河,是中西文化交流的'第一个里程碑'"。③该书还有个名字叫《中华箴言录》。目前该书存世仅三部,被称为世界上最为罕见的孤本之一,分别藏于徐家汇藏书楼、法国国家图书馆和大英博物馆。

2.《中国政治伦理知识》(Sinarum Scientia Politico-moralis)

该书为殷铎泽与郭纳爵、柏应理等十一名耶稣会士的《中庸》拉丁文翻译,以《中国政治伦理知识》为名(也译作《中国的政治道德学》),1667 年于广州刻印(未完成,只刻印了 26 页)。1668 年殷铎泽带着印刷本离开广州,1669 年途经印度果阿时又续刻了其他刻板,并将印刷本的前后两个部分进行了合订。1672 年,在欧洲殷铎泽修改了译稿并以法文版刊行于巴黎,书名改为《中国之科学》。该书内容包括殷铎泽所作的序言、《中庸》的拉丁文译文以及法文和拉丁文的孔子传记。该书今藏于罗马耶稣会档案馆内。

3.《中国哲学家孔子》

该书的基础是殷铎泽及另外三位教士的《四书》拉丁文译本。这项翻译工作始于 1666 年,当时殷铎泽组织了柏应理、鲁日满、恩理格等耶稣会士一同参与。1668 年,殷铎泽返回欧洲前,把"四书"的后续翻译工作交给

---

① 如郑绩等就认为"这是《四书》第一次被正式译成拉丁文,并刊刻印行"。见郑绩、周静、俞强著《浙江历史人物读本 启智开物》,浙江古籍出版社 2013 年版,第 265 页。

② 详见罗明坚节。

③ 陈燮君著《百年书香——徐家汇藏书楼》,见《上海历史文物建筑》,上海教育出版社 2008 年版,第 76 页。

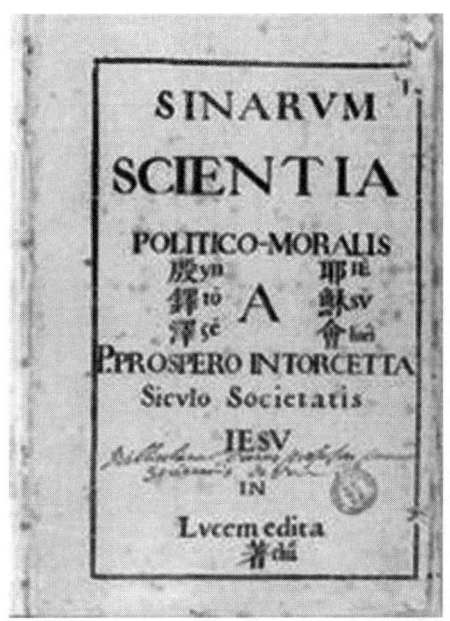

殷铎泽所译的《中国政治伦理知识》一书拉丁文版封面 ①

这三位教友,他们花了三年时间继续翻译。为了提升《四书》的学术价值,他们还加上了中国注疏家们的注释及其译文。由于工作量太大,他们最终放弃了对《孟子》的翻译。1671 年,译稿从广州寄往罗马,寄到的时候殷铎泽已经离开罗马。所以他委托德国耶稣会士基歇尔编辑译稿,但基歇尔没有时间处理。1680 年,基歇尔去世,译文稿子被存放于耶稣会的"罗马学院"。1685 年,柏应理在罗马学院找到了这批 15 年前的广州译稿。他把译文带到巴黎,请求法国国王给予出版支持。1687 年,译文终于以精装对开本成书出版,书名为《中国哲学家孔夫子,或中国知识——用拉丁文表述,通过殷铎泽、恩里格、鲁日满和柏应理的努力》(*Confucius Sinarum Philosophus, sive Scientia Sinensis latine exposita studio et opera Prosperi Intorcetta, Christiani Herdtrich, Francisci Rougemont, Philippi Couplet*)。该书共 412 页,内容包括四个部分:第一部分是柏应理给法王路易十四的《献

---

① 图片见《新闻晨报》2010 年 3 月 21 日,http://newspaper.jfdaily.com/xwcb/html/2010-03/21/content_298715.htm

辞》,第二部分是 106 页的中国经籍导论,第三部分是 8 页的孔子传记(含欧洲出版物中最早的孔子画像——身穿儒服、头戴儒冠、手持象笏板子的孔子全身像,见下图),第四部分是主要部分,共 288 页,总题目为《中国之智慧》,内容包括《大学》《中庸》《论语》的拉丁译文和注解。该书中文名为《西文四书直解》,实际上缺少《孟子》,仅为"三书直解"。书的最后还附有柏应理所做的《中华帝国年表(前 2952—1683 年)》。

《中国哲学家孔子》中的孔子全身像

  1688 年至 1689 年《中国哲学家孔子》的两个法文节译本《孔子的道德》和《孔子与中国道德》出版,1691 年英文节译本《孔子的道德》出版。刚开始时,殷铎泽、柏应理、恩里格和鲁日满等教士编译该书的最初目的是以此为传教士的汉语教材,后来由于在中国传教中出现了礼仪之争等问题,他们也想借此书为礼仪之争问题作辩护之用,以证明中国天主教徒的祭祖祭孔的合理性。可以说,该书倾注了编译者们集体的心血和智慧,第一次较为完整详细地向西方介绍了中国传统文化,极大提升了儒家学说在欧洲知识界和宗教界的知名度和影响力,成为 17 世纪欧洲人认识并了解孔子及其儒家学说最为详尽的书籍,在欧洲引起极大反响。此后,孔子及其思想越来越为欧洲人所了解,孔子被尊为天下先师、道德与政治哲学上最伟大的学者和预言家。这位被拉丁化的孔子被称为"中国的苏格拉底"、道德原则的老师。当时及后来的一些名人,如英国学者坦普尔,英国最著名的东方学家、语言学家威廉·琼斯爵士,德国哲学家、数学家、科学家莱布尼茨,以及古典学家、历史学家、语言学家巴耶等对该书都相当推崇。

坦普尔在读完《中国哲学家孔子》一书后给予该书极高评价:"孔子的著作,似乎是一部伦理学,讲的是私人道德、公众道德、经济上的道德、政治上的道德,都是自治、治家、治国之道,尤其是治国之道。他的思想与推论,不外是说:没有好的政府,百姓不能安居乐业,而没有好的百姓,政府也不会使人满意。所以为了人类的幸福,从王公贵族以至于最微贱的农民,凡属国民,都应端正自己的思想,听取人家的劝告,或遵从国家的法令,努力为善,并发展其智慧与德性。"①他认为孔子是一位极其杰出的天才,学识渊博,品性高超,既爱自己的国家,也爱整个人类。他赞赏孔子的文章"词句典雅,巧譬善喻"。在《讨论古今的学术》一文中,他把孔子的思想与希腊哲学相提并论,他说:"希腊人注意个人或家庭的幸福,至于中国人则注重国家的康泰。"②

威廉·琼斯早在 23 岁时,就已读过该书。他写了一篇《论教育的论文设想》(Plan of an Essay on Education)的论文,目前流传下来的只有论文的大纲部分。大纲部分开头就引用了《大学》开卷之语:"大学之道,在明明德,在新民,在止于至善。"1770 年 6 月,他在致密友波兰语言学家瑞维茨基伯爵的信中,提到他钻研和翻译《淇奥》的过程,他从巴黎皇家博物馆收藏的《诗经》手稿中找到该诗原文,与柏应理他们的译文相对照,用拉丁文重新将该诗歌翻译了一遍寄给瑞维茨基。在信中,他称孔子为"中国的柏拉图"。③

据说莱布尼兹早在 1676 年就开始研究儒学,他对孔子的伦理道德观和仁政学说非常认同。1687 年,他在致友人伊伦斯特的信中说:"今年巴黎曾发行孔子的著述,彼可称为中国哲学之王者。"④他对孔子的"岁寒,然后知松柏之后凋也"之说非常赞赏,并做出了自己的解读:"他说唯有在严冬里观察保持绿叶的大树,人才能明白事理。同样,在平静和幸福的日子里,所有的人看上去似乎都是一样,但正是在危险和混乱中才能看到大智

---

① 引自李平著《西方人眼中的东方文学艺术》,上海教育出版社 2004 年版,第 40 页。
② 同上。
③ 引自陈满华《汉语事实的描写与考察》,中央文献出版社 2007 年版,第 208 页。
④ 引自王世明著《孔子伦理思想发微:现代生活语境中的〈论语〉解读》,齐鲁书社 2004 年版,第 482 页。

大勇的人。①他对孔子作了高度评价:"这位哲学家超越了我们所知道的几乎全部希腊哲学家的时代,他总有着熠熠闪光的思想和格言。"②

法国启蒙思想家也大都读过《中国哲学家孔子》,伏尔泰在《风俗论》中就引述了该书中的孔子学说。孟德斯鸠认真阅读了这部用艰涩的拉丁文撰写的书,并作了详细的笔记。在笔记中,他写下了一些读书体会及自己的观点,并将书中的许多段落译成法文。

2010年世博会期间,意大利馆展出了珍贵的殷铎泽的《中庸》拉丁文译本手稿。

2010年8月,世博会意大利馆展出的殷铎泽的手稿
——《中庸》的首份拉丁文译本

第七节　第一部《汉拉词典》编纂者叶尊孝

应传教士们汉语学习的需要,汉外工具书的编纂工作早于16世纪即已开始,最早的当属罗明坚与利玛窦等人的《葡汉词典》。这一类工具书

---

① 引自吴孟雪著《明清时期欧洲人眼中的中国》,中华书局2000年版,第194页。
② 引自李长林《柏应理在欧洲早期汉学发展中的贡献》,《社会科学战线》1998年第1期。

的编排较为简单,主要是将汉语与外语词汇的读音意义进行对照,类似于汉外词语对照表。后来,随着传教士们的汉语水平及汉语学习经验的提高,汉外词典编纂的水平也相应提高,出现了一些较受欢迎的工具书,其中欧洲第一部综合性词典——《汉语-拉丁语词典》,是同类语言工具书中最早按汉字部首笔画数顺序排列的词典,代表了那个时期汉外词典编纂的最高水准,其编纂者就是意大利的叶尊孝。

一、生平及主要经历

叶尊孝,中文名又叫叶宗贤,1648年3月25日出生于意大利乌迪内省弗里乌利区的杰莫纳市,从幼时起即接受了良好的教育,后进入高利希亚市的耶稣会大学研习人文学科,1670年加入方济各会,1674年成为方济各会的牧师。1680年,他与伊大仁、余宜阁等方济各会修士从威尼斯出发前来中国,途经黎波里港、苏拉特、巴达维亚、暹罗等地,历经千难万险,终于在1684年8月24日到达广州。

在广州,叶尊孝开始学习汉语,并协助时任浙江、湖广、贵州、四川省宗座代牧的伊大仁开展传教工作。1686年到1690年间,他们的足迹遍布江西、福建、广东、浙江及南京、上海等地。1692年,康熙颁布了容教令,伊大仁和叶尊孝前往南京开展活动,购买土地建立教堂。叶尊孝负责南京圣约翰教堂的管理事务,在南京生活了八年。在南京期间,尽管他身体状况不是很好,但还是投入了《汉语—拉丁语词典》的编译工作之中。1696年10月25日他被任命为山西陕西教区首任代牧。1700年6月25日,叶尊孝陪伊大仁离开南京前往北京,7月25日到达济南,次年5月2日到达西安。由于长期操劳,叶的健康状况极为不济,1704年7月16日他在陕西去世,享年56岁。

叶尊孝所编写的《汉语—拉丁语词典》一直以手抄本的形式流行于世,直至他去世一个世纪以后,该词典的命运有了戏剧性的转变。当时法国没有一部可以帮助法国人学习汉语的词典。1800年,拿破仑命人尽快编出一部汉语字典。1808年,著名东方学家德金之子、曾任法国驻广州领事的小德金受命开始编纂词典。由于小德金独享进入王室图书馆的中国藏书区的特权,他便攫取了叶尊孝的成果,编撰了仅以其单独署名的《汉法拉丁语词典》。1813年,该词典由法国巴黎皇家印务局刊印出版。该词典大开本,印制精美,装帧豪华,收有汉文、法文、拉丁文等条目,很受欢迎。但不久,法国汉学家雷慕莎和柯恒儒等人就发现,小德金词典的内容基本上原封不动地抄自叶尊孝的《汉语—拉丁语词典》,他只是把叶尊孝以拉丁文释义的《汉语—拉丁语词典》略加修改补充,加上法文注释,即成功地移花接木。他们揭穿了小德金的骗局,但尽管争议重重,小德金还是当选了法兰西科学院院士和法兰西文学院院士。不过之后的欧洲图书馆书目还是把这部词典归到叶尊孝名下。

二、汉学成就与贡献

叶尊孝的汉学成就主要建立在《汉语—拉丁语词典》上,也就是他从1692年到1698年在南京的时候编纂的那本词典。根据学者杨慧玲对叶尊孝词典手稿的实地考证,其第一部《汉语—拉丁语词典》,即《汉字西译》的完成时间应在1694年之前,该词典收词7000条左右。第二部《汉语—拉丁语词典》主体内容的完成时间最早在1698年,其修订工作应在1700年之前。意大利汉学家白佐良认为是在1699年。①该词典收词9000条,质量很高。1694年按部首排序的词典"有词典检索表(Index),词典正文内容有汉字词目,有些词条中增补了简明汉字释义和同义字词,有注音形式的汉语例词,有拉丁文释义,词典正文后有各种附录"。② 第二部按注音排序的词典,亦可通过正文后汉字部首和笔画总表检索,则"兼顾了按字形检索注音查阅词典的需要"。③ 叶尊孝选用将拉丁语与汉语对照的方式,因为拉丁语当时是教会的第一官方语言,具有普遍性,更适合传教士使用。

这部词典的不足之处在于其释文还是过于简单,如第一部词典的释文,大多是在汉字词目后列出了相应的拉丁文注音和几个对应的拉丁文单词,偶尔也有拉丁文注音的例词。第二部词典的释文包括汉字的各种写法及其拉丁文注音,但缺少汉语形式的例词或例句,这不可不谓一大遗憾。④

尽管有许多不足之处,词典的编译完成还是给传教士们学习汉语带来

---

① 白佐良著、李江涛译《意大利汉学:1600—1950》,见朱政惠主编《海外中国学评论》,上海辞书出版社2008年版,第261页。
② 杨慧玲著《〈汉字西译〉考述》,见《中国典籍与文化》2011年第2期。
③ 同上。
④ 参照杨慧玲著《〈汉字西译〉与马礼逊的〈汉英词典〉》,见《辞书研究》2007年第1期。

了很大的便利。在很长时期内,该词典都是欧洲汉学者们不可或缺的工具书。但由于经费问题,该词典未能出版,一直以手抄本的形式流传,直至上面提到的1813年。

叶尊孝《汉语-拉丁语词典》的手稿目前存于意大利佛罗伦萨梅迪奇—拉乌莱芝纳图书馆和梵蒂冈图书馆内。此外,上海徐家汇藏书楼也仍存有该词典的手稿。

第八节 德西德里

罗马教会所派出的入华教士大部分从澳门进入到中国各个地方,但他们并没有遗忘西藏。不过,西藏因其特殊的地理环境和特定的文化传统势力,使人望而生畏。它地处中国西南的青藏高原,平均海拔在4000米左右,空气中含氧量仅为中原地区的百分之六七十,气候恶劣,与欧洲的距离也甚为遥远,而且交通闭塞。更值得注意的是,西藏当地有着强大的宗教传统信仰,天然地存在着对外来教派的隔膜、阻碍和仇视,这就给西方传教士入藏传教造成困难,甚至有着极大的危险。根据意大利东方学家图奇的《关于西藏的名著 西藏宗教之旅》中西藏大事年表的记载,我们可以知道,从1624年起,就不断有耶稣会传教士及其他教会传教士陆续进入西藏传教,结果自然不太理想。①有些传教士因病半途而返,有些则在抵达目的地之后无法适应高原生活而被迫选择离开。只有极少数传教士留在西藏,艰难地开展传教活动。1624年,入藏的耶稣会士建立了西藏历史上第一座天主教堂。但由于当地喇嘛反对,教士们遭到驱逐,甚至降为奴隶。十多年后,先后又有多批天主教会士陆续入藏,但传教活动还是以失败告终。直至18世纪初,随着明朝政府对中原内地教案的平反,外国传教士在中国的传教自由得以恢复。趁这个机会,曾就职于北京天文台的奥地利籍教士白乃心和比利时籍教士吴尔铎,受罗马耶稣会指派,带着各种测量仪器,从北京出发,经过青海湖入藏,抵达拉萨。然后从后藏的聂拉木出境,经尼泊尔和印度返回欧洲。他们一路上收集了大量沿途情况,并作了详细梳理和记录。这次行程,开创了欧洲人从中国内陆经中国西藏、尼泊尔、印度到达

---

① 图奇著,耿升译《关于西藏的名著 西藏宗教之旅》,中国藏学出版社1999年版,第371页。

欧洲之先例，为日后教士进出西藏提供了有效的路线指引。几年之后，意大利籍耶稣会士德西德里入藏，传教工作才得以恢复。

一、德西德里生平及其传教活动

德西德里于 1684 年 12 月 21 日出生于意大利北部的毕斯托亚（Pistoia），1700 年加入耶稣会。他在罗马学习时就立志于西藏教会的重建工作。1712 年 8 月，28 岁的他向耶稣会总会提出去西藏传教的请求并被批准。9 月 27 日德西德里与格拉斯从罗马出发，先乘船到里斯本，然后跟着葡萄牙船队航行，于 1713 年 9 月 21 日到达印度果阿。在果阿短暂停留期间，他会见了果阿教省的耶稣会长，提出要去中国西藏传教的愿望。1713 年 11 月 12 日和 15 日，他两次给罗马耶稣会总会长写信，告诉他自己被选定去中国西藏工作，并请会长给他一份正式的委任状。11 月 20 日，德西德里离开果阿，随一个几千人的大商队前往莫卧儿帝国首都德里。1714 年 9 月 23 日，德西德里随一位葡萄牙神父一起赴藏。10 月 9 日到达拉合尔。11 月 13 日，抵达克什米尔首府。在那里两位神父被大雪阻隔半年之久，直至第二年 5 月冰雪融化，道路恢复通行时他们才重新踏上进藏的旅途。1715 年 6 月 20 日，他们抵达拉达克首府列城，并于 8 月 7 日继续前往卫藏（德西德里称之为"第三西藏"）。1716 年 3 月 18 日，他们终于到达拉萨。葡萄牙神父因为气候不适等原因返回印度。

德西德里独自一人留在拉萨，语言不通，人生地不熟。于是他沿用耶稣会士们通用的做法，走上层路线，带着礼物谒见清朝政府委派治理西藏的蒙古和硕特部首领拉藏汗，希望得到他们的庇护。拉藏汗受清廷册封为"翊法恭顺汗"。他亲自接见了德西德里，对他的到来表示欢迎，承诺给予保护，并建议他学习藏语，以方便交流。不久，德西德里用欧洲带来的药治好了拉藏汗和另一位高官的病，由此更得到了器重。

按照拉藏汗的要求和安排，德西德里开始学习藏文、藏族历史和藏传佛教。他的藏语进步很快，1716 年年底，他就用藏语写作了一本名为《黎明驱散黑暗预示旭日东升》的书，这本书的写作目的，用他自己的话来说，就是要"解释我们神圣的信仰,驳斥他们宗教的谬误"。①他将此书认真抄写了一遍,写上献词,说明是献给拉藏汗的。拉藏汗给予他很高的评价。1717年3月,拉藏汗召见德西德里,让他好好研究藏传佛教,便于与喇嘛、法师等展开辩论。为了精心准备这场辩论,他先在小昭寺,后来转到藏传佛教格鲁派三大寺之一的色拉寺学习佛教,尤其是研究佛教的空性学说。通过一段时间的刻苦钻研,他对藏传佛教有了深刻的了解,用藏语写了一部《白头喇嘛 Ippolito 向西藏贤者请教宿世和空性的见地》(*Mgo dkar gyi bla ma I po li do zhes bya bay is phul ba'i bod kyi mkhas pa mang la skye ba snga ma dang stong pa nyid kyi lta ba'i sgo nas zhu ba*)的论著,长达五百多页,汇集了他研习藏传空性学说的重要成果,该著作至今仍收藏于罗马耶稣会档案馆里。不过,由于蒙古准噶尔部叛乱,侵扰西藏并杀死了拉藏汗,德西德里失去了庇护。虽然清政府很快平息了叛乱并许诺继续保护教士,但由于教会内部的安排,1721年德西德里被召回意大利。辩论之事最后不了了之。

二、德西德里的藏学活动及其评价

与罗明坚、利玛窦等首批入华耶稣会士一样,身为耶稣会士的德西德里不断地以书信、报告及著作等方式,将传教地所见所闻写成书面文件报告给耶稣会上级。他在西藏的报告和著作中,对藏传佛教有较为客观和深度的介绍,可惜开始时他的报告和著作没有引起足够的重视,直至1875年才被人重新发现和重视。现代著名藏学家、意大利人伯戴克将德西德里的数十件书信和报告,一并收录在《赴西藏和尼泊尔的意大利传教士文献》第五册中。伯戴克在其他册里还收集了德西德里用意大利语撰写的有关西藏及其沿途各方面情况的详细记述。菲利普·德·费立比把德西德里的几种手稿加以综合和精简,编译为英文版的《西藏纪事,1712—1721年耶稣会士毕斯托利的意波利托·德西德里的旅行》(*An Account of Tibet, The Travels of Ippolito Desideri of Pistolia*, S.J.1712—1721),该书于1932年在伦敦出版,同时编者还添加了153条共五万多字的详细注释。这本书也

---

① [意]德西迪利著,菲利普·德·费立比编,杨民译《德西迪利西藏纪行》,西藏人民出版社2004年版,第61页。

由此成为记录德西德里在西藏文化交流活动的集大成式的著述,是研究这位汉学家的主要依据。该书汉译版已于 2004 年由西藏人民出版社出版,题名为《德西迪利西藏纪行》①,共分四卷。第一卷详细记述了德西德里从罗马到拉萨的旅行及其在拉萨的传教活动;第二卷记述了西藏地区风俗、政治体制及权力斗争,包括当时他所亲身经历的准噶尔扰藏事件;第三卷是德西德里对西藏宗教的谬误及特点所做的述评;末卷则主要记述他的返欧行程。

长期深入西藏腹地的德西德里,以传统耶稣会士的钻研精神,从多方面对西藏的情况作了广泛而深入的了解,其深度和广度令西方许多学者惊叹。他对西藏各地的范围和具体的细节描写基本是符合事实的。

他对西藏人的来源有高度的关注,讲述了在西藏地区流传极广的西藏人起源的故事:

在某些藏文书籍里,有一个最为奇异的故事。说的是藏人如何起源,这个第三和主要的西藏,或者 Butant,又是如何开始有人居住的。这里的人都非常相信这一故事。书中说,在南部地区,在印度斯坦和西藏的闷域交界的地方,有一个女子在群山中走路时迷了路,她绝望地痛哭,大声地叫喊哎!哎!(痛苦!痛苦!)。随后,他得到了一个大猴子的救助,这种猴子用葡萄牙语说是莫诺种属。这猴子显得非常高兴,带给了她一些野果。他们非常友好地在一起过了一段时间,女子为他生了几个儿子。

之后,被一个葡萄牙语称为"蒙诺斯"的一种大猴子救助。这个猴子欣喜非常,给她送来野果吃以维持生命。经过一段时间,彼此十分相爱,她为他生了几个孩子。……许多年过去了,西藏就由她的这些后代子孙定居下来了。②

根据德西德里的考证,他发现大量的书籍中都把藏人说成是猴子的子孙后代。这让他感到非常惊讶。

---

① 德西迪利即为德西德里,后者为较通行译名。
② [意]德西迪利著,菲利普·德·费立比编,杨民译《德西迪利西藏纪行》,西藏人民出版社 2004 年版,第 83 页。

德西德里还对西藏作了独特的切分,他将西藏分为第一西藏(小西藏,原书意大利文为 Piccolol Thibet)、第二西藏,以及第三西藏。第三西藏也叫大西藏,包括阿里、卫藏和康区。

他介绍了西藏的气候和物产。他的很多行文极具现场感。如"五月里,天气比较暖和,六、七、八月,由于太阳从裸露的岩石和山峦上折射下来,天气会热得让人难以忍受,但是因为下雨,使得当地的民众感到清爽,庄稼也得以生长成熟。九月,雨水一般就停止了,气候温和,一直到十月都是这样。"①书中有许多类似的描述。只有真正在西藏实地生活过比较久的时间,并用心观察过的人才能有如此贴切的写法。

西藏的物产是德西德里介绍得较多的部分。比如金银。他说:"康区有优质的金子和银子。在西藏,到处可以发现金子,但是这里没有矿井,人们仅仅使用一种方式从土壤和沙中提取金子。"②。他还不厌其烦地介绍西藏人提取金子的方法步骤及提取之后还得给当地长官献上少量的金子等细节。③

除了金银,西藏还有大量的盐。还有一种叫普多啊(Putoa)、可以使茶变得像红酒一样的白色粉状物。说到硫黄的时候,他讲述了藏人通过泡含硫矿泉以治疗风湿病的习惯。他还介绍了西藏两种"极其有用"的药草——大黄根和姜黄。

西藏有许多种类的动物,有的独具高原特色。德西德里在书中着重介绍了麝、马、貂、老鹰、牛、狗,以及牦牛等许多动物。其中,西藏的狗(实际上是藏獒)让他觉得"很不寻常,令人吃惊。"他描述道:

> 它们一般是黑色,毛很长,体形硕大,强壮,它们的叫声很吓人。这里每家每户的门口常常有一两条狗,如果客人来了,又没有仆人过来招呼,那么他们就得冒很大的危险。商人远行,用各种动物驮运货物,如果有这么两条狗跟随,那么就足以保护他们全部的东西了。这些狗都喂养得很好,给它们吃肉能使它们长得强壮,给它们牛奶可以使吠声更加粗糙。藏民常常用僵硬的红皮

---

① [意]德西迪利著,菲利普·德·费立比编,杨民译《德西迪利西藏纪行》,西藏人民出版社 2004 年版,第 88 页。
② 同上,第 89 页。
③ 同上。

革给它们做颈圈,所以狗脖子四周都好像有一种火焰,凡此,加上它们天生的野性,都可以增加它们所产生的吓人程度。①

德西德里详细介绍了卫藏的首府拉萨。通过他的介绍,我们知道当时拉萨除了有大量当地居民外,也有许多来自于中原内地、俄罗斯、亚美尼亚、克什米尔、印度斯坦,以及尼泊尔等地的外地人。整个城市商业发达,人们的住房条件一般颇佳。每个家庭里有一个小祷告室。拉萨的市中心广场每天拥挤不堪,广场的西边是拉章神庙。西藏大喇嘛居住在布达拉宫。这个美丽壮观的宫殿有相当大的部分都是巨大的岩石。在他看来,除了宫殿的两侧不太协调外,这个宫殿从外表看是"极其完美,均衡"的。宫殿里有不可估量的财富。第七、八章,介绍的是拉萨周边的地区和西藏主要的地区。其中色拉寺是一座非常大的寺庙兼大学,住着许多喇嘛、经师和博学者,还有几千名僧侣。

德西德里还花了很多篇幅谈及西藏的历史沿革及一些重要政变事件,其中有的是他亲身经历的。最后的结果他认为是积极的——"从1720年10月开始,西藏又重新归入了中国版图。"②因为这样,卫藏地区结束了多年的骚乱和灾难。

紧接着清廷收复西藏后,他开始谈论西藏的政务。具体管理西藏政务的是藏王和四位驻藏大臣,所有的法令和裁决公文都用鞑靼文、中文和藏文三种语言写成。他称赞西藏的司法管理认真有效。因为西藏是一个和平的地区,所以军队人数很少。

德西德里注意到西藏人的服饰与其他民族不同。他详细地介绍了男人的服饰、女人的服饰。特别介绍了他们的帽子。他们的帽子"形状像蘑菇,用黄色的羊毛做成,有两层。帽顶上垂下一些长长的线,像头发一样。如果他们不出门办事,不走访他人,在屋内总是戴一顶像我们帽顶的黄帽子,但是两边和后面都有垂饰。他们一般是把这些垂饰翻上去,只是在天气冷的时候,为了保护耳朵和脖子,他们才将垂饰放下来"。③女人的帽子是"用又轻又薄的树木做的,里面很(有)光泽,外面嵌有一排排的小珠,顶

---

① [意]德西迪利著,菲利普·德·费立比编,杨民译《德西迪利西藏纪行》,西藏人民出版社2004年版,第95、96页。
② 同上,第126页。
③ 同上,第156页。

部用金子装饰,上面嵌了一些彩石"。① 他说西藏人饮食上没有忌讳,但总是避免吃幼小的动物。他认为这是西藏人具有同情心的表现。②

关于藏语,他认为"西藏人思维敏捷,聪明能干。"因此他们的语言"也是很特别的"。③ 除了藏语字母、拼写和语法以外,他还介绍了藏人们的印刷方法。总的来说,他认为:"学习藏文非常困难,因为除了发音的字母以外,它们也写许多前缀和后缀,或者在其他一些字母的前面和后面放上不发音的字母。"④

可以说,德西德里对于西藏生活的介绍几乎是面面俱到。除了上述以外,他对西藏的农业生产、狩猎活动,以及婚礼、丧葬习俗等都作了较为详细的阐述。

在第三卷中,德西德里批判了西藏宗教的谬误并总结了西藏宗教的特点。因为他在寺庙中学习过藏语,并深入研究过藏传佛教,所以他对藏传佛教的教义有深刻的了解,并着力纠正以往传教士对藏传佛教的错误理解和不实报道。比如他对西藏宗教有这样的评价:

> 西藏人是异教徒,是偶像崇拜者,但是他们所相信的教义与亚洲(意思是"印度")的其他异教徒非常不同。他们的宗教确实是起源于古代印度斯坦,现在通常叫作莫卧儿,但是一方面随着时间的推移,往昔的宗教已经废弃不用,新的传说代之而起,另一方面因为西藏人很有才智,善于思索,抛弃了宗教信条中许多令人难以理解的东西,仅仅保留了那些具有真和善的内容,所以这两个地区的宗教信仰就很不一样了。⑤

他认为:"西藏宗教的谬误是由相信灵魂转世说产生的,很令人

---

① [意]德西迪利著,菲利普·德·费立比编,杨民译《德西迪利西藏纪行》,西藏人民出版社2004年版,第157页。
② 同上,第158页。
③ 同上,第163页。
④ 同上,第165页。
⑤ 同上,第217页。

生厌。"①

  德西德里在西藏生活五年,通藏语,广游历,并悉心研习了藏传佛教,对西藏的情况很了解。他的西藏报告和著作,涉及西藏宗教、政治斗争、民俗、地理及物产等方方面面。因为都是耳之所闻、目之所见,加上他的著述风格较为平实,自觉排除了许多主观臆测成分,较前人的记述更为详细而可靠,有着重要的史料价值,也是当时欧洲人认识了解西藏的主要来源,他也因此被欧洲人称为西藏"最伟大的发现者"。② 文中许多第一手资料,也为我们今天了解和研究西藏过去的真实情况提供了宝贵的资料。但客观而言,他对于不少问题的了解还是极为表面的,甚至也不乏错误之处。

---

① [意]德西迪利著,菲利普·德·费立比编,杨民译《德西迪利西藏纪行》,西藏人民出版社 2004 年版,第 157 页。
② 见范稳《大地雅歌》,北京十月文艺出版社 2010 年版,第 189 页。

第四章
转向时期的意大利汉学

第一节 概 述

到18世纪,意大利汉学没有延续十六七世纪的繁华鼎盛,相反却走入衰退之路,我们称之为转向时期。所谓"转向",内涵有二:一方面是汉学活动主体由以往的传教士转为了学院派人士,马国贤就是一身二任的转向式人物,他本是入华传教士,回国后开创了学院式汉学研究的新风;另一方面汉学活动阵地也发生了根本转移,由原先的中国转到意大利本土,其标志性事件就是马国贤于1732年创立中国学院。

放眼整个世界汉学研究史,这个"转向"还有另一层意思,即世界汉学的中心由意大利转向了法国。在18世纪之前,意大利无疑是世界汉学的中心或中心之一,而此后情况就发生了根本转变。本书第一章所引的费赖之《在华耶稣会士列传及书目》一书中关于1552年至1687年与1687年至1773年两个时间段中,意大利籍在华耶稣会士与法国籍在华耶稣会士人数和汉学著作数量此消彼长,就充分说明了这种根本性变化的实际情况。毫无疑问,从17世纪后期开始,汉学的接力棒已经传递到了法国人手里,这或许就是意大利汉学真正意义上的一个"转向"。

这个时期没有贡献特别显著的意大利汉学家出现,可圈可点的人物实在不多。马国贤却是其中不可忽视的一位。他的汉学贡献主要在于三个方面:一是创办了中国学院;二是用意大利文撰写了回忆录《中国圣会和中国学院创办记事》;三是把中国园林风格介绍到欧洲,促进了18世纪欧洲的中国园林热。因此,他就是,也只能是本章的主角了。

第二节 马国贤

成立于1732年的那不勒斯中国学院①标志着意大利的汉学研究由传教士的个体行为转向学院派的正规教育。实现这一历史转折的就是曾任康熙皇帝宫廷御用画师的意大利传教士马国贤。

一、生平及主要经历

1682年3月29日生于意大利那不勒斯南部萨来诺(Salerno)的马国贤是一位天主教罗马传信部教士。1707年10月他与山遥瞻、庞可修、任掌晨、潘如等传教士受罗马教皇克莱孟十一世派遣前往中国，为教皇特使多罗携带枢机礼冠。1710年1月他们到达澳门时，当时多罗正被监禁，马国贤等前往看望，跪呈小红帽。在多罗的要求下，他答应奉诏进京。马国贤擅长绘画和雕刻，因而深得康熙赏识，成为供职朝廷的第一批非耶稣会士。他作为康熙的宫廷画师，经常随皇帝去各地巡视，到过中国许多地方。实际上，除了画师工作以外，他在一些必要的场合还兼任翻译。1713年，中国的宫廷画师沈源以康熙皇帝曾题咏的承德避暑山庄的三十六景为题材，画成三十六景图。马国贤受康熙之命负责将这些画作镌刻成铜版画，名为《避暑山庄三十六景图》(又叫《热河三十六景图》)，这是中国第一套铜版画作品。康熙对这套铜版画非常满意，下令大量复制，分赐给皇子皇孙和一些亲王。之后，马国贤还与其他的欧洲传教士一起以铜版印制了中国地理史上第一部有经纬线的全国地图——《皇舆全览图》。马国贤共镌刻了中国地图44幅，并应康熙之要求，将雕刻铜版技术传授给中国人。这是铜凹版印刷术第一次传入中国。

1722年12月20日康熙驾崩，雍正即位，因新帝实行严格的禁教政策而致传教士的传教形势发生根本变化。马国贤感到进退两难，决定离开中国。按照康熙皇帝的规定，作为领取了内务府红票的西洋人，马国贤是很难获准离开中国的。马国贤巧妙地利用中国礼俗，声称父亲、伯父和叔父相继病故，请求皇帝开恩准假。雍正皇帝考虑到他在宫廷服务多年，批准了他的请求，并赏给他许多礼物。于是马国贤带着四名中国学生和一位名

---

① 中国学院也被译为中华书院。

王雅敬的中国老师于 1723 年 11 月 15 日离开北京,踏上了回国之路。公元 1724 年 4 月,他终于回到意大利那不勒斯。在那不勒斯,他克服了种种困难,于 1732 年 7 月 25 日创办了中国学院。这是西方第一个专门培养中国学生的教学机构。该学院培养了许多中国及东方的传教人员,对于中西文化交流起到了很大的促进作用。

晚年时,马国贤应传信部和那不勒斯大主教皮格纳德雷的强烈要求,以意大利语撰写了他在华十三年的回忆录。1832 年他的这本三卷本回忆录以 *Storia della Fondazione della Congregazione e del Collegio dei Cinesi*(《中国圣会和中国学院创办记事》)为名出版。后来英国福特纳特·普兰迪爵士到那不勒斯时,得到了这本珍贵的回忆录。他回到英国后选译了其中的一些部分,1844 年以 *Memoirs of Father Ripa, during Thirteen Years Residence at the Court of Peking in the Service of the Emperor China*(《清廷十三年:马国贤在华回忆录》)为名由伦敦 John Murray 出版社出版。

1745 年 11 月 22 日,马国贤去世。

二、主要汉学贡献及其评价

前面已述马国贤的汉学活动主要体现在中国学院创办、回忆录撰写和介绍中国园林等三个方面,这里一一加以具体介绍。

(一)中国学院

中国学院的创办要从马国贤在中国时的经历说起。

17 世纪发生的中国礼仪之争问题虽然当时暂时得以平息,但问题的根源还是未得以彻底解决。多年来,罗马教廷对这一问题的态度多次反复。1704 年 11 月,罗马教皇克莱孟十一世做出了关于禁止中国礼仪的决定,其后派人到中国交涉。1721 年 1 月,康熙看到被译为中文的禁令后大为恼怒,下令禁止西洋人在中国传教,他批示:"览此告示,只可说得西洋人等小人,如何言得中国之大理。况西洋人等,无一人同汉书者。说言议论,令人可笑者多。今见来臣告示,竟是和尚道士,异端小教相同。此乱言者莫过如此。以后不必西洋人在中国行教。禁止可也。免得多事。"[①]从此

---

① 引自张维华著《明清之际中西关系简史》,齐鲁书社 1987 年版,第 152 页。

以后,康熙对天主教采取了禁止传播的严厉政策。马国贤目睹中国传教事业受阻,心中焦急,多次找机会谏言康熙,但效果不佳。他非常担忧事态进一步发展,认为应该多培养中国神父,一方面能使中国教会继续得以存续,另一方面也可为人手有限的教会补充新鲜血液。

实际上,他对教会人手不足的问题早有认识。他说:"我很清楚这个辽阔的国度是多么地缺乏人手,而欧洲又不能提供。从1580年到1724年,欧洲送到这里来的传教士数量不足500人。"①人手不够,给传教工作带来了很多限制,传教士们往往在一年内无法巡视完所有的会口。除了做小的弥撒外,他们没时间公开做大的礼拜形式。中国人一向喜欢盛大壮观的场面,传教士不举行大的礼拜仪式,天主教就难以给中国人留下深刻的印象,因而所能归化的人数也就有限。"而且,人数有限的在华传教士还遇到一个天然的难题,即语言障碍问题:"无论欧洲传教士是多么多,多么热情,但因为语言上难以克服的障碍,不能产生令人满意的结果。"②尽管很多传教士接受过汉语培训,但语言学习毕竟是一个长期工程,对学习者的时间、精力及智力都是极大的考验,而由于语言障碍的存在,致使传教效果不甚理想的情况普遍存在,传教士们"只是非常不完善地掌握了这种语言,永远不能在大庭广众之下演讲,始终在手头保留几个能充任其翻译的基督徒。……永远不了解他们生活于其中的民众,也不能够了解在异教徒中盛行一时的荒谬与迷信,甚至也不能以任何方式与他们交往。"③马国贤还不无自豪地说:"在我之前,还没有人能够克服这障碍,让大部分的中国人都听得懂他说的话。"④

马国贤于是萌生了开办学校、培养本土传教士的念头。其实,传教士本土化培养方案并非马国贤的首创。早在蒙元时代,意大利圣方济各会教士孟高维诺在中国期间,就买了一百多名7至11岁的中国儿童,教他们拉丁语、希腊语,把他们培养成本土牧师。马国贤也承袭了这一做法。1714年,为了给教会培养人才,他就曾在古北口带走过一个孩子(后取名为殷若

---

① [意]马国贤著、李天纲译《清廷十三年:马国贤在华回忆录》,上海古籍出版社2013年版,第83页。
② 同上,第83页。
③ 转引自夏泉、冯翠《传教士本土化的尝试:试论意大利传教士马国贤与清中叶中国学院的创办》,载《世界宗教研究》2010年第3期。
④ [意]马国贤著、李天纲译《清廷十三年:马国贤在华回忆录》,上海古籍出版社2013年版,第83页。

望)。1719年6月,像往年一样马国贤随康熙皇帝去热河,在途中,还是在古北口,他又收了另外三个男孩。他带着这四个孩子到了热河,定了一套有五个单间的房子,给孩子们请了一位教导中国语言和知识的老师,他自己则担任基督教教义教学。他把每天的时间分割为祈祷、谈心、学习和其他事情。这座"与其是我所称为的'学校',不如说更像是一个修道院"的机构,可以被视为马国贤办学的雏形。他说:"在这一时期,事实上我除了想组建一个学校外,没有更高的目标,并想以此来结束我在中国的生活。"①办学所需的资金问题,则来自于朋友的帮助,他说:"我的兄弟们和其他欧洲朋友们听说了我想从事中国年轻人教育事业的意图后,赠给了我一大笔钱,出人意料地让我在这个时候就达到了我的需求。"马国贤将朋友的资助作了投资,回报率很高,这样就解决了每年学校的开支问题。②

除了资金上有了保障以外,他还得到了来自于罗马的支持。他在办学期间,收到了罗马教皇颁发的两个文件,授予他"教廷学院院士"(Apostolical Prothonotary)的头衔,还有米雷托教区亚勒纳城圣老楞佐堂的奉金。③这也给他了极大的精神鼓舞。

但是,马国贤的办学努力还是遇到了种种阻力,既有来自于中国人的,也有来自于欧洲人的。尤其是1722年康熙驾崩后,雍正对来华传教士们更增加了许多行动上的限制。他很快意识到了"中国并不是我想要建立一所成功而繁荣的学校的地方"。④ 他感觉到在中国开办学校培养本土传教士并非最好的法子。他知道在中国,人们普遍遵守守制的做法。于是他以亲人相继过世为由向雍正的第十六兄弟请求回国。几番周折最终被允许回国。于是他带着丰厚的礼物,带着他招收来的四名中国学生和一位中国老师回意大利。他在回忆录里写道:"克服了不用细说的种种障碍之后,1723年11月15日,我终于带着我的四个学生和他们的老师,离开了这座'巴比伦'城市——北京。"⑤1724年年初,马国贤一行从广州乘一条英国船前往伦敦,途中历经苦难和种种惊惧,终于在9月初到达目的地。马国

---

① [意]马国贤著、李天纲译《清廷十三年:马国贤在华回忆录》,上海古籍出版社2013年版,第83页。
② 同上,第83页。
③ 同上,第83页。
④ 同上,第83页。
⑤ 同上,第116页。

贤和他的"五个中国孩子"的到来引起了伦敦的轰动,当时的英国国王乔治一世以及撒丁尼亚公使亲自接见了他,并赠予他 50 英镑。11 月初,马国贤与他的队伍抵达那不勒斯。

马国贤在那不勒斯办学的计划最初遭到了罗马传信部的反对。经过长达 7 年的艰难奔波后,他终于获准在那不勒斯按照他的意见建校。他的初步设想是,学校由一所学院和一个教团组成。学生主要是年轻的中国人和印度人,用学校的钱款作花费,把他们培养成为合格的职业传教士。教团则由教士们组成,他们要给学院的学生提供必要的指导,但没有任何金钱上的报酬。学生被要求发五愿:第一,安贫;第二,服从尊长;第三,加入圣会;第四,参加东方教会,听从传信部的调遣;第五,毕生为罗马天主教会服务,不得进入任何其他社群。①

1732 年 7 月 25 日,中国学院正式创办,"那一天我们的教团和学院开张了,到处是欢乐和喜庆"。②在学院成立之初,主要的办学目的就是培养中国本土化传教士(即神职人员),向中国青年讲授宗教和基督教教义,赋予他们回中国传播和发展天主教的使命。这是当时西方最早的一所培养中国学生的学院。第一批学生就是马国贤从中国带过来的四名中国学生(殷若望、顾若望、谷文耀、吴露爵)等。

学院规模一直不大,因为中国实行严厉的禁教政策,使得从中国招收学生变得极为困难,因此学院也从暹罗、马六甲和中国澳门、印度等地招收学生,为此学院更名为"东方学院"。在校学生一般要学习 10 年左右的拉丁文、神学、西方哲学及科学技术等课程,教师以拉丁语授课,学生在完成学业后,通过传信部的考试可晋升为司铎,然后被派往中国服务。在他们前往中国以前,都会被画一幅肖像留在学院里。1734 年,首批学生殷若望、顾若望结业后晋升为司铎,同年返回中国。可惜的是,1735 年 10 月,殷若望意外离开人世。顾若望在四川、河北等地履行传教职责。自他们返华传教后,中国学院本土传教士的培养规模渐渐扩大。学院不仅培养中国青年学生,同时也招收了一些有志于去中国传教的欧洲人、印度人等,甚至一些对中国问题怀有兴趣并立志进行研究的意大利传教士也长期在此进修。

---

① [意]马国贤著、李天纲译《清廷十三年:马国贤在华回忆录》,上海古籍出版社 2013 年版,第 131 页。

② 同上。

1747年，规模进一步扩大，学院也开始接受来自于奥斯曼帝国的学生，包括阿尔巴尼亚人、塞尔维亚人、黑山人、保加利亚人、希腊人、黎巴嫩人和埃及人等，为他们的国家培养传教人员。由此，该学院的国际化性质日益得以加强。

到了后期，出于财务上的考虑，也为了得到当时那不勒斯国王卡洛六世的保护和支持，中国学院进一步扩大了办学宗旨，不仅仅为中国、印度和东欧等国家和地区培养本土化传教人员，也提供培养和训练汉语口译专家的服务，以利于当地设立在中国的 Ostend 公司（Compagnia di Ostend）的贸易活动，为该公司提供与远东国家之间开展贸易活动所需的服务人员。

学院后来还教授汉语口语和写作等课程，并出版了汉语字典和欧洲最早的中文教材，重心渐渐偏向汉学研究，甚至一度成为欧洲汉学研究中心。马国贤也由此被誉为欧洲汉学研究的里程碑人物。

1868年12月，随着意大利逐步统一，政府将东方学院接收合并，并将其更名为皇家亚洲学院。当时还有三名中国学生，被转往传信大学继续学业。在这个时期，学院又注入了新的元素，即非宗教部门的发展。这样学院就由两个部分组成，一是传统的宗教部门，另外是新开辟的东亚语言教育部门，针对乐于学习东亚语言的世俗青年，为他们提供商业方面的教学内容，即"活的东方语言"。后来意大利与清政府建立了外交关系，初期所雇佣的翻译、清海关的意籍雇员、意大利在中国的外交官等大部分都毕业于该学院。学院的宗教特色渐渐淡化，非神职人员掌控了校务工作。后期学院陆续增设了阿拉伯语、俄语、海地语（印度语）、波斯语和现代希腊语等外语教学科目。

1888年12月，意大利政府颁布法律，将皇家亚洲学院改名为东方学院，逐渐转型为教授东方语言和培养商贸人才的机构。此后，"中国学院"就演变为一所世俗大学，成为闻名于世的那不勒斯东方大学，主要以研究东方语言、文化而著称，被公认为全欧洲最早教授汉语和东方语言的学校。

该学校培养的传教士以及大量的翻译人员、外交官等，在某种意义上成为中西方文化交流的媒介，为中西方文化交流做出了一定的贡献。

（二）回忆录

除了中国学院以外，马国贤在汉学史上的贡献还在于他以回忆录的方式详细记录了他在清廷供职的情况和他在往返中国和意大利途中的所见所闻以及创办中国学院的历程。回忆录作于马国贤晚年时期，名为 *Storia della Fondazione della Congregazione e del Collegio dei Cinesi*（《中国圣会和中国学院创办记事》），1844 年该书英文版节译本出版。在回忆录的首页，马国贤即阐明了要旨："我不描述我看到的城市的数量，行省的面积，各国的边界，规章制度及交通状况，因为这些东西在很多游记中已经反复被谈到。我要确切地描述我旅行中的所见所闻及建立那不勒斯中国学院的经过。"①从这里我们也可以了解到，马国贤的回忆录不同于一般的走马观花或猎奇式游记，他要表达的主题有明确的限定，加上他所处环境和时间节点的特殊性，使这部回忆录富有史料价值。

先说马国贤入华时的背景。马国贤进入中国之时，正是"礼仪之争"白热化之际。在他之前，多罗作为罗马教皇克莱孟十一世的特使被派到中国，宣布 1704 年教皇所颁布的禁约，禁约规定禁止中国天主教徒遵守中国的政令习俗，并要求康熙皇帝令天主教徒遵守教皇的"禁约"。多罗不懂汉语，也不了解远东教务，与中国人打交道也毫无经验。觐见康熙之初，由于他掩藏了来华的真正目的而受到了康熙的友好接待，于是他就将此情形报告给教皇，教皇很兴奋，晋升多罗为枢机主教，并加派马国贤等教士入华协助多罗。但后来多罗在中国礼仪之争上的顽固立场，大大激怒了康熙皇帝。康熙一怒之下下令针对西洋传教士实行"领票"制度，凡是没有领到内务府印发的写票的传教士一律要被驱逐出境。1707 年 6 月，多罗被拘押到澳门，完全失去自由。1710 年 1 月，马国贤和山遥瞻等新入华教士偷偷拜见了多罗。多罗身处险境而不屈服的表现令马国贤非常敬重。多罗为保住中国这块传教领地，向康熙举荐马国贤为画师进京为康熙服务。虽然马国贤很不愿意以画家身份而非传教士身份进京，但在多罗的劝导下，还是为了天主教事业作了让步。仅仅从马国贤入华进京的背景上看，他在立场上也不可能认同利玛窦的适应路线。作为宫廷画师，他又不能立场坚定地表明自己的观点，可想而知当时他的欲语还塞的心境，在《清廷十三年冯国贤在华回忆录》里他终于有机会一吐为快。在这本回忆录里，他详细记述"中国礼仪之争"之始末及这场冲突的有关细节，因此该书无疑可作为当时礼仪之争的重要参考史料之一。

---

① Matteo Ripa, *Storia della Fondazione della Congregazione e del Collegio dei Cinesi*, Parte Prima, Napoli, 1832, p7.

此外，马国贤的回忆录对中国清朝初期的外交、民俗、宫廷生活、皇位更替等情况都进行了详细的讲述。如详细记录了他作为全程参与人与见证人，所看到的俄罗斯公使伊斯梅洛夫伯爵访华期间与清廷官员及皇帝所发生的一些礼仪上的抵牾。最后，俄公使终于屈服，行着跪拜礼向皇帝呈交了沙皇的国书。这里有一个细节，非常有趣。当公使跪下交国书时，马国贤写道："当初对伊斯梅洛夫伯爵显示过宽厚仁慈的皇帝，现在想到正好可以羞辱他一下，就让他在这个特殊的姿势上停留了一段时间。骄傲的俄罗斯人对此待遇感到屈辱，他用力把头撇向一边，加上一些嘴部动作的方式，发出了明确的愤怒讯号，这些动作在这样的场合之下是不合适的。陛下严肃地要求公使本人可以把信拿给他，伊斯梅洛夫伯爵跪下照办了，他亲手接过来国书。"①关于俄罗斯公使在京活动，马国贤还有许多详细记载，无不栩栩如生，令人有身临其境之感。他对于康熙为人及其真实生活状况，甚至连康熙的卧榻及其床褥铺设、与嫔妃们的追逐嬉戏等细节，都有细致描述，为后人留下了具有较高史料价值的第一手资料。在有坚定信仰的马国贤看来，康熙以在嫔妃太监簇拥嬉闹下而度过闲暇时光的方式是"最为堕落的生活方式之一，尽管全世界都把这看作是最高的幸福"。②由于他与康熙的近距离接触，他关于康熙的描述和评价应该说是较为可信的。在回忆录的二十二、二十三章，他记录了康熙之死、葬礼过程及赵昌和勒什亨两个高官的被惩。对于赵昌的悲惨下场，马国贤表现了极大的欣慰，因为他认定赵昌"是铎罗（注：即多罗）枢机主教和所有天主教的公敌"。③ 这些记载，其史料价值也是不可低估的。

正是因为其较高的史料价值，该书被作为欧洲汉学的一个重要成果，在西方流传甚广，一百多年来对西方人认识中国产生了重大而深刻的影响，很多西方大学的中国课程将之列为重要参考书目。可以说马国贤在中意，乃至中欧文化交流史上都起到了一定的作用。正如夏泉、冯翠所说："（马国贤的回忆录）是18世纪中西关系和中西文化交流史的重要记录，特别是关于俄罗斯使节访华及罗马教皇特使嘉乐访华的记载，保留了第三者的见证；在基督教入华传播史方面，认为马国贤所创办的中国学院及其

---

① ［意］马国贤著，李天纲译《清廷十三年：马国贤在华回忆录》，上海古籍出版社2013年版，第96页。
② 同上，第102页。
③ 同上，第106页。

所撰回忆录为学界对这一时期基督教在华传播研究提供了珍贵史料。"①这样的评价是中肯的。

(三) 把中国园林风引入欧洲

马国贤的汉学成就还体现在第三个方面——把中国园林介绍到了欧洲。他对中国园林非常推崇："我敢说中国园林师法自然,品位高雅,这样的园林在那不勒斯根本见不到。可以说,中国园林的本质就是师法自然。"②中国园林的这种师法自然的特点正好迎合了当时英国人的需求。欧洲传统的园林以规则和对称为特色,园林在设计和装饰上都要求整齐划一,讲究对称。中国园林则不要求互相对称,讲究的是浑然天成和自然淳朴。欧洲园林在经历了长久的发展后渐渐厌倦了整齐对称之风,渴望在风格上有所变化。③ 中国园林的自然清新之风正合他们的口味。其实,欧洲人对中国园林并不陌生,马可·波罗在游记里就曾记述了中国园林的一些情况,卫匡国对中国园林的介绍更为详细,从中国回去的其他欧洲人也常常向人们讲述中国园林之美。英国作家兼政治家、外交家威廉·坦普尔爵士(1628—1699)退出政坛后,对中国园林非常感兴趣,他从很多到过中国的欧洲人那里了解到不少关于中国园林的情况。1685年,他撰写了《论伊壁鸠鲁的园林》一文,对中国园林艺术作了较为详细的介绍。1709年,英国著名的自然论者沙夫茨伯里伯爵撰文指出,中国园林更接近自然,更能扣人心弦,皇家园林也不足以比拟。④ 1712年,英国散文家艾迪生在《旁观者》杂志上撰文将英国园林与中国园林作了对比,并盛赞中国园林。1724年,马国贤在回意大利的途中经过伦敦,受到了国王乔治一世的热情接见。国王对马国贤的中国经历十分感兴趣,宾主相谈甚欢。《中国造园艺术在欧洲的影响》的作者陈志华猜想:"他跟伦敦上层社会广泛接触,很可能会谈到中国皇家园林。"⑤马国贤还见到了伯灵顿勋爵,勋爵本人对中国园林

---

① 夏泉、冯翠《传教士本土化的尝试:试论意大利传教士马国贤与清中叶中国学院的创办》,载《世界宗教研究》2010年第3期。
② Matteo Ripa, *Storia della Fondazione della Congregazione e del Collegio dei Cinesi*, Parte Prima, Napoli, 1832, p402.
③ 严建强著《十八世纪中国文化在西欧的传播及其反应》,中国美术学院出版社2002年版,第131、132页。
④ 国风《中国园林的西传》,见《人民日报》2003年11月5日。
⑤ 陈志华著《中国造园艺术在欧洲的影响》,山东画报出版社2006年版,第168页。

很感兴趣。被称为英国自然风景式园林创始人的威廉·肯特当时正在为他在查斯威克府邸(Chiswick House)的别墅设计花园,有"20世纪系统介绍中国现代美术的西方第一人"之称的英国学者苏立文推测马国贤与肯特应该见过面,并一起谈论过有关中国园林的情况。①马国贤回意大利前,赠送了伯灵顿勋爵一整套《避暑山庄三十六景图》风景铜版画画册。该画册起先收藏在伯灵顿勋爵家的图书馆里,后来转归德文郡(Devonshire)。这一举动对于伦敦园林风格的变化应是明显的。如前所述,该铜版画是受康熙之命而作。康熙的避暑山庄位于河北承德市北部,又名承德离宫或热河行宫,是清代皇帝夏天避暑之地。该园林与颐和园、拙政园和留园并称中国四大名园。整个园林山中有园、园中有山,布局上因山就势,保留自然野趣,格调上以素雅取胜,宫殿与自然景观和谐地融为一体,具有符合自然而又超越自然的特点。在避暑山庄修成之后,康熙就其中的三十六景咏诗题词,并命宫廷画师们作了三十六景图。在此基础上,马国贤将之镌刻为铜版画。铜版画西传无疑极大地促进了英国园林的风格变革。苏立文认为:"他的描述证实了坦普尔对于中国园林的想象。"②在欧洲逐渐兴起的中国园林热中,具体直观的资料极为缺乏,以往欧洲人对于中国园林的知识大都是从书本或口耳相传而来。马国贤带回的《避暑山庄三十六景图》适时地给他们带去了中国园林的第一手资料。可以说,马国贤给欧洲人带回的不仅仅是可作参照的中国园林的具体图景和样范,而且更是把中国人独特的美学理念鲜明具体地带给了欧洲。因此,苏立文认为马国贤是推动英国园林理念变革的一个关键人物。

马国贤是一个关键的人物,他把西方艺术介绍到中国来,但更多的是把中国审美观念传递到欧洲。他出于对中国园林的热爱,尤其是对热河避暑山庄的爱好,为避暑山庄制作了一组铜版画,其精美程度远胜于中国人的木版画原作。1724年,他将这组画带至伦敦,证实了布林顿(L. Burlington)与肯特(W. Kent)的思想,即在设计中运用中国园林的自然天趣与非对称性,这样的观点曾由威廉·坦普尔(W. Temple)提出过,但不够有说服力。总

---

① [英]苏立文著,陈瑞林译《东西方美术的交流》,江苏美术出版社1998年版,第114页。
② 同上。

之,这些画推动了英国园林设计的革命,并带来了图像式观念的产生。①

因此,马国贤及其铜版画极有可能对威廉·肯特的造园思想产生了影响,后者逐渐摒弃了传统上模仿法国园林的对称和规则风格,提出"自然憎恶直线"(Nature abhors a straight line)的响亮口号,以环境的内在逻辑为线索,突出园林的自然特点并使之富于变化。

目前,马国贤的铜版画《避暑山庄三十六景图》存世仅七套,分别存于梵蒂冈图书馆、巴黎国家图书馆、台北"国立"图书馆、伦敦大英博物馆、北京故宫博物院、辽宁省博物馆,以及法国学者乔治·洛埃尔之手。洛埃尔收藏的那一套较为特别,因为画中不仅有中文标题,而且标题还由马国贤翻译成意大利语。马国贤在每一幅画上都亲笔添加了注释。如"附注描述了那里的风景以及康熙前来商议国事或与其皇后嫔妃们度过一段时间的楼阁""许多河流以及吹拂松树的风""在这些房间的三间中居住着为宫廷服务的欧洲人"等。②这些都为后人研究当时清朝宫廷生活、清代园林等方面提供了十分珍贵的史料。

综上所述,马国贤在意大利汉学史上的功绩是多方面的,他不仅创办了西方历史上第一所培养中国学生的教育机构,而且将他在中国清朝宫廷工作、生活与交游十三年的亲身经历鲜活而详尽地作了记录并保存下来。同时,他对中国园林的情有独钟和大力推崇,连同带回欧洲的直观可鉴的铜版画画册,在一定程度上促进了中国园林理念西传,推动了欧洲传统园林风格的改变。

---

① [英]苏立文著,陈瑞林译《东西方美术的交流》,江苏美术出版社1998年版,第114页。
② 转引自[法]安田朴、谢和耐等著《明清间入华耶稣会士和中西文化交流》,巴蜀书社1993年版,第301、302页。

第五章
意大利汉学的停滞和复苏时期
(1800—1870—1945)

意大利汉学的停滞和复苏时期涵盖整个19世纪,截至1945年第二次世界大战的结束。其中1870年,因完成国家统一,而成为这两个时期之间的分界点。

进入19世纪后,意大利汉学日趋式微。这与欧洲入华传教士的国别变化不无关系:与法国、英国和德国相比,这一时期的意大利汉学地位略居次位,可圈可点的人物和著作十分有限。因此,中国学术界一直习惯于把19世纪意大利的汉学定义为"停滞时期"。如果从意大利汉学的整体进程而言,1800至1870年间,意大利汉语教学的确微乎其微,汉学研究更是步履艰难。这一现象不仅限于中国境内,而且在意大利本土也不例外。因此,定义为"停滞时期"不为过分。

但是,最新研究成果表明,意大利自统一之日起到第二次世界大战结束(1870—1945),在整体"停滞"的大背景下,意大利政体的变革和日趋稳定给意大利的汉语教学带来了生机。最具有代表意义的复苏特例是那不勒斯的汉语教学成绩显著、贡献巨大。1872年,中国人第一次在国家院校获得一席之地,并担当了主要角色。他们编写的教材把汉语教学与研究推向了前所未有的高度,这是意大利汉语教学史上一个重要的里程碑。第二个复苏特例是,1945年二战结束时,德礼贤把意大利汉学的研究再次提升到了国际瞩目的地位。由此可见,意大利本土汉学已经不再"停滞"。因此,笔者以为把1870年至1945年这一时期定义为"复苏时期"更为恰当。

第一节 概 述

19世纪意大利汉学发展迟缓,而它的北邻法国,则在汉学领域风生水起。意大利和法国由于两国水土相连,有史以来即有频繁而密切的交往,就连彼此近代汉学创立的历史进程也息息相关。越来越多的相关资料表明,意大利境内的帕维亚大学(Università di Pavia)已于1806年至1809年间即开设了东方语言课程,第一位汉语教师名为哈格(Giuseppe Hager, 1757—1819)①。这一史实表明意大利比法兰西学院在设置中文课的时间上要早八年,但长期以来没有引起人们足够的关注。

1789年,法国爆发大革命,这一事件对意大利的统一产生了巨大影响。法国大革命以后,法兰西帝国逐渐成为当时欧洲的政治、军事强国。法国的日益强大淹没了意大利半岛诸多王国和公国的革命呼声。几乎整个19世纪,意大利半岛一直处于动荡和变革之中。1796年,拿破仑军队进入意大利,驱逐了奥地利和西班牙的占领者,并取而代之,控制了意大利的北部、中部和南部。但是,很快法国人又从解放者变成了掠夺者,致使意大利境内不断掀起民族革命的浪潮,意大利民族统一运动开始。1807年,成立的烧炭党的宗旨就是要赶走法国占领者,实现意大利的独立和统一。拿破仑与欧洲反法联盟作战失败之后,欧洲列国的旧势力复辟,直至法国对意大利的统治于1814年垮台。但同年10月至1815年6月的维也纳会议之后,奥地利和西班牙的势力又卷土重来,意大利再次被分割成八个邦国和地区。用奥地利首相梅特涅的话说:"现在,意大利只是一个地理概念而已。"②

1806年至1809年,帕维亚大学仍然处在奥地利帝国的控制和影响之下,学校起用了德籍意大利人哈格教授"东方语言"课程。三年后,他离开帕维亚大学。之后,意大利的汉语教学和研究完全处于停滞状态。与此同时,法国、英国、德国和俄国等国家的同行则后来者居上,1814年法兰西学院在巴黎开设了汉语课程。

正当法国汉学起步之时,意大利的有识之士和人民仍然在为民族独立和

---

① 持此观点的引证可参考 1) Piero Corradini 的论文 "L'opera di Antelmo Severini per la conoscenza dell'Asia Orientale",收录在 Francesco D'Arelli 主编的 Le Marche e L'Oriente. Una tradizione ininterrotta da Matteo Ricci a Giuseppe Tucci,1998,罗马,IsIAO,283 页;2) Andrea Campana 的论文 "Sino-Yamatologia a Firenze fra Ottocento e Novecento",收录于 A.Boscaro 和 M.Boss 主编的论文集 Il Giappone e L'Asia Orientale, atti del convegno internazionale di studi, Firenze, 25—27 Marzo 1999,佛罗伦萨,Leo S. Olschky,342—345 页,2001;3) Davor Antonucci 与 Serena Zuccheri 合著的 L'insegnamento del cinese in Italia tra passato e presente,La Sapienza,2010。

② 赵克毅、辛益著《意大利的统一》,商务印书馆 1987 年版,第 9—12 页。

第五章 意大利汉学的停滞和复苏时期(1800—1870—1945)

统一奋斗。直到1861年3月17日,意大利在都灵宣布统一之日起,才抹掉了那个"意大利仅为地理概念"之名,成了一个名副其实的独立政体国家。

政局不稳和连年战乱都不利于意大利汉语教学开展,而比邻法国在此时把汉语学习和研究提升到了欧洲领先地位,主要代表人物是汉语教授雷慕沙(Abel Rémusat,1788—1832)和儒莲(Stanislas Julien,1797—1873)。这一时期想学习汉语的意大利人大多选择法国为求学之地,这也是19世纪中叶前后意大利的汉学家大都师从法国汉学家的缘故。可以说,法国和意大利的近代汉学有着一脉相承的关系。

法国汉学大师儒莲当时有三名意大利学生,他们分别是巴德里(Giuseppe Bardelli,1815—1865),安德罗齐(Alfonso Andreozzi,1821—1894)和塞维里尼(Antelmo Severini,1828—1909)①。

三人中只有安德罗齐没有在意大利获得教席,而巴德里于1843年被任命为比萨大学"东方语言"讲席的助手,1849年2月成为多语种教授,教授梵文,兼授中文。之后,巴德里在1859至1862年间到佛罗伦萨高等研究学院担任梵文教授。巴德里的学生塞维里尼,于1864年接过了老师在佛罗伦萨高等研究学院的"远东语言"的讲席。其后,该教席先后由普易尼(Carlo Puini,1839—1924)和卡斯特拉尼(Alberto Castellani,1839—1924)接任。

在意大利半岛中南部,那不勒斯中国学院于1868年更名为那不勒斯皇家亚洲学院,正式向社会招收年轻学员,学习东方语言,其中包括汉语课程,由王佐才(Francesco Saverio Wang,1842—1921)和郭栋臣(Giuseppe Maria Kuo,1844—1922)②教授。他们二人不但是意大利院校中最早的两位汉语教师,而且他们的学生成了当时意大利与清政府外交和商务领域著名的口译人员。

总之,意大利汉学"停滞时期"的突出特征是政局不稳定导致了汉学研究停滞。同时,意大利汉学研究的地理位置已经彻底从中华帝国转移到了欧洲大陆。意大利境内多所院校汉语教席的设置表明当日马国贤在欧洲建立的第一个东方语言学校的模式已经生根发芽,并形成一种壮大的趋势。到了"复苏时期",汉学内容已经逐渐从早期对中国哲学的研究转向

---

① 对以上三人的介绍参见本章"第三节:来自意大利本土以外的主要汉学人物"。
② 郭栋臣之名在海外文献中出现的写法为:Giuseppe Maria Kuo,或简称为G.M.Kuo。

更加实用的语言教学,以那不勒斯教学为突出案例。由此可见,汉学研究的基本单位已不再是传教士个体,而是以世俗院校为单位所形成的一种传承式汉学研究。综上所述,意大利汉学的"停滞时期"和"复苏时期"是意大利早期汉学步入近现代汉学的重要转折点。

第二节 汉学活动的主要院校及其代表人物

"停滞和复苏时期"汉学活动的主要人物和他们所在的院校如下所述。

一、帕维亚大学①

帕维亚大学位于意大利半岛北部、米兰市以南40公里的古城帕维亚。这所大学主要的汉学活动人物是哈格(Giuseppe Hager, 1757—1819)。1806年6月15日,哈格到帕维亚大学教授"东方语言",其中包括汉语,但其范畴极为有限。哈格被认为是意大利大学里教授汉语课程的第一人,帕维亚大学也因此而成为近代史上意大利境内开设汉语课程的第一所大学。

哈格的身上带有早期汉学家的一个突出特点,即他们通常出身旁门。哈格10岁时离开米兰到维也纳的"东方语言学校"(Akademie der orientalischen Sprachen)就读,该校是1754年为培养派驻东方的外交人员而创立的。1783年11月27日,哈格在意大利境内德属区的帕维亚大学获得神学博士学位,并进入天主教方济各会,又称"小兄弟会"。他对汉语的兴趣很可能是在梵蒂冈传信部工作时开始的。②

1794年,哈格因在西西里的帕勒莫市辨别出一份阿拉伯语手稿为赝品而声名大噪,人称阿拉伯语专家。他还先后在德国的莱比锡、汉堡和柏林等地学习过汉语。③之后,他前往英国,1800年在那里宣布要编写一部中文词典。1801年,在伦敦出版了一本关于汉字的专著:《解析基本汉字——分析其古老文字符号和象形文字》。④法国《百科全书期刊》对此做了热情洋溢的报道。从此,哈格赢得了"东方语言专家"的称号。当他在

---

① 关于该校在20世纪的情况可参见附录三。
② 见《意大利人物传记辞典》第61卷中 Giuseppe Hager 条, Marica Roda 编撰, Treccani 百科全书出版社2004年版。
③ 同上。
④ *An explanation of the elementary characters of the Chinese*, London 1801;再版本:Menston 1972。

英国为出版经费发愁时,法国拿破仑政府也在考虑有必要编写一部中文—法文或者中文—拉丁文字典,所以决定把完成这项计划的任务交给哈格。① 1802年,哈格到达法国,随即投入了字典的编辑工作。但编纂工作进展得十分艰难,原因主要来自两个方面:其一,据说哈格的汉语水平不足以胜任编写如此重要的大字典。早在英国的时候,哈格的汉语水平就屡遭久居伦敦的意大利籍汉学家——蒙图齐(Antonio Montucci,1762—1829)②的质疑,他们之间的冲突和辩论从未间断过:在1801年的《月刊杂志》、1838年的《英国传记百科全书》,以及1851年的《美国百科全书》上均有多处记载。在法国期间,哈格也不得安宁,论战和批评③主要来自先前那位意大利同行蒙图齐和柏林学者坷拉朴茹夫(J. Klaproth)。④尽管如此,他仍然在巴黎发表了价值不等的三部关于中国及汉字的作品。详情见下文。

另外,出版中文字典的第二个难题来自印刷技术。巴黎国家图书馆所收藏的汉字极其丰富,但要在欧洲印刷汉字,对当时的欧洲人来说,的确很难。拿破仑政府曾就此事向那不勒斯的中国学院求助,因为那里是当时欧洲唯一的一所中国人学校,期望那里的中国人可以在活字印刷汉字上能予以技术上的帮助⑤,但未果。诸多困难让字典的出版一拖再拖,加之法国学术界人士怨声载道,强烈反对让哈格——一个外来人来完成这一宏伟计划,他们坚持要把这一重任托付给一位法国权威人士⑥。最终,哈格被撤销了任命,于1806年回到意大利那所他曾经就读过的帕维亚大学,承担了那里的"东方语言课程"的教学工作。

哈格在教学上有一个显著特征:"注重学术专著,使用记忆教学法和经院教学法,课题内容包括指南针的发明和传播、阿拉伯数字等"。⑦从现有

---

① 见海德堡大学图书馆,"Heidelberg Hs., 855.220."卷宗。
② 参见本章"第三节:来自意大利本土以外的主要汉学人物——蒙图齐"。
③ 见《意大利人物传记辞典》,第61卷中 Giuseppe Hager 条,Marica Roda 编撰,Treccani 百科全书出版社2004年版。
④ 其论述发表于1801—1804年的 *Jenaische allgemeine Literatur-Zeitung* 和1802年的 *Allgemeine Literatur-Zeitung* 之中。
⑤ 见 Andrea Campana 的论文"*Sino-Yamatologia a Firenze fra Ottocento e Novecento*",收录于 A. Boscaro 和 M. Boss 主编的论文集 *Il Giappone e L'Asia Orientale, atti del convegno internazionale di studi, Firenze, 25—27 Marzo 1999, 2001,* 佛罗伦萨,Leo S. Olschky。第342—345页。
⑥ 其后,小德金奉拿破仑谕旨,编撰了《汉法拉丁文字典》,于1813年在巴黎出版。
⑦ 见《意大利人物传记辞典》,第61卷中 Giuseppe Hager 条,Marica Roda 编撰,Treccani 百科全书出版社2004年版。

的文献看,汉语教学的文字资料几乎没有。因此,推测他在教授"东方语言"时,多以阿拉伯语为主,中文为辅。

根据 1801 年他在伦敦出版的汉字专著《解析基本汉字——分析其古老文字符号和象形文字》,以及他在法国编写中文字典的经历,我们不难想象哈格的汉语教学很可能只停留在认识汉字、讲解和分析汉字字义的层面,翻译汉语著作的可能性不大。

1809 年,"东方语言课程"的席位被撤销。从此,意大利王国境内没有一所大学教授汉语,这种状况一直持续到 1843 年巴德里到比萨大学担当东方语言讲席的助手为止。1810 年,哈格得到了米兰布雷拉图书馆馆员的职位。在此期间,他编写了一个手抄本的中文书籍目录,即《米兰皇家图书馆中文书籍目录》。①

1819 年 6 月 27 日,哈格米兰去世,享年 62 岁。

哈格作为一名学者,他的学识是渊博的。其一生学术著作颇多,领域广泛。但早期著作多与汉语无关,本文只选取了与汉语相关的著作加以评析。作为汉学家,哈格的第一部汉学专著应该是 1801 年在伦敦出版的《解析基本汉字——分析其古老文字符号和象形文字》。此书于 1972 年再版。如果说哈格的最终目的是要编纂一部中文字典,那么《解析基本汉字》的出版为他朝着这一目标迈出了第一步。当时,《百科全书期刊》对哈格的雄心壮志这样评价:"考虑到所有这些优点,哈格博士要在伦敦出版一部字典,字典已待印刷……与中国其他最优秀的字典相比,这本字典大有进步。字典收录了最常用的汉字。并对字典的使用做了必要的说明……哈格博士的中文字典收录了一万个汉字,以及相关的异体字,这个数量足以满足阅读普通中文资料和进行各类会话的要求。"②

虽然,这部字典最终没能得以完成,但是哈格获得了拿破仑政府的资助。就连他的同行汉学家蒙图齐也不无嫉妒,因为蒙图齐也曾计划编纂字典,并得到了普鲁士国王资助的承诺,但是拿破仑发起的战争打破了他的梦想,工作不得不中途搁浅。哈格抢了先,而且还得到了法国每年 6000 法郎的资助,蒙图齐说:"哈格博士的学识和才智是不容置疑的,但很多人质

---

① 原著名称为 *Catalogo de' libri cinesi della Biblioteca reale di Milano.*
② *Magasin encyclopédique*, v.2,1800:183—188.

疑他是那个第一个做出编写中文字典决定、并着手研究这种语言的人。"①

在巴黎期间哈格先后发表了三部关于汉字的著作,即1802年发表的《禹王碑——中国最古老的碑文》,1805年的《对法国内阁里中国徽章的描述》,以及1806年发表的《中国万神殿——希腊与中国宗教祭礼之比较》,其内容仍然徘徊在中国文字与民俗等知识的介绍性文章的范畴内。②这三部著作的价值不同,以图文并茂的形式对中国汉字的字符和意义进行了审议,意在重新回顾中西方文化历史悠久、二者有着特殊联系的这些经典主题。文中对前人和当代专家的见解做了不同程度评价和批判。当然,这也招致了像蒙图齐等学者的强烈质疑和批评。但汉学家雷穆沙在谈到这些著作的时候,积极地声称哈格的著作激起了当时一大批欧洲学者和大众对中国文化的关注和兴趣。

因此,尽管哈格因各种复杂的原因而屡遭指责,但他为中国文化在欧洲的传播做出了不可磨灭的贡献。

二、比萨大学

比萨大学是巴德里(Giuseppe Bardelli,1815—1865)的主要活动阵地。《意大利人传记辞典》第61卷中对巴德里的记载仅仅三行半:"巴德里,印度学家,1815年生于罗马,1865年卒于佛罗伦萨。佛罗伦萨高等研究学院1859—1962年间的梵文教授。他的著作(指他对《禳灾明论》的评论,以及关于印度学方面的诸多回忆资料等)均未发表。"

1843年,巴德里被任命为比萨大学东方语言教席的助理,第二年到巴黎从师Eugène Burnouf,主修梵文。同时,他也跟随儒莲学习中文。在托尔托里(Giuseppe Tortoli)题为《巴德里》一文中这样写道:"做比萨大学东方语言教席的助手好像并不是巴德里的愿望,他曾申请那个还空着的圣经研究教席的位置。"③

---

① *The Asiatic Journal and Monthly Register for British and foreign India and its Dependencies*,V.12, 1821:242.

② 三部作品的原文标题是 *Monument de Yu, ou La plus ancienne inscription de la Chine*…, Paris 1802; *Description des médailles chinoises du Cabinet impérial de France*…, ibid.1805; *Panthéon chinois, ou Parallèle entre le culte religieux des Grecs et celui des Chinois*…, ibid.1806. 见《意大利人物传记辞典》第61卷中的 Giuseppe Hager 条,Marica Roda 编撰,Treccani 百科全书出版社2004年版。

③ 见 Giuseppe Tortoli1866年在 *Archivio Storico Italiano*, III, II:210—222 中"塞佩·巴德里"一文,第212页。

1849年2月19日,巴德里被命名为多语种教授——(古埃及)科普特语教授、梵文教授和基础汉语教授。由于经济拮据,这个职位于1851年被撤销,第二年巴德里到佛罗伦萨劳伦兹亚纳(Laurenziana)图书馆做管理员助手。他希望能够得到管理员的职位,但他的希望再次落空。不过,巴德里还是在图书馆里开辟了一个角落,继续教授他喜爱的学科。托尔托里这样写道:"由于时代的错误,佛罗伦萨这所学校在学生人数上并没有逐年增加,而且从没有超过三个,学生弃学实在令人惋惜。除了学科显而易见的重要性之外,(巴德里)他的坦率和为人吸引了学生,他们很快成了朋友。没有困难可以难倒他,他的热情驱使他把学生必备的、但在那个时代又极难找到的书分发给学生。"①

七年之后,即1859年12月22日,佛罗伦萨高等研究院任命巴德里教授梵文,1860年1月29日正式开课。东方学科归属于哲学和历史学范畴,并具有较宽泛的自主性。一个半月之后,意大利统一。这一事件非常有利于东方学科的发展,但是经济的拮据,以及与比萨大学和锡耶纳大学的竞争,都使佛罗伦萨高等研究院陷入了困境。

1862年,巴德里被调回了比萨大学。从他1851年离开比萨大学到再次调回比萨,整整过去了十一年。巴德里似乎与哈格有着相似的背景,他们几乎都是"半路出家"的汉学家——汉语并非他们的主修专业,但是,他们又都是多产的教授,尽管汉学著作十分有限。1865年至1891年,Angelo De Gubernatis(1840—1913)接任了巴德里在比萨大学的位置,教授梵文。因其无中文学习背景,所以,不在本书研究范围之内而从略。

三、佛罗伦萨高等研究学院

这个学院是塞维里尼、普易尼及卡斯特拉尼汉学活动的主要阵地。

1.塞维里尼(Antelmo Severini,1828—1909)

如果说巴德里生不逢时,意大利政治动荡没能给汉学生存和成长的机遇,但是他的敬业精神极大地影响了他的学生,为意大利半岛的汉学得以生存做了最艰难的铺垫工作。

---

① 见 Giuseppe Tortoli 1866年在 *Archivio Storico Italiano*,III,II:210—222 中"塞佩·巴德里"一文,第215、216页。

塞维里尼是巴德里的学生之一,1863 年①得到了佛罗伦萨高等研究学院的"远东语言"的临时教授职位,1868 年成为教授。意大利学者习惯上认为塞维里尼不仅是意大利从事东方语言教学的第一位"正"教授,而且也是意大利大学里的第一位汉语和日语教授。②但也有学者认为前文提到的帕维亚大学的哈格才是意大利大学第一位教授汉语的教师。③

其实,这两种观点并不冲突。只是意大利语中的习惯说法更强调"正"字,不但有"正式"之意,而且表示"在编(教授)"的含义。学者们的不同称法的主要原因在于参考的时间点不同:意大利作为一个整体国家,是从 1861 年意大利王国的成立开始的。以这一截点为界,之前的哈格和巴德里都只是他们所在的大学"临时"聘用、"非在编"教授而已,而之后的塞维里尼则是意大利王国的第一位正式在编教授。

1860 年,塞维里尼获得了公共教育部提供的奖学金,就像当年其导师巴德里那样到巴黎跟随儒莲学习中文,跟 Léon De Rosny 学习日语。尽管记忆汉字是他学习中遇到的一大难点,但是卡莱利(Giuseppe Callèri,1810—1862)④讲解汉字的课本《中文语音系统》给了他极大的帮助,他超人的记忆能力赢得了老师们高度赞扬。塞维里尼认为这本书在教学法上

---

① "1863 年"的说法来自《意大利人物传记辞典》,Treccani 百科全书出版社,2004,而"1864 年"的说法来自 Antonucci 与 Zuccheri 合著的 *L'insegnamento del cinese in Italia tra passato e presente*,La Sapienza,2010。Serena Zuccheri 引证了 Piero Corradini 的论文:"L'opera di Antelmo Severini per la conoscenza dell'Asia Orientale",收录在 Francesco D'Arelli 编辑的 *Le Marche e L'Oriente. Una Tradizione ininterrotta da Matteo Ricci a Giuseppe Tucci*,1998,罗马,IsIAO。

② 罗马大学中国历史前教授 Piero Corradini 持此观点,参见其论文"*Giuseppe Tucci*:1894—1984",载于 1984 年第 45 期 *Mondo Cinese*。

③ 参见 Serena Zuccheri 与 Davor Antonucci 合著的 *L'insegnamento del cinese in Italia tra passato e presente*,La Sapienza,2010 年。年轻学者 Serena Zuccheri 似乎更支持 Giuseppe Hager 是意大利第一位汉语教师的说法。她的引证来自 Andrea Campana 的论文"*Sino-Yamatologia a Firenze fra Ottocento e Novecento*",收录于 A.Boscaro 和 M.Boss 主编的论文集 *Il Giappone e L-Asia Orientale*,atti del convegno internazionale di studi,Firenze,25—27 Marzo 1999,佛罗伦萨,Leo S.Olschky,第 342—345 页。

④ 《意大利人物传记辞典》(Treccani)是这样定义 Giuseppe Maria Callèri 的:"汉学家。1810 年生于都灵。1835 年到中国,1842 年为法国政府担任翻译,除学习中文以外,还会朝鲜语。著作有 1841 年的《中文语音系统(*Systema phoneticum scripturae sinicae*)》和 1845 年的《中文百科词典 *Dictionnaire encyclopédique de la langue chinoise*》第一卷。"关于卡莱利(Giuseppe Maria Callèri),另见白佐良《意大利人物传记辞典(*Dizionario biografico degli Italiani*)》,XVI,罗马,Istituto della Enciclopedia Italiana,1973,"Giuseppe Maria Callèri"条,第 744—747 页。本文中关于卡莱利另有论述,见本章第三节 "意大利本土以外的汉学机构及其主要人物"。

有创新,在如何快速记忆汉字方面尤为突出。

塞维里尼教授汉语所使用的教材是从法文翻译过来的,即儒莲1863年出版的《日常会话》①。另外,他把研究重点放在了儒家思想上,出版了《中国人的天主》,从汉语翻译成意大利语的著作有《中国人对三大宗教的评价——康熙第七箴言录》。

1865年,意大利先后与中国和日本确立了外交关系。1867年,塞维里尼发表了论文《中国与欧洲——历史和传统的对比》。随后,他在佛罗伦萨高等研究学院展开了一系列涉及中国政治、历史事件的比较研究课题。1872年,国会确保了学院资助金的到位,《东方杂志》(Rivista Orientale)的创办,以及东方研究协会(Società degli Studi Orientale)的成立都把佛罗伦萨高等研究学院带入了鼎盛时期。

除了汉语译著以外,作为东方学专家,塞维里尼还翻译了两部日本文学作品:第一部译著是1881年出版的《竹林公主》②,译自一部佚名的日本传统文学作品;1872年的译著来自日本作家柳亭种彦(1783—1842)插图小说《浮世形六枚屏风》。这是一本与塞维里尼同时代的小说,柳亭种彦正是当时走红的日本作家之一。其小说图文并茂,正好与当时欧洲盛行的"东方热"相呼应。翻译这本小说不但迎合了欧洲人猎奇的口味,而且译著的时代感更有利于推动东方语言的学习,塞维里尼的选择可谓意味深长。

塞维里尼不但积极从事教学研究,还参与和组织各种相关的学术和社会活动:1873和1874年参加了东方学家国际会议,担任了新"东方研究协会"的主席,并担任《民族》(La Nazione)的通讯员。

1875年出版的一本《日汉书籍目录》(Repertorio sinico-giapponese)中提到了塞维里尼的《汉语之钥匙》(Clavis Sinica)。虽然这本倾注了塞维里尼多年心血,而且构想独特,但是没能得以出版。此书是塞维里尼根据自己在学习汉语初期的经历,把汉语的学习分成了初级和高级两个阶段。该书得到了学校师生的认可和好评。为了能让学生们更快地识别和记忆汉

---

① 法文标题是"Ji-tch'ang-k'eou-t'eou-hoa, dialogues chinois à l'usage de l'Ecole speciale des langues orientales vivantes, pub. Avec traduction et un vocabulaire chinois-francais de tous les mots."

② 原文书名:*Taketori Monogatari*,作者不详。意大利文书名为:*La fiaba del nonno tagliabambù*(取竹翁的童话)。小说则译自日本作家柳亭种彦(Ryūtei Tanehiko)于1821年创作的小说 *l'Ukiyogatarokumai byōbu*,意大利文书名则为:*Uomini e paraventi*(人与屏风)。

字,同时也便于对汉语深入研究,塞维里尼萌发了编纂汉日词典的想法。①

塞维里尼没能完成这一巨著的缘由甚多,其中人为因素起了致命作用——恶意的攻击和诽谤毁损了塞维里尼的名誉和健康。塞维里尼的劲敌就是当年在巴黎一起从师法国汉学家儒莲的学友安德罗齐(Alfonso Andreozzi,1821—1894)。虽然,此人没有在大学教过汉语,但做过律师和记者。在巴黎时,他一边跟儒莲从事汉语研究,一边做记者。1850年,撰写了《关于卡莱利(G. Callèri)的〈汉语大字典〉》一文,翻译了《水浒传》。另外,还著有《佛陀的牙》《古代中国刑法》等。②这一切也使安德罗齐成了当时令人瞩目的汉学大师之一。③

据说,两人的矛盾发生在1870年6月9日的一次欢迎宴会上。统一不到三个月的意大利政府在首都佛罗伦萨的碧蒂宫(Palazzo Pitti)迎接了第一个中国清政府代表团。当时没有一个意大利翻译在场,而只有一名中国翻译④,所以大家就让具有"东方专家"之称的塞维里尼用中文讲几句欢迎来访者的话。"讲话之后,中国使团的领导非常高兴地说他多么满意,并发现中文和意大利语之间竟然存在着这样奇怪的类似。"对这件事的记载,在中国使团的日记中没有被发现,也没有在意大利的报刊上出现,但是谣言像长了翅膀一样疯传。造谣者可能是安德罗齐,也许他是嫉妒塞维里尼得到了那个远东课程的教席;也有人说谣言可能来自安德罗齐的朋友 Giovanni Rosadi,因为是政客,他也不妨会有其他原因。种种推测都不一定是史实,但结果是塞维里尼的学术名誉和健康受到了严重打击。从此,他一蹶不振,最后精神崩溃,住进了精神病院。1900年,他离开了佛罗伦萨高等研究学院,《汉语之钥匙》的编纂工作也转手于他的学生普易尼。

2. 普易尼(Carlo Puini,1839—1924)

---

① Piero Corradini, "L'Opera di Antelmo Severini per la conoscenza dell'Asia Orientale", F. D'Arelli 编辑的论文集 *Le Marche e L'Oriente. Una tradizione ininterrotta da Matteo Ricci a Giuseppe Tucci*, 1998, Roma, IsIAO, 第273—285页。

② 白佐良,"*Gli studi sinologici in Italia dal 1600 al 1950*",载于 *Mondo Cinese*, n.81,第17、18页,另见:Anna Bujiatti, "Andreozzi Alfonso" 载于 *Dizionario Biografico degli Italiani*, III, Roma, Istituto della enciclopedia italiana, 1961, 第151、152页。

③ 本章第三节"意大利本土以外的汉学机构及其主要人物"中有对安德罗齐的补充介绍。

④ 此人名叫王佐才,那不勒斯"皇家亚洲学院"(1868—1888)的汉语教师。第一位在欧洲—意大利院校中任职的中国教师。详情见下文"四、那不勒斯皇家亚洲学院"对他的专门介绍。

在塞维里尼离开以前，普易尼就已经于 1864 年获得了远东语言课程的助教资格。无论是塞维里尼，还是儒莲都对普易尼给予了高度评价和首肯。普易尼兴趣广泛，在多方面都有研究：他是地质学者，热爱考古，不但研究佛教，还撰写并发表了一些有关中国文学方面的文章。

1871 年，他编写了意大利东方研究学会的纲要，并在《意大利东方研究简报》上发表多篇文章。起初，普易尼与老师塞维里尼一样，致力于语文学和语言学的研究。后来，他开始从人类学和社会学的角度研究东方，其方法与众不同，值得关注。1877 年，普易尼成为佛罗伦萨高等研究学院东亚历史地理临时教授，1884 年晋升教授，1921 年退休。

普易尼的著作涉及面非常广泛，除了前面所说的语文学和语言学方面以外，还包括中国、日本和中国西藏地区的历史、地理和宗教。相关论文有《佛陀、孔子和老子》《远东历史与传统中的文明起源》，以及《西藏的地理、历史、宗教和习俗——德西德里神父（I. Desideri）西藏之行（1715—1721）的记述》。他还翻译了中国古代政治法制和文学作品，例如 1872 年出版的明代小说集《龙图公案》。另外，他还把《礼记》中的三个章节译成了拉丁文。普易尼的译文被晁德莅（Angelo Zottoli）采用，收录在他于 1878 至 1882 年间出版的《中国文学选集》。①

如果当初塞维里尼因为有普易尼在身边，获得了教育部对编纂《汉语之钥匙》的资助，那么 1884 年普易尼正式成为学院东亚历史地理教授这一事件，则标志着他完全脱离了导师，彻底改变了研究方向。

3. 卡斯特拉尼（Alberto Castellani, 1884—1932）

1925 年，佛罗伦萨高等研究学院把教授东方语言的工作交给了年轻的卡斯特拉尼，他也是塞维里尼的学生。虽然，他在佛罗伦萨高等研究学院只教了短短两年，即 1925 至 1927 年，而且这是一个没有薪酬的工作，但是，卡斯特拉尼完成了两部中国重要典籍的翻译工作。1924 年，在佛罗伦萨出版《论语：与孔子的对话》一书，1927 年出版了《道德经——来自天上的法则》。其译作的最大特点是尽可能地忠实于原文，受到好评。

卡斯特拉尼是 20 世纪初佛罗伦萨高等研究学院最后一位值得一提的人物。如果不是他英年早逝，卡斯特拉尼很可能成为一名在汉学领域成绩卓越的学者。

---

① 文选细节可参见本章第三节"来自意大利本土以外的主要汉学人物"中的"晁德莅"。

综上所述,尽管塞维里尼的学生普易尼和卡斯特拉尼把导师的工作和研究持续到1927年,但早在1900年塞维里尼离开佛罗伦萨高等研究学院之时,该校的汉语教学就一蹶不振。教师人员变动和那不勒斯汉语课程重新设置都使佛罗伦萨的汉语教学每况愈下。此时,那不勒斯的中华书院已经从"皇家亚洲学院"(1868—1888)过渡到"皇家东方学院"(1888年成立),经过近二十多年的努力,她以更新的视野和办学原则,赶超了佛罗伦萨,把意大利汉语教学推向了一个崭新的高度。

四、从那不勒斯"皇家亚洲学院"到"皇家东方学院"

活跃在那不勒斯的主要汉学人物有王佐才、郭栋臣、诺臣提尼和威达雷。

如前文所述,1723年10月,传教士马国贤在清廷生活了13年后带着五名中国人(一名教书先生和四名十几岁的少年)回到了那不勒斯,想把他们培养成神职人员,之后送回中国传教。1729年4月,他在那不勒斯创建了"耶稣基督圣家"书院(Sacra Famiglia di Gesù Cristo)。1732年,中华书院①成立,这是一所能让中国人接受"纯正"天主教思想教育的学校。建校的动机来源于马国贤坚决反对耶稣会士利玛窦在华的"适应政策",在他眼里利玛窦的传教思想早已"儒化"。他要培养具有纯正天主教思想的神职人员,然后,让他们去说服同胞皈依天主教。

百年之后,这所学校的性质、制度和学员都发生了一系列变化。1812年,这所教会寄宿学校并入那不勒斯王国公共教育体系,相当于一所文科高中,开设的课程有:"语法、人文科学、修辞学、希腊语、地理、历史、几何和哲学,外语中有汉语"。②1868年,书院被意大利政府接管后,更名皇家亚洲学院,成为一所世俗学校,1888年正式关闭。此后,易名为"东方学院",即今日那不勒斯东方大学的前身。

从1724年马国贤回到那不勒斯到1888年学院关闭,164年间共培养

---

① 意大利名称为:Collegio dei Cinesi。其中文译名诸多,国内以"中国(人)学院"最常见,即来自 Collegio dei Cinesi 的直译。其实,最早的西方文献中,已有准确的中文名称,即"中华书院"。特此说明。

② 米凯勒·樊帝卡《那不勒斯东方大学校址及教学楼1729—2008》,那不勒斯东方大学,2008,P16。

106名中国学生。学员肄业之后,大部分回到中国本土与那些久居中国的西方传教士共同传播天主教思想。他们的以身说法的确比洋面孔的说教更具说服力、更有实效,传教成绩显著。可见,当初马国贤提出培养中国本土化传教士的想法不无道理,而且具有划时代的意义。且不论这一指导思想成功与否,但在他那个时代是极其前卫的——我们要等上近两百年的时间,才看到教会提出本土化的设想。随之,西方传教士的领导权逐渐转交给中国本土的神职人员。

1732年成立的中华书院到19世纪60年代末时,终于迎来了她的历史性巨变——意大利王国与中国清政府于1866年建立外交关系,这给汉语教学的发展开辟了新的机遇。上文中曾提到,1870年6月9日,意大利国王曾在佛罗伦萨的碧蒂宫接待了首次来意访问的中国清政府代表团。会上除了东方学专家塞维里尼外,唯一的一个中文翻译就是来自那不勒斯中华书院的王佐才。①他在清朝末年赴那不勒斯攻读神学,因学业优异与郭栋臣一同留校执教。在近20年的教学生涯中,他编写了四本教材。

当19世纪末王佐才和郭栋臣先后回到湖北之后,那不勒斯皇家东方学院的汉语教学就完全由意大利教师接手,其中以诺臣提尼和威达雷最为著名。

1.王佐才(Francesco Saverio Wang,1842—1921)与郭栋臣(Giuseppe Maria Kuo,1846—1923)

王佐才,字化南,教名Francesco Saverio Wang ②更为意大利人所熟知。究其原因是由于王佐才的大半生是在意大利度过:他在校求学时成绩优异,从事汉语教学后也功绩显赫,出版的教材也使用他的西文署名。因此,

---

① 王佐才生平详细介绍参见:白桦《论王佐才对海外汉语教学的贡献——那不勒斯中华书院汉语教材再探》,《国际汉语教育动态与研究》,2010年第四辑,第87—94页;同篇论文2011年转载于意大利汉学期刊《明清研究》XVI,那不勒斯,2011,第177—192页。意大利文资料参见:1.白桦博士论文:*L'Antico e il Nuovo Testamento*, 1894, *di Francesco Saverio Wang, La Bibbia ridotta in esametri dattilici latini, tradotti in cinese classico in strofe tetrastiche*, Napoli, 2011(即:《王佐才缩译的旧约和新约,1894——拉丁文"双句韵文"及中文"七言诗体"圣经》);2. Michele Fatica, "*Il contributo degli alunni del Collegio dei Cinesi di Napoli alla conoscenza della lingua sinica in Europa e in Italia: il ruolo di Francesco Saverio Wang*", *Scritture di Storia* n.5, Napoli 2008, pp.215—255。3.Cosma Sartori, *Elenchus biographicis ac chronologicis notis ornatus complectens missionarios exteros ac indigenos qui Sacrum obierunt ministerium in Vicariatibus Aspolicis de Hu-quang, de Hu-peh, de Hupeh orientali, de Han-kow jam ab anno 1839 ad annum 1926*, Missio Catholica, Hankou 1926.

② 王佐才的西文名有Wang、Wam和Won等不同拼写法。

Francesco Saverio Wang 这个名字在西方文献中时有出现。相反,在中国,他的名字几乎销声灭迹,就连大学者方豪在《中国天主教史人物传》中,也没有把王佐才收入其中,只对郭栋臣有较为详细的介绍①,实为重大遗漏。为弥补和丰富国内学者对如此重要华人学者的了解,笔者特此对王佐才的生平和著作多着一些笔墨。

王佐才 1842 年 12 月 1 日生于湖北省应城,14 岁时入武昌意大利方济各会士管理的圣方济·沙勿略神学院,他在那里初学拉丁语和意大利语。1854—1864 年武昌卷入轰轰烈烈的太平天国运动,情况危急。徐伯达主教(Luigi Celestino Spelta)于 1860 年 1 月 24 日决定把学院最有前途的年轻学生派到那不勒斯中华书院去深造。类似于 1723 年马国贤从中国带往那不勒斯的五名中国人那样,闫玉亭神父 1861 年 3 月 19 日(即意大利王国成立的第二天),与五名中国人从湖北天门起程,经过香港、马尼拉、河内坐船前往那不勒斯。经过近一年的长途跋涉,他们终于在 1861 年的最后一天抵达目的地。

这五人中王佐才 18 岁、郭栋臣 15 岁、吴承烈 12 岁,张懋功和范祖大的年龄不详。其中,郭栋臣,字松柏,圣名若瑟(Giuseppe Maria Kuo),1846 年 2 月 11 日生于湖北潜江。王佐才是这四位年幼者的中文老师。

1868 年 11 月 25 日,中华书院改名为皇家亚洲学院(Real Collegio Asiatico,1868—1886),除继续培养中国神职人员以外,也为那些希望学习中文和周边国家语言的 16 岁以上青年开设语言课程。1871 年 7 月 30 日,王佐才和郭栋臣以优异的成绩完成学业,并于 1872 年 9 月 22 日获得神职。这一年意大利新政府没收了宗教领地,接管了皇家亚洲学院。他们二人同时获得留校机会,教授汉语,实为特例。尽管他们同在这所改编后的世俗院校工作,但是由于身兼神职,他们仍然要服从梵蒂冈传信部支配。

王佐才不但年长于郭栋臣,而且是他的语文老师。1870 年 6 月 9 日,王佐才出色地完成意大利国王与中国使团在佛罗伦萨会面的翻译工作后,

---

① 方豪著《中国天主教史人物传》下册(中华书局 1988 年版,第 256—259 页)这样写道:"郭栋臣,字松柏,圣名若瑟,湖北潜江人。咸丰十一年(1861 年)出国,居圣家书院十二载,卒业后返国。光绪十二年(1886)复由传信部召往母校执教,历十载,门下士卒业而归者凡七人。1888 年译真福和德理(Odoric)并游记告终,自序于那不勒斯文华书院。民国二年赴罗马参与公斯当定皇护法后一千六百年纪念,民国十二年卒。……"此处,缺少出生年代,笔者加入:郭栋臣生于 1846 年 2 月 11 日潜江,1923 年 1 月 2 日在汉口去世。

载誉而归。因此,学校任命他教授中文课程,郭栋臣和德威沃(Domenico De Vivo)协助其工作①。具体的分工是由王佐才负责口语课程,郭栋臣则承担识字和阅读课程。这一时期的意大利汉语教学由于政体变革,也发生了实质性的变化:教学要与语言的使用和实用性相结合。学生们不但要学习文化、历史和汉字,而且他们更要学会使用汉语进行会话。因此,王佐才负责的口语课程变得至关重要。

一年后,即 1873 年郭栋臣奉命回家乡湖北传教,王佐才独自一人承担了汉语教学、编写教材的工作,持续执教近 20 年之久。从 1868 年至 1886 年,王佐才分别在平信部和传信部负责口语的教学工作。同时,他也教授中国学生意大利语、拉丁文和儒家经典。后者是为他们将来回国参加科举考试做准备。在这漫长的教学生涯中,王佐才凭着人品与学识赢得了学校师生的好评。1882 年,黎列纳教授(Giacomo Lignana)在写给意大利统一政府教育部长关于那不勒斯皇家亚洲学院的报告中,这样评价王佐才:"……在诸多神父中唯有王佐才最热爱教学、最谦虚,对宗教信仰和国家教育最忠贞。他是一个楷模……"②

意想不到的是这种来自站在教会对立面教授的友谊,给王佐才带来了莫大的灾难。他被教会指责为叛徒,遭到来自上司德马迪斯(Raffaelle De Martinis)的百般压制。虽然,幸免被发配到澳大利亚的华人社团去传教,③但是,由于长期的精神折磨,这位虔诚的基督徒,一位受人尊敬的教师精神崩溃了,被关在罗马附近 Frascati 的一个修道院里数月。

郭栋臣在师长因病不能继续执教时,于 1886 年重返那不勒斯,承担了 1888 年改名"皇家东方学院"以后的汉语教学工作。同年(光绪十五年),他翻译出版了《真福和德理传》。

1891 年,王佐才回到湖北,身体很快康复。三年后,即 1894 年完成了

---

① Michele Fatica,"*Il contributo degli alunni del Collegio dei Cinesi di Napoli alla conoscenza della lingua sinica in Europa e in Italia:il ruolo di Francesco Saverio Wang*",Scrittura di Storia,5° quaderno,Università degli Studi di Napoli "L'Orientale" p.232

② Michele Fatica, Gianluca Sanna,"*Francesco Saverio Wang e l'Adattamento in cinese del Vecchio e Nuovo Testamento in strofe terastiche*(1894)",Studi sul vicino oriente antico,Simonetta Graziani 主编,Napoli 2000,pp.1510—1511.

③ 原文参见 1886 年 7 月 27 日 Raffaele De Martinis 给传信部负责人 Giovanni Simeoni 的信件,藏于 CV, APF, b. 13, ff. 576,意大利文见 Michele Fatica 的文章"*Francesco Saverio Wang e l'Adattamento in cinese del Vecchio e Nuovo Testamento in strofe terastiche*(1894)",同上,第 1511 页。

在意大利没有完成的《古经新经 助记诗明》①的编译工作。这部拉丁文、文言律诗圣经是一个前所未有的历史奇迹。无论是从历史、宗教,还是从文学的角度讲,它都是空前绝后的杰作。遗憾的是这份手稿一直未能出版,甚至被遗忘在意大利方济各会的档案馆里,直到 2011 年②才公之于众。

王佐才在湖北教授圣经和拉丁文长达 30 年之久,1921 年 9 月 4 日在汉口去世,享年 79 岁。两年后,即 1923 年 1 月 2 日郭栋臣也随之而去,享年 78 岁。虽然二人的命运各异,但是王佐才和郭栋臣有着许多相同之处,他们都为那不勒斯中华书院的历史写下了光辉的一页。特别是他们二人在意大利汉语教学史上,不但位置显赫,而且独树一帜,开创口语与语法并进的教学模式,至今,仍然为意大利各大院校所沿用。

那不勒斯东方大学资深历史教授樊帝卡(Michele Fatica)说:"王佐才和郭栋臣是意大利 19 世纪后半叶唯一可以炫耀的(来自中国的)真正的汉学家,他们不但对母语了解颇深(文言和口语),而且对拉丁文和意大利文也有同样的功底。"③

但在中国,郭栋臣比王佐才更有知名度,原因在于他编写的中文教材比王佐才的早出版几年。郭栋臣借用中国传统儒家著作为教材,进行了注音,要比王佐才自己动手编写意大利文的汉语教材快得多,从技术角度上

---

① 这部著作的拉丁标题是:"*Vetus ac Novum Testamentum Carminibus Mnemonicis Comprehensumet in Tetrastichon Sinicum Versum*, 1894";中文标题为:"古经新经—助记诗明—辣丁汉字—神父王评"。详情下文另有单独介绍。

② 白桦,意大利语博士论文 *L'Antico e il Nuovo Testamento*, 1894, *di Francesco Saverio Wang, La Bibbia ridotta in esametri dattilici latini, tradotti in cinese classico in strofe tetrastiche*, Napoli, 2011,(《王佐才缩译的旧约和新约,1894 拉丁文"双句韵文"及中文"七言诗体"圣经》;论文的部分章节在香港以英文出版:Hua Bai,《*The Bible Condensed in Latin Dactylic Hexameters and in Chinese Classical Stanzas of Four Verses: Francis-Xavier Wang's Rendering of Genesis and Matthew's Gospel*》,载于香港中文大学《天主教研究学报》2011 年第二期《圣经的中文翻译》,第 350—431 页。论文着重对王佐才在圣经缩译中对旧约《创世纪》和新约的第一章《马太福音》做了详尽分析;另外,从语言学角度分析王佐才七言长诗《圣经》可参考意大利汉学协会 2011 年米兰会议论文集(*Atti del XIII Convegno dell'AISC*(Associazione Italiana Studi Cinesi)22—24 settembre 2011, Milano;a cura di C. Bulfoni e S.Pozzi, FrancoAngeli, Milano):白桦,"中国人看圣经——那不勒斯中华书院王佐才的七言诗体圣经用语分析"(*UNO SGUARDO CINESE SULLE SACRE SCRITTURE-la traduzione di Wang Zuocai, Collegio dei Cinesi di Napoli*)。

③ Michele Fatica, Gianluca Sanna, "*Francesco Saverio Wang e l'Adattamento in cinese del Vecchio e Nuovo Testamento in strofe terastiche*(1894)", 摘自 *Studi sul vicino oriente antico*, Simonetta Graziani 主编,Napoli 2000,第 1497 页。

讲,他捷足先登了。相反,而王佐才自编教材,从语法到单句,无一不是多年经验的积累,而且教材是用意大利文撰写并在那不勒斯出版。因此,对国人来说,可谓遥不可及,就连大学者方豪也不可避免地在其巨著中遗漏了王佐才。

2.19 世纪那不勒斯自编中文教材及工具书

马国贤创建的中华书院历史悠久,其汉语教学有史以来一直采用年长的神父教授年幼学员的模式,其意旨是让这些远道而来的学子不忘母语,其次是继续学习儒家经典,为其学成归国参加科举考试做准备。如果神学院的学生能获得一官半职,那将对在华的传教事业的发展具有举足轻重的作用。由于历年学员数量甚少,所以教学规模从没有达到可观的局面。

时至 1812 年,那不勒斯王国公共教育部门决定对所有(公立和私立)学校进行统一管理,教会性质的中华书院也在其内。这所寄宿学校相当于一所大学预科高中,拿破仑一世希望寄宿学校除了要具备统一规定的科目以外,还要加入"语法、人文、修辞学、希腊语、地理、历史和哲学"课程。为保持原书院的传统,寄宿学校特别设立了专门教授中文的"特殊学校"。中华书院招收了一批精选出来的青年,他们的到来,彻底改变了汉语教学的对象,不再只是中国学员,而是那些对东方语言感兴趣、其母语非汉语的欧洲人,或者外国人。

在新近发现的文献中,笔者找到一本当时学习中文的学生笔记,它充分展示并见证了那不勒斯汉语教学的内容。

(1)特雷斯的学习笔记:《那不勒斯中国书院专用中文文法》,(1813)①那不勒斯

1813 年,中华书院学生特雷斯(Gennaro Filomeno Maria Terres)把他的中文学习笔记整理成册,题为:《那不勒斯中国书院(特殊学校)专用中文文法》(下文简称《专用中文文法》)。手稿由 6 本手绘簿册组成,每册页数不等。这些中文文法手稿至今保存在那不勒斯国家档案馆,樊帝卡教授称之为"用意大利文编写的第一部中文语法"。②

---

① 原书标题"*Gramatica Chinese-Fatta per uso della scuola speciale istallata nel Collegio de' Chinesi in Napoli*".这份手稿目前藏于那不勒斯国家档案馆。

② Michele Fatica, Catalogo, *Matteo Ripa e il Collegio dei Cinesi di Napoli*(1682—1869), Napoli, p.299.

《专用中文文法》较全面地概括了汉语的基本常识,间接展示了当时中华书院汉语课程的内容。到目前为止,还没有发现比这份手稿更古老、更具体、与汉语教学实况相关的文献。因此,这份笔记是研究书院乃至意大利近代汉语教学情况必不可少的重要文献。

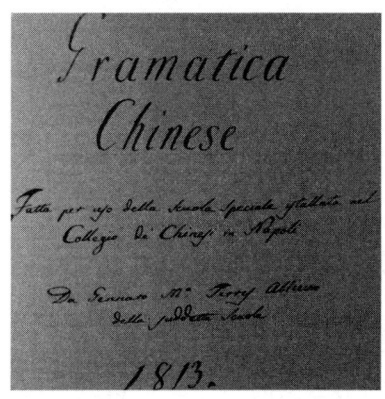

特雷斯(Gennaro Filomeno Maria Terres),《那不勒斯中华书院专用中文文法书》,1813

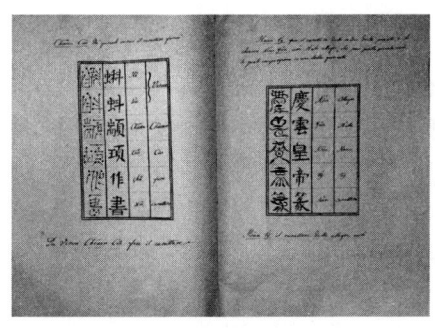

同上,插页一

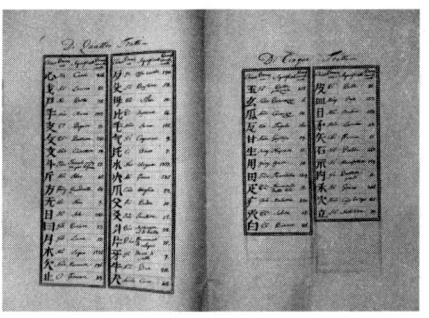

同上,插页二

为获得手册的全部资料,笔者特意赴那不勒斯,经整理,现归纳如下:特雷斯的6本手册使用的是大十六开用纸,是典型的西方纸张,质地坚厚。与当时中国常见的宣纸不同,少有笔墨渗透到背面的现象,即便有也微不足道。从装订上看,并非中国传统线装书,而是纸张对折后,中间有细带固定的西方装订。

这份手稿从汉字的起源开始,随后转入汉字的结构、发音和声调的讲解,最后是部首目录和发音表。正文为意大利语,中间穿插手绘汉字。第一册为概述,对"山、日、龙、王、鸟、人"六个象形文字给予了图解,转而列表展示了其他63①个汉字的象形体、繁体、注音和字义(见第128页插图)。这种图示的方法所占比例非常大,行文相对来讲显得十分有限。最后,以7个②汉字为例,对比了行书与印刷体之区别。书中象形文字的手绘非常精美,画面栩栩如生,极其富有吸引力。第二册主要说明了汉字的注音,使用欧洲通用符号和拉丁字母对汉字的声调和拼写进行注音。第三册讲汉字的构成,实例有"女、奻、姦"和"雨+田=雷、雨+云=雲"等。随后,简要介绍象形、假借、指事、会意等概念。尾页注有"第一部分到此结束"几个字。第二部分是从第四册开始,介绍笔画,列出214个一至十七划的部首目录。第五和第六册以图展示汉语的四个声调:平声、上声、去声和入声,并包括344个汉字的发音表,全部使用拉丁字母注音。例如,他在解释_cha,_chai,_chan中的声母时,称中文的_ch等同于意大利文的tz,而cha,chai,chan的声母ch则与意文的ci一致。讲到声母g的发音时,其解释多至四种:gai,go的g与意大利语的ng相同;gan,gang,gao的g等同于意大利语的g;gue,guen,gueng的g则要发成意大利语的gh;g在guei,gu中则不发音。

　　最后应该指出的是特雷斯在首页上以中华书院的"学生"自称,由此推断手稿很可能是他整理后的学习笔记。另外,每册手稿中都夹杂着一些零散的学生作业和四封书信。作业用纸是典型的中国宣纸——薄而透,内容是抄写"塞翁失马"等典故。其中,还夹有中国老师书写的小楷摹本,作业纸上不但有学生的姓名,而且还有署名 Giuseppe Ciun 的意大利文评语:"buono(好),ottimo(非常好)"。可见,Giuseppe Ciun 一定是当时中华书院的汉语教师,他的四名学生皆为意大利人。

　　综上所述,《专用中文文法》是我们已发现的最早用意大利文编写的语法笔记。其汉字注音体系较之前的拉丁注音体系之区别还有待学者进一步研究。另外,从历史的角度更深入地研究这些书信也将有助于全面了解和研究中华书院的历史。

----

　　① 65个汉字:"伏羲是龍書,穗書神農作,鳳書少昊作,蝌蚪顓頊作,史為雀鳥篆,蔡邕飛蒐制字,作紋為記文,韋星宿篆,秦制士文,亦趕基剪刀字,安樂思心文,金錯西制文,魚鱗江。"

　　② 行书实例表:"中國萬歲叩天子"7个汉字为首列,第二列为这几个汉字的行书体,第三列是注音,第四列为字义。

(2)《初学简径》,万济国 叶尊孝,1835,那不勒斯

如果说《专用中文文法》是用意大利文编写的、最早的中文语法笔记,那么在它之后得以正式出版印刷的意大利文中文语法又是哪本呢?迄今为止,在已掌握的文献中以1835年出版的《初学简径》(右上图)最早。这本文法的出版无疑再次证明19世纪初期那不勒斯汉语教学的实力和地位,为推广汉语在欧洲的传播做出了卓越的贡献。

这本文法教材的署名作者分别是西班牙的万济国和意大利叶尊孝。二人皆为在华传教士,并各自编写过有关中国文法的著作,即《华语官话语法》和《汉字西译》(又名《汉拉词典》)。这两本著作都曾以手稿的形式流传和使用,直到1703年《华语官话语法》在广州出版,而叶尊孝的《汉拉词典》则于

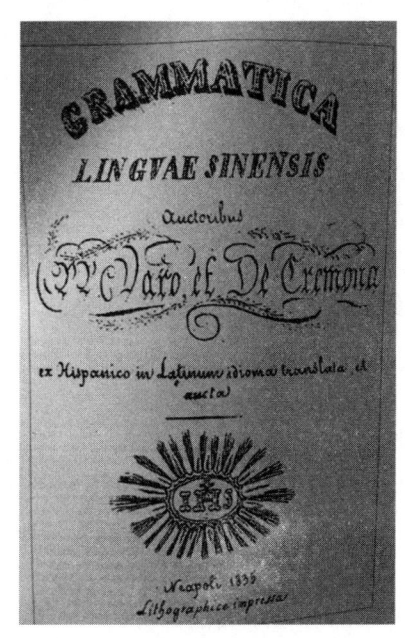

《初学简径》万济国 叶尊孝,
1835,那不勒斯

1813年以小德金之名在法国巴黎出版,即《汉法拉词典》。

这本那不勒斯的《初学简径》首页为拉丁文封面(见上图),从上至下写着:Grammatica Lingvae Sinensis(标题),Varo et De Cremona(两位作者的姓氏),ex Hispanico in Latinum idioma translata, et aucta(从西班牙文译成拉丁文),再下面是标有IHS字样的修会图案,封面底部写着出版时间和印刷商Napoli, 1835和Litografice impressa。第二页右起:"天主降生一千八百三十五年",中间是"初学简径"四个中文大字、左下角写着"纳玻璃石板印";第三页仍为中文:"此汉文之规、乃克赖毛纳瓦老父著、然自为东洋圣教操心之数人、斯巴泥言、译亦增"。由此可知,这是一本中文文法之书,在东方传播圣教的万济国和叶尊孝神父著,西班牙文,翻译并增补。之后,则是拉丁文序言。

全书共111页,主体部分(从第11页到第75页)分别用八个章节讲解

了中文文法,保留了拉丁文法讲解习惯,除名词、动词分章讲解之外,还按照拉丁文文法的主格、属格、变格等分章讲解中文词语。对形容词的级和数词的表达,以及代词等都予以了说明。《初学简径》所收录的词汇大多与天主教相关词语有关。例如,有对"天"和"主"二字的含义的讲解。在具体讲解词汇、短语和例句时,采用以拉丁文词语对照、拉丁文释义、拉丁文讲解语法,以及拉丁字母注音等方式。格式简洁而清晰,释义简明。随后,从第77页到该书的尾页为止是词表,按照拉丁字母顺序排列,其后是与拉丁单词对应的中文词汇、短语和汉语发音。另外,从第107至109页还有长短不一的句子出现。

关于《初学简径》的最早记载见于高笛 Henri Cordier 的中文书目(Bibliotheca Sinica),现藏罗马国家图书馆的善本部。①笔者在查看该馆微型胶卷时,还发现111页之后还有一些杂页,有的为重页,有的为看此书后所归结的笔记要点,从字迹上看非常随意和潦草。

樊蒂卡教授曾经指出,《初学简径》的编者是中华书院之人,但无署名。②《初学简径》难道是中华书院的编者把万济国的《华语官话语法》与叶尊孝的汉拉字典的部分内容予以合并不成?笔者急于探究《初学简径》的西班牙语原著题目、时间和出版商。为此,笔者查找了多方资料,力图寻找两人合著的名称和背景。最后,终于在2000年出版的英文版《华语官话语法》③中找到一丝线索。编者在前言中有这样一段陈述:

"……在那里(广州,笔者按)他(Pedro de la Pinuela)于1703年重新把老师万济国的手稿进行了整理,并添入了叶尊孝的《Confessionarium》中,后请同事 Placyd Walczak 做了刻板。"④由此可见,《华语官话语法》既包括万济国的语法,又收入了叶尊孝的《Confessionarium》,为一本合集。它很可能就是那不勒斯《初学简径》的西文摹本。到目前为止笔者还没有来得及

---

① Michele Fatica, "L'Istituto Orientale di Napoli come sede di scambio culturale tra Cina e Italia nei secoli XVIII e XIX", pp.83—121, *Scrittura di Storia*, n.2, Edizioni Scientifiche Italiane, Napoli, 2001.

② Michele Fatica, Catalogo, *Matteo Ripa e il Collegio dei Cinesi di Napoli*(1682—1869), Napoli, p.312.

③ *Francesco Varo's grammar of the mandrin language*,1703: an English traslation of "Arte de la lengua Mandarin", Edited by W.South Colin, Joseph A.Levi; with an introdction by Sandra Breitenbach. 2000, John Benjamins B.V.

④ 同上,W.South Colin, Joseph A.Levi."Editor's Foreword" p.xii.

核实并对比《初学简径》与《华语官话语法》的内容是否同出一辙。但是，基本可以断定 1835 年中华书院的编者把 Pedro de la Pinuela 合成的西班牙文集子译成了拉丁语，以适应当时教学之需。

（3）《汉洋字典》，小德金，1853，香港

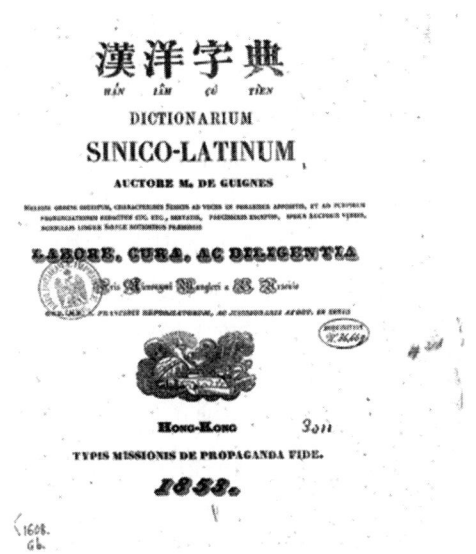

《汉洋字典》，小德金，1853，那不勒斯

自 17 世纪以来，欧洲传教士学习中文梦寐以求的东西莫过于拥有一本中文字典。到了 19 世纪这一状况依然没有太大的变化。书院的藏书中不但可以找到叶尊孝的《汉拉字典》手抄本，目前藏于罗马方济各修会档案馆内。此外，还有 1853 年在香港印刷的《汉洋字典（汉拉字典）》（Dictionarium Sinico-Latinum），署名小德金（Chretien Louis Josephde Guignes，1759—1845）。但这并不是小德金于 1813 年在拿破仑政府支持下出版的那本精美装帧的《汉法拉字典》的翻版，而只有汉拉部分。换句话讲，1853 年香港的《汉洋字典》实际上是叶尊孝的《汉拉字典》①第一次得以独立并完整地出版。但有意思的是：是时 1853 年，小德金剽窃叶尊孝的

---

① 关于叶尊孝的《汉拉字典》论述见第二章第七节"叶尊孝"。

汉拉字典①的事实已经公认,而且这个香港版似乎也做出了回应——只刊行了汉拉部分,但是它的署名仍然保留了"小德金"之名。这又是什么原因所致呢?实在有待深入探讨。

总之,无论是以手抄本流传的叶尊孝的《汉拉字典》,还是署名小德金的《汉法拉字典》和《汉洋字典》,它们无疑都是19世纪那不勒斯、整个欧洲,甚至东方学习中文不可缺少的工具书。例如,郭栋臣编写的《三字经》和《华学进境》等教材,都参考并使用了这本《汉洋字典》的注音体系。下面将对那不勒斯编写的汉语教材一一予以介绍。

(4)郭栋臣的《三字经》(1869),那不勒斯

1868年11月,那不勒斯皇家亚洲学院正式开设汉语课程,首次向社会招生。为应急之需,郭栋臣选用中国儿童识字读物《三字经》作为教授汉语的基础课本之一。全书共30页,中国传统装订,从右向左竖行排列,对1068个汉字做了注音,并逐字对应其拉丁译意。

郭栋臣在书中指明《三字经》的注音体系采用了小德金的《汉洋字典》所使用的注音体系,它是19世纪在欧洲出版中文读本的少数案例之一。在学习语言的同时,《三字经》也不失传播中国文化思想之功。

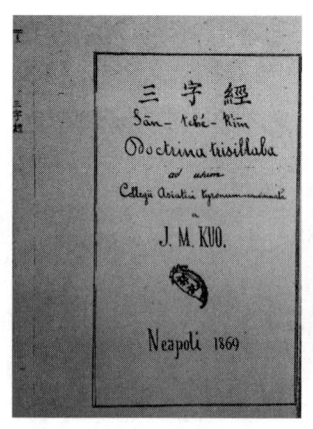
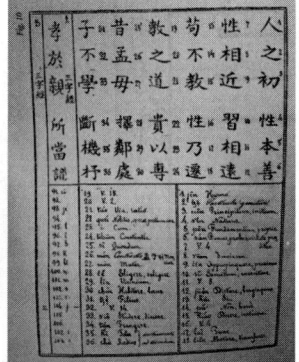

---

① 相关研究可参考:杨慧玲"《汉字西译》考述",《中国古籍与文化》2011年第2期,第118—125页。

（5）郭栋臣的《华学进境》(1869)和《华学进境-小引》(1872)，那不勒斯

同治八年(1869)与《三字经》同时出版的还有《华学进境》，意大利文书名为：*Saggio di un corso di lingua Cinese*。《华学进境—小引》则是同治十一年(1872)出版的，前后相差三年。

《华学进境》共有"官话""文言""构成""轻松学汉语"和"读本"五卷①。下图为第五卷"读本"的封面和《论语》的节选。

 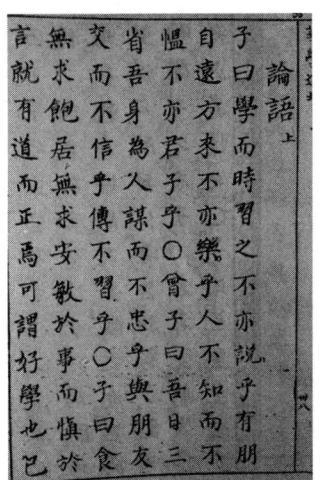

封面有中文的一页，也有中文、意文混合标题的一页。中文封面横书"新镌"二字，正中间直书"华学进境"四个大字，"境"字下面横书两个小字"卷五"，右边直书"同治八年楚省郭栋臣订"，左边直书"纳玻里中华书院藏本"，右边外沿直书"落叶集"，"集"字之下横书"一册"二字。中文、意文的封面从上至下依次写着："华学进境" "*Saggio di un corso di lingua Cinese*"（意文标题）"*per Giuseppe M. Kuo Alunno del Collegio Cinese*"（中华书院郭栋臣）"Parte quinta"（第五部分）"CRESTOMAZIA"（读本）、"fascicolo primo"（第一册）、"Napoli 1869"（那不勒斯，1896），以及"郭记"二字。这本书以《三字经》《孝经》《小学》《论语》《大学》《中庸》和《孟子》的节选为

---

① 郭栋臣，《华学进境》，1869，第64页上标有"1. Lingua mandarinica；2. Lingua letterale；3. Composizioni；4. Studio ameno；5. Crestomazia."

内容，共 64 页，全部为中文，无西文注释。因此，意大利语封面有大写的 CRESTOMAZIA 字样，即"读本"之意，相当于今日的中文阅读教材。

另外，从 1869 年版的索引得知，这套教材分为五"部分"，中文封面则使用了"卷"字。前四卷至今未曾见过，唯有第五卷"读本"最常见，在多家档案馆和私藏中可以看到。其次，较为多见的是 1872 年的《华学进境—小引》。

同治壬申年（即同治十一年，1872）郭栋臣出版《华学进境—小引》，其中文、西文封面如下图。

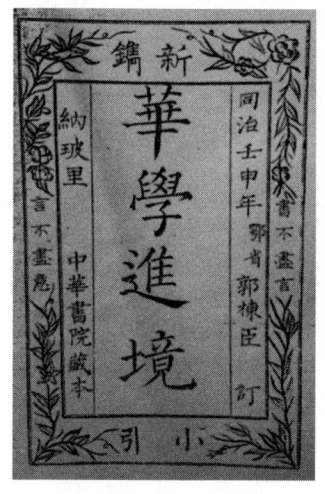 

方豪在《中国天主教史人物传》中没有提及 1869 年版的五卷本《华学进境》，他对《华学进境》的介绍全部来自这本《小引》。借引如下：

> 郭栋臣在意大利时，所著《华学进境》一册，石印。高二五.四公分，宽二三公分。封面一面纯为中文，一面为中文、意文及意文拼音。中文封面上为"新镌"二字，横列；中为《华学进境》四字，直书；右为"同治壬申年鄂省郭栋臣订"，左为"纳玻里中华书院藏本"，均直行；两侧分列"书不尽言"、"言不尽意"等八字；下端则为"小引"二字，横列。余前游意大利时，幸获一册。

可见，方豪手中指的《华学进境》正是 1872 年（同治壬申年）的《华学进境—小引》，而不是1869年的五卷本《华学进境》之一。

方豪接着写道：

> 小引共三十六面，三十五至三十六面为索引。计分：古象形字表，楷行草隶篆表，省字表，伪字表、部首难寻字表、重要草字表、部首表。①

其实，这36页的《小引》在内容上远远不只这些，方豪所提及的各表只是书中的插页，而全书的主要内容则涉及汉字、字体、笔画、结构、发音，以及书面语、口语和方言等六个大方面②，这一点可以从索引中得到确认。

总之，《华学进境》这套汉语教材不但在意大利近代汉语教学中意义重大，而且对中国文化、哲学思想的传播发挥了积极作用。方豪称"栋臣此书，对意大利后世汉学者及来华传教士，必多贡献"。③

（6）王佐才的口语教材《实用日常词汇与简短对话》（1874），那不勒斯④

《实用日常词汇与简短对话》是中国人首次在欧洲出版的中文口语教材，为后人开辟了一条教学新径，影响深远。

1868年，中华书院更名为皇家亚洲学院，学院的宗旨即是让语言与实用相结合。王佐才是主课教师，负责口语教学。1870年，他成为意大利政府接待中国第一个代表团的指定翻译，出色的口译再次证明了他的实力。因此，编写口语教材无疑会益于培养意大利口译人员。

这本书主要介绍了20个字母的发音；中国人与意大利人相遇时的场景对话16句；中国人遇见欧洲人对话16句。另外，有关询问、请求用语10句；有关天气的19句；家庭生活用语12句等。同时，对汉语词性予以划分和归类，并逐一解释并说明其用法。例如，除了动词、名词等，还对介词、副词等进行介绍，便于西方人学习汉语之用。

---

① 方豪著《中国天主教史人物传》下，中华书局1988年版，第257页。
② 郭栋臣著《华学进境—小引》，1872，第35—36页。
③ 方豪著《中国天主教史人物传》，下册（中华书局1988），"郭栋臣"，第256—259页。
④ 《实用日常词汇与简短对话》的意大利文标题为 *Vocaboli usuali e domestici con frasi semplici e dialoghi facili e brevi*。详情可参考：白桦《论王佐才对海外汉语教学的贡献——那不勒斯中华书院汉语教材再探》，载《国际汉语教育动态与研究》2010年第四辑，第90页；此篇论文2011年转载于意大利汉学期刊《明清研究》XVI，那不勒斯，2011年，第183页。

VOCABOLI USUALI E DOMESTICI
CON
FRASI SEMPLICI E DIALOGHI FACILI E BREVI
PER
FRANCESCO WAŃ
DEL
REALE COLLEGIO ASIATICO DI NAPOLI

NAPOLI
TIPOGRAFIA ITALIANA
Liceo V. E. al Mercatello
1874

《实用日常词汇与简短对话》(1874),那不勒斯

例1:中国人与意大利人相见时的部分对话

原文1 王佐才的注音	原文2 意大利文	对应中文 由樊蒂卡整理①
Kuei sin.	Quale è il suo Cognome?	貴姓
Zien sin Ma.	Il mio cognome è Maresca.	賤姓馬
Kuei min.	Quale è il suo nome?	貴名
Zien min Jo-se.	Il mio nome è Giuseppe.	賤名諾瑟
Kuei kuo	Di quale Regno?	貴國
I-ta-li-ia kuo.	D'Italia.	意大利亞國
Kuei kan.	Che fa?	貴干
Tu su.	Studio.	讀書
Pin pu pin-an.	Come sta?	平不平安
To-sie pin-an	Grazie, bene.	多謝平安

---

① 此表参见:白桦,《明清研究》XVI,那不勒斯,2011年,第184页。

例 2：一个欧洲人与中国人见面时的对话

原文 1 王佐才的注音	原文 2 意大利文	对应中文 （由樊蒂卡整理）①
Kuei-sin	Quale è il suo Cognome?	貴姓
Zien sin Wan.	Il mio cognome è Wan.	賤姓王
Kuei min.	Come si chiama Ella?	貴名
Zien min Zo-z ai.	Mi chiamo Zo-z ai.	賤名佐才
Kau sinmin.	Quale è il suo nome di battesimo?	高②姓名
Fan-zi-ko.	Francesco(a servirla)?	方濟各
Kuei kuo.	Di quale Regno?	貴國
Con-kuo.	Della Cina.	中國
Kuei sen.	Di quale Provincia?	貴省
Pi sen Hu-pe.	Della Provincia Hu-pe.	敝省湖北

例 3：一个中国人与一个年岁稍长者的部分对话

原文 1 王佐才的注音	原文 2 意大利文	对应中文 （由樊蒂卡整理）③
Kon-hi, pin pu pin-an?	Buon giorno, come sta?	恭喜,平不平安
To-si Sien-sien, hen hou Sien-sen, je pin-an mo.	La ringrazio, molto bene, ed Ella come sta?	多謝先生,很好,先生,爺④平安嗎
Ko-i,	Passabilmente?	可以
Zin-zo.	Di grazia, segga.	請坐
Ki kuan-mien siauti-ti, in-wei ieu to si zu.	Perdoni, perché ho molti affarei.	請寬免小弟弟,因為有多事做
Pu sian-kan, zo i zo hou kiu.	Non importa, sieda un poco e poi vada.	不相干,坐一坐後去
Zun sin-hion min.	Obbedisco a' suoi comandi.	遵行候命

---

① Michele Fatica, "Il contributo degli alunni del Collegio dei Cinesi di Napoli alla conoscenza della lingua sinica in Europa e in Italia: il ruolo di Francesco Saverio Wang", *Scritture di Storia*, n.5, Napoli 2008, p.236.

② 此处樊帝卡整理有误,笔者认为应为"教名"的"教"字。

③ Michele Fatica, "Il contributo degli alunni del Collegio dei Cinesi di Napoli alla conoscenza della lingua sinica in Europa e in Italia: il ruolo di Francesco Saverio Wang", *Scrittura di Storia*, 5° quaderno, Università degli Studi di Napoli "L'Orientale" pp.246—247.

④ 此处樊帝卡整理有误,从意大利语判断,应为"也"字。

全书通篇没有一个汉字,汉语发音全部用拉丁字母标注。编写目的就是为了提高学生的口语水平,这也是为了适应那个时代的需要——当时很多汉学家和东方学者会写、会认汉字,但是不会说汉语,此书弥补了这一不足。学院的主要任务毕竟是要培养未来能胜任商业、外交等领域的口译人员。

此时,在意大利北部先后开设的东方语言课程相继搁浅,而那不勒斯的汉语教学则在此时飞速发展。除了学院人数剧增以外,课程的设置,以及口语教材的出版无不显示了那不勒斯汉语教学的领先地位。

其中最关键的特点在于聘用中国人教授汉语,这体现了汉语教学思路的转变:如果西人无法胜任口语教学的重任,那么起用那些有学识的中国人士则是必然的选择。以前西人要先学习中文,然后再研究中国文化。而此时,中国人直接参与教学,特别是使用《三字经》进行教学充分体现了中国传统教学方式在欧洲得到了延伸。无论是《三字经》,还是《华学进境》都带有强烈的中国文化色彩,学习汉字的同时,也传播了中国文化和东方思想。

(7)王佐才的语法教材《中文语法概要》(1873/1917),手稿,那不勒斯/湖北

王佐才的《中文语法概要》一直没有出版。从年代(1873)和内容上看,可以推测它是《实用日常词汇与简短对话》(1874)出版前的初稿和续稿——1917年,王佐才在回到汉口以后又对其进行修改和补充。《中文语法概要》首先讲解了汉字的书写和分类:象形、会意、指示、转注、假借、谐声等,并附有汉字实例;其次,讲述了中国书法的种类、笔画、部首、声调、实字和虚字等。实字下又分宾语、比较、最高级、数;虚字下提到了助词、方位词、连词、副词和叹词等。最后,是句子结构,汉字实例均有字母注音和意大利文注释。

1873年,郭栋臣回湖北传教,王佐才留下继续教授汉语,所以,编写这本教授意大利人学习汉语的语法书,可以弥补只有《三字经》和《华学进境—读本》等识字、阅读性汉语教材的不足。

像王佐才那样,久居国外并能驾驭西方语言的人为数不多,他了解中西语言差异,并最先把它展示给学生。王佐才1873年撰写《中文语法概

《中文语法概要》
1917 年在汉口重写之手稿①

要》,完全采用了西方语言学模式,首次使用意大利文把汉语语法简洁地介绍给意大利学生。值得关注的是:如果说中国第一部系统的汉语语法著作是马建忠(1845—1900)的《马氏文通》(1898 年),那么王佐才的这部语法教材比它还要早 24 年。

(8)王佐才的语法教材《汉语入门》(1882),手稿②,那不勒斯

在《中文语法概要》之后,王佐才于 1882 年又编写了另一本语法教材:《汉语入门》。与 1874 年出版的《实用日常词汇与简短对话》一样,该书没有一个汉字,意大利文所对应的中文实例均采用拉丁字母注音标注。手稿共 10 页,分三部分:第一部分为语音,讲解了如何使用拉丁字母标注汉字的读音,第二和第三部分是两个单元课,以实例说明中文与

---

① 白桦《明清研究》XVI,那不勒斯,2011 年,第 185 页。
② 《汉语入门》(*Nuovo Metodo per imparare a parlare LA LINGUA CINESE*),也可直译为《学说汉语的新方法》。

意大利文在语法上的异同。例如：王佐才在解释 ch 的发音时，是这样解释的：①

原文	笔者译文
"Ch" inglese ha il sono schiacciato della "c" italiana. Esempi "che" Il, lo, la il quale, la quale, la quale che, quelche, ciò che. "chi" Sapere. "cho" Tavola. "chu" Padrone, Signore, Dio. Quando poi la "ch" vien seguita dall'accento d'aspirazione, ossia dall'apostrofo(') si pronunzia con aspirazione. Esempii "ch'a" Tè, Thè. "ch'e" Carro, carrozza. "ch'i" Piscina, peschiera. "ch'u" Uscire, fuori.	英文的 ch 比意大利文的 c 要扁平 例： "che"：这 "chi"：智 "cho"：桌 "chu"：主 当 ch 后面带送气符号'时，要送气， 例： "ch'a"：茶 "ch'e"：车 "ch'i"：池 "ch'u"：出

　　王佐才编写的口语教材不但在那个时代发挥了重要作用，而且也是口语教学史上的首创。从教材的使用者来看，王佐才以上三本教材的使用者无疑是以意大利人为主、学习汉语的外国人。不仅如此，王佐才的学生还包括来意求学的中国人。他们学习的课程除了神学以外，拉丁文是其中重要的课程之一。因此，王佐才为他们编译了拉丁文——中文对照的《圣经》七言长诗②。这本巨著倾注了他三十多年的心血，是圣经汉译史上的璀璨奇观。

---

　　①　此表：白桦，同上，《明清研究》XVI，那不勒斯，2011 年，第 187 页。
　　②　Hua Bai, *The Bible Condensed in Latin Dactylic Hexameters and in Chinese Classical Stanzas of Four Verses*: *Francis-Xavier Wang's Rendering of Genesis and Matthew's Gospel*，载于香港中文大学《天主教研究学报》2011 年第二期《圣经的中文翻译》，第 350—431 页。中文题目是：王佐才之拉丁文"双句韵文"及中文"七言诗体"的新约、旧约缩译——创世纪和马太福音。对王氏《圣经》详细介绍及论证见白桦博士论文 *L'Antico e il Nuovo Testamento*, 1894, di Francesco Saverio Wang, *La Bibbia ridotta in esametri dattilici latini, tradotti in cinese classico in strofe tetrastiche*, Napoli, 2011, 第三章 96—292 页(《王佐才缩译的旧约和新约，1894——拉丁文"双句韵文"及中文"七言诗体"圣经》。

(9) 王佐才的拉丁文教材：拉丁"双句韵文"及"七言诗体"的《古经新经》(1894)，手稿，(那不勒斯-湖北)

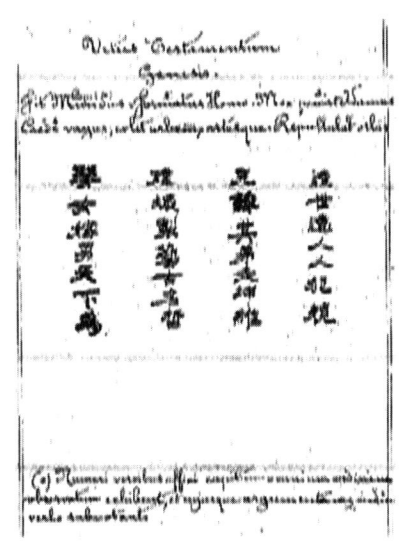

王氏《古经新经》封面与《创世纪》节选

这本手稿的拉丁标题是："*Vetus ac Novum Testamentum Carminibus Mnemonicis Comprehensumet in Tetrastichon Sinicum Versum*，1894"；中文标题为："古经新经—助记诗明—辣丁汉字—神父王评"。

王佐才所译《圣经》手稿分《古经》和《新经》两部分，共 314 页。每页有直书四行七言诗句，诗的上方还有横书的两行拉丁文押韵短句。拉丁文部分几乎点到了《古经》和《新经》的每个章节，但中文部分所涉及的内容与其不尽相对应，而是有选择地对圣经的部分章节进行概括，也不时带有评论性质的诗句。孤立地看，每页都是一首七言绝句；从整体上看，又是一首七言长诗，共 1188 句。王佐才之所以采用韵文体，据他自己说是"助记"，便于读者诵读和记忆。

另外，王佐才在《古经》和《新经》章节的挑选上有所侧重，值得研究推敲。这本中文七言长诗体《圣经》折射了中西方历史、文化、哲学思想的不同之处，更确切地说是中国儒家思想与天主教思想融合的又一次尝试。

从译文风格方面来看，文白杂糅，特别是《新经》中大量使用俗体字和简化字。这进一步证明了《圣经》从编译到成诗跨越的时间长：从王佐才1860年离开湖北赴意留学到1894年成书，这一时期正是中国政治最动荡的变革时期。语言和文字也发生了巨大变化，文言文日益为白话文所取代，加之外来词大量涌入和使用，形成了一种混杂的局面。从王氏旧约到新约所使用的文字上看，明显可见繁体字在逐步向简体字演变，后期异体字使用甚多。文言文到白话文的过渡迅猛而混乱，有时甚至在前后临近的几页上会出现多个异体字，例如：國 = 国 = 国，越靠近现代使用越频繁。因此，可以说王佐才的七言长诗体《古经新经》也为研究汉语的演变，即文言文—半文言文—白话，提供了一个历史见证。①

（10）魏峨②的《大中国文书》③（1888），那不勒斯

自1873年郭栋臣回湖北传教后，王佐才就成了意大利唯一的一位中文老师。在近20年（1868—1886）的教学生涯中，他为意大利培养了诸多意大利驻大清帝国的中文翻译和外交人员。诸多学生中，唯有学生魏峨（Eduardo Vitale）继承了师业：编写了一本汉语语法教材——《大中国文书》，1888年出版，用于那不勒斯海事技术学院的汉语课程。

笔者最早见到这本教材是在八九年前罗马国立图书馆举办的古籍图书展上，时隔多年重新在图书馆的卡片箱里找到了他的名字。其名下有两本《大中国文书》（1888，114页）、一本《度量衡和货币在多种语言中的命名》④（1888，187页）和一本《罗克曼寓言词汇表》⑤（1887，82页）。

---

① 从语言学角度分析王佐才七言长诗《圣经》可参考意大利汉学协会2011年米兰会议论文集：Bai Hua, *UNO SGUARDO CINESE SULLE SACRE SCRITTURE-la traduzione di Wang Zuocai*, *Collegio dei Cinesi di Napoli*.2013, Milano（即："中国人看圣经——那不勒斯中华书院王佐才的七言诗体圣经用语分析"）。

② 魏峨，名Eduardo，姓Vitale，生卒不详。由于Vitale这个姓氏与下文中的威达雷（Guido Amedeo Vitale, 1872—1918）同姓，而且两人都是那不勒斯同一时代的人物。因此，常有把两人混淆的事情发生。本文为区别二人，把Eduardo Vitale称为"魏峨"，来自其姓名的首写字母。"魏"姓来自他在教材封面上留下的签名"弟魏"。

③ Eduardo Vitale, *Grammatica cinese*.-Napoli：Tip.di Gargiulo, 1888。共187页，现藏于罗马国立图书馆，中文古籍藏书。

④ Eduardo Vitale, *Nomenclatura in italiano, spagnuolo, francese, inglese, tedesco, arabo e cinese con participii e verbi nonché un trattato di Pesi, Misure e Monete per uso degli emigranti, viaggiatori, impiegati, commercianti e per gli alunni di lingue orientali*.Napoli, Tip.Gargiulo, 1888, 共187页。

⑤ Eduardo Vitale, *Vocabolario di tutte le parole che esistono nelle favole di Lokman*. Napoli, Tip. Sociale Migliaccio & C., 1887, 共82页。《罗克曼寓言词汇表》是魏峨根据罗克曼的寓言，为那不勒斯东方学院的学生和海事学校编写的一本词汇表。因与中文无关在此省略。

第五章 意大利汉学的停滞和复苏时期(1800—1870—1945) ◆ 193

魏峨(EDUARDO VITALE),
《大中国文书》之封面(1888)

《大中国文书》共分八课,每课有范文、阅读和词汇表,以及214个部首表。作者在前言中列举了一些编写汉语教材的困难,但是,他最后写道:"……要记住,只有中国才是唯一敬重知识的国家:在那里唯有学士才能进入皇宫,而不是武士;坚持不懈的努力之后会有文雅的回报,那里是一个推崇学问、尊重个人的地方。"显然,魏峨对中国的科举制度十分崇拜和向往,无不希望他所在的国家也会重用有识之士。

魏峨的教材以日常用语为主。此书的最大特点是他自己书写并刻印了所有汉字,尽管他的汉字不甚娴熟,但是,这本书一改中文教材没有汉字、只有字母注音的情况。他的老师王佐才在1873出版的口语教材就无汉字。他在前言中解释道:"如果只想读汉字的话,你会发现汉字旁边对应的是一个数字,而没有这个汉字的发音,所有汉字都集中在附表里。"全书共有21个汉字附表,即21张魏峨刻写的汉字单页。由于每课单词的讲解是从中文单字/词的注音开始,逐步进入句型和语法的解释,所以汉字单页被放在了每课结尾。只想认读汉字的学生,或是忘记了某个汉字发音的时候,可以根据单字旁边的阿拉伯数字,在汉字单页的左上角找到先前出现过这个汉字发音的页码,使用十分便捷。

另外,魏峨在《大中国文书》的前言中还提到一本同年(1888)出版的配套教材:《度量衡和货币在多种语言中的命名》。当笔者新近找到它的时候,激动的同时,不得不带着几分怜惜之情看着眼前的这本书:书的封页已与主体断开,187页的书断成了三部分,灰尘满面。那两本《大中国文书》却都有装修后的硬皮壳。相比之下这本《度量衡和货币在多种语言中的命名》明显地说明它已被遗忘很久了,以至于没能同其他书籍一同得到修复。

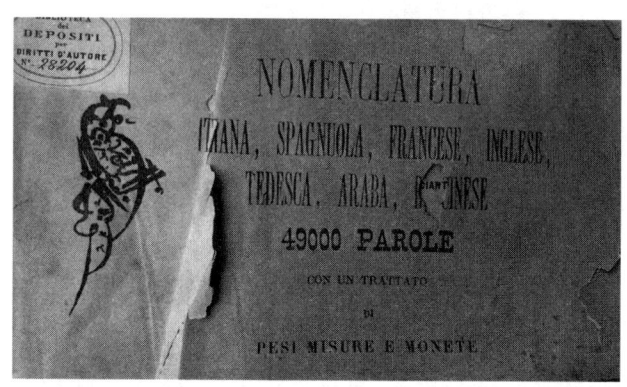

《度量衡和货币在多种语言中的命名》魏峨,1888,那不勒斯

《度量衡和货币在多种语言中的命名》收录了49000个字词,分别以西班牙语、法语、英语、德语、阿拉伯语和汉语的顺序翻译了所对应的意大利语的词义,内容非常丰富。全书分28个部分,除了年、月、日、季节和数字以外,还列出了宗教专用语、宗教节日;专业词汇涉及天气、气象、行星、城市、建筑、设施、军事、海军、身体部位、疾病和药物名称等;日常生活物品包括服装、布料、食品、饮料、花草树木,以及地理和矿物名称。此外,还配有常用形容词和动词的特殊变位表。最后,是度量衡和货币在西班牙语、法语、英语、德语、阿拉伯语和汉语中的对应名称。

与《大中国文书》截然不同之处是这本书没有出现一个汉字,所有中文词汇都是以字母注音的方式完成的。另外,从编排的内容可以看出这本词汇表的实用功能非常强,与编者任教的海事技术学校的性质有直接关系。编书的目的,正如作者在封页上所写的那样,是为便利商人、游客、移民、职员,以及那不勒斯东方学院的学生们之用。

纵观以上那不勒斯的汉语教材,除了拉—汉对照的七言长诗《古经新经》以外,其他教材的使用者主要是意大利人。语法用书有特雷斯的中文笔记、王佐才的《中文语法概要》和《汉语入门》,以及魏峨的《大中国文书》;识字和阅读教材有郭栋臣的《三字经》和《华学进境》;口语教材则是王佐才的《实用日常词汇与简短对话》。教材的数目之多和内容之广,是同一时期其他院校所无法比拟的。另外,从这一时期开始,中文语法教材的编写一改以往以拉丁文编写为主导的局面,第一次进入用意大利文编写教材的时代。

3.历史遗留问题与解答

意大利的统一获得了政治上的独立,加之与满清政府建交,皆在不同程度上促进了对汉语的需求,学生大增。因此,印刷中文教材势在必行。但是,大批量排版印刷中文书籍在欧洲实为不易。从那时出版的成书和文献看,绝大多数都没有使用汉字,或者所用汉字十分有限。例如,王佐才的《实用日常词汇与简短对话》尽管得以印刷出版,但是全书没有一个汉字,全部使用字母注音编写对话;而魏峨的《大中国文书》和特雷斯的《那不勒斯中国书院专用中文文法书》则使用手绘汉字,这种情况屡见不鲜。

王佐才和郭栋臣都是意大利汉语教学史上的重要人物,那么为什么国内目前只认知郭栋臣,而对于他的老师王佐才却一无所知呢?造成这一结果的直接原因很可能就是学者们所使用的参考文献皆来自方豪的《中国天主教人物传》。众所周知,方豪著书时所参考和整理的文献以中文文献为最,西文趋弱。而上面所介绍的有关王佐才的所有文献皆为西文,由于语言的局限性致使鲜为国人所知。另外,从事王佐才研究的两位专家和学者都在意大利,发表的论文和刊物多数为意大利语,也是造成国内学术界了解甚微的原因之一。最早从事王佐才研究的是那不勒斯东方大学的历史教授樊蒂卡,近20年来他挖掘了大量历史文献,研究角度以那不勒斯东方大学历史事件为主,精于马国贤日记文献的整理工作。文献整理的难度主要集中在对意大利文、那不勒斯方言、拉丁文和汉字注音词语的转写和翻译上。近几年来,罗马大学的白桦老师把博导的研究方向拓展到了语言学、宗教和文化领域。发表论文多以意大利文和英文为主。

另外,那不勒斯中华书院文献和资料的辗转与流失,甚至人为地被销毁也是造成王佐才鲜为国人所知的重要原因之一。因此,了解这段历史有利于中外学者寻找海外流失的中国文献、深化研究之用。

当年马国贤从中国带回那不勒斯大批中文书籍、文献和皇上赐予的礼物,从创建"圣家书院"至1888年学院的关闭,学校培养了106名中国学生。他们穿行于中国与意大利之间,一定携带过诸多中文和西文书籍。具体到19世纪郭栋臣和王佐才的时代,从他们离开湖北去欧洲留学到二人回国传教,一定也少不了携带中西文书籍。目前,这些资料存放在哪里了呢?中国还是意大利?保存完好否?

1949年以前,中国和欧洲都有相关中文藏书,至少在他们行程的首尾两地——湖北和那不勒斯,少量分散在沿途经过的英国、法国和德国等地的皇家书馆里。1949年中华人民共和国成立以后,特别是在20世纪50年代,一切宗教势力被赶出了中国,湖北教区的意大利方济各会也决定撤离。他们把档案馆里的重要文献和书籍整理并经香港海路运回意大利。因此,王佐才、郭栋臣与其他书院的神父们从意大利带回的中西文书籍和文献再次踏上了回归意大利的征程。有关中华书院的书籍文献至今主要保存在罗马和威尼斯的方济各会档案馆里。其次,是那不勒斯东方大学图书馆、国立图书馆,以及梵蒂冈传信部档案馆里也有部分收藏。可以说,中国境内已经没有这些文献了。这或许可以解释方豪没能把王佐才其人其事收录在《中国天主教史人物传》中的直接原因——毕竟他没能看到以上所述的这些资料。

另外,《中国天主教史人物传》成书于20世纪50年代。王佐才1921年去世时,方豪还是11岁的孩子,两人各居浙鄂两地,必定互不相识;待到方豪著书,更是相差30多年。在这动荡的30年中,中华大地经历了民国政府、军阀混战、国共内战和抗日战争。时过境迁,王佐才早已被人遗忘。再者,中国天主教会在中国本土的修会众多。尽管方豪和王佐才皆为天主教徒,但是分属不同教区和修会。王佐才就读过的学校和他后来传教的地方皆受意大利方济各会管理,1926年在汉口出版的拉丁文名册的作者撒多里正是方济各会士。书中不但清晰地列出了王佐才和郭栋臣等多名来自中华书院的学生之名,而且做了简要介绍。遗憾的是方豪没有看到撒多里的名单。因此,教派之分也是造成文献流通局限的关键原因。

除此之外,樊蒂卡教授曾指出:"……王佐才与郭栋臣的关系并非那么融洽和谐。"这一推断可以在文献和史实的字里行间找到一些蛛丝马迹。例如,郭栋臣曾赠诗①给罗马大学的瓦兰泽尼(Carlo Valenziani):

信得西邦果有才,英雄豪士实悠哉!
几多白菊已争秀,一朵红梅又占魁。
半片微芹凭我献,满腔茅塞串君开。
若非巨浪长风破,谁识花园有栋材?

方豪对郭栋臣的评价是"……读诗句知栋臣亦颇自负。"②另外,郭栋臣在序言中对当时各国汉学名人多有溢美之词:"…… 得悉西国济济多士,博彻华国文章,著释中邦书籍,如英之肋格,法之儒莲,义之安汪瑟士等,皆誉髦英豪,文不加点之才。"③。在社交场上,郭栋臣左右逢源,绝不会像王佐才那样与上司不和(尽管他是为维护中国学生的利益而犯上)。另外,郭栋臣官场上也如鱼得水,门下有七八个那不勒斯的师兄弟,居于受人推捧之位。记得在方济各会的档案馆查找资料时,曾见过民国时期他来往于梵蒂冈传信部的证件和公文。其中,有1923年出席罗马君士坦丁皇帝护法1600年纪念大会所用的护照,可谓春风得意。而那时,王佐才却在湖北默默无闻地传教,官场之事一概拒之。当初母校留用了资历和学识都居上的王佐才,而郭栋臣奉教会之命还乡传教。王佐才在意国教龄20年有余,而郭栋臣则前后不过10年而已。此一时,彼一时,1886年郭栋臣终于扬眉吐气地接替了王佐才在那不勒斯的讲席。

此外,王佐才1891年被贬还乡在他们或者整个教区眼中一定是个耻辱、没面子的事!因此,他们选择了沉默?从王佐才这方面看,他生活十分低调。自回乡传教后,一直默默无闻,一心传教,在教区传教30年中,为中国培养了诸多拉丁语人才和神学人员。他对名利之事从来不予计较。正是这种内心的平和才让他完成了前后历时近30年心血的《圣经》的译评工作,向世人展示了他的才华和学者风范。相比之下,郭栋臣除当年的《三字

---

① 出自郭栋臣《华学进境—小引》(1872)的序言。方豪在《中国天主教人物传》中引用了这首诗。
② 方豪在《中国天主教史人物传》,下册,中华书局1988年版,第259页:方豪语:"读诗句知栋臣亦颇自负"。
③ 方豪在《中国天主教史人物传》,下册,中华书局1988年版,第258页。

经》和《华学进境》以外,仅于1888年出有译著《真福和德理传》,介绍了意大利传教士和德理(Teodorico Pedrini,1670—1746)。

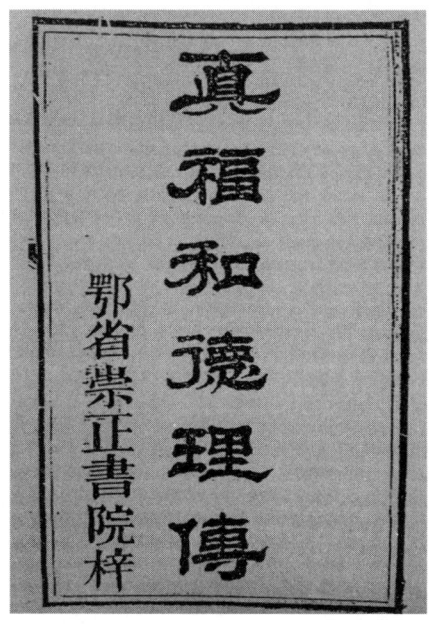

《真福和德理传》郭栋臣译(1888)湖北

总之,王佐才和郭栋臣的性格决定了两人不同的命运,也印证了樊蒂卡教授的推测结果。

方豪的书中没有王佐才的记录,这只能说明他手中文献不全,间接造成国人对王佐才其人一无所知。也许是方济各会汉口教区内部人为地回避王佐才其人其事?现在早已难断缘由。

历史沧桑。王佐才和他的汉语教材和圣经译作终于在意大利被发现了,他的功绩令众人瞩目。尽管白佐良教授(Giuliano Bertuccioli,1923—2001)当年曾断言"……来欧洲的中国传教士与那些在中国传教的西方教士相比,他们几乎没有什么特殊贡献①",但是他对王佐才与郭栋臣二人的

---

① Michele Fatica,"il contributo degli alunni del Collegio di Napoli alla conoscenza della lingua sinica in Europa e in Italia: ruolo di F.S.Wang", in *Scritture di Storia*, quaderno n.5, Edizioni Scientifiche Italiane, Napoli 2008, p.215

地位和贡献予以了充分肯定。

在中国,王佐才与郭栋臣是天主教文化和拉丁语的传播者;在意大利,他们则是意大利近代汉语教学史上的明星。特别是在口语技能上成绩突出,培养了多名意大利19世纪末和20世纪初的驻外口译员。这是同一时期意大利其他院校所望尘莫及的。王佐才开创的现代口语教学模式至今仍在沿用;语言教学的同时,他们还传播了中国思想和文化,最具有代表性的事例是王佐才把《圣经》与中国的诗歌巧妙地融合在一起了。意大利近代汉学史上第一位在国家院校教授汉语的中国人非王佐才莫属!

4.诺臣提尼(Ludovico Nocentini ①,1849—1910)

诺臣提尼1849年10月10日生于佛罗伦萨,1879年至1883年间在佛罗伦萨高等研究学院师从塞维里尼和普易尼。1883年自愿去中国担任意大利驻华使馆翻译,其身份是"实习口译员",在意大利驻上海领事馆一直工作到1888年。相关资料显示,诺臣提尼的口译工作并不成功,②而且他预料到在外交领域发展不会有好的前途。因此,诺臣提尼回到了意大利,并于1890年获得那不勒斯东方学院的汉语教授职位,1891至1895年担任该院院长。

诺臣提尼回国发展的选择看来不但是正确的,而且还小有成就。1899年他成为罗马大学远东语言与文学教授。他懂汉语、满语、韩语和日语,热衷于政治经济和殖民地经济。另外,诺臣提尼对罗马大学东方研究所(Scuola orientale dell'università di Roma)的成立作出过积极贡献。详情见下文。③

5.威达雷(Guido Amedeo Vitale,1872—1918)④

威达雷是诺臣提尼的学生,1893年至1913年在意大利驻中国使团担任中文秘书。如果说当初他的老师诺臣提尼的口译工作是失败的,那么威达雷则在翻译工作上表现得异常出色。他的语言天赋和翻译工作的成功,得到了意大利大使瓦雷(Daniele Varé,1880—1956)⑤的赞扬和认可。甚

---

① 见《意大利人物辞典》Treccani出版社,1934,"Nocentini"词条,由Giovanni Vacca编写。
② 见白佐良"Per una storia della sinologia italiana: prime note su alcuni sinologi ed interpreti di cinese",摘自《Mondo Cinese》74期,1991年。
③ 诺臣提尼在罗马大学工作的情况见下文"五、罗马'智慧'大学2.诺臣提尼"。
④ 威达雷(Guido Amedeo Vitale)与上文中的《大中国书》的作者魏峨(Eduardo Vitale)同姓但不同名。
⑤ Daniele Varé, *Laughing Diplomat*, London, 1938, 92—94.

至,慈禧太后称他是"北京中文说得最准确的外国人"①。但是,译员和中文翻译在意大利外交圈子内地位低下,薪酬微薄。所以,那不勒斯东方学院的中文教习一出现了空缺,威达雷就毅然离开了使团,带着中国妻子和四个孩子回到了那不勒斯。

1913年他获得了那不勒斯东方学院的汉语讲席,于是满怀热情地投入到教学工作中,事业发展得很顺畅。1916至1917年间,他还担任了东方学院的院长。如果没有意外,他应该能成为意大利汉学家中的佼佼者,但让人遗憾的事发生了。一天,他坐在位于市中心的拱廊里喝咖啡时,遇上街头黑帮分子斗殴。其中一人躲到了威达雷的身后,另一人的子弹则击中了他的胸膛,是年年仅46岁。②

威达雷在学术领域取得的成就,主要是对北京方言的研究。1896年在北京出版英文《北京俗韵》(*Chinese Folklore*, *Pechinese Rhymes*),其中收录了170首民谣;1901年发表《中国快事——第一本中文会话学生阅读用书》(*A First reading book for students of colloquial* Chinese-Chinese Merry Tales),堪称杰作,深受中国学者赞许。据称,1917年新文化运动中,胡适与其他改革者大力倡导白话就是从这两本书中获得灵感的③。威达雷在民谣的收集和研究方面,可谓独树一帜,不愧为意大利近代汉学研究先锋。1897年,威达雷与瑟合塞(Sercey)公爵合著《蒙古语的文法与词典》,并获得法国政府颁发的"银棕榈奖",被授予了"院士"称号,他的学术水平进一步得到了肯定。

威达雷的突然去世对那不勒斯东方学院的打击非常大。由于后继无人,他的职位一直空缺,直至被取消。

与此同时,在佛罗伦萨和罗马也发生了类似的情况:到在职教授退休时,没有人能接替他们的位置。随后,这两个位置也被取消,汉语教学工作分别交给了编外的合同教员——卡斯特拉尼(佛罗伦萨高等研究学院)和瓦卡(罗马"智慧"大学)。④

---

① 白佐良"Per una storia della sinologia italiana: prime note su alcuni sinologi ed interpreti di cinese",摘自 *Mondo Cinese*,74期,1991年。
② 白佐良"Gli studi sinologici in Italian dal 1600 al 1950",*Mondo Cinese*,n.81,1993。
③ 图莉安《义大利汉学研究的现况——从历史观点》,《汉学研究通讯》25:3(总99期)民国95年8月,18页。
④ 白佐良 "Gli studi sinologici in Italia dal 1600 al 1950",*Mondo Cinese*,n.81,1993。

五、罗马智慧大学

罗马智慧大学,俗称罗马大学。19—20 世纪中叶汉学领域重要的代表人物有瓦兰泽尼、诺臣提尼、瓦卡和德礼贤。

1. 瓦兰泽尼(Carlo Valenziani,1831—1896)

瓦兰泽尼 1837 年毕业于哲学专业,1850 年又获得法律专业学位,爱好广泛,对地理学和政治兴趣强烈。据说,他的中文和日文都是自学成才[①]。罗马大学的历史悠久,东方语言的教学和研究最早可追溯到 14 世纪,到 19 世纪 70 年代之前,东方语言教研以希伯来语、阿拉伯语和叙利亚语为主。汉语教学的起步可以说始于 1876/1877 那一学年,因为就在那一年,瓦兰泽尼被授予远东(中国和日本)语言文学教职,1892 年成为该课程的教授。他的代表作是《日本箴言》(1897)[②]。瓦兰泽尼从 1877 年到 1896 年去世先后把自己收藏的多种文集和全部藏书以出售或捐献的形式交给了罗马国家图书馆,丰富了该馆在中文、日文和远东地区方面的藏书[③]。因此,瓦兰泽尼赢得了意大利学术界的极大赞誉。

正是由于瓦兰泽尼的私人藏书我们今天才得以看到这些举世闻名之作:叶尊孝的汉拉字典、马里逊汉英的字典和顾赛芬汉法字典(Séraphin Couvreur,1884)。在这些字典出版的数十年之后,它们始终是汉语翻译者可以信赖的工具书。在语言研究方面,瓦兰泽尼的收藏也异常丰富,他收集了巴耶(Bayer)1730 年的著作和傅尔蒙(Fourmout)1742 年的语法,以及奠定了 19 世纪欧洲汉学研究基础的一些重要著作,如 1831 年马若瑟(Prémare)的《汉语札记》、意大利人卡莱利(Callèri)的《中文语音系统》,以及雷慕沙(Rémusat)的《汉文启蒙》。因此,瓦兰泽尼不愧为意大利汉学

---

① 瓦兰泽尼生平,可参见 Angelo De Gubernatis , "Valenziani Carlo"摘自 *Dizionario biografico degli scrittori contemporanei*, Firenze, Le Monnier, 1897:1020; *Rivista di Studi Orientali*, V, 1913:316—317.

② 见 Raniero Gnoli,La Scuola di Studi Orientali, http://www.fsor.it/archivio/sc_orientale.htm.

③ 见 Marina Battaglini, "Libri cinesi e giapponesi alla Biblioteca Nazionale",摘自 *Pagine dall'Oriente.Libri cinese e giapponesi alla Biblioteca Nazionale*, Roma, Bardi Editore,1996:7—14;另见:Marina Battaglini, "Dizionari e testi per lo studio della lingua cinese",摘自 *Cara Cina... gli scrittori raccontano*,Roma, Editore Colombo,2006:16—21.

研究史上的"荣誉收藏家"①。

2. 诺臣提尼(Ludovico Nocentini, 1849—1910)

1890—1899年在那不勒斯东方学院任教9年之后,诺臣提尼被调到罗马大学,任远东语言和文学教授,他对罗马大学东方研究所(Scuola orientale dell'università di Roma)的成立②做出过积极贡献。③ 其实,这并不是一个法律认可的实体,只为"求其名称之便"④而已。它是由罗马大学文学哲学系的五位教授⑤自发组成的一个团体,1903年成立。主要活动包括图书馆的管理和负责1907年创刊的《东方研究杂志》(Rivista degli Studi Orientali)的出版工作。20世纪60年代,"研究所"的教学分为"近东古代学部"(Istituto del Vicino Oriente Antico)、"伊斯兰研究部"(Istituto di Studi Islamici),及"印度和东亚部"(Istituto di Studi dell'India e dell'Asia Orientale)三个部分。1982年,这三部分共同组成了罗马大学的"东方研究系"(Dipartimento di Studi Orientali)。

1880年,诺臣提尼在佛罗伦萨出版了《康熙圣旨》的意大利语译文;1894年担任那不勒斯东方学院院长期间,他在佛罗伦萨发表了论文《东亚》(Nell'Asia Orientale);1899年到罗马大学工作后,在米兰发表《远东的欧洲和意大利在中国的利益》(L'Europa nell'estremo Oriente e gli interessi dell'Italia in Cina)(1904)等论文⑥。由此可见,诺臣提尼的兴趣和研究集中在国际关系与其他同时代的汉学家的研究领域截然不同。也许正是由于这个原因,1908年3月20日,法兰西共和国总统授予诺臣提尼"阿纳穆巨龙骑士勋章"(Commendatore dell'Ordine del Gragone dell'Annam),以奖励他在国际交流领域所做的杰出贡献。

1910年1月5日在罗马去世。

3. 瓦卡(Giovanni Vacca, 1872—1953)

---

① 见 Marina Battaglini, "Libri cinesi e giapponesi alla Biblioteca Nazionale", 摘自 Pagine dall'Oriente.Libri cinese e giapponesi alla Biblioteca Nazionale, Roma, Bardi Editore,1996:7—14.
② 见下文"罗马大学"介绍。
③ 诺臣提尼在罗马大学工作的情况见下文"五、罗马智慧大学 2.诺臣提尼"。
④ 见 Raniero Gnoli, Le Grandi Scuole della Sapienza, Roma 1994
⑤ De Gubernatis, Guidi, Labanca, Nocentini e Schiaparelli 五人,见 Raniero Gnoli,同上,Roma 1994.
⑥ 其全部作品见 Rivista degli studi orientali, V, 1913, 第297页;其人生平见 Rivista degli studi orientali, III, 1910, 第1—5页。

诺臣提尼去世后的第二年,即1911年,瓦卡接任了罗马大学远东语言文学的教学工作。但是,瓦卡所学专业并非汉语。

他1897年毕业于热那亚大学的数学专业。1898年因参加了一个中国博览会,突发对中国语言和文化的兴趣,不但上私人汉语课,而且还到佛罗伦萨跟随普易尼学习汉语。1907至1908年间去中国成都研修,1910年获得佛罗伦萨高等研究学院的中国研究博士学位。次年,获得罗马大学远东语言文学讲席。

当他在罗马大学执教整整十年之际,他的老师普易尼提出由瓦卡接替他在佛罗伦萨东亚历史地理课程的讲席,申请得到批准,瓦卡被任命为历史地理教授。1922年,瓦卡又回到了旧日的学校,他不但教授中国地理、历史、哲学和政治,还通过阅读通俗或经典散文来丰富学生的汉语语法知识。但是,第二年,他又终止了佛罗伦萨历史地理的教学工作,被调回罗马大学教授同样的课程,一教就是20多载,直至1947年。

如果说他的老师普易尼当年为了东亚历史地理教授的席位,而彻底改变了与导师塞维里尼不同的研究方向,那么瓦卡则做了一个三者得兼的选择:他在教授亚洲历史地理的同时,1925至1929年,也教授数学史;1938至1941年间,在罗马大学文学哲学院兼授中国语言文学和历史课程。瓦卡的精力充沛,尽管到了退休年龄,但是一直工作到75岁才正式从大学退休。退休前,他还义务教授印度和远东宗教哲学。此外,他还在意大利中东远东研究所任教,详情见下文。

4.德礼贤(Pasquale D'Elia,1890—1963)

德礼贤是意大利近代汉学史上最后一位著名的汉学家。他接任罗马大学瓦卡教授的位置。德礼贤身为教内人士,能够在意大利政教分离、矛盾尖锐之时被世俗大学所接受,实为不易。如果说政教分离之初那不勒斯的神父王佐才是破例成为世俗院校教师的第一人,那么德礼贤则是这种特例中的第二位,也是最后一位。从此,再没有教会中的教师受聘于世俗院校。至今,意大利汉学领域中仍然并存着这两种完全独立的研究群体。

1941年,当瓦卡结束了他在罗马大学文学哲学院兼授的中国语言文学和历史课程后,德礼贤接替了他的位置。意大利现代汉学奠基人之一、瓦卡教授的学生白佐良曾经不无惋惜地说:"……直到1960年离任时,他始终是外聘教授,没能获得罗马大学教授的头衔。"①这一事实再次证明了意大利政教分离后两种政治体系间的矛盾。

那么罗马大学为什么要选择德礼贤神父呢?从诸多历史文献和史实来看,罗马大学不仅仅是看重了德礼贤的名声和才华,而且也是由于找不到更合适人选时才这样决定的。我们不妨回顾一下,1918年威达雷突然去世,没来得及为那不勒斯东方学院的汉语席位选定接任者。同样,佛罗伦萨的卡斯特拉尼1932年英年早逝,而罗马大学的瓦卡教授等到75岁才正式退休。从中,我们不难看出瓦卡教授推迟退休的原因之一,一定是要等待合适人选来接替他的位置。1934年,德礼贤正好从中国回到意大利,并在教会大学任教。终于,罗马大学看到了希望。加之,德礼贤研究成果相继出版,罗马大学这一职位的最佳人选非他莫属。

德礼贤1904年进入那不勒斯耶稣会,三年后赴法国耶稣会院校学习哲学,并掌握了在东方传教必备的英语和法语。1913至1917年,他被派往上海的徐家汇公学学习中文。在此期间,除了在教会杂志上发表文章外,还在1917年的《通报》上发表了一篇关于梁启超的文章。其后,他先后到美国、英国和法国进修神学,1920年成为神父。1923年再次到上海,翻译了孙中山的《三民主义》。此举不但受到了南京国民政府的大力支持,而且教会方面也赞扬了德礼贤。1934年,他回到意大利,成为教会院校的历史教授。1939年,德礼贤成为罗马一所教会大学——"格力高里亚纳大学"的汉学教授,直至1963年去世。②

当1945年第二次世界大战结束的时候,德礼贤是意大利唯一的一位教授中文的教授。他在研究利玛窦方面成绩显著。早在1927年,出版英文版《中国本籍主教考》(Catholic Native Episcopacy in China),上海土山湾印书馆印行。此后他又主持翻译和出版三民主义的英文、法文、意文及西班牙文版。1933年,用法文撰写《中国天主教传教史》,后译为西班牙文,在上海出版。英文本与中文本随后于1934年9月及11月在上海商务印书馆出版。

回到意大利后,德礼贤于1938年和1939年先后出版了意文《利玛窦

---

① 白佐良,"Gli studi sinologici in Italia dal 1600 al 1950",*Mondo Cinese*, n.81, 1993.

② 见白佐良编写的"D'Elia, Pasquale Maria"词条,《意大利人物传记辞典》36卷,Treccani出版社1988年版。

的坤舆万国全图》(Il Mappamondo cinese del P.Matteo Ricci)、《中国基督教艺术的起源,1583—1640》(Le Origini dell'Arte Cristiana cinese 1583—1640)。自1939年出任罗马"格力高里亚纳大学"汉学教授后,他把罗马作为学术阵地,取得了丰硕的研究成果。

1943年,他发表了《天主教教士在中西学术交流上之贡献》(Contributo dei Missionari cattolici alla scambievole conoscenza della Cina e dell'Europa);1946年,发表了"伽利略生前伽氏望远镜测天学说传入中国考"(Echi delle scoperte Galileiane in Cina vivente ancora Galileo);1947年,在罗马出版意大利文《伽利略在中国》(Galileo in Cina)。二战后,意大利千疮百孔,百业待兴。50年代后,他几乎每年都有新作发表。1951年,他发表了《中国古代史上一神论之贡献》(Contributo alla storia del monoteismo dell'antica Cina)和《天主教在华活动史要》(Sunto Storico dell' Attivita' della Chiesa Cattolica in Cina)。1953年发表《1608年至1610年—中文著作中之耶稣蒙难史》(La passione di Gesu' Cristo in un'opera cinese del 1608—1610)。1954年,出版《中国哲学史概要》(Una Storia della Filosofia cinese);同年,德礼贤又在罗马发表意文《若干中国古文献中关于'上帝'之概念》(Il concetto di Dio in alcuni antichi testi cinesi)。1955年,著有《中国朱熹之哲学》(La filosofia di Ciusci in Cina),以及论文《一印度外交官所见之亚洲天主教》(Le Missioni cattoliche in Asia viste da un diplomatico indiano)。

德礼贤最大的贡献莫过于编写《利玛窦全集》。《利玛窦全集》(Fonti Ricciani,1942—1949)汇集了利玛窦的全部作品和与其相关文献,至今,各国学者仍然竞相参考和引用。另外,德礼贤还出版了《耶稣会和基督教进入中国史》一书,并受到国际汉学界的好评。但是,批评之声也未尝没有,白佐良这样写道:"如不接受他关于中国原始宗教的理论(他认为是纯粹的一神教,只是在历史的长河中被道教和佛教的"迷信"给"破坏"了),或不同意他的汉语语音系统(实际上只有他自己用)。他在发表利玛窦手稿时所运用的方法,就像特别难懂的中文课文一样,也受到抨击。"[1]尽管如此,白佐良还是认为老师德礼贤编辑的《利玛窦全集》是20世纪上半叶意大利汉学著作中最重要的著作。

---

[1] 白佐良, "Gli studi sinologici in Italia dal 1600 al 1950", *Mondo Cinese*, n.81, 1993, pp9—22.

六、从意大利中东远东研究所(IsMEO)到意大利
非洲与东方研究所(IsIAO)：

1919年10月,中国国民政府的外交部部长陆征祥曾就在罗马大学建立一个中国研究所的事宜,与意大利外交部部长思佛查(Carlo Sforza)进行过磋商。1926年,中国政府支付给罗马大学92英镑,意大利方面本来也应该支付同样的数额,以备共同建立中国研究所之用。所长和副所长的人选也已经确定,分别由陆扎题(Luigi Luzzatti)和撒枚那帝(Mario Cermenati)教授担任。组委会则由两位参议员和三位教授组成,瓦卡教授就是其中之一,秘书由图奇(Giuseppe Tucci)担任。就在大事即将告成之时,意大利外交部的意见致使该计划搁浅：外交部认为研究所的建立,应该具有更广泛的意义,不仅要研究中国,还应涵盖印度、日本等其他亚洲国家,其指导思想应该从实用出发,培养翻译和商务人员。尽管中国研究所没能在罗马大学建立起来,但意大利"中东远东研究所(IsMEO:Istituto Italiano per il Medio ed Estremo Oriente)"诞生了。

1933年,意大利中东远东研究所(IsMEO)成立,为意大利外交部监管的国家机关,总部设在罗马。其宗旨是促进意大利与中亚、南亚和东亚国家的文化交流,研究这些国家的经济问题,并定期出版关于政治经济方面的专著和期刊。就其性质而言,它是一个研究机构,因此,它的中文译名当初是"意大利东方研究所",第一任所长由剑帝垒(Giovanni Gentile)担任,副所长是图奇。

1. 图奇(Giuseppe Tucci,1894—1984)

意大利中东远东研究所的副所长图奇也是一位受人尊敬的东方研究学者。他担任11年副所长后,于1947至1978年担任该所所长。

图奇1919年毕业于罗马大学文学专业,1925年去印度工作,主要研究佛教经典。1931年回到意大利后,在那不勒斯东方大学教授"中国语言和文学"两年。然后,他在罗马大学文学哲学院教授"印度和远东宗教与哲学",直至1969年。1933年与剑帝垒——当时的教育部长一同建立"中东远东研究所(IsMEO)",并分别担任过副所长和所长。1957年到罗马的"东方艺术博物馆"工作,该馆藏有众多他在中国西藏、印度、伊朗考古时的考察和发掘的文物。

第五章 意大利汉学的停滞和复苏时期(1800—1870—1945)

图奇像

图奇爱好梵文、希伯来文和古伊朗语。因热衷考古而开始学习中文和梵文。他的著作涵盖面甚广，许多与西藏和佛教有关，共二十多本著作。其中，与中国有关的专著有《道教之辩》(1924)、《佛教》(1926)、《梵天佛地》四卷本(1932,1933,1935—1936,1941)和《中国的智慧》(1999)。其中，《梵天佛地》还被翻译成英文和中文①，在学术界影响甚大，他是当时在这个研究领域中的佼佼者。

2. 瓦卡(Giovanni Vacca, 1872—1953)

如上文所述，瓦卡教授不但在佛罗伦萨高等研究学院讲授东亚历史地理课程，而且也曾担任过罗马大学东方研究所的东方语言文化课程的负责人，学生们对他渊博的知识和公正的品格甚为称颂。"他总是带着热忱去培养学生，给他们提供力所能及的知识和建议，帮助他们在这条艰辛的东方研究之路上不断前行。学生们不但能得到他本人的指导，还有那些来自东方学研究中占有重要地位的其他学者的指导。他具有记忆力极强的天赋，记忆汉字对他来说并非难事，而且，他能记住汉学领域里关于这个话题

---

① 中文译本：《梵天佛地1：印度西北和中国西藏西部的塔和擦擦——试论藏族宗教艺术及其意义》，魏正中萨尔吉主编.上海，上海古籍出版社2009年版；《梵天佛地2：仁钦桑波及公元1000年左右藏传佛教的复兴》，魏正中、萨尔吉主编.上海，上海古籍出版社2009年版；《梵天佛地3：西藏西部的寺院及其艺术象征》，魏正中、萨尔吉主编.上海，上海古籍出版社2009年版；《梵天佛地4：江孜及其寺院》，魏正中、萨尔吉主编.上海，上海古籍出版社2009年版。

的所有出版物:他的汉学书目知识最丰富。因此,谈话者说起某个感兴趣的话题时,他都能说出所有其他著作,这让专家们为之惊讶不已。"①

在中东远东研究所学习东方语言的学员大多来自罗马大学东方语言专业以外的其他院系,以及来自社会上不同领域,但对汉语和中国文化感兴趣的意大利人士。因此,中东远东研究所的影响非常广泛,是继罗马大学之后可以学习东方语言的第二所国家机构(第六章另有陈述)。

第三节　来自意大利本土以外的主要汉学人物

除了意大利本土高等院校领域之外,"停滞和复苏时期"意大利境外(英国、法国和中国)的汉学也不乏其他从事汉学研究的人物和事件。他们的贡献也值得关注,是意大利汉学研究整体的一部分。其中,蒙图齐、卡莱利和安德罗齐这三人在前文中已经有所提及。因此,在这里对上述三人略作补叙,对晁德莅则予以详细介绍。

一、蒙图齐(Antonio Montucci,1762—1829)

旅居英国的蒙图齐生于 1762 年 5 月 22 日,1785 年毕业于佛罗伦萨 Mancini 学院法律专业。成为英国驻佛罗伦萨公国大使的秘书后,随大使搬到了伦敦,在那里遇到了一些在那不勒斯中华书院就读的中国学生,他们教他中文。他声称自己是从 1791 年开始学习中文的②,谈到自己在学习中,法国人傅尔蒙(Étienne Fourment)的书让他受益匪浅③,最让蒙图齐高兴的是那不勒斯的中国人送给他一本字典——《正字通》(1671)。这一

---

① Davor Antonucci, Serena Zuccheri, *L'Insegnamento del cinese in Italia tra passato e presente*, La Sapienza, 2010, p.28. Lionello Lanciotti, "Giovanni Vacca(1872—1953)", *EAST AND WEST*, N.4, 1954:40.

② 蒙图齐 1808 年在柏林出版的小册子名为: *De Studiis Sinicis in Imperiali Athenaeo Petropolitano recte instaurandis dissertatio isagogica*…(简称《中文研究》),封面落款:"excudebat Berolini Ludovicus Quien, impensis Caroli Quien, MDCCCVIII"。书中谈到了学习中文的经过。参见 Michele Fatica 文章"il contributo degli alunni del Collegio di Napoli alla conoscenza della lingua sinica in Europa e in Italia: ruolo di F.S.Wang", in *Scritture di Storia*, quaderno n.5, Edizioni Scientifiche Italiane, Napoli 2008, pp.215—255.

③ Étienne Fourment, *Linguae Sinarum mandarinicae hieroglyphicae, grammatica duplex, latine et cum characteribus Sinensium*, 1742, Paris.

切都发生在意大利人哈格1800年宣布编写中文字典之前。因此,在编写中文字典的矛盾中,两人唇枪舌剑、不相上下。蒙图齐质疑哈格①的水平,因为他认为凭借手中的《正字通》,足可以编写一本有关中文的西文字典。他说服了普鲁士国王资助他的计划,并于1806年迁居柏林,1808年出版《中文研究》。但是,拿破仑发动的战争使他的梦想化为了泡影,他不得不在1817年声称他准备出版他的字典,以便与另一个对手——英国人马礼逊(R.Morrison)抗衡,因为马礼逊当时也在准备出版一本字典。最后,马礼逊胜利了,率先出版了自己的字典,击败了所有对手,包括蒙图齐。蒙图齐绝望之余,把自己的藏书和为出版而铸造的汉字都卖掉了,隐居老家锡耶纳,直到1829年在那里去世。②

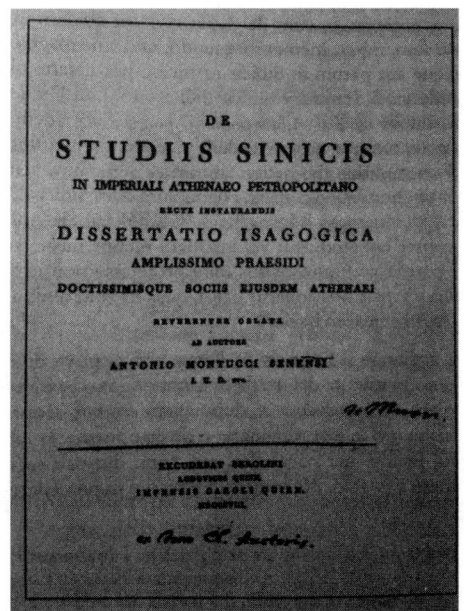

蒙图齐的《中文研究》柏林,1808

---

① 参见第五章第二节"一、帕维亚大学"。
② 白佐良,"Gli studi sinologici in Italian dal 1600 al 1950", *Mondo Cinese*, n.81, 1993, pp9—22。

二、卡莱利(Giuseppe Callèri, 1810—1862)

卡莱利 1810 年生于都灵,1835 年被法国外方传教会派往中国。因行为不检点而被迫还俗,并返回欧洲。1842 年为法国政府担任翻译,除中文以外,他还会朝鲜语。第二年他以法国驻澳门领事馆译员身份回到中国。从 1844 年起,其身份是法国外交使团团长 Thèodose M.M.J.de Lagrenè 的译员。但是与上司关系不融洽,不得不在 1846 年永远离开澳门。1847 年被任命为法国外交部中国语言翻译秘书。其后,还卷入了两个互相憎恨的法国汉学家的争论之中。

这两位汉学家是潘迭(M.G.Panthier)和法兰西学院的汉学领袖儒莲。据说,是卡莱利捉弄潘迭,把一些残缺的中国藏书卖给他。法庭任命儒莲来做专家予以评判,他看不起潘迭,但也恨卡莱利,因为后者的汉语比他这个从未去过中国的人讲得好得多。这样,他又偏向潘迭。①作为汉学家,卡莱利著有《中文语音系统》(Systema Phoneticum Scripturee Sinicae),1841 年在澳门出版。上文中曾经提到:儒莲当年因有此书,而在记忆汉字方面受益不浅。

据称,卡莱利还计划出版一本规模宏大的字典:《汉语大词典百科全书》(Dictionnaire encyclopédique de la langue chinoise),但这部字典无论是从规模上还是从印刷所需的巨额费用上讲,他都无法完成,1845 年只出版了第一卷。

三、安德罗齐(Alfonso Andreozz, 1821—1894)

上文第二节佛罗伦萨高等研究学院"塞维里尼"部分中曾提到旅居法国的安德罗齐,身为律师和记者的他让对手塞维里尼出尽洋相。尽管安德罗齐没有在大学教过汉语,但做过律师和记者。因参与政治示威活动而被驱逐出意大利。到了巴黎他一边跟儒莲从事汉语研究,一边做记者。

1850 年,撰写了《关于卡莱利(G.Callèri)的〈汉语大词典百科全书〉》,1878 年翻译《后汉书》第 23 章中的刑法部分,题为《古代中国刑法》,1885

---

① 白佐良,"Gli studi sinologici in Italian dal 1600 al 1950",*Mondo Cinese*, n.81, 1993。

年译有《佛陀的牙》。此外,他也因从事白话文的研究,并翻译了《水浒传》部分章节①而著称。安德罗齐因此成为第一个把《水浒传》译成西方语言的学者,其译本得到当时中国文学权威 Arthur Waley 的首肯。不可置疑安德罗齐是一位 19 世纪值得称赞的意大利汉学家之一,占有重要一席。

四、晁德莅(Angelo Zottoli, 1826—1902)

旅居中国的耶稣会士晁德莅 1826 年生于那不勒斯附近的萨勒诺(Salerno),1843 年②入会,1848 年来华,担任过徐家汇公学校长③。在华生活的 54 个春秋里,作为学者他的研究成果受到举世关注;作为教育家,他培养了很多中国的东西方文化交流人才,其中以马相伯、马建忠和徐宗泽最为著名。

作为意大利著名的汉学家之一,晁德莅的贡献在于他用拉丁文编写了《中国文学选集》(Cursus Litteraturae Sinicae)④,在 1878 至 1882 年间分五卷发表。这是 1950 年以前,翻译成欧洲语言、最大的中国文学专集。此书从儿童读物《三字经》到诗、词、赋、歌、八股文尺牍、楹联和小说等题材的文学作品应有尽有。因此,为奖励晁德莅的卓越贡献,1884 年法国为他颁发了"金石铭文院奖"(俗称"儒莲奖")。

由于拉丁文的难度大,阅读不便等因素,耶稣会上海传教团决定出版法文译本,但只印刷了第一卷。⑤ 有关此书的内容,方豪的《中国天主教史人物传》有介绍,特此引文如下:

> 第一册,最低班用,家常话(Lingua familiaris),光绪五年(1879)上海土山湾天主教孤儿院印刷所出版,827 页。除序文、导言外,有字首表、应酬语、短篇故事、短篇小说、俗语选录。晁氏

---

① Federico Masini, "Italian translations of Chinese Literatture"收录于 Viviane Allenton & Michael Lackner 编辑的文集 *De l'un au multiple* 中,巴黎,1999 年,第 35—57 页。

② 1843 年源于方豪的《中国天主教史人物传》,而据《圣心报》1910 年 7 月第 278 号的记载为 1845 年。

③ 方豪,《中国天主教史人物传》,宗教文化出版社,2007 年版,第 633—634 页。

④ 同上,第 633 页。

⑤ 白佐良,"Gli studi sinologici in Italian dal 1600 al 1950",*Mondo Cinese*, n.81, 1993, pp9—22。

在序文中,并说明其原定计划,共为六册。

第二册,低年级用,称"文言研读"(Studium classicorum),光绪四年(1878)出版,故第二册在全书中实首先出版,较第一册尚早一年,但附加书面,改写1879年。662页。内容为序文、凡例、《三字经》、《百家姓》、《千字文》、《神童诗》、《大学》、《中庸》、《论语》、《孟子》,按部首排列之字汇。

第三册,中班用,题名为"经书研读"(Sudium Canonicorum),光绪六年(1880)出版,792页。内容为:序文、《诗经》中之动、植、矿物名、诗韵等、《诗经》、《书经》、《易经》、《礼记》、《春秋》。

第四册,最高班用,题"文章规范"(Stylus rhetoricus),光绪六年(1880)出版,839页。内容为序文、诗选、尺牍选、古诗、尺牍文体、文章、典故等。

第五册,文学班用,称为"诗与文"(Pars oratoria et poetica),光绪八年(1882)出版,849页。包括八股文、时文、歌赋、骈体文、歌谣、对联等。

所谓第六册乃前五册之字汇,似未出版。第一册有法文译文,乃徐家汇宣神父(Carles de Bussy)所译。光绪十七年(1891)土山湾印书馆出版。

不仅如此,晁德莅还雄心勃勃地要编纂一本比1813年署名小德金(De Guignes)字典更加完美的字典。但是,从未出版。这本字典最初是《中国文学课程》的补充部分。"高迪(H.Cordier)认为此书的出版工作已于1907年进行,而(罗马大学的)瓦卡却说这本字典以十二卷并四份手稿的形式存在上海徐家汇耶稣会的档案馆里,等待发表,这是1913年的事。"①编写这部巨型字典的事实也可以在1910年的《圣心报》连载的文章②中得到印证,报载:"……公晚歲譯康熙字典。及各種類類書。多至四百册、字細蠅

---

① 白佐良,"Gli studi sinologici in Italia dal 1600 al 1950", *Mondo Cinese*, n.81, 1993, pp9—22.

② 《圣心报》先后在1910年7月第278号(216—218)、8月第279号(239—241)和9月第280号(270—273)上分三次刊登了"晁公德莅传",及两个"晁公德莅传续"的连载。此文献来源于韩琦教授的馈赠,特此表示感谢。

頭。筆筆勾勒。惜搜羅太廣。校閱且難。何況鎸印。至今藏儲高閣。……"①另載:"公譯康熙字典約二十年。將印而未果者再。以常人當之。能不灰心。然公坦然處之。"②

1902年11月9日,晁德莅去世,享年76岁。

从上述的四位汉学人物的经历我们不难看出:他们的主要兴趣是在编写一本庞大的中文词典。正像那些早期传教士那样,无人不期待能有一本能够帮助他们掌握这门古老而神秘语言的工具书。但是,他们竟无一人如愿以偿,多以失败告终。

此外,我们还不应该忘记沃碧车利(Eugenio Felice Maria Zanoni Volpicelli,1856—1936)和罗斯(Giuseppe Ros,1883—1948),他们同是那不勒斯东方学院的毕业生。沃碧车利1899年曾在香港担任总领事,在那里发表了汉学研究论文和专著。他还将贝卡里亚(Cesare Beccaria)的《论罪与罚》(Dei delitti e delle pene)第三章翻译成中文并自费出版。据称,他相信这样可以使中国废除审判中的酷刑恶习。③ 1924年离任后,曾回那不勒斯,在东方学院任教一段时间。但是对那些"远东"国家的思念,让他再次选择了东方④。先是定居在中国,然后是日本,1936年11月19日在长崎去世。

罗斯1883年8月12日生于那不勒斯。从那不勒斯东方学院毕业后,于1908年3月通过国家公务翻译考试。1921年在汉口担任领事,任职三年,1936年被调到广州,1942年成为那里的总领事,1947年3月退休后在海南大学任教,次年6月于海南岛的海口逝世。白佐良教授称罗斯是一位博学之士、一位狂热的藏书家。藏书不但极其丰富,而且规模宏大。早在汉口做领事的时候,他曾担心政局不稳定,从而危及他的藏书,决定把所藏捐赠给意大利政府,但未果。之后,被北京大都会图书馆买下。罗斯后来的藏书也因其庞大,而倍受众人关注。1943年藏书全部被日本人没收。

---

① "晁公德莅传续",《圣心报》1910年8月第279号(239—241)。
② "晁公德莅传续",《圣心报》1910年9月第280号(270—273)。
③ 图莉安,《义大利汉学研究的现况——从历史观点》,《汉学研究通讯》25:3(总99期)民国95年8月,第18页。
④ 白佐良"Per una storia della sinologia italiana: prime note su alcuni sinologi ed interpreti di cinese",摘自 *Mondo Cinese*,74期,1991年。

更不幸的是在海运回日本的途中,被美军潜艇击沉,葬身于海底。①

从此,涵盖整个 19 世纪和 20 世纪前 50 年的百年汉学,到此告一段落。在这动荡不安的 150 年中,从七所院校②的发展情况可见意大利汉学艰难地完成了传教士汉学步入世俗汉学的过渡阶段,从而结束了传教士汉学中的个别行为,逐步完成了向学校和教育、研究机构的过渡阶段,世俗学者逐步取代了传教士。从 1806 年帕维亚大学的哈格到二战后罗马大学的德礼贤,基本上建立起今日各大学汉语教学的基本模式。

总体而言,意大利近代汉学的研究水平比不上法国、英国和德国,但是,也不乏像德礼贤那样举足轻重的汉学人物。他不但是意大利关于利玛窦及中国天主教史与哲学史研究的专家,而且是意大利汉学转向的关键人物。在他之后的意大利汉学学者的研究方向大多数转为以中国研究为中心的中国学和比较汉学等,范围广泛、内容多样。因而,意大利汉学也步入了现代汉语教学与研究的新阶段。

---

① 白佐良"Per una storia della sinologia italiana: prime note su alcuni sinologi ed interpreti di cinese",摘自 *Mondo Cinese*,74 期,1991 年。

② 参见附录 1 的"19 世纪意大利汉语教学纪年表及分布"。

第六章
意大利汉学的恢复和繁荣时期
（1946—2001年至今）

第一节 概 述

意大利在第二次世界大战中战败，1946年人民通过公民投票废除君主制。从此，意大利进入了共和国时代。但是，多年的战争给国家和人民带来了无比深重的灾难。这一时期意大利汉学研究在全国范围内几乎处于停滞状态。唯有回归意大利的德礼贤教授每年有新作发表。因此，人称德礼贤是意大利战后唯一的一位汉学家。

从1946到1959这个青黄不接的时代，罗马大学出现了两位青年，他们就是日后倍受人们尊敬的兰乔蒂（Lionello Lanciotti，1925—2015）教授和白佐良（Giuliano Bertuccioli，1923—2001）教授。从1959年兰乔蒂教授接过前辈的教鞭开始，就开启了"兰乔蒂时代"。他先后领导了罗马大学、威尼斯大学和那不勒斯东方大学的汉语教学与研究。80年代初，白佐良教授加盟，执鞭于罗马大学，大大增强了汉语教学与研究的力度。他们二人不但汉学研究成果卓著、为意大利专业汉学的发展开辟了一条宽敞大道，而且还培养了大批新一代汉学人才。这些昔日的学生现如今正是当代意大利汉语教学团队的中流砥柱，他们在汉语教学和研究领域贡献突出、成果显硕。经过师生两代人的共同努力，在短短四五十年中，他们不但建立起意大利"学院汉学"的基本框架，贡献举足轻重，而且具有承前启后之功，为21世纪的繁荣打下了坚实的基础。

"恢复时期"（1946—2000）与"繁荣时期"（2001—2014）的分界线是欧洲实行教育体制改革的2001年。改革以前，课程的内容多而且难度大，学生完成学业的年限偏长①,毕业率低。2001 年欧洲大学教育体制改革,把先前的 4 年制教育改成了"3 加 2"的模式,即:大学 3 年,硕士 2 年。随后,意大利大学生的毕业率明显上升,许多学生毕业后选择了就业;还有很多学子则继续攻读研究生学位。

欧洲教育体制改革给汉语教学带来了生机,汉语热在 2005—2007 年达到顶峰:学生总数达到 20 年前所有学生的总和。"有近 30 所大学教授汉语,学习汉语的大学生总数约为 5000 人,汉语几乎是除英语外最受大学生们欢迎的外语课程。"②仅以罗马大学东方研究院一年级的汉语学生为例,就已经达到近 400 人③。这种状况连续三年持续不下,只是到了 2008 年中国发生汶川大地震和 2011 年日本大地震时,汉语学生人数才有下降。但是,近两年来,汉语热的势头又有所回升。因此,本文把 2001 至 2014 年间汉语教学与研究在意大利境内遍地开花的阶段定义为"繁荣时期"。

如今,若以意大利 20 个行政大区为单位,除了 3 个大区没有设立汉语课程以外,其他 17 个大区共有 39 家院校和机构设立了汉语课程。与"恢复时期"(1960—2000)的 15 家院校和机构相比,在这最近的 13 年里,开设汉语课程的大学在数量上翻了近一番。根据 Davor Antonucci 提供的数据得知,截至 2008/2009 学年,意大利共有 39 所院校和机构开设了汉语课程。从二战后的那不勒斯和罗马 2 所,到"恢复时期"(1946—2000)增加了 15 所;"繁荣时期"(2001—2014),新增 22 所:仅 2005 年一年就增加 6 所④。另外,中国在全球范围内大力推广中国文化,建立孔子学院,这些都无疑推动了汉语流行意大利的空前盛况。总之,势头发展之迅猛、汉语热的繁荣实在与中国政治、经济地位的提高密不可分。

如果我们把兰乔蒂和白佐良两位汉学巨人称为战后第一代汉学家的话,那么他们二人在 20 世纪 60—80 年代培养起来的汉学人才则是意大利第二代汉学家了。如今,他们早已在意大利汉学领域功勋卓著,有些甚至已经退休或者临近退休年龄。他们与 20 世纪 90 年代,以及新世纪初培养

---

① 2001 年欧洲体制改革以前,意大利的大学一般文科专业为期 4 年,理科或医科专业要更长,其本科毕业学历相当于美国大学硕士毕业水平。改革以后,学历基本对等。

② 马西尼,"意大利汉语教学与研究概况",《世界汉语教学学会通讯》,第二期,第 6—7 页,北京,2009 年。

③ 2006 年 6 月罗马大学东方研究院一年级汉语考试时,参加笔试的学生人数为 364 人。

④ Davor Antonucci, Serena Zuccheri, *Insegnamento del cinese in Italia tra passato e presente*. Università degli Studi di Roma "La Sapienza",2010.

成才的第三代汉学青年们共同构成了一个体系庞大的汉语教学大军。尽管年轻学者们羽翼尚未丰满,但在汉学前辈的指导下,各有所长、专业研究各有不同,范围广泛。他们正活跃在当今汉语教学的第一线。

2008年罗马大学曾经在国家汉办(中国国家对外汉语教学领导小组办公室)的资助下,对意大利境内39所院校和机构汉语课程的设置情况、任课人员,以及教材的使用等情况做过调查报告[1]。内容涉及各个院校的简史和现状,大量的数据为读者勾勒出一个清晰的意大利当代汉语教学状况的轮廓。[2]笔者在此则侧重意大利"恢复和繁荣时期"(现代和当代)的汉学研究,以主要的汉学人物为主线,逐一介绍他们的研究成果。最后,介绍意大利几个重要大学和汉学研究中心,阐述他们的研究领域,及其出版刊物。

第二节 兰 乔 蒂
(Lionello Lanciotti,1925—2015)

说到意大利当代汉学研究,自然要从它的奠基人兰乔蒂教授说起。不幸的是这位倍受世人敬仰的教授新近辞世,享年90岁。

兰乔蒂像

---

[1] Davor Antonucci 与 Serena Zuccheri 合著的 *L'insegnamento del cinese in Italia tra passato e presente*,La Sapienza,罗马,2010年。

[2] 参见附录三"繁荣时期"主要院校。

一、生平及主要经历

兰乔蒂1925年生于罗马,1947年毕业于罗马大学中国语言文学专业,论文的指导教授是著名的德礼贤教授。毕业后,他去斯德哥尔摩师从丹麦著名汉学大师高本汉(Klas Bernard Johannes Karlgren,1889—1978),开始从事汉学研究。1951年,赴荷兰莱顿大学师从杜闻达(J.J.Duyvendak,1889—1954)教授。自1960年起在罗马大学任教,讲授中国语言文学;1966至1979年,为威尼斯大学中国语言和文学教授;1979至1997年,被调到那不勒斯东方大学后,开始教授中国"古汉语"课程。1974年至2002年,主持成立威尼斯东方研究所,至今仍担任1979年成立的意大利汉学协会主席和名誉主席,同时也担任意大利非洲和东方研究所IsIAO董事,在图奇创办的《东方与西方》杂志担任联合主编,并编辑期刊《中国》。同时,他也是境外多家研究机构的成员。1998年,兰乔蒂教授获得意大利"荣誉教授"称号。

兰乔蒂教授一生治学勤勉,著述甚多,其研究领域以中国文学、哲学为主。他非常重视中国古代文学的渊源和发展规律,强调文学的社会功能。1981年,他第一个将中国考古新发现的马王堆汉墓帛书《道德经》翻译并介绍给意大利读者;1983年,出版《北京——紫禁城》;1993年,在威尼斯出版沈复的《浮生六记》;1997年,在罗马出版《孔子的一生及其说教》,同年在威尼斯出版《王充》,通过对王充《论衡》的研究,他认为中国学者受儒家伦理的影响颇深。鉴于兰乔蒂教授一生为中国文化在海外的传播所作出的贡献巨大,中国政府2013年为他颁发了特殊贡献奖。①

兰乔蒂教授曾担任意大利外交部中国事务顾问,并多次参加中意两国文化交流协议的谈判会,还担任过意中友好协会主席。经过40年的辛勤耕耘,他于1996年正式退休。学生们为了表示对导师的尊敬和热爱编辑并出版了三本纪念兰乔蒂研究的合集,分别由那不勒斯东方大学和罗马大学出版。

2007年,笔者有幸采访了兰乔蒂教授,尽管他年事已高,但仍然非常健谈,思路敏捷而清晰。记得他谈起当年罗马大学汉语专业建立前后的曲

---

① 获得2013年"中华图书特殊贡献奖"。这是一个由中国新闻总署设立的政府奖项,旨在表彰在介绍中国、翻译和出版中国图书、促进中外文化交流等方面做出重大贡献的外国翻译家、作家和出版家。

折之情时说:"……每次(系里)开会,一次都不敢缺席,就是高烧40℃也得去,生怕中间被别人抢去了机会……"他风趣而诚恳的话语,至今记忆犹新。

2008年,罗马伍尔班大学汉学中心①为庆祝兰乔蒂教授83岁生日,举办了一次汉学会议。当时会场座无虚席,多数是来自意大利各地的汉学人士,其中大多是他的学生和友人。他的发言是《汉学存在吗?中国学的目的和重要性》②,他总结了意大利汉学的发展,并指出了发展方向。他这样结束了讲话:"……如果说我也(像孔子那样)没有等到凤凰的到来,而且著书也十分有限的话,那么我敢肯定地说,我把自己对中国文化的兴趣和热爱传授给了我的学生们,今天他们已经分布在意大利和世界各地的多所院校,并已达到了一个可观的数目"。③兰乔蒂教授不愧为意大利当代汉学大厦的第一人。

近年来,兰乔蒂教授几乎不再出席社交活动,而是倾慕于早年译作《浮生六记》中主人公所追寻的那种情趣与安乐,与家人共度天年。2015年6月30日兰乔蒂教授平静辞世,享年90岁。

二、主要汉学著作及其影响

1.《意大利汉学:从1945年至今》④

这篇论文早已为中国学者所熟悉,是兰乔蒂教授1992年4月在欧洲汉学史研讨会上的发言,收录在《欧洲的中国研究》英语论文集中,1995年伦敦寒山堂书店出版。这篇论文的汉译稿载于2007年出版的《国际汉学》(任继愈主编)十五辑。文章并不冗长但清晰地勾勒出意大利在第二次世界大战后到1991年间的汉语教学与研究的轮廓,其内容广为中国学者所引用。

---

① 伍尔班大学汉学研究中心主任戴德中(Alessandro Dell'Orto)组织并主持了大会。有关这个中心的介绍参见下文"意大利汉学研究机构"。

② 兰乔蒂 Lionello Lanciotti, "Esiste una sinologia? -lo scopo e l'importanza degli studi cinesi", in *Euntes Docente*, Commentaria Urbaniana, Nova Series LXI/1, Urbaniana University Press, 2008, pp. 137—149.

③ 兰乔蒂 Lionello Lanciotti, "Esiste una sinologia? -lo scopo e l'importanza degli studi cinesi", in *Euntes Docente*, Commentaria Urbaniana, Nova Series LXI/1, Urbaniana University Press, 2008, p. 149.

④ 兰乔蒂 Lionello Lanciotti, "Italian Sinologo from 1945 to the present" in *Europe Studies China*, Han-Shan Tang Books, the Chiang Ching-Kuo Foundation for International Scholarly Exchange. 1995.pp.79—87.

2.《中国文学史》(Letteratura Cinese,1969)

兰乔蒂《中国文学史》
1969 年版①

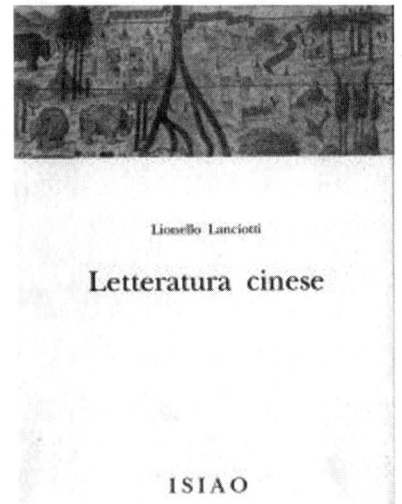

兰乔蒂《中国文学史》
2007 年版

　　《中国文学史》共分十二个章节。正式进入主题之前,首先介绍中国的语言、文字、孔子、哲学派别、诗歌和一统天下的秦始皇。随后,从汉代文学直至现代文学一一予以详细说明。《中国文学史》出版至今,有新旧两个版本(如上图)。其区别在于旧版所涉及的文学范畴截至 1912 年,而新版则一直陈述到 1949 年中华人民共和国建立。有人一定会问:这本文学史与白佐良教授的《中国文学史》同名②,而且出版时间也仅仅相差一年。这不是重复了吗? 兰乔蒂本人在 1969 年的前言中这样做出了解答:

---

① 在此对罗马大学东方研究所图书馆的 Antonella Fallerini 女士提供的图片表示感谢。
② 白佐良和兰乔蒂的《中国文学史》在意大利语标题上是有小区别的。白佐良 1959 年版本有"史"字,1968 年版则只有"文学"和它的冠词"la",即"La Letteratura Cinese",而兰乔蒂教授的文学史既没有"史"字,也没有冠词:"Letteratura Cinese"。尽管两本著作的标题有别,而且分析角度不同,但是从内容来看都是中国文学及其发展史,因此,二者称为"文学史"。另外,罗马大学的历史教授 Piero Corradini 也于 1970 年在米兰出版一本《中国文学史》(Storia della letteratura cinese, Letteratura universale),其分析角度侧重历史和人类学。

一本新文学史的出现很可能会让人觉得没有什么必要,因为其他主要的欧洲语言都已经出版过这方面的著作,而且它们都出自本研究领域中的专家之手;要是把一本新的中国文学概述与先前作品相提并论的话,一定会招致强烈的批评,因为它们的价值早已为汉学家和读者们所接受和定论。下文的陈述并不是要说明我能比前人做得更好、更全面,但是,我想换个不同的角度来讲述这个内容广泛的中国文学。我不想罗列出一个完整的作家及其文学作品的名单,而是希望能尽最大努力用一个新的视角去研究二者。
　　……我们希望这个研究能面向大众,并把现代和当代文学中广泛而基础的东西介绍给他们,他们无须具备中国古代文学知识(也同样可以读懂它)。

的确,兰乔蒂写《中国文学史》使用了更便于意大利普通读者接受的方法,把中国历史讲得不再那么遥远和陌生。这本书为意大利各界人士打开了一扇通往中国文学之门,打破了那个时代人们普遍认同的一种看法:东方是那么神秘,更何况那个国家的文学!一定深奥不已,非专家莫属!从另一方面讲,兰乔蒂的《中国文学史》不但走进了百姓家门,而且它还是专业学者必备的参考书。前言最后,兰乔蒂总结道:

　　近50年来,无论是中国的汉学家,还是欧洲的汉学家,他们对中国文学的评价彻底地改变了。本书试图重新审视中国文学的价值,我们研究工作的目的之一就是要让人们认识到现代汉学的研究可以展现一个新的画面。它不但符合于中国古代文学,而且也更适合于现代文学。

笔者认为对中国人来说,读这本书也会受益匪浅。因为它不但出自一位意大利学者之手,而且他从外国人的视角来审视和评论中国人所熟知的内容,其中也不乏新意。2007年,意大利非洲和东方研究所(IsIAO)对1969年的《中国文学史》进行了修改并再版。对旧版中所有用威妥玛注音的人名和作品名称进行了改写,使用了现代汉语拼音方案,使《中国文学史》跟上了时代的步伐。另外,从内容看上,兰乔蒂把旧版的《中国文学史》的截至年代从 1912 年延伸到了 1949 年,还特别增补了对中国文学的诸多评论,彻底完善了旧版文学史。

因此,兰乔蒂教授的《中国文学史》至今仍为意大利学生和读者广泛阅读和使用,为传播中国文化与文学思想做出了重大贡献。

3.哲学、宗教和神学

兰乔蒂教授的研究领域十分广泛,除文学领域之外,还涉及中国古代哲学、宗教和神学研究,发表概述性论文和著作 23 篇,专著有《公元三至十世纪宗教相遇亚洲》①。佛教研究论文两篇,儒家思想著作 13 篇,以《孔子的一生及其说教》②(1997)为代表著作;传教士汉学研究两篇;道教研究 9 篇,代表专著为《马王堆出土的道德经》(1981)和《马王堆出土的道德经续》(1993)。其次,兰乔蒂教授还发表过两篇关于《山海经》和中国神话故事人物的论文。③

第三节　白 佐 良
(Giuliano Bertuccioli, 1923—2001)

白佐良教授深为中国读者所熟悉。他的外交生涯使他与中国和一些东方国家结下了不解之缘。在简要介绍他的生平之后,本文集中陈述他在步入大学讲坛之后的研究成果。

一、生平及主要经历

白佐良 1923 年 1 月 26 日生于罗马。从少年时代就喜欢读奥维德、伏尔泰、西塞罗和歌德等人的文学作品,有的名篇名段甚至能背诵④。此时

---

① Lanciotti L.,*Incontro di religioni in Asia tra il III e il X secolo di C.*.Firenze, L.S.Olschki, 1984, p.242.
② Lanciotti L.,*Confucio.La vita e l'insegnamento*.Roma Ubaldini, 1997, p.124.
③ 本段数据来自 Francesco D'Arelli 的意大利文书目专著:《中国在意大利—1899 至 1999 年》(*La Cina in Italia, una bibiografia del 1899 al 1999*.ISIAO, Roma, 2007)。这本书目把意大利境内所发表的有关中国的论文专著进行了分类。它是意大利现代汉学研究的一大成果,为中外学者必备的工具书。
④ Federico Masini, Foreword, "A Life Journey To The East-Sinological Studies in Memory of Giuliano Bertuccioli(1923—2001)", in *Italian school of east asian studies essay*:vol.2, edited by Antonio Forte and Federico Masini, Scuola Italiana di Studi sull'Asia Orientale, KYOTO, 2002,pp.viii—ix.

白佐良像

他对语言产生了浓厚的兴趣。16岁时,曾在意大利中东和远东研究所学习汉语,1945年罗马大学法律专业毕业。上大学期间,他结识了汉学家瓦卡和德礼贤两位教授,学习了两年汉语,对他以后的学术生涯产生了深远影响。

大学毕业后,他终于找到了一个可以练习汉语的机会。1946年11月1日,年仅23岁的他登上了停泊在塔兰托港口的轮船,赴华担任意大利驻南京大使馆翻译,从此开始了他漫长的外交生涯。在南京期间,他结识了一位中国女子黄美玲(Hwang Meiling)并结为连理。白佐良不但汉语水平大有长进,而且他同时也阅读了大量的中国经典诗词和文学作品,这为他日后成为著名的汉学家打下了坚实的基础。

1949年中国人民解放军解放南京后,他随意大利大使馆撤离回国。带回自己收集的大批中文书籍,家中有了一个藏书丰富的图书馆。

1952年他通过公务员考试而成了一名正式的外交人员。第二年以副领事的身份赴香港,随后升任总领事,直至1960年8月。在此期间,他如饥似渴地研读中国古典文学作品和经典文献,并用意大利文撰写了他的第一部重要著作——《中国文学史》①,被认为是迄今为止西方关于中国文学史最为完备的文学力作之一。1959 年出版后,1968 年再版,获得西方学术界普遍好评。

1960 至 1962 年,白佐良在外交部工作期间,曾担当契尼(Cini)基金会威尼斯东方研究所的负责人。1962 年他被调到意大利驻日本大使馆担任一秘、参赞等职务。在日本的六年期间,他学习了日语,掌握了大量的日本文献,进一步丰富了对中国文学的了解。1968 年他通过了意大利国内"中国语言文学教授"的公开考试,于是,他放弃了外交生涯,选择了大学的讲堂。

1968 年 1 月,白佐良刚刚接过那不勒斯东方大学中国语言文学的教鞭,就被召回外交部。1969 年,他参加了意大利代表团与中华人民共和国代表团在巴黎的建交谈判。1970 年 11 月 6 日,中意两国正式建立外交关系,白佐良功不可没,受到意大利政府的嘉奖。随后,他在意大利驻韩国使馆工作 7 年之后,先后出任驻越南(1975—1978)和菲律宾(1978—1981)大使。在亚洲共生活和工作达 30 年之久。

1981 年 10 月,白佐良彻底离开了外交领域,11 月 1 日正式成为罗马大学哲学文学系东方研究部的"中国语言文学"教授,58 岁的他终于走上了启蒙导师瓦卡教授的讲台。马西尼教授(Federico Masini)这样概括了老师的一生:"……白教授前半生的学术志趣是在中国文学;而后半生则是把他全部的精力都投入到了中西方交流史上②。"

对白佐良而言,1981 年是他一生中最为重要的转折点。在生命的最后 20 年间,他培养了众多意大利汉学新秀,其中以马西尼为最。1995 年 10 月,白佐良正式退休,但是他仍然坚持汉学研究,对学生们的求助有求必应,直到 2001 年在罗马去世。

白佐良教授一生勤勉,著作颇丰,1945 年至 2002 年出版的文章和著作 180 篇有余。其中产生重要影响的有:《中国文学史》(1959),以及大学语言、文学用书——《中国诗歌选》(1983)和《中国古文选》(1985),以及《意

---

① Giuliano Bertuccioli, *La Storia della Letteratura Cinese*, Nuova Accademia, Milano, 1959.

② Federico Masini, *Foreword*, "A Life Journey To The East-Sinological Studies in Memory of Giuliano Bertuccioli(1923—2001)", in *Italian school of east asian studies essay*: vol.2, edited by Antonio Forte and Federico Masini, Scuola Italiana di Studi sull'Asia Orientale, KYOTO, 2002, p.x.

大利与中国》(1996)。他的研究领域涉及语言、文学、宗教和历史，不但论述了西方文化对中国文化在不同时期的影响，还把大量中国经典文学作品翻译成意大利文，其中也不乏对通俗小说的翻译，例如《龙图公案》(1990)，为传播中国文化做出了巨大贡献。晚年，他把主要精力投入到《卫匡国全集》的编辑工作上，收集了卫匡国用拉丁文、西班牙文、葡萄牙文、德文和中文撰写的书籍和书信等大量文献。

在生命最后一段日子里，与弟子马西尼合著《意大利与中国》，1996年在罗马出版。2002年商务印书馆又出版了汉译本。这是第一部由意大利学者撰写的中意文化交流简史，具有开创之功。

二、主要汉学著作及其影响

白佐良
《中国文学史》
1959年版

白佐良
《中国文学史》
1968年版

白佐良
《中国文学史》
2013版本

1.《中国文学史》(Storia della Letteratura Cinese)

这本书1959年首次与读者见面，1968再版。这是第一部用意大利文撰写的中国文学著作，自出版以来受到意大利，乃至欧洲学者的普遍好评，影响广泛。20世纪80年代以后成为罗马大学中国文学的指定教材之一。

这本书首先对中国的风土人情、语言和历史做了简要介绍；随后，分八章依次对先秦文学、汉代文学、魏晋南北朝文学、唐代文学、宋代文学、元代文学、明清文学和现代文学做了详细的介绍，所选用的材料，多为名家名篇。不仅原文阅读丰富，而且其中大部分是首次译成西方语言。

此书侧重古典文学。1968再版时，增加了很多古典诗词的意大利语译文。引文丰富，议论多有独到见解。结构简练而清晰，语言从不枯萎和学院化。其次，内容也不仅限于古典文学，还包括大众文学。评论界称之为"西方出版的最全面的一本中国文学类读本"。①《中国文学史》深受学习中国语言文学的大学生，以及研究中国文化的人们的欢迎。1968年重印本到2000年时还可以买到，但是今天已经完全脱销。像那个时代欧洲其他汉学家们一样，白佐良也使用了威妥玛注音法对中文作品和作者姓名进行注音。而当今现行汉语拼音方案，为此，罗马大学的费林老师对白佐良的《中国文学史》重新进行了整理。编辑采用了汉语拼音注音，并补充了两个中文目录②，大大方便了读者。新版的《中国文学史》2013年由罗马金驴出版社出版(见上图)。

2.《中国诗词和古文精选》

(Testi di lettertura cinese scelti tradotti e commentati da Giuliano Bertuccioli)

《中国诗词和古文精选》出版于1983年，1988年再版。分诗词选和古文选两册，由白佐良点评并加以译注。他在前言中明确指出这不是一部中国文学史著作，而是选取了一些家喻户晓的唐诗宋词和儒家经典片断。他认为既然中国学校的课本中有，那么学习中文的意大利学生也应该学习。根据年级的差异，书中要求背诵部分也有不同。《中国诗词古文精选》(两册)是罗马大学"古汉语"③课程的教材。

---

① Giuliano Bertuccioli（白佐良），《中国文学史》, nuova edizione aggiornata, Sansoni/Accademia, 1968年版封面评论。

② 一个是中国文学作品目录，一个是关于作者、文体和地名的目录。见2013年新版：白佐良,《中国文学史》, L'asino d'oro, 罗马。

③ 在西方大学里"Filologia"是一门研究"语文学、语史学、文献学"的课程。本文根据意大利汉语专业学生所学的内容(中国唐诗宋词、古文、韵文和文言文等)，而使用了"古汉语"一词，没有采用直译，目的是便于中国读者明白和了解这门中文课程在意大利的实质。

白佐良　　　　　　　　　　　　　　　白佐良
《中国诗词和古文精选》　　　　　　　《中国诗词和古文精选》
第一册：诗词选　　　　　　　　　　　第二册：古文选
1988再版本　　　　　　　　　　　　　1988再版本

第一册：诗词选。共收诗词48首，其中24首唐诗。要求学习汉语的学生会背诵。这本书使用了威妥玛注音和汉语拼音方案两种注音法，内容分四个部分。一、二年级学习唐诗的五言和七言绝句；三年级学习古诗、律诗和宋词；四年级诗、词并进，所学数量掌握在每个年级12首。另外，书中还详细列出了每个年级所学汉字的数量：四年累计学习720个汉字。第二册：古文选。收录了《论语》《大学》《孟子》《左传》《史记》《吕氏春秋》的内容和故事23篇。书的结尾统计出第一册和第二册的汉字总合为1172个。可见，这本教材在编写上着实下了一番苦心：试图让意大利汉语学生在完成学业的时候，不但能够学会语言，而且还能了解和掌握中国文学的精华和儒家思想。

为了适应当代古汉语学习的需要，罗马大学的保罗老师对这套教材的第二册《古文选》进行了重新整理,并于2013年在罗马出版①。

3.《卫匡国全集》(Opera Omnia di Martino Martini)

20世纪90年代末,白佐良教授与特兰托大学卫匡国研究中心②主任德马尔奇(Franco Demarchi)联合主编《卫匡国全集》,计划出版五卷:第一卷《书信与文献》、第二卷《短篇集》、第三卷《中国新地图集》、第四卷《中国历史十卷》和第五卷《鞑靼战纪及补充资料》。截止到2001年,白佐良教授去世,出版了第一卷(1998)和第二卷(1998)。第三卷《中国新地图集》是在2002年出版的,第四和第五卷分别于2010年和2013年出版。

白佐良
《卫匡国全集》
第一卷《书信与文献》
1998

白佐良
《卫匡国全集》
第二卷《短篇集》
1998

白佐良
《卫匡国全集》
第三卷《中国新地图集》
2002

为了便于中外学者了解《卫匡国全集》的内容,卫匡国研究中心编译了中、英、意三种文字的摘录小册子。例如:摘录本一是《卫匡国生平及其著作》,摘自第一卷《书信与文献》;摘录本二为《述友篇》,摘自第二卷《短篇集》;第三卷《中国新地图集》有两个摘录本:一个是第十省浙江,另一个是第十五省云南,分别于2003年和2005年由特伦托大学出版。

---

① Paolo De Troia, (a cura di) Testi di Letteratura Cinese, Scelti, Tradotti e Commentati da Giuliano Bertuccioli, *Prosa*, Roma: Orientalia Editrice, 2013.

② 有关这个中心的介绍参见下文"意大利汉学研究机构"。

《中国新地图集—第十省浙江》
卫匡国著
王蕾蕾译 白玉崑校
2003

《中国新地图集—第十五省云南》
卫匡国著
王蕾蕾译 白玉崑校
2005

此外,在全集的第二卷《短篇集》中,收录了卫匡国的《中国文法》。由白佐良教授整理拉丁文手稿,并译成意大利文①。卫匡国的《中国文法》成书于1652—1656年间,原稿已经遗失,迄今为止共发现八个抄本②。从成书年代上看,卫匡国的《中国文法》比多明我会(教)士万济国(Francesco Varo,1627—1687)编写的《华语官话语法》,欧洲最早出版的中文文法,1703)还早十几年③。因此,卫匡国《中国文法》的历史意义极其重大。

---

① 《卫匡国全集》第二卷《短篇集》中《中国文法》:第351至481页,拉丁文、意大利文,原著中的汉字。

② 白佐良英语论文"Martino Martini's Grammatica Sinica"载于《华裔学志》(Monumenta Serica)2003年51号,第629—640页。文中列举了A、B、C、D、E五个手抄本。(这篇论文2007年由白桦汉译后,载于任继愈主编的《国际汉学》第十五辑,第220—231页,大象出版社)关于另外三个版本(F、G、H)的介绍可参见陆商隐(Luisa Paternicò)论文"从中国文法到中国语文文法:卫匡国语法的流传与不断丰富的过程探讨",收于张西平、马西尼主编的"国际中国文化研究文库—中意文化交流史"丛书(华东师范大学出版社,上海,2011):《中国文法》,卫匡国著,意大利文翻译:白佐良;中文翻译:白桦。

③ 依据白佐良教授的考证,卫匡国的《中国文法》第一次得以印刷出版是在1696年:法国人Melchisédéc Thévenot把文法收录在他的游记《神奇旅行》(Relation de divers voyage curieux)一书中了。

意大利文版《中国文法》
《卫匡国全集》
意大利文翻译：白佐良
1998

中文版《中国文法》
卫匡国著
中文翻译：白桦
2011

最后，由于白佐良教授去世，第四卷《中国历史十卷》和第五卷《鞑靼战纪及补充资料》的编辑和出版工作由马西尼教授完成。详细情况将在下文予以介绍。

4.《意大利与中国》(Italia e Cina)

白佐良 马西尼
1996 意文版

白佐良 马西尼
2002 中文版
萧晓玲　白玉崑译

《意大利与中国》1996年首次在意大利罗马出版。2002年由商务印书馆在北京发行中文译本，时值白佐良教授去世一周年，由马西尼教授为该书作了"中译本序"。白佐良和马西尼两位作者分别介绍并阐述了中意两国的交流历史，从古代到18世纪末，由白佐良撰写。这一时期意大利与中国的关系在各个领域都居欧洲首位；从19到20世纪初则是由马西尼撰写，他强调了意大利之所以退出主导地位的原因，突出了其他欧洲国家的作用，便于读者更好地理解意大利所采取的某些举措和态度的原因，其角度和观点较为独特。

《意大利与中国》中文版的影响远远超出了它在意大利的影响，凡涉及中意两国关系的历史，必有中国学者以此引证。

第四节　恢复和繁荣时期
意大利汉学代表人物及其研究领域

20世纪90年代后期，白佐良和兰乔蒂两位教授相继退休。他们培养的新一代意大利汉学人才已经在各自的研究领域取得了令人瞩目的成绩。如果我们把两位教授为意大利现代汉学大厦奠定基础的（战后）20年定义为"恢复初期"的话，那么把1970年以后的30年称为蓬勃发展的"恢复后期"则更为恰当。这新一代汉学人才发挥了承前启后的作用，他们把意大利汉学带入了迄今已有十多年光景的"繁荣时期"（2001年至今）。

1970年11月6日，意大利与中华人民共和国建立外交关系，随后中意两国签订文化协议，中国公派教师在意大利汉语教学中崭露头角，并发挥了重要作用。随后，80年代意大利经济腾飞，进入世界六强。因此，中意两国政府在外交、经济等领域频频出台新政策和新措施，从而带动了两国在文化和教育领域的交流和发展。汉语热开始升温，学习汉语的人数剧增，甚至友好协会和私人团体等也纷纷开设汉语班。这无疑给新一代意大利汉学工作者带来了新机，他们不但活跃在外交和商业领域，而且在大专院校也得到了更多的讲席。

七八十年代的意大利汉语学生较其前辈而言，他们有了更多去中国留学的机会，而且中国政府还提供奖学金和其他优越服务。因此，他们在语言交际能力方面大有提高。他们不但继承了汉学前辈的研究能力，而且开启了培养下一代汉语教学人才的重任。当今驰骋于意大利汉学界的许多重要学者都是那个时代去中国留学的。当白佐良和兰乔蒂教授退休以后，意大利汉语教学的状况更是大有改观。

与"停滞时期"相比，仅仅50年的"恢复时期"发生了天翻地覆的变化。开设汉语课程的院校剧增：从战后仅存的两所大学（罗马大学和那不勒斯东方大学）增加了15所①。这么多院校开设中文课程，说明汉语学习的需求在大增。仅以威尼斯大学的学生人数为例，自1965年开设汉语课程以来，1966年中文学生仅20多人，但到了80年代末、90年代初学生人数已经达到近200人。此时，罗马大学的汉语学生也在百人上下②。1991年兰乔蒂教授做了题为《意大利汉学：从1945年至今》的报告，他告诉我们"全意大利各大学学习中文课程的学生人数已达到千人"③。到了1991至2000年间，意大利高校学习汉语的总人数已经超过三千，2009年时则已有五千人之多。④

与此同时，意大利汉语教师队伍也在壮大，兰乔蒂教授1991年介绍说："1947年时意大利汉学界只有两名教授和两名母语教师。……如今情况完全不同了。中国语言和文学有两位教授：一位是罗马大学的白佐良，另一位是我的学生：威尼斯大学的萨巴蒂尼……"兰乔蒂本人正是当时意大利汉学界的第三位教授——那不勒斯东方大学中国哲学教授。其他15名副教授分别来自那不勒斯（6名）、威尼斯（4名）、都灵（1名）、米兰（1名）、博罗尼亚（1名）、佩鲁贾（1名）和罗马（1名）大学，课程涉及中国语言文学、历史、哲学、考古学、艺术史、满语、蒙古语和藏语各个领域。与他们共同从事汉语教学工作的还有12位中国母语老师，他们分布在那不勒斯（4名）、威尼斯（4名）、米兰（1名）、博罗尼亚（1名）、比萨（1名）和罗马大学（1名）等院校，为意大利的汉语教学做出了积极贡献。

正是由于中意教师们的共同努力，意大利汉语教学和汉学研究取得了显著成果。这十多名意大利教授和副教授分别在各自不同的研究领域出版和发表了重要论文和专著。2001年，意大利教育改革后，各个院校的正

---

① 参见附录二意大利20—21世纪汉语教学纪年表。
② 参考数据来自《世界汉语教学概况》，北京语言学院世界汉语教学交流中心信息资料部编，国际文化出版社，1991年3月，第82页。
③ Lionello Lanciotti, "*Italian Sinologo from 1945 to the present*" in *Europe Studies China*, Han-Shan Tang Books, the Chiang Ching-Kuo Foundation for International Scholarly Exchange.1995, p.80.
④ 参考数据来自：马西尼，"意大利汉语教学与研究概况"，《世界汉语教学学会通讯》，第二期，北京，2009年，第6页。

副教授、讲师和助教的人数有所增加①。下面对在中国文学、语言、历史和哲学等领域取得突出研究成果的代表人物予以介绍。

一、文学研究

第二次世界大战结束时,意大利的汉学研究在文学领域几近空白,但经过40多年的发展,截至2000年时状况大有改观,研究成果喜人。

首先,1968年和1969年白佐良与兰乔蒂两位教授先后撰写了中国文学研究专著——《中国文学史》,在国内外产生很大的影响。自20世纪60年代起,被翻译成意大利语的中国文学作品越来越多,从中国古典文学作品到现代和当代文学作品种类繁多:贝内蒂克尔(Martin Benedikter)把《唐诗300首》翻译成了意大利语(1961);马茜(Edoarda Masi)翻译了曹雪芹的《红楼梦》(1964年);兰乔蒂翻译出版了中国自传体小说《浮生六记》(1955);迪圭拉(Ludovico Nicola Di Giura)则翻译了《聊斋志异》(1955)等等。②这一时期意大利汉学家群体中,有所谓的"学院派"和"院外派"一说。前者不言而喻是指各大院校在职的教师,而后者则是指学过中文,热爱中国文学,尽管不在大学从教,或者没有谋得教授一职,但是他们与"学院派"交往密切,为中文学生和广大意大利读者翻译并介绍了许多中国文学作品。其中,最具有代表性的译者有:博韦罗(C.Bovero)翻译了《水浒传》(1956),并与利奇(Pirrone Ricci)合译《红楼梦》(1958);墨题(A.Motti)翻译了吴承恩的《西游记》(1960)。专家指出,这些意大利版的中国文学经典作品并非译自中文,而是从欧洲其他语言转译而来。不管怎样,这些译者让中国经典文学作品走近了意大利读者,丰富了中国文学在意大利的种类,功不可灭。

进入20世纪七八十年代和90年代,中国文学译著在意大利的出版势头更为迅猛,多以短篇小说翻译为主。"院外派"最典范的代表是翻译家安娜·布亚娣(Anna Bujatti)女士。她翻译了李清照诗词(1985,1996)、中国民间故事(木兰、狐狸精等)、鲁迅作品《朝花夕拾》(1986)和《野草》(1994)、艾青文集(1999),以及郭沫若文选(1987)等,为中国现代文学在

---

① 参见附录二:意大利20—21世纪(至2008年)汉语教学纪年表。
② 《聊斋志异》1955年首次出版发行时上下两卷,1997年再版时分为上中下三卷。

意大利的传播做出了突出贡献①。特别是马思怡(M.R.Masci)、马茜(E. Masi)和毕苏(R.Pisu)三位翻译家把为数可观的中国现代和当代文学作品介绍给意大利读者。其中,马茜翻译的作品最多,有阿城的《棋王》(1989)、《树王》(1990)、《孩子王》(1991);韩少功的《爸爸爸》(1992);苏童的《妻妾成群》(1992)和《红粉》(1993),以及余华作品集《往事与刑法》(1997)和《许三观卖血记》(1999)。她翻译的其他中国作家还有残雪、汪曾祺、马原等人。马茜还编写了一部《百篇中国文学作品精选》(1991),对中国文学历史上的一百部作品进行了描述和介绍。

尽管中国古典文学历来占主流地位,但在"学院派"中,也不乏从事中国现代文学翻译的学者,其中翻译作品数量较多的几位人物是:卡拉曼德雷(S.Calamandrei)、卡勒蒂(S.M.Carletti)、伦巴尔蒂(R.Lombardi)、毕肖塔(M.C.Pisciotta)和史蒂芬(Stefania Stafutti)②等。在几个主要大学中,"学院派"仍然以翻译和研究中国古典文学为重点,代表人物有:卡萨齐教授(Giorgio Casacchia)。他于1986年翻译了冯梦龙《古今小说》中的多个篇章,1990年翻译出版《三十六计》。另外,鲍乍(E.Bozza)1996年推出了李渔意大利文版的《肉蒲团》。同一时期,还有兰珊德翻译了刘勰的《文心雕龙》③;1997年,萨巴蒂尼和史华罗共同出版中国文学专著《漆画笔——中国明代小说至今》④。

由于人物众多,这里仅把意大利"学院派"汉学家中最具有代表性的人物及其作品一一予以介绍。

1.卡萨齐(Giorgio Casacchia,1949—),那不勒斯东方大学中国古代汉语教授

(1)生平概述及主要经历

卡萨齐1949年生于罗马,1973年毕业于罗马大学。随后,赴原北京语言学院进修一年汉语,1975年开始攻读罗马大学博士学位。1981年开始

---

① 其他中国文学作品(1911年至今)翻译成意大利文的书目可参见 Francesco D'Arelli 编辑的书目"La Cina in Italia-una bibliografia dal 1899 al 1999", IsIAO, Roma, 2007, p238—240.
② 中国现代文学作品(1949—今)翻译成意大利文的书目可参见 Francesco D'Arelli 编辑的书目"La Cina in Italia-una bibliografia dal 1899 al 1999", IsIAO, Roma, 2007, pp.240—258.
③ 参见《汉学研究》1,1996,pp.456—463.
④ 萨巴蒂尼,史华罗 Mario Sabattini e Paolo Santangelo, *Pennello di lacca, la narrativa cinese dalla dinastia ming ai giorni nostri*, Laterza, 2008.

卡萨齐像

在罗马大学教授现代汉语语法及中国近代和现代小说的语言、文学课程。1986—1988 年担任意大利驻华使馆一秘。1989—2000 年获得那不勒斯东方大学副教授职称。2000 年晋升为那不勒斯东方大学中国古代汉语教授。除了从事教学任务以外,卡萨齐教授还于 1991—1993 年出任意大利驻华使馆新闻参赞,2008 至 2014 年任意大利驻上海领事馆文化参赞,2009 年任意大利亚非研究所上海分所主任。

(2)主要汉学著作及其影响

卡萨齐教授的研究领域主要分为三个方面:一、中国古代与明清白话小说。专著有《古典白话小说集》(1986);《鬼怪小说集》(1991);《古今奇观》(1992);《痴婆子传》和《连城璧外篇》(1995)等。二、对汉语言的研究(语言学方面),包括现代汉语语法、方言和中国文法演变历史的研究。其代表著作有《现代汉语教材》(1995)、《晚清关于拉丁文语法的研究》(2010)①和《论韩邦庆〈上海花列传〉中的苏州方言词汇》(1984—1985)②。2011 年卡萨齐教授与莎丽达(Mariarosaria Gianninoto)教授合著的《汉语流传欧洲史》③在中国出版,不但为中国读者介绍了汉语西传的历史,而且勾勒出西方人在汉语学习和研究过程中对这门东方语言的反思。

---

① 载于《跨越空间的文化:16—19 世纪中西文化的相遇与调适》,东方出版中心 2010 年版。

② 卡萨齐 G. Casacchia, The Lexicon of Suzhou Dialect in Han bangqing's "Shanghai singsong girls, in *Cahiers de Linguaistique*. *Asie Orientale*, n13, 1984, p. 101—119, 241—263; n. 14, 1985, p. 118—145.

③ 卡萨齐,莎丽达,《汉语流传欧洲史》,学林出版社,上海,2011 年。

同时,展示了西方语言与汉语之间的区别和特点,让中国人从一个不同的角度审视自己的语言,了解汉语的语法研究、标注汉字读音,以及检字法等知识。因此,让读者能更加理性地对待欧洲语言学和中国语言学之间的密切关系。三、编纂辞典。卡萨齐教授与白玉崑教授共同编纂了《汉意大词典》(Grande Dizionario Cinese-Italiano),2008年由意大利亚非研究所出版(俗称)发行。这是一部大型的、以语文为主的百科性质的双语词典,选收汉字8405个和词目近十万条,可满足意大利学习中国语言文学的学生和从事翻译工作的人士之需。改变了以往只能借助各类袖珍本《汉意词典》或者《英汉—汉英词典》学习汉语的状况,大大便利了意大利学生和读者。同时,这部百科双语词典对那些学习意大利语的中国学生,以及在意大利生活的中国人也可以提供着实的帮助。

卡萨齐 白玉崑
《汉意大词典》
(Grande Dizionario Cinese-Italiano)
第一卷 A–M
罗马 IsIAO
2008

卡萨齐 白玉崑
《汉意大词典》
(Grande Dizionario Cinese-Italiano)
第二卷 N–Z
罗马 IsIAO
2008

编纂词典的工程宏大,得到了来自意大利汉学界各方学者和人士的大力支持和帮助。此外,意大利经济权威日报《24小时》于2006年9月8日刊出普罗迪(Prodi)政府要员——经济部部长博妮诺(Emma Bonino)在意中交流会议上,手持《汉意大词典》稿本的照片,向意大利各界人士宣布即将出版发行的消息。

卡萨齐教授与白玉崑教授共同编写《汉意大词典》历时20余年,从中文字典在欧洲的编写历史来看,《汉意大词典》也是一个成功典范。三百年前叶尊孝编写了《汉拉词典》,但被小德金盗取了成果,并于1813年在巴黎出版《拉汉法词典》。那一时期,意、法、英三国汉学家争先恐后、当仁不让,也在计划编写中文字典。上文提到的意大利人:哈格、蒙图齐和晁德莅无一人如愿以偿。

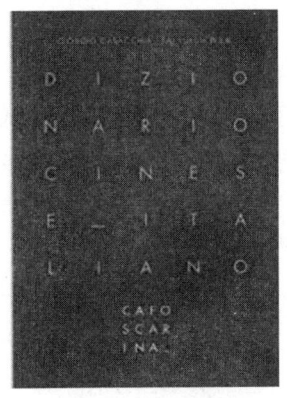

卡萨齐 白玉崑
《汉意词典》
Dizionario Cinese-Italiano
威尼斯,2013

这套《汉意大词典》是迄今为止最大最全的汉意词典。无论在中国,还是在意大利境内,它都填补了这一领域的空白。《汉意大词典》是意大利汉学史上一个重要里程碑,其学术价值在业内首屈一指。

目前,其他同类词典皆为便携《意汉—汉意》词典①,其中汉意部分的内容也无法与这套百科性质的《汉意大词典》相媲美。《汉意大词典》词目10万条,图示400个,列表80个,2000页整,分上下两卷,2008年由意大利非洲与东方研究所(IsIAO)在罗马出版。

随后,威尼斯出版社于2013年推出《汉意词典》(*Dizionario Cinese-Italiano*),2240页。这是在2008年《汉意大词典》的基础上,增添了一些附

---

① 中国境内主要流行外语教学与研究出版社出版的《现代意汉汉意词典》(由王焕宝、王军、沈萼梅、柯宝泰编,2000);上海外语教育出版社的《简明意汉汉意词典》(由张世华编,2006)。意大利境内有:张世华的简明意汉汉意词典,2007年由Hoepli出版社在意大利发行。另外,在意大利流行较早的有赵秀英与Franco Gatti合著的《简明汉意意汉及会话词典》(Zanichelli出版社,1996)、袁华清的《意汉汉意小词典》(Vallardi出版社,2002)。除此之外,De Agostini和Garzanti两家出版社分别于2006年和2012年出版两本袖珍词典,均无署名。这些词典规模小,常用字词,属于袖珍词典。

录并进行修补后的新版。它仍然保留了"业内最大最全汉意词典"①的特征。

2. 兰珊德（Alessandra Lavagnino，1948—   ），米兰国立大学中国语言文化教授

（1）生平概述及主要经历

与其他意大利汉学家相比，兰珊德的童年与中国有着一段独特的经历，这也是她长大后选择学习汉语的一个原因。1957年，兰珊德的父亲、意大利著名电影作曲家安德罗·拉瓦尼第一次到中国拍摄纪录片《长城》，受到周恩来总理的接见。兰珊德教授回忆道："小时候，父亲每次从中国回来，都会带很多有趣的礼物。我特别喜欢中国的唱片，像《茉莉花》《梁山伯与祝英台》《二泉映月》，我常常一边写作业一边听，到后来我竟可以用中国的音乐风格创作曲子了。记得7岁那年的一天，我正高兴地用钢琴弹奏着一首我创作的小曲子，父亲走到我身边惊喜地说：'太好啦'！几天后父亲带我去了录音棚。那时，他正在给《长城》配乐。一首非常熟悉的旋律传进了我的耳朵，这正是我创作的那首曲子！我激动得跳了起来。"②

兰珊德像

父亲的影响和鼓励无疑使兰珊德从小便爱上了中国文化。因此，上大学的时候她开始学习中文，选择了罗马大学现代文学专业，1971年毕业。1974和1977年两度作为中意两国交换教师赴上海外国语学院教授意大利语。在中国期间，她一边教授意大利语，一边研修中国古代汉语，阅读了大

---

① 2013年在意大利相继出版三本此类词典：一本为Zanichelli出版社发行的《意汉汉意双解词典》，赵秀英编；另一本为Le Lettere出版社发行的《汉意意汉词典》，Alessandra Voitti Bonfanti编；第三本是Cafoscarina威尼斯出版社的《汉意词典》（卡萨齐、白玉崑编）。前两本在规模上超过了以往的袖珍词典，凝聚了作者多年的心血。到目前为止，威尼斯出版社的《汉意词典》仍然保留了它在业内"词条数目最全面和丰富的"的头衔，为百科类大词典；是中外词典编纂史上最完整的一部词典。

② "中国是我的第二故乡"，新华网，2009年12月10日16：06 杨铁涵报道。

量中国古典名篇。1981 至 1987 年在那不勒斯东方大学担任讲师①，教授古汉语。1987 至 2003 年任米兰国立大学政治学院副教授，1994 至 1998 年期间被意大利政府派遣到中国担任驻华使馆新闻参赞，促成米兰大学两届校长访华，大大推动了米兰大学的汉语教学的发展。2003 年，晋升为教授，主要教授中国语言和文化课程。此外，兰珊德教授还担任米兰国立大学孔子学院外方院长，2010 年她在国家汉办举行的第五届孔子学院大会上被评为米兰国立大学孔子学院先进个人，以表彰她在推广汉语教学工作中所做的贡献。

（2）主要汉学著作及其影响

兰珊德在文学研究领域最具有代表性的贡献是她把南朝刘勰的文艺理论巨著《文心雕龙》翻译成意大利文，并于 1995 年 5 月出版，引起了意大利文学理论界和汉学界的极大关注。除此之外，兰珊德教授的研究在最近几年多涉及中国当代文化，以及中国媒体与政治之间的关系。研究范围特别集中在中国 20 世纪 80 年代的改革开放至 21 世纪初的十几年之间，通过对报纸和期刊的考察来探索中国文化与其传统、城市规划建设，以及中国社会中产阶级的产生等问题。

2006 年，兰珊德教授编辑了论文集《巨龙说话——中国报纸的改革》；同年发表的相关研究论文有：《文化大革命至今——被遗忘的周年纪念？》和《文之力——中国文化简介》；2007 年的论文包括《体语——汉字中的象征与图像》《莫言与中国运动》《高行健与新式写作研究》②，以及《中国与我们——几则中国广告的目的》。2006 年，翻译并出版张爱玲的小说《金锁记》，随后翻译并出版《倾城之恋》；2008 年为高行健小说《灵山》的意大利文译本撰写了前言。

兰珊德教授是当今意大利汉学界非常活跃的汉学家之一，她还培养了一批年轻的汉学研究工作者。

---

① 意大利大学教师职称分教授、副教授和研究员（意大利语 ricercatore 一词的直译）由高至低三等。为便于中国读者之理解，回避因字面意思引起误解，本文采用了中国"讲师"一词，其职称与意大利的"研究员"相对应。

② 兰珊德，"Gao Xingjian e la ricerca di un nuovo stile di scrittura"，in Lombardi R.（a cura di），*La letteratura cinese in Italia*，Tiellemedia，Roma，2007，p.51—60.

二、汉语言学研究

西方院校通常把从事传统语言学研究和现代语言学研究的教授统一归为"语言学"类教授。西方现代语言学建立于 18 世纪初期,而汉语进入西方大学讲堂已经是 19 世纪的事了①。如果说西方现代语言学研究的范畴包括句法、词语和语言的发展史,那么在意大利从事现代汉语教学和研究的教授们自然也会把研究现代汉语语法,及其口语作为研究范畴。例如,上文中卡萨齐教授的研究领域就涵盖了这些内容。此外,下文中马西尼教授在该领域研究中成果显硕。

意大利汉学在"恢复时期"最为显著和特殊的社会背景是:中意两国建交以后,在意大利出现了"汉语热",学习汉语的人数与日俱增,大学里学习中国语言文学专业的学生急剧增长。在教学方面,意大利大学所使用的汉语教材多是中国大学里为留学中国的外国人所编写的课本②,那些早在 20 世纪七八十年代留学中国的意大利学者都有亲身体会。但日转星移,对 21 世纪的意大利学生来说,这些教材在内容、课时安排上都不十分适合意大利国情。例如,意大利汉语专业的学生每周学习汉语的课时一般在 6 至 8 个小时,而在中国本土的汉语教学,基本上每周 16—20 个课时。此外,语境差异也导致所学词汇不匹配,出现所学无所用的现象。除此之外,文化差异也不可忽视。在中国,询问年龄很普遍,因此中文课本中很早就出现了对应语法和会话,而意大利人很少问及年龄、家庭等较为隐私的问题,学生们在意大利的实际生活中很少使用这些中文话题和词汇。所以,编写符合意大利国情和教育体制的意大利本土教材势在必行。

这里将介绍另外两位著名的汉语语言学家:威尼斯大学的阿比阿提教授和罗马大学的马西尼教授。他们在编写现代汉语教材方面成绩显著,后者在汉语言发展史上的研究也颇有建树。

1.阿比阿提(Magda Abbiati, 1950—   ),威尼斯大学中国语言文学阿教授

---

① 指 1814 年 12 月法兰西学院率先开设汉语讲席之史实。
② 意大利 20 世纪 70 到 90 年代在汉语教学中使用最广泛的中文教材是《基础汉语课本》、《实用汉语课本》(原北京语言学院编写)。

(1) 生平概述及主要经历

阿比阿提教授2001至2006年期间担任威尼斯大学东亚研究系系主任。曾先后去原北京语言学院和北京大学进修汉语各一年。她的主要兴趣和研究领域突出表现在句法学、语意学、特殊语言和象征语言，教学内容侧重现代汉语语法。

(2) 主要汉学著作及其影响

阿比阿提教授在20世纪90年代开始编写意大利语中文教材。她首先编写了一本介绍汉语历史的意大利文著作：《中文》(La lingua cinese, 1992)。随后，与原北京语言学院的任远教授合作，于1994年在北京出版《汉语》(Cinese Moderno)①。这套教材分上下两册，是语法、课文、练习合一的综合性教材。

阿比阿提 任远
《汉语》，上下册，1994

2003年，阿比亚提教授出版《现代汉语语法》，由威尼斯大学出版发行。这是一本语法教材，系统而全面地讲解了现代汉语的语法，有大量例句，适合意大利在校学生学习使用。2005年出版《现代汉语语法练习册》，与语法教材配套使用。此外，阿比阿提教授还与中国教师陈连生共同编写了《汉字》(Caratteri cinesi, 2001)，与张若莹老师携手编写了《汉语交际口

---

① 阿比阿提、任远合著《汉语》，威尼斯大学出版社与原北京语言学院出版社，北京，1994年。

语》(Dialogare in cinese,2010)等教材,力图全方位辅助汉语教学。

阿比阿提《现代汉语语法》2003　　阿比阿提《现代汉语语法练习册》2005　　阿比阿提 陈连生《汉字》2001　　阿比阿提 张若莹《汉语交际口语》2010

2.马西尼(Federico Masini,1960—　),罗马大学中国语言文学教授

(1)生平概述及主要经历

马西尼1960年生于罗马。1978年开始在罗马大学学习汉语,1980年在美国加州大学伯克利分校进修了一个学期的汉语。1983—1986年获得中国政府提供的奖学金,分别在原北京语言学院和北京大学中文系进修汉语。1986年,马西尼以优异的成绩毕业于罗马大学文学哲学系。论文题目是"现代汉语中的谓语结构"(Le strutture predicative in cinese moderno),指导教授是意大利著名的语言学教授杜德玛(Tullio De Mauro,1932—　)。①1987—1989年他在意大利驻北京大使馆新闻处任随员。1992年获得意大利那不勒斯东方学院授予的东方学博士学位,论文题为《现代汉语词汇的形成——1840至1898》(La formazione del lessico del cinese moderno e la sua evoluzione verso una lingua nazionale: il periodo dal 1840 al 1898)。1993起在罗马大学文学哲学系的东方研究部

马西尼像

---

① 杜德玛教授2000—2001年间曾出任意大利教育部部长。

教授中国"古汉语"课程,1997年,晋升为中国语言文学副教授,2000年升为教授。2001—2010年担任罗马大学东方研究院院长一职。2006年,孔子学院在罗马大学落户,马西尼教授兼任罗马孔子学院外方院长,两次获得国家汉办颁发的先进个人奖。2010年10月获得中国政府颁发的"中意两国友好"突出贡献奖。同年11月出任罗马大学副校长,负责教务工作,是职三年。

(2)主要汉学著作及其影响

繁忙的行政工作之余,马西尼教授仍然从事教学和科研工作,其研究领域主要集中在语言学领域,并涵盖中意关系史、意大利传教士汉学等领域,在意大利境内和境外发表多部著作和论文,近120篇。①

马西尼的第一部汉学研究学术专著是英文博士论文(1993,美国伯克利):《现代汉语词汇的形成——十九世纪汉语外来词研究(1840—1898)》。同名著作1997年由上海汉语大辞典出版社汉译并出版(黄河清译)。它不但引起中国语言学界的关注,书评甚多;而且,也倍受日本、英国和韩国学者的青睐,作品很快被翻译成日语、英语和韩语。

马西尼
《中国语言学报》
美国加利福尼亚大学
伯克利 1993

马西尼
汉语大辞典出版社
上海 1997

---

① 马西尼教授为笔者提供了著作和论文的详细内容,在此特表感谢。

《现代汉语词汇的形成——十九世纪汉语外来词研究(1840—1898)》分为两个部分:第一部分作者考察了西方和日本知识在中国传播的有关历史、政治和社会事件;第二部分作者完全从语言学的角度,把第一部分中所叙述的事件对汉语词汇产生过影响的词汇加以整理和归纳,特别阐明了1840—1898年间西方词汇和日本词汇对汉语中借词和新词所产生的影响。这本书以一个外国人的独特视角观察和研究汉语,考察了中国近代汉语词语的词源,甚有灼见。因此,2001年马西尼教授还应邀参与《近现代汉语新词词源词典》(香港中国语文学会、汉语大词典出版社,上海)的编写工作。

除语言学专著之外,马西尼教授还与白佐良教授合著《意大利与中国》,这是一本记述中意两国关系史的著作,1996年在罗马出版。这本书的中文版已于2002年由商务印书馆在中国出版发行(详情参见上文"白佐良著作"一节)。书中马西尼教授撰写了19世纪至20世纪初中意两国之间的交往,即从清朝中叶到民国初年的一段历史。

2001年,白佐良教授去世,马西尼教授继承了导师没有完成的工作,继续与特伦托大学卫匡国研究中心合作编辑《卫匡国全集》未完成的部分。2010年马西尼教授与陆商隐(Luisa M.Paternicò)共同出版全集的第四卷《中国历史十卷》(两卷);2013年又与陆商隐和安德伟(Davor Antonucci)出版了第五卷《鞑靼战纪及其他资料》。据悉,他们正在积极筹备第六卷《补充文献及目录》的出版工作,不久将与意大利读者见面。

最近十年,马西尼教授还积极组织并编写适用于意大利本土汉语教学的汉语教材。2006年首先推出《意大利人学汉语》[①],2008年出版《意大利人学汉语—提高篇》。2010年再版时,把这两本教材划分成初级、中级和高级三册,使其成为一套完整的综合性现代汉语教材。教材每册20个单元,由课文、场景对话、语法、阅读和练习等部分组成。

[①] 《意大利人学汉语》(*il Cinese per gli italiani*)由罗马大学意中汉语教师共同编写。第一二册的编者为:马西尼、张彤冰、白桦、Anna Di Toro 和梁冬梅;第三册的编者为:马西尼、张彤冰、孙萍萍、Paolo De Troia 和梁冬梅。米兰 Hoepli 出版社出版发行。

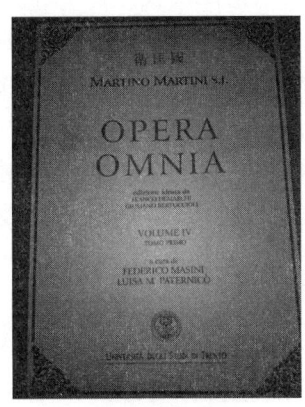 

《卫匡国全集》
第四卷
《中国历史十卷》
2010

《卫匡国全集》
第五卷
《鞑靼战纪及补充资料》
2013

　　《意大利人学汉语》这套教材内容和插图生动活泼,初级和中级课本以大学校园和生活环境为背景展开相应的会话练习。因接近意大利学生的生活、爱好和他们谈论的话题,而倍受学生们的喜爱。为了使学生早日熟悉和适应汉语水平考试,中级课本中还特别加入了汉语水平考试模拟听力练习和短文阅读练习问答题。另外,书中还有繁体字阅读短文,目的是

培养学生繁体字的认读能力,以备将来出国深造或阅读中文文献之需。第三册教材以专题阅读为主,学习区分近义词和词语搭配的使用。三本教材内容和课时的设置完全与意大利教学大纲的三年制相对应。2010年国家汉办评选优秀汉语教材,这套教材荣获"优秀教材"称号。目前,这套教材也是意大利境内发行量最大的本土汉语教材,使用者不仅限于在校大学生,而且在设有汉语课程的语言中心和语言学校都在使用。另一本教材是为意大利初中和高中学生设计的课本《我们学汉语》[①],由马西尼教授于2007年组织编写,属于汉语入门教材。20个单元,分语音、课文、语法和练习四大部分。

目前,汉语已经成为欧洲重要的外语之一,但是还没有像其他欧洲语言那样具有统一的语言评估标准。因此,马西尼教授作为欧洲汉语协会(European Association of Chinese Linguistics)执行委员,正在与欧洲其他大学共同探讨制定一套针对汉语评估的统一标准而努力。

除了亲自参与教材的编写以外,马西尼教授还特别注意年轻教师队伍的培养,鼓励他们编辑并出版一系列关于中国文化、民俗、报刊和文学等系列丛书。为传播中国文化贡献巨大。因此,他新近获得了中国政府2014年颁发的"中华图书特殊贡献奖",成为继兰乔蒂教授之后,荣获该奖的第二位意大利汉学家。

三、历史研究

意大利汉学界中国历史教授所从事的历史研究及其著作值得中国学者关注。以下四位教授中,中国学者对史华罗和萨巴蒂尼较为熟悉,而樊蒂卡和萨马拉尼教授对中国古代历史和当代历史的研究也硕果累累,深受中外学者的一致好评。

1.樊蒂卡(Michele Fatica,1936—   ),那不勒斯东方大学历史教授

(1)生平概述及主要经历

樊蒂卡生于1936年。1978年进入那不勒斯东方大学教授中国现代历史,1980年晋升副教授,2002年教授现代当代历史,2009年获得教授职称。

---

① 《我们学汉语》(Impariamo il cinese)编者:马西尼、张彤冰、白桦和梁冬梅,Hoepli出版社,米兰,2007年。

2010年退休后,创立"马国贤与那不勒斯中华书院研究中心"①,任主任一职至今。

（2）主要汉学著作及其影响

在樊蒂卡教授众多的历史研究中,以《马国贤日记》的整理工作最为意大利汉学界和国际学者所关注。他竭力把马国贤在康熙（1662—1722）宫中兼任宫廷画师,以及亲自赴维也纳向神圣罗马帝国皇帝卡洛六世（Carlo VI）申请资助、恳请教皇克莱孟十一世（Clemente XI）的首肯,以及他竭尽全力创办那不勒斯中华书院的珍贵史料挖掘了出来。他的研究填补了中国文献中的空白。特别是马国贤在康熙朝廷服务的13年里,直接见证了当时所发生的诸多历史事件,他带回意大利的文献价值突显珍贵。但是文献整理工作并非一件易事,樊蒂卡教授凭借他的拉丁文功底,以及中文、意大利文和那不勒斯方言的辅助,整理并出版了文献总量的三分之二。

樊蒂卡像

《马国贤日记》共分五卷。第一和第二卷已经整理完毕,分别于1992和

《马国贤日记》
第一卷

《马国贤日记》
第二卷

---

① "马国贤与那不勒斯中华书院研究中心",2010年成立,简称"马国贤研究中心"。现任主任为樊蒂卡教授。

1996 年出版。第一卷记载了马国贤于 1705 至 1711 年间在意大利的生活及其背景。第二卷则详细讲述了马国贤在 1711 至 1716 年间奔赴中国的情况。

目前,樊蒂卡教授正在整理《马国贤日记》第三卷。跨越时间为 1716 年 11 月至 1720 年 3 月。在这 4 年里,生活在康熙宫中的耶稣会士与代表教宗传信部的马国贤和德理格(Teodorico Pedrini)之间的斗争日益激化。其直接原因是:北京教区主教康和子(Carlo Orazi da Castorano)及伊大任(Bernardino Della Chiesa)向在华传教士秘密公布了教皇克莱孟十一世于 1715 年 3 月 19 日颁布圣谕("*Ex Illa Die*"),完全蔑视中国礼仪。耶稣会士认为公开圣谕意味着激怒皇上,甚至会导致他把所有在华传教士赶出中国。康熙帝于 1707 年向罗马派出龙安国(António Barros)和薄贤士(Antoine Beauvollier)两名传教士;随后 1708 年再次向罗马派遣艾若瑟(Giuseppe Provana)和陆失石(José Ramon Arxó),希望教宗能够通过他们带回对礼仪之争的明确答复。但是,教宗非但没有理会康熙对在华传教所表现的开明之意,反而对中国传统礼仪表现出没有丝毫的让步。因此,康熙在得知圣谕之后,下令逮捕了康和子和德理格。为此,马国贤指责耶稣会士是皇帝身边的告密者,导致了康和子和德理格入狱。德籍耶稣会士纪理安(Kilian Stumpf)1717 年在一本拉丁文小册子①上——驳斥了马国贤的指责。在那些年月里,尽管大清帝国与罗马教廷的关系已经破裂,但康熙仍然没有接受总兵陈昂②的建议:驱逐所有西方传教士和商人,显示了其宽容的态度。但是,到了雍正和乾隆时代,两位皇帝的态度就截然不同了。

樊蒂卡教授对《马国贤日记》的研究和整理工作兢兢业业,凭借扎实的拉丁文知识,把意大利语③、拉丁语混杂的马国贤日记整理并翻译成现代意大利语。各国学者都在期盼《马国贤日记》的整理工作能够早日完

---

① 小册子原名为:"*Informatio pro veritate*",天主教会想把它与 1720 年 1 月 14 日颁布的法令同时刊登在《禁书目录》(*Indice dei libri proibiti*)上。

② 作为《马国贤日记》第三卷的一部分,2013 年樊蒂卡教授发表了与陈昂有关的一些文献,刊登于那不勒斯历史研究专刊 *Scrittura di Storia*,n.6:"Richiesta di misure restrittive e di espulsione di mercanti e missionari occidentali dal Paese di Mezzo in un memoriale dell'A. D. 1717 conservato da Matteo Ripa",pp.175—216。

③ 《马国贤日记》中常常混杂那不勒斯方言,樊蒂卡教授在整理和翻译日记过程中,遇到不少困难。

成,翘首以待第三卷出版。整理后的日记①,不但为中国文献增添了新鲜的宝贵史料,而且也矫正了英语文献《清廷十三年——马国贤在华回忆录》②中的错误和缺陷③。

此外,樊蒂卡教授还出版了关于那不勒斯东方大学历史画册和展览图片手册:《东方大学校址及教学楼》(2005)和《有关马国贤及那不勒斯中华书院(1682—1869)展览的目录册》(2006)。④关于那不勒斯中华书院中国学生的传记和他们所写的游记,樊蒂卡教授曾发表过论文数篇⑤。

2010年,樊蒂卡教授与那不勒斯东方大学的其他教授共同创立了"马国贤与那不勒斯中华书院研究中心",俗称"马国贤研究中心"。详细介绍见本章第六节。

2. 萨巴蒂尼(Mario Sabattini,1944—   ),威尼斯大学中国语言文学教授⑥

(1)生平概述及主要经历

萨巴蒂尼1944年7月生于罗马,毕业于罗马大学中国语言文学专业,导师为兰乔蒂教授。曾担任威尼斯大学中国语文研究中心主任、东方语言系主任、外语学院院长和副校长等职务。1988—1999年担任"意大利汉学

---

① 《马国贤日记》的第一和第二卷已经分别于1992和1996年在意大利出版。第三卷的部分内容已经于2013年出版,参见 Scrittura di Storia, n.6: "Richiesta di misure restrittive e di espulsione di mercanti e missionari occidentali dal Paese di Mezzo in un memoriale dell'A.D.1717 conservato da Matteo Ripa", pp.175—216.

② Matteo Ripa, *Memoirs of Father Ripa, during Thirteen Years Residence at the Court of Peking in the Service of the Emperor of China*, 1855, London.

③ Michele Fatica, Vittorio Carpentiero,"马国贤的谥圣经过史:圣徒传记及文献学问题",见《18—19世纪意大利非洲亚洲学》第三卷,t.I, Napoli 1989, pp.73—110;(修订本:"那不勒斯中华书院创立者马国贤的谥圣经过",见:G.Luongo主编,《Scrivere di Santi, Atti del II Convegno di studio dell'Associazione italiana per lo studio della santità, dei culti e dell'agiografia, Napoli, 22—25 ottobre 1997》, Viella, Roma 1998, pp.303—323).

④ 《有关马国贤及那不勒斯中华书院(1682—1869)展览的目录册》,那不勒斯国立档案馆(18 novembre 2006—31 marzo 2007), Università degli Studi di Napoli "L'Orientale", Napoli 2006.

⑤ "Pietro Guo(郭连城)在意大利的游记注释,1859—1860",见 *Scritture di Storia*, quaderno n.2, Napoli 2001, pp.48—82);"中国及外国事物,郭连城在其世界游记(1859—1860)中描写的西方技术新事物", A.Palermo主编, *La Cina e l'Altro.Atti del IX Convegno dell'Associazione Italiana di Studi Cinesi*, Università degli Studi di Napoli "L'Orientale", Dipartimento di Studi Asiatici, Napoli 2007, pp.273—293.

⑥ 在意大利汉学界,萨巴蒂尼教授被普遍视为历史教授,尽管他的研究是跨领域的。目前根据威尼斯大学网站提供的信息,他的讲席为"中国语言文学教授"。

协会"主席,1991—1992 年曾赴中国台湾进修。1992—1995 年任意大利中东远东研究所(IsMEO)理事。1999—2003 年,担任意大利驻中国大使馆文化参赞,为促进中意两国的文化交流做了大量的工作。为此,中国政府于 2003 年为他颁发了中国语言文化友谊奖。同年 7 月,他卸任后回到威尼斯大学继续汉语教学和汉学研究工作。2014 年 11 月,意大利汉学协会授予了萨巴蒂尼"荣誉教授"的称号,汉学界的友人和同事们为此出版了纪念文集。萨巴蒂尼教授是继兰乔蒂教授之后,第二个获此殊荣的意大利汉学家。

(2)主要汉学著作及其影响

萨巴蒂尼教授的研究领域主要集中在三个方面。首先,中国古代和现代发展史研究。1972 年,当他在威尼斯大学教授中国历史时,著有《中国政治运动史》。书中用三部分分别讲解了国民党、共产党和其他党派的历史。此外,他还发表了多篇论文:《中国民主党初始至 1949》(1972);《关于 1911 年革命和宪法问题的几点介绍》(1974);《看中国之路》(1975);《孙逸仙与政党》(1975);《对外文化交流展望》(1979);《历史人物——李秀成》(1979);《与中国文化交流》(1979);《太平天国运动中的妇女地位》(1980);《前现代中国的理念与权力》(1993);《中华帝国之初》(2006);《从汉朝的灭亡到 19 世纪的中国社会》(2008)等。

萨巴蒂尼教授于 1986 年与那不勒斯东方大学的史华罗教授共同出版《中国通史》。时限从远古到 1949 年中华人民共和国成立。这本书在意大利的影响较大,是意大利汉语专业大学生的必读历史课本。2005 年,这本书再版时增加了两个章节,增写改革开放后中国发生的巨变,还写到了中国加入世界贸易组织,步入经济全球化时代,真正登上了世界舞台。

萨巴蒂尼教授还着重研究分析当代中国美学思想和古典传统与西方影响的关系,对中国美学的研究独具匠心。他对意大利哲学家克罗奇(Benedetto Croce,1866—1952)和中国学者朱光潜的研究从没有间断过,专著有《朱光潜的美学思想》(1984)。另外,还发表论文多篇:《朱光潜〈文艺心理学〉中的克罗奇》(1970);《克罗奇与朱光潜》(1983);《论朱光潜先生对于建立新价值体系的贡献》(中文,1992);《批评与自我批评:朱光潜与 50 年代关于美学之辩论》(1998);《朱光潜与〈诗论〉》(2005);《朱光潜与维柯》(2008);《朱光潜 1948 年文章中的克罗奇哲学》(2010)。

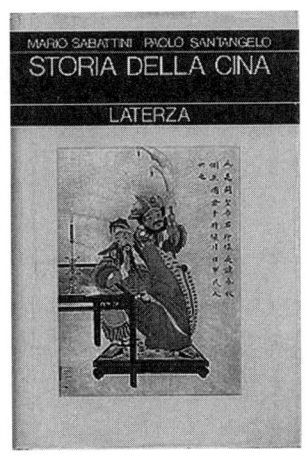

《中国通史》
1986 年版

《中国通史》
2005 年版

萨巴蒂尼、史华罗,《漆画笔》,1997

　　在中国文学研究方面,萨巴蒂尼教授与史华罗教授于 1997 年共同翻译出版《漆画笔》(Il Pennello di lacca)。这是一部中国文学著作,向意大利读者展示了中国明朝初期至当代的中国小说作品。两位教授认为在中国文学史上,小说地位特殊占据重要地位。明朝社会经济发展快、城市建设迅速,出现了新的社会阶层。小说在社会与权力之间找到了它恰当的位置。明清小说启发了 1917 年"文学革命"的倡导者。那时,中国叙事文学一直向多元化发展,有时带着英国和德国的浪漫主义情调,但是更多的时候,带有俄国文学的现实主义色彩,但也不失法国文学的自然主义风格。他们指出,中国在 1949 年以后,中国文学成了政治宣传工具。早先的作家已经完全停止写作,新一代作家则试图开辟一条自己的创作之路。到了八九十年代,在邓小平倡导的政治、经济改革时期,中国的文学创作出现了新的生机,进入了一个崭新的发展阶段。

3. 萨马拉尼(Guido Samarani, 1951—),威尼斯大学东亚历史教授

萨马拉尼曾经在原北京语言学院和南京大学进修汉语。2006 年 10 月任威尼斯大学东亚研究系主任。主要研究中国现代和当代历史、中意两国关系史,以及中国对外政策等。有关 20 世纪中国历史的论文有《中俄关系及意大利对中国的政策(1912—1928)》(2000)[1]。学术研究专著有《21 世纪之中国》(2010);《塑造亚洲的未来——二战中蒋介石、尼赫鲁与中印度关系》(2005);《20 世纪之中国——从清朝的灭亡至今》(2004);《中国走向 2000 年——政治力量和社会主义经济变革》(1994)[2]。另外,他还与 L. De Giorgi 合著《远与近,意大利与中国在 20 世纪关系史》(2011),都具有相当水平的学术价值。

萨马拉尼教授还积极参与欧洲和意大利多家研究刊物的出版和编辑工作,例如《欧洲东亚研究杂志》《民国研究》《共和研究》,以及《中国》等。[3]

4. 史华罗(Paolo Santangelo, 1943—),那不勒斯东方大学、罗马大学历史教授

---

[1] 论文原名及出版社:*Sino-Russian Relations and Italy's policy towards China*(1912—1928), Moscow, Canton, Peking.Early Diplomatic Relations between Soviet Union and China, TAIPEI, Tamkang University, pp.131—152(2000).

[2] 著作原名及出版社:*Cina, ventunesimo secolo*, Torino, Einaudi(2010);*Shaping the future of Asia.Chiang Kai-shek, Nehru and China-India relations during the second world war period*, LUND, Centre for east and south-east asian studies(2005);*La Cina del Novecento.Dalla fine dell'Impero ad oggi*, TORINO, Einaudi(2004);*La Cina verso il 2000. Potere politico e trasformazioni economico-sociali*, VENEZIA, Cafoscarina(1994).

[3] 刊物原名:European Journal of East Asian Studies;Minguo yanjiu. Studies on Republican China;Mondo Cinese。

(1) 生平概述及主要经历

史华罗 1943 年生于意大利东北部的戈里齐亚(Gorizia)。高中毕业后进入罗马大学法律系学习,1966 年获得罗马大学硕士学位。大学期间,他在罗马的中东远东研究所学习汉语和中国文化。1974 年开始在那不勒斯东方学院① 教授中国历史,2007 年调到罗马大学东方研究院继续担任历史教授,2012 年退休。但是他继续担任《明清研究》的主编,兼任《中国历史与文化百科全书》第五卷主编,欧洲汉学研究学会理事,以及意大利汉学研究学会理事。

史华罗像

(2) 主要汉学著作及其影响

史华罗教授主要致力于明清时期中国社会文化史的研究,已出版多部专著并发表大量论文,其中《明清文学中的自然观》《生态主义与道德主义》等,在港台被译为中文。

1992 年,那不勒斯东方大学与罗马的"意大利非洲与东方研究所"合作创办汉学研究刊物《明清研究》,史华罗任主编。刊物的主旨是对现代中国社会与文化进行深层研究,并由此贯通汉学与西学的研究领域。主办者特别重视社会学、文学、心理学、人类学、史学、地理学、符号学、政治学、哲学和国际关系方面的研究。以英文和意大利文刊登各种论文。

自从史华罗教授调到罗马大学后,他也不得不离开了属于那不勒斯东方大学、著名的汉学刊物《明清研究》。但是,他在罗马组织和出版了《明清研究》的一个新版本。新旧两个版本的中文标题未改动,都是"明清研究"四个汉字,但是西文标题的变化非常微妙(见下图):一个是"Ming Qing Yanjiu"(旧版),一个是"Ming Qing Studies"(新版)。因此,极易为中国学者所混淆,特此说明。

除了名称上的差别以外,两本《明清研究》的编委和出版社也各异。例如,2011 年新版《明清研究》的主编是史华罗,编委是戴德中(Alessandro Dell'Orte)和史蒂芬(Stefania Stafutti)。新版本至今已出版两期,由 Aracne Editrice 出版社在罗马出版发行。1992 年创刊的《明清研究》因为史华罗

---

① 意大利原称为:Istituto Orientale di Napoli, 即今日那不勒斯东方大学之前身。

Ming Qing Yanjiu 旧版
《明清研究》
2011

Ming Qing Studies 新版
《明清研究》
2011

教授调离那不勒斯东方大学(2007年),而移交给同事:现任主编和副主编是卡勒蒂(Sandra Marina Carletti)和董娜(Donatella Guida),至今仍在那不勒斯继续出版发行。因此,形成了意大利汉学界近几年来的一个特殊现象:重要的学术专刊《明清研究》有两个版本在同时出版发行。

另外,史华罗的主要历史著作是他与萨巴蒂尼合著的《中国通史》(1986,2005);两人在文学领域的合作还包括1997年的合著《漆画笔》。详情见上文"萨巴蒂尼著作"。

近十年来,史华罗教授从明清文学作品出发,展开了一系列令中国学者耳目一新的研究。他先后发表多篇论文:"重新阅读一些明清文学作品——用从情感与心境的角度分析文学作品的方法来建立中国人类学史"[1];"中国文化中的情感问题:《中国历史上的情感教育》卷——对于明清文学的跨学科文本研究,兼论中国精神状态的演变历史"[2]等。专著有:

---

[1] 载于《汉学研究》第六集,阎纯德主编,中华书局2002年版,第305—314页,万明译。

[2] 载于 Volando, n.2, 2003, rivista a cura del Dipartimento d'italiano, Università degli Studi Internazionali di Shanghai, Centro Nazionale di Formazione per Laureati in Lingue meno diffuse, Ministero dell'Educazione, con il contributo dell'Ufficio Culturale dell'Ambasciata d'Italia a Pechino e Consolato di Shanghai.pp.53—63.

《明清文学作品中的情感、心境词语研究》(2000)①和《中国史中的感性教育——明清文献的跨学科研究》②(2003)等。特别是第二本在荷兰莱顿用英文出版后,在国际上产生的影响甚大。2009年,中国大陆商务印书馆在中国出版发行其中文版,题为:《中国历史中的情感文化:对明清文献的跨学科文本研究》。

史华罗
《中国历史中的情感文化:对明清文献的跨学科文本研究》
商务印书馆 2009

《中国历史中的情感文化:对明清文献的跨学科文本研究》一书从情感的定义及其相似观念的研究开始,在"研究对象"一章中致力于在一般方法论上研究中国历史与文化的情感本质及情感空间的界限。在前几章中,使用了大段的篇幅来研究情感、共同心理过程的内化以及认知表现的社会功能。史华罗教授研究工作的第一个假设是:情感是受到特定社会中

---

① 史华罗《明清文学作品中的情感、心境词语研究》,北京,中国大百科全书出版社 2000 年版。
② Paolo Santangelo, Sentimental Education in Chinese History. An Interdisciplinary Textual Research in *Ming and Qing Sources*, Leiden, Brill, 2003.

特定文化影响的社会现象;在"情感及其自身语言的表征"一章中,考察了第二个关于"情感也是一定的交往系统,它能形成属于自己的语言"的假设;在"中国文学选篇研究"中,史华罗考察了他所认为值得研究分析的不同文本(文学的、道德的、哲学的、司法的、私人历史的、官方历史的,以及宗教的等),就像考察那些性质特别的文本既要涉及它的丰富内涵,也不能忽视它的叙述结构。前几个章节由"社会和文化的背景"一章来收尾,在这章中他总结了所选定的社会历史条件。

情感表达和评判的方式被这样一些因素所干扰,但同时也受到共同意象的影响。从理论上讨论了情感的社会和文化的性质之后,这本书最核心的部分贯以"预备性考察"的大标题,其意旨在展示上述工作的成果和研究的程序。这部分所占篇幅很大,主要围绕在导言中提到的三大问题,即情感的表征性、文本分析的技术方法,以及根据列出的作品目录,考察其中一些关于不同的心灵情感和状态的例句。例如,他说:

> "心这一词素在通常'人的心灵'和'感情'的意义上,也可用作心思和内心的同义词。自然的定义是'方寸心'。虽然有些感情因素,比如像勇气,存在于别的器官,但内心既是感情也是理智的重要活动场所。中国式的情感与西方的观念之间最重要的差别之一,就是在'情绪'和'内心'、'理智'和'感情'、肉体和精神之间不存在任何区别。然而,这种概念会误导存在于道与气之间与人性和心之间的关系。①"

他把情感和心态分为以下五组类型:"一、怕:焦虑、苦恼、惊吓、担心;二、爱:信赖、爱情、友情;三、悲:忧郁、抑郁、羞耻;四、喜:审美感、快乐;五、怒:仇恨、不满、妒忌。"

他还指出:任何情感研究都要求有这样的明确,但是问题来自情感的鉴别和将汉语中的情感词语译成西方语言方面。因为心态不像具体事物那样可以界定,在另一种语言中,给这种词语下定义就会有双重的困难。对于情感及其在两种语言中的术语,有着清楚"客观"的概念,不过从根本

---

① 史华罗,"重新阅读一些明清文学作品——用从情感与心境的角度分析文学作品的方法来建立中国人类学史",《汉学研究》第六集,阎纯德主编,中华书局2002年版,第313页,万明译。

上说,其他名称也有这样的问题。因为即使是技术术语,实际上也属于世界语言,面临着语义内容从一种语言到另一种语言传递的不完整的问题。①

总之,史华罗的这项研究视角独特而新颖,通过多视点的读解,帮助人们去重新理解中国传统文明的情感世界,重新审视人的精神世界。

本节介绍的这些汉学家们不但功绩卓著,而且大部分至今活跃在意大利汉学界,他们是意大利汉学"恢复(中后)时期"的中流砥柱,义不容辞地担负起带头人的重任,是他们把意大利的汉学研究提升到了一个崭新的历史高度,甚至在国际范围内也享有极高的殊誉。最终使意大利的汉语教学与研究顺利带入了"繁荣时期"。

第五节　繁荣时期
汉语教学与研究的三所重镇

一、那不勒斯东方大学

在21世纪,那不勒斯东方大学的汉语教学主要以文学哲学院为主,除汉语专业的学生以外,其他学科的学生也可以把汉语作为选修课之一。2013/2014学年之前的教学设置包括三年制本科汉语课程和两年制硕士专业的汉语课程,均由意大利教师和中国母语教师共同承担。其中,副教授有 Sandra Marina Carletti、Anna Maria Merlino Palermo 和 Maria Cristina Pisciotta,合同教师有 Melinda Pirazzoli 和 Valeria Varriano(万丽雅)。另外,还设有"古汉语""中国文学""中国现当代文学""东亚宗教和哲学""中国历史"和"远东历史和文化"等课程,以丰富和完善学生的汉语知识。

除了文学哲学院开设汉语课程以外,那不勒斯东方大学在政治学院的"国际关系"专业也同样开设了汉语课程。这里的课程设置也分三年本科和两年硕士专业,但是教材完全不同于文学哲学院,以商业汉语为主导,由讲师 Maria Cigliano 和副教授 Maurizia Sacchetti 主持。此外,与中国相关的课程还有:"改革时期的中国""中国的历史和制度""远东的历史文化和制

---

① 史华罗,"重新阅读一些明清文学作品——用从情感与心境的角度分析文学作品的方法来建立中国人类学史",《汉学研究》第六集,阎纯德主编,中华书局2002年版,第314页,万明译。

度""远东的历史与制度""中国历史与制度"（高级课程）和"东亚政治外交史"，从侧面丰富学生们的知识。

自 2013/2014 学年起，那不勒斯东方大学学习汉语的人数已经达到 1800 多人①，教师团队因一些教授退休和离开而有改变。因此，学校对开设汉语课程的三个院系进行了较大调整，均衡了院系间学生人数。目前，开设汉语课程的三个院系有：一、亚洲、非洲和地中海系（三年本科：东方和非洲语言和文化；两年硕士：东方语言和文明）；二、文学、语言学和比较研究系（三年本科：比较语言、文学和文化；两年硕士：比较文学和文化）；三、人文和社会科学系（三年本科：政治学和国际关系；两年硕士：亚洲、非洲的关系与体制）。

三年本科专业的汉语教学包括"中国语言和文学"（12 学分）和"中国文化"（8 个学分）两门课程。教师与课时分工如下：

一年级汉语教学分三组。意大利老师有 Floriana Castiello、Maria Pompea Ranucci、Valeria Varriano 和 Maria Cristina Pisciotta（文学），每周共 8 个小时，由意中教师共同完成。语言和文学课程，意大利教师总共 75 学时，中国母语教师的练习课共有 176 学时；文化课程，意大利和中国母语教师分别承担 50 和 176 个学时。

二年级汉语教学分两组。意大利教师有 Floriana Castiello、Giulia Rampolla（语言）和 Giovanni Vitiello（中国文学），共 75 学时；中国母语教师的口语课总共 176 学时。语言和文化课程，意大利教师 50 学时，中国母语教师 176 学时。

三年级汉语教学只有一组。意大利教师有 Castiello Floriana（语言）和 Maria Cristina Pisciotta（中国文学），共 75 学时，中国母语教师的口语课总共 136 学时。语言和文化课程，意大利教师 50 学时，中国母语教师 136 学时。

两年硕士专业"比较文学和文化"和"东方语言和文明"（12 学分）：一年级中国语言和文学（12 学分）由 Giulia Rampolla 和 Maria Cristina Pisciotta 担任（75 学时），外加中国母语教师的 136 学时；二年级中国语言和文学（12 学分）由 Valeria Varriano 和 Giovanni Vitiello 担任（75 学时），外加中国母语教师的 136 学时。

两年硕士专业的"亚洲、非洲的关系与体制"课程（8 个学分）与上述课

---

① 在此特别感谢万丽雅（Valeria Varriano）老师予以的帮助，以及提供的最新教学信息。

程无关,自成一体,分一二年级。一年级的"中国语言和文化"(8个学分)由意大利教师 Maria Laura Cigliano(50 学时)和中国母语教师(136 学时)共同承担。二年级的学分和课时与一年级的设置相同。

除此之外,那不勒斯东方大学还开设了"古汉语"(Pietro De Laurentis)、"中国历史"(Donatella Guida)、"远东哲学与宗教(Chiara Ghidini)"、"考古与中国艺术"(Chiara Visconti)、"中国历史与政体"、"中国当代政治与体制"(Paola Paderni 教授)、"中国当代经济改革和中国发展战略"(Marisa Siddivò)、"远东历史、文明与国家体制"(Elisa Rotino)、"东亚政治与外交的历史"(Oliviero Frattolillo)、"远东的历史与文明"(Patrizia Carioti)等课程,以丰富学生们对中国和亚洲的知识层面。

2013/2014 学年意大利教师的编制有教授(Giovanni Vitiello)和副教授(Maria Cristina Pisciotta)各一名,两名讲师(Valeria Varriano 和 Pietro De Laurentis)和三名合同制教师 Floriana Castiello、Giulia Rampolla 和 Maria Pompea Ranucci)。另外,中国教师有唐旭、宋小玲、田慧婷、林怡庭和陈洁。

那不勒斯东方大学在汉学研究方面也人才济济,成绩突出者举不胜举。在中国古典文学和语言学方面,以卡萨奇教授为最;在历史文化方面则以史华罗教授最为突出;历史考证方面以樊蒂卡教授最为著称;中国现代文学方面则有 Maria Cristina Pisciotta 副教授。新一代汉学中坚要数 Giovanni Vitiello(文学)和 Donatella Guida(历史)两位教授。

二、罗马智慧大学

罗马智慧大学当代汉语课程的设置始于 1956 年,属于文学哲学系四年制的"外国语言文学"专业,由兰乔蒂教授负责。1994 年"东方文明和语言"课程里也设有汉语课。2001 年 3 月,罗马大学成立"东方研究院",它继承了罗马大学在东方研究方面的悠久传统,摆脱了以往东方研究附属于文学哲学系的状况,成为意大利第一个独立的东方研究机构,与其他院系并驾齐驱[1]。

---

[1] 2001 年教育体制改革,罗马大学从原先的 10 来个院系,生成为近 20 个学院。例如,过去的"文学哲学系"分成了多个学院:文学学院、人文哲学学院、东方研究院等。2010 年 11 月以后,罗马大学体制改革后,精减到 11 个学院,与早年的那十个院系相似。

罗马大学"东方研究院"三年制本科和两年制硕士专业的"东方语言和文化"课程都设有汉语课程。2013/2014 学年,汉语教师团队包括马西尼(教授)、费林(Federica Casalin,讲师)和艾勒(Alessandra Brezzi,副教授),他们三人分别教授一、二、三年级的语言课程。母语教师分别是孙萍萍、白桦和张彤冰。三年制的教学规定每年授课 100 多个学时(10 学分),由意大利和中国教师共同完成。使用的汉语教材是马西尼教授等合编的《意大利人学汉语》初级、中级和提高篇。推荐教材有阿比亚提的《现代汉语语法》和 Viviane Allenton 的《汉语》。另外,本科专业的学生还要学习"古汉语"课程,由讲师保罗(Paolo De Troia)教授;"中国文学""现代中国文学"课程由达德(Patrizia Dadò)副教授负责。硕士专业 100 多个学时(9 学分)的课程由马西尼和中国母语教师①共同完成。此外,硕士专业还开设了"汉学史"和"古汉语"课程,分别由 Elisabetta Corsi 教授和安德伟(Davor Antonucci,讲师)担任。

为增加学生对中国及亚洲的了解,完善其知识层面,罗马大学东方研究院还开设了"东亚宗教和哲学""中国现代史""东亚历史""中国艺术建筑及历史",以及硕士专业的"中国法律入门""中国现代政治和社会制度""中意关系史"等课程。

早在 2007 年,罗马大学在教改后的"文学哲学学院"继续开设汉语课程,该课程设置在"现代世界语言和文化"(三年本科)和"文学与科技翻译"(两年硕士)专业下面,教学工作由 Elisabetta Corsi 教授和合同教师 Alberto Sorgi(2003—2008)主持。三年制本科的汉语教学为 72 个学时(8 学分),使用的教材是台湾叶明德的《远东生活华语》、William McNaughton 和李英(同音)的《汉语读写—汉语写作综合指南》。硕士专业规定"汉语言和翻译"课 8 个学分、"汉语翻译理论"课 4 个学分。此外,"古汉语"和"汉学史"等课程的设置丰富了学生的知识层面,利于对语言的学习。

罗马大学第三个开设汉语课程的院系是"人文学院"。2007/2008 学年的第二个学期,"跨文化语言交际"专业里也开设汉语课。每学期 24 个学时,分若干主题授课,每个主题 4 个学分。使用的汉语教材是马西尼等合编的《意大利人学汉语》。但是,一年后,即 2009/2010 新学年伊始,"人

---

① 2010 年李秀兰退休,目前兼课的中国教师由张彤冰和北京外国语大学外派的汉语教师共同担任。

文学院"的汉语学生开始到"东方研究院"上课。

随后,"文学哲学学院"的学生也于 2013/2014 学年开始归入"东方研究院"。因此,从 2013/2014 新学年一开始,罗马大学教授汉语的部门不再分散在各个不同的院系,而是统一到"东方研究院"上课。

罗马大学的当代汉学研究以兰乔蒂教授为先驱,在白佐良教授时得到升华,目前以马西尼教授为主导。他们三人分别在中国哲学思想、古典文学和语言学方面见长。另外,Elisabetta Corsi 教授[①]在传教士汉学研究方面也有显绩,值得关注。

三、威尼斯大学

意大利第三所汉学重镇非威尼斯大学莫属。它起源于 1868 年建立的"高级商业学校"。1965/1966 学年正式开设"东方语言和文学"专业,属于外国语言文学学院,"中国语言和文学"课程由当时年轻的兰乔蒂讲授。威尼斯大学尽管是意大利三所汉学重镇中"最年轻"的一所,但是经过几十年的发展,它在传播和教授现代和古典汉语方面贡献瞩目。

这要归功于兰乔蒂教授的不懈努力,他在威尼斯执教的 13 年中培养了一批来自罗马的学生,例如:萨巴蒂尼、Sandra Marina Carletti 和 Maria Cristina Pisciotta,他们三人后来都成了这个学科的教授,分别在威尼斯和那不勒斯主持教学与研究工作,在各自不同的领域发挥着带头人的作用。

威尼斯大学以 2008/2009 学年为例,外国语言文学学院开设了"现当代语言文学"专业和"东亚语言文化和社会"专业。其下"东亚语言和文化"和"东亚语言及法律和经济制度"课类里都开设了汉语课。硕士专业的"东亚语言和文化"专业里的"古典语言"和"现当代语言",以及"东亚语言及法律和经济制度"下面的"中国"课类都有汉语课程。此外,校际硕士专业的"宗教学"也开设了汉语课。

---

① Elisabetta Corsi 早年从师白佐良教授,之后,在墨西哥城任教多年(1994—2007),2007 年成为罗马大学教授。另外,她曾在北美、中国台湾和中国大陆都做过研究,其研究领域涉及传教史、汉学史,以及文化、思想和科学领域的西学东渐。著有 *La fábrica de las ilusiones.Los jesuitas y la difusión de la perspectiva lineal en China*(México 2004)和 *Órdenes religiosas entre América y Asia.Ideas para una historia misionera de los espacios coloniales*(México 2008)。

2008/2009 学年新开设的"东亚语言文化和社会"专业的汉语课程 60 个学时(18 学分),外加 240 个学时的练习,分别由意大利和中国教师完成。意大利老师有:萨巴蒂尼教授、阿比亚提教授、Franco Gatti 副教授、Elena Pollacchi 讲师,以及合同教师 Maria Giuseppina Gottardo、Daniela Rossi 和 Valeria Zanier;负责口语课的中国教师有陈连生、林玉梅、牛国强、王辉、许景天、郑瑞芳和张若莹(以上中文名字均为同音)。主要使用的教材有:阿比亚提的《现代汉语语法》和《现代汉语语法练习册》。二年级开设了"古汉语"课程,由 Maurizio Scarpari 和 Tiziana Lippiello 两位教授负责。"现当代语言和文化"专业里的汉语教学设置与"东亚语言文化和社会"专业的相同。

硕士专业"东亚语言和文化"和"东亚语言及法律和经济制度"下面的汉语课程规定:授课 60 个学时(12+12 学分)和 240 个学时的练习,分别由意大利和中国教师完成。在"古典语言"课类中,"古汉语"课两年 90 个学时(18 学分),由 Tiziana Lippiello 教授和副教授 Riccardo Fracasso 负责。在"当代语言"课类中,二年级规定"文学翻译"课程 30 个学时(6 学分),"汉语 2 级"30 个学时(12 学分)。①

此外,威尼斯大学的汉学研究也可谓丰富多彩:在众多教授中,萨巴蒂尼以历史和古典文学见长;萨马拉尼(Guido Samarani)主要从事关系史的研究;Mauriziao Scarpari 的研究领域则涉及中国古代哲学和语言;李集雅(Tiziana Lippiello)主要致力于中国古代思想和宗教的研究;裴尼柯(Nicoletta Pesaro)则以翻译当代中国作家的作品著称。

第六节　繁荣时期
主要研究机构及其汉学刊物

意大利汉语教学全面步入 21 世纪的"繁荣时期"之时,汉学研究机构也气象景然。那些早在 19 世纪成立的研究机构,例如 1872 年成立的东方研究协会(Società degli Studi Orientale)曾经把佛罗伦萨高等研究学院带入鼎盛时期,其著名研究杂志《东方杂志》(Rivista Orientale)也早已更名;1903 年成立的罗马大学东方研究所(Scuola orientale dell'università di

---

① 以上数据来自 D. Antonucci 与 S. Zuccheri 合著的 *L'insegnamento del cinese in Italia tra passato e presente*,La Sapienza,2010,p108—109。

Roma)已从一个自发"机构"转变成今日名副其实的罗马大学东方研究学院;当初的罗马大学文学哲学系那五位教授①承担了大学图书馆的管理工作,1907年创刊《东方研究杂志》(Rivista degli Studi Orientali),对当时汉学界的书目整理贡献巨大。

今天各种名目繁多的教学和研究机构举不胜举,其中最为著称的有意中研究所、意大利汉学协会、卫匡国研究中心、伍尔班大学汉学研究中心、马国贤与中华书院研究中心、利玛窦研究中心、艾儒略研究中心和殷铎泽基金会等。

本书没有把利玛窦研究中心、艾儒略研究中心和殷铎泽基金会等民间机构收入在内,这其中,不乏赫赫有名的"意中友好协会"②。意中友好协会从20世纪中至21世纪的来临一直都在为意中两国文化交流作贡献,而且成绩卓越,功不可灭。由于本书的研究范围只限于意大利的主要院校,故上述机构不予介绍。以下是意大利几所著名的汉学研究机构,及其出版期刊的介绍。

一、意大利非洲与东方研究所
(IsIAO:Isitituto Italiano per l'Africa e l'Oriente)

1995年,意大利中东远东研究所(IsMEO:Istituto Italiano per il Medio ed Estremo Oriente)与意大利非洲研究所(IIA:Istituto Italo-Africano,1906)合并成立意大利非洲与东方研究所(IsIAO:Isitituto Italiano per l'Africa e l'Oriente)。首任所长是尼奥利(Gherardo Gnoli)教授。

其前身"意大利中东远东研究所"(IsMEO)是受意大利外交部监管的国家研究机关,总部设在罗马。其宗旨是促进意大利与中亚、南亚和东亚国家的文化交流,研究这些国家在经济方面的问题等,并定期出版关于政治经济方面的专著和期刊。时任所长是当时的教育部部长剑帝垒,副所长

---

① De Gubernatis, Guidi, Labanca, Nocentini, Schiaparelli 五人,见 Raniero Gnoli,同上,Roma 1994.

② "意中友好协会"成立于20世纪60年代,第一任主席是 Giorgio Zucchetti,曾任北京电台意大利语专家。现任主席为曼奇尼女士(Vittoria Mancini),尽管她年事已高但仍然在为意大利与中国的友谊做着积极的努力。

为杰出的考古学家、东方研究学家图奇①。1947—1978年间,图奇一直担任该所所长,大力推动了研究所的发展和学术研究,创办了著名的《东方与西方》杂志,在当时国际上影响甚大。

意大利非洲与东方研究所(IsIAO)在意大利境内设有米兰、拉文纳(Ravenna)和法诺(Fano)三个分部,在亚洲设立了日本京都和中国上海两个分部。1938年在北部城市米兰成立的"非洲与东方语言和文化学校"历史最悠久;1999年在艾米利亚—罗马涅大区的拉文纳市成立了一所分校;1982年在京都成立意大利东亚研究所(ISEAS,Italian School of East Asian Studies);2007年在上海成立了中国分部。

罗马总部的语言学校早在1934年就组织了汉语和日语课程。从那以后,逐步开设了孟加拉语、乌尔都语、印地语和波斯语等东方语言。1951年后学校更加正规化,规定入校生必须具有高中毕业文凭方可在校学习,学校设立了三年制"实用非洲和东方语言文化课程"。汉语课程设置在每年11月到第二年的5月之间,学生每个星期5个小时语言课,同时还要学习3个小时文化课,包括文学、艺术和哲学。学校实行严格的考勤制度。三年课程结束时有一个结业考试,通过者可获得具有法律效力的学习证书。

在出版期刊和专著方面,意大利非洲与东方研究所的前身早在20世纪50年代就出版了大量的考古研究报道和期刊,组织学术会议等活动。出版了103本《罗马东方系列》(Serie Orientale Roma)、42本《报告与回忆录》(Reports and Memoirs);7本《修复》(Restorations)。著名期刊有《非洲》(Africa,1947—2008,共63期,意法英季刊)、《东方与西方》(East and West,1950—2007,共57期,英文季刊)。

1992年,意大利非洲与东方研究所的前身与那不勒斯东方大学合作,创办汉学研究学刊《明清研究》。其主旨是对前现代和现代的中国社会与文化进行深层研究,并由此贯通汉学与西学的研究领域。《明清研究》的主编是史华罗,副主编为兰乔蒂和萨巴蒂尼。② 2007年,意大利非洲与东

---

① "意中友好协会"成立于20世纪60年代,第一任主席是Giorgio Zucchetti,曾任北京电台意大利语专家。现任主席为曼奇尼女士(Vittoria Mancini),尽管她年事已高但仍然在为意大利与中国的友谊做着积极的努力:第五章 "六1.图奇"。

② 2010年之后,《明清研究》开始拥有两个版本:一个在罗马出版,一个在那不勒斯东方大学出版。详情参见第六章第四节二、历史研究4.史华罗。

方研究所再版了兰乔蒂的《中国文学史》①,同年出版达雷利(Francesco D'Arelli)的书目《中国在意大利——1899 至 1999 年书目》②。辞典类出版物有《汉意大词典》(卡萨齐,白玉崑,2008)——西方语言里拥有词条最多、最大的双语词典③。

自2008年9月起,意大利非洲与东方研究所开启网上"媒体商店"服务,读者可以在网上查阅和购买该研究所出版的各种图书和资料。

2012年1月,这个历史悠久的研究机构宣布解散,但它在罗马拥有的两个博物馆依然保留:一个是"国家东方艺术博物馆",收藏了在东方考古时期收购和发现的古物。其中,Grandhara艺术藏品最为著名和重要;第二个是"非洲博物馆",收集了非洲埃塞俄比亚绘画、雕塑、文献、建筑装饰,以及考古资料等"殖民地馆藏"。

二、意中协会(Istitituto Italo Cinese)和 意中基金会(Fondazione Italia Cina)

意中协会是一个以意中经济和文化交流为宗旨的组织,有大型企业和机构做后盾。1971年3月成立。创始人哥伦博(Vittorino Colombo,1925—1996)任协会主席,著名刊物有《中国》(Mondo Cinese)。

1973年发行《中国》一号季刊,责任编辑是德马尔奇(Franco Demarchi)、梅黎思(G. Melis)和考拉迪尼(P. Corradini)。撰稿人来自意大利各界人士,其中不乏其驻外学者和专家。他们从政治、经济、历史、地理、文化和语言等诸多方面对当代中国进行了全方位的研究和介绍。经过四十多年的风风雨雨,《中国》至今仍然是意大利中国学研究领域活跃的学术刊物之一,但是刊物的发行由意中基金会(Fondazione Italia Cina)负责和管理。全面向意大利介绍当代中国的经济、管理、权利、政治、社会和今日中国。意中基金会2003年11月在米兰成立,创始人是著名的罗米提先生(Cesare Romiti),该基金会是目前意大利重要的综合机构,包括促进意中企业之间的交流与合作、职业培训、研究中心和刊物《中国》的出版工

---

① 见第六章第二节兰乔蒂2.《中国文学史》。
② Francesco D'Arelli, *La Cina in Italia*, IsIAO, Roma, 2007
③ 见第六章第四节一、1.卡萨齐(2)主要汉学著作及其影响。

作等。

《中国》
Mondo Cinese
1974,第5期

《中国》
Mondo Cinese,2013
纪念创刊40周年特刊

三、意大利汉学协会(Associazione Italiana per gli Studi Cinesi)

意大利汉学协会成立于1979年,是一个以推动和促进意大利的中国研究及其文明为宗旨的非营利性、非政治性的组织。名誉主席是兰乔蒂教授,理事会的成员来自意大利各个主要大学,选举产生。目前有六名执行会员,他们主持协会的管理工作。意大利汉学协会现有成员已超过两百多名,除了意大利学者以外,中国大陆学者三名,台湾学者两名(截至2013年)。

协会每两年举行一次汉学大会,全意大利的汉学家与汉学研究新人在此交换学术信息和研究成果,并出版会议论文集。从成立之日起,这里一直是意大利汉学研究者展示学术研究的一个平台,每两年举办一次。与会者以在读博士生为主,多数借此会议汇报他们的研究论题和成果,是年轻学者们进入"意大利汉学研究和大学殿堂"的第一站。

20年来协会已出版文集10卷。2014年出版了最后一本纸印会议文集(2011年第十三届米兰意大利汉学研究会议文集)①。此后,执行委员会决定今后的会议文集都将以电子版的形式在网上发表,读者可以在协会的网站上参考或下载。这样不但节省了纸张,而且以最简捷的形式发表最新的研究成果,深受学者们的喜爱和欢迎。2013年9月在那不勒斯的Procida岛上举行了第十四届意大利汉学研究会议,其会议文集②2014年7月已经在网上与读者见面,时隔不到一年,大大加快了学术交流的速度。

四、卫匡国研究中心(Centro Studi "Martino Martini")

卫匡国研究中心成立于1997年12月,是一个由特伦托大学和特伦托大区的多个机构共同发起的文化组织。该协会的宗旨是发展欧洲和中国之间的跨文化关系,促进科学、人文、经济和技术知识的交流。特别是推广和传播在历史、经济、社会学、语言学、技术和科学方面对中国的认识和研究。帮助和促进在中国实施的有关欧洲的研究,特别是关于意大利或者是区域的研究,以及通过对卫匡国作品的整理来推动西方和非欧洲文明之间关系的研究③。

卫匡国研究中心的主任德马尔奇(Franco Demarchi)早在中心建立初年即与白佐良教授合作,共同主编《卫匡国全集》。白佐良教授去世后,与马西尼教授继续主编全集的剩余部分。目前,该中心已经出版《卫匡国全集》的第一卷《书信与文献》(1998)、第二卷《短篇集》(1998)、第三卷《中国新地图集》(2002)、第四卷《中国历史十卷》(2010)和第五卷《鞑靼战纪及补充资料》(2013)。最后一卷《补充文献及目录》正在整理中,预计很快就要出版。为了方便中国读者,中心还从每卷中抽出一小部分译成中文小册子。已出版的中文摘录本有《卫匡国生平及其著作》、《述友篇》、《第十省——浙江》和《第十五省——云南》,分别于2003年和2005年由特伦托大学出版。

据悉,卫匡国研究中心正与中国合作,计划把《卫匡国全集》全部翻译成中文,并在中国出版。另外,中心于2007年创建并发行欧中文化季刊《契丹之路》(Sulla Via del Catai),迄今已经发行九期,意旨在于从历史、经

---

① *Atti del XIII Convegno dell'Associazione Italiana Studi Cinesi*, Milano, 22—24 settembre 2011, C.Bulfoni 和 S.Pozzi 主编,由 Franco Angeli 出版社,2013 米兰。

② *Atti del XIV Convegno dell'Associazione Italiana Studi Cinesi*, Procida, 19—21 settembre 2013, Paola Paderni 主编,那不勒斯,2014。

③ 特此感谢卫匡国研究中心秘书处为笔者提供的中心章程等信息。

济、地理、艺术、哲学和语言学等领域促进意大利与中国和欧洲各国之间的交流。中心还定期举办学术会谈，为各界学者开辟了一个活跃的交流平台。

五、伍尔班大学汉学研究中心
（Centro Studi Cinesi Università Urbaniana）

坐落在罗马的伍尔班大学即为俗称梵蒂冈的"传信部大学"。其汉学研究中心成立于1975年，宗旨是从历史、社会文化和宗教领域来研究和了解中国，促进和组织相关主题的研究项目、课程和会议。该中心还与伍尔班大学、意大利境内和境外中国研究中心建立了合作关系，参与这些机构举办的各种会议；与伍尔班大学图书馆合作，整理与中国相关的中文书籍和杂志；与大学出版社（la Urbaniana University Press）合作出版中国研究成果。同时，还与位于大学校园内的梵蒂冈传信部档案馆合作从事与中国相关的历史研究。

2007年2月戴德中教授（Alessandro Dell'Orto）[①]担任该中心主任。除此之外，他还在伍尔班大学教授社会与文化之人类学、中国人类学和中国宗教等课程。此前，他曾在台湾"中央"研究院民族学研究所做访问学者；在伦敦大学亚非学院人类学和社会学系做过副研究员，是台北利玛窦研究中心会员。在中国大陆时，曾担任外国专家和特聘教授。目前，中心还有两位成员：赵宏涛博士和马诺博士，他们除协助戴德中教授日常工作以外，还开展其他各项研究活动。其中重要的研究成果是他们为大学图书馆整理出的中文书目，为学者查找书目索引提供了极大的便利。

六、马国贤与中华书院研究中心
（Centro Studi Matteo Ripa e Collegio dei Cinesi）

2010年，樊蒂卡教授（Michele Fatica）与那不勒斯东方大学的其他教

[①] 戴德中毕业于伦敦大学的"亚非学院"（SOAS, *The School of Oriental and African Studies* 亞非學院），博士论文是关于社会人类学的研究。1989年后从事相关课题的研究，特别是中国大陆和台湾的大众宗教信仰问题，并在那里生活和工作了12年。著书有：*Place and spirit in Taiwan. Tudi Gong in the stories, strategies and memories of everyday life.* 2002, London & New York：Routledge（2013出新版平装本）；2013年新近出版 *Racconti di templi e divinità. La religione popolare cinese tra spazi sociali e luoghi dell'aldilà*（*Tales of temples and deities. Chinese popular religion between social spaces and afterlife places*），Collana Asia Orientale. Roma：Aracne editrice.

授共同创立了"马国贤与中华书院研究中心",简称"马国贤研究中心"。这个中心位于东方大学所属的杜梅斯尼大楼。其宗旨是收集、整理、清点、开发和出版来自意大利、欧洲和中国图书馆的大量手稿;收取与中心有关的书籍和赠书,并编写清单和书目。"马国贤研究中心"由主席、主任、董事会和顾问委员会组成。现任主任是樊蒂卡教授。

在中心顾问委员会成员中,从事与中国研究相关的人员有:樊蒂卡、卡萨齐、达雷利(Francesco D'Arelli)和白桦。前两位教授在第六章第四节都分别进行过详细介绍;达雷利教授曾经担任意大利非洲与东方研究所图书馆主任,并负责研究所的出版工作。2007年出版《中国在意大利——1899至1999年书目》[1]。这是一本重要的汉学研究书目,对1899年至1999年间在意大利出版的关于中国研究的图书、刊物、杂志等进行了整理和分类,并汇集成一本较为完整的书目总集。目前,除了教学工作以外,他还担任罗马方济各会宗座大学Antonianum中国研究部的顾问委员会主任,从事与中国相关的古代文献的研究和整理工作。白桦为罗马大学东方研究院汉语教师。主要从事汉语教学,其研究方向以意大利汉语教学史和传教士汉学史研究为主,侧重那不勒斯中华书院19世纪研究。她挖掘并整理出意大利第一位中国汉语教师——王佐才的事迹及其著作等最新史料,更正了普遍认同的错误[2]。她发表相关论文数篇[3],挖掘了国外最新史料,填补了国内这一领域的缺欠。例如,翻译了耶稣会士卫匡国的《中国文法》(华东师范大学出版社,2011,上海);研究并整理了19世纪流传海外的中文诗体圣经手稿。最后,也是非常值得一提的笛福乐教授(Giacomo Di Fiore)。尽管他不懂中文,但是发表的多本专著都与那不勒斯中华书院的历史有

---

[1] Francesco D'Arelli, *La Cina in Italia*, IsIAO, Roma, 2007.

[2] 白桦,中文:2014—《意大利第一位汉语教师——王佐才还是郭栋臣?》,载于《汉学研究》第十六集,阎纯德主编,学苑出版社2014年版,第287—308页。

[3] 白桦,(1)意大利文:2013—《中国人看圣经——王佐才译本,那不勒斯中华书院》,2011年米兰意大利汉学研究会会议论文集;(2)中文:2011—《那不勒斯中华书院汉语教材再探——王佐才(1842—1921)对近代海外汉语教学的贡献》,载于意大利著名东方研究学刊《明清研究》XVI 2011,177—192页,那不勒斯;(3)英文:2011—《王佐才之拉丁文"双句韵文"及中文"七言诗体"的新、旧约缩译——创世纪和马窦福音》,载于香港中文大学天主教研究中心的《天主教研究学报》,2011年第二期《圣经的中文翻译》,香港,350—431页;(4)意大利文:2009—《王佐才的旧约与新约》载于那不勒斯Parthenope大学于2009年11月23—24日举办的学术会议论文集《Fusione e con-fusione: culture migranti e dinamiche dell'interazione》,那不勒斯Parthenope大学,2011年,第61—71页。

关。例如:《Mezzabarba主教使团在中国(1720—1721)》(1989);《来自中国的信札——从Emiliano Palladini与那不勒斯中华书院Filippo Huang的通信看传教士的日常生活》(1995);《16、17世纪天主教会与中华帝国的关系史》(2003)①。这些文献的挖掘基于他扎实的拉丁文功底,就连美国著名历史教授孟德卫(Davide E.Mungello)在研究中也常常引用笛福乐和樊蒂卡的文章。

另外,樊蒂卡主持的历史研究刊物《历史笔记》定期出版最新的历史研究成果,其研究范围不仅限于中国历史,而且还涵盖整个亚洲的历史研究。马国贤研究中心的学术氛围浓厚而严谨,目前正在整理和收集与东方大学相关的历史资料和文献,值得中国学者关注。

---

① Giacomo Di Fiore, (1) *La legazione Mezzabarba in Cina* (1720—1721) Napoli 1989; (2) *Lettere di missionari dalla Cina. La vita quotidiana nelle missioni attraverso il carteggio di Emiliano Palladini e Filippo Huang con il Collegio dei Cinesi in Napoli*, Napoli 1995; (3) *Chiesa cattolica e Impero cinese tra Sei e Settecento*, Napoli 2003.

附 录

一、19 世纪意大利汉语教学纪年表及分布图

19 世纪统一前的意大利
（由 7 个公国组成）

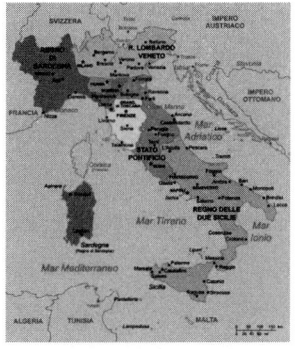

1870 年统一后的意大利

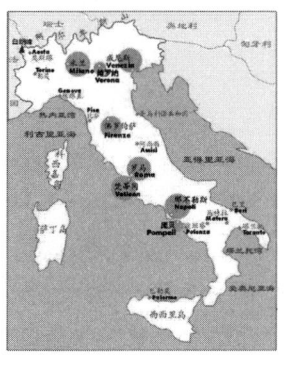

19 世纪
开设东方语言课程的
时间与院校、机构

1806　帕维亚大学

1849　比萨大学

1864　佛罗伦萨高等研究学院

1868　那不勒斯皇家亚洲学院

1876　罗马智慧大学
1888　那不勒斯皇家东方学院

二、意大利20—21世纪(截至2008年)汉语教学纪年表*

1933 罗马意大利中东和远东研究所
IsMEO
1956 罗马智慧大学
Università degli Studi di Roma"La Sapienza"
1959 年那不勒斯东方大学(Università degli Studi di Napdi "L'Orientale"
1960 帕维亚大学
Università degli Studi di Pavia
1965 威尼斯大学
Università degli Studi di Venezia
—"Ca' Foscari"
1979 博洛尼亚大学
Università degli Studi di Bologna
1980 米兰大学
Università degli Studi di Milano
1982(都灵)高等亚洲研究国际学院
Cesmeo
1982 比萨高等师范学校*
Scuola Normale Superiore di Pisa
1984 佩鲁贾大学
Università degli Studi di Perugia
1986 比萨大学*
Università degli Studi di Pisa
1987 都灵大学
Università degli Studi di Torino
1991 米兰博科尼商业大学
Univ.commerciale Luigi Bocconi
1995 意大利非洲与东方研究所—伦巴第分校
(IsIAO)Istituto Italiano per l'Africa e l'Oriente-Sezione Lombarda
1995 的里亚特大学
Università degli Studi di Trieste
1997 萨兰托大学

---

* 带 * 的详情可参照附录三

Università degli Studi di Salento

1999 卡利亚里大学
Università degli Studi di Caglieri

2000 佛罗伦萨大学
Università degli Studi di Firenze

2000 罗马第三大学
Università degli Studi di Roma Tre

2002 马切拉塔大学
Università degli Studi di Macerata

2002 米兰—比可卡大学
Università degli Studi di Milano-Bicocca

2003 锡耶纳外国人大学
Università per Stranieri di Siena

2003 乌尔比诺大学
Università degli Studi di Urbino "Carlo Bo"

2004 贝尔加莫大学
Università degli Studi di Bergamo

2004 莫利塞大学
Università degli Studi del Molise

2004 帕多瓦大学
Università degli Studi di Padova

2004 特兰托大学
Università degli Studi di Trento

2005 米兰圣心天主教大学
Università Cattolica del Sacro Cuore-Milano

2005 卡拉布里亚大学
Università degli studi di Calabria

2005 基埃蒂—佩斯卡拉大学
Università degli Studi di Chieti-Pescara

2005 恩纳自由大学
Libera Università degli Studi di Enna "kore"

2005 英苏布里亚大学
Università degli Studi dell'Insubria

2005 罗马圣皮奥自由大学
Libera Università San Pio V

2006 锡耶纳大学—阿雷佐分校
Università degli Studi di Siena-sede di Arezzo

2006 巴勒莫大学
Università degli Studi di Palermo

2006 帕尔马大学
Università degli Studi di Parma

2006 萨萨里大学
Università degli Studi di Sassari

2006 佩鲁贾外国人大学
Università per Stranieri di Perugia

2007 米兰理工大学
Politecnico di Milano

2007 都灵理工大学
Politecnico di Torino

2007 费拉拉大学
Università degli Studi di Ferrara

三、"繁荣时期"主要院校

简史及汉语课程设置(截至 2008 年)①

意大利共有 20 个行政大区②,39 所院校和机构分布如下:北部 8 个大区有 19 所院校;中部 6 个大区有 13 所;南部 4 个大区共有 3 所;2 个岛屿共有 4 所。

---

① 附录三的内容摘自 2010 年罗马大学汉语教学调查报告:D.Antonucci 与 S.Zuccheri 合著的《意大利汉语教学目前情况和历史背景》(*L'insegnamento del cinese in Italia tra passato e presente*)。笔者摘取了报告中 57—118 页所提供的意大利文内容和数据,作者安德伟(D.Antonucci)。他以 2008/2009 学年为调查范围,全面介绍了意大利境内汉语课程的设置情况,是意大利近年来首次对各个大学汉语教学人员、课时、教材进行的全面统计,为读者提供了大量的实用数据和资料。笔者在此衷心感谢安德伟在我写作过程中予我本人的帮助和建议。原调查报告附有中文(124—172页)译文,笔者在译文基础上,重新对院校、机构名称,以及人名、职称、地名、作品名的汉译名称做了统一调整和部分更正。另外,一改原文所使用的西文字母排列顺序,把 20 个行政区大区分成北部、中部和南部及岛屿四个部分。此外,笔者补充了脚注,对部分院校的历史进行了增补。附录中唯有那不勒斯东方大学、罗马大学和威尼斯大学三所大学的内容保留了原始译文。特此说明。

② 意大利有 20 个行政大区,"大区"相当于中国"省"或"自治区"的概念。

意大利 20 个行政大区及其首府

北部(1—8)

1.皮埃蒙特大区(Piemonte)

-都灵

2.瓦莱·达奥斯塔大区(Val D'Aosta)

-奥斯塔

3.伦巴第大区(Lombardia)

-米兰

4.特兰提诺-阿尔托·阿迪杰大区(Trentino-Alto Adige)

-特兰托

5.威尼托大区(Veneto)

-威尼斯

6.弗留利-威尼斯·朱利亚大区(Friuli-Venezia Giulia)

-的里亚斯特

7.利古里亚大区(Liguria)

-热那亚

8.艾米利亚-罗马涅大区(Emilia-Romagna)

-博洛尼亚

中部(9—14)

9.托斯卡纳大区(Toscana)-佛罗伦萨

10.翁布里亚大区(Umbria)-佩鲁贾

11.马尔凯大区(Marche)-安科纳

12.拉齐奥大区(Lazio)-罗马

13.阿布鲁佐大区(Abruzzo)-拉奎拉

14.莫利塞大区(Molise)-坎波巴索

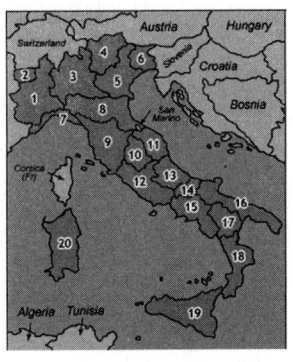

南部(15-18)

15.坎帕尼亚大区(Campania)-那不勒斯

16.普利亚大区(Puglia)-巴里

17.巴西利卡塔大区(Basilicata)-波坦察

18.卡拉布里亚大区(Calabria)-卡坦扎罗

岛屿(19-20)

19.西西里岛(Sicilia)-巴勒莫

20.撒丁岛(Sardegna)-卡利亚里

北部的八个大区

(一)皮埃蒙特大区(Piemonte)

首府:都灵

1.(都灵)高等亚洲研究国际学院

CESMEO-Istituto Internazionale di Studi Asiatici Avanzati

都灵高等亚洲研究国际学院是 1982 年在皮埃蒙特大区、都灵市及其周边地区政府和都灵大学的共同倡导下成立的。学院的宗旨是推进皮埃蒙特大区与亚洲各国之间的文化交流,通过积极的教学、文化推广、展览、研讨会、会议、会面和科技研究等活动来传播亚洲语言和文化知识。在教学方面制定了三年制的东方语言课程,汉语为其中之一。通过结业考试以后,学生可以获得学习证书。

汉语课程的设置始于 1982 年。20 世纪 80 年代汉语课程是每周 6 个学时(4 个小时语言课,2 个小时文化课)。后来有所减少,改为每周授课一个半小时,共 50 个学时。2008 年,都灵孔子学院成立,导致高等亚洲研究国际学院的汉语课程被取消。2000 至 2008 年在这里教授过汉语的教师有 Caterina Viglione、杜玲(同音)和 Stefania Rabaioli。

2. 都灵理工大学

Politecnico di Torino

都灵理工大学 1906 年成立,它的历史可以追溯到 1859 年诞生的一所工程技术学校。今日的都灵理工大学是一所科技大学,致力于培养未来工程师、建筑师和工业设计师。

在 2007/2008 学年,"意中学院"(PoliTong)开设汉语课程。米兰理工大学和都灵理工大学与同济大学建立合作关系,2006 年 9 月 16 日在上海成立"意中学院",中意两国第一个互认学历的大学从此诞生。合作方设立了两个联合本科学士学位(Bachelor of Science),即"机械与工程制造"(MPE)专业和"工程技术信息"(ITE)专业,以及一个硕士学位,即"工业设计"专业。合作计划规定中国学生在大四可以在意大利(米兰或者都灵)学习,意大利学生在大二可以在中国上海学习。为了更好地适应在中国的学习生活,都灵理工大学通过本校的语言中心,为一年级本科专业的教师和学生开设了汉语课程。任课教师有 Vittorio Patrucco(2007/2008),Virginia Valesio(2008/2009)。初级汉语始于第二个学期,授课 50 个学时。使用的汉语教材为马西尼等编著的《意大利人学汉语》。

都灵理工大学还与中国的多所大学建立了合作关系,如西安交通大学、上海交通大学、东南大学、华南理工大学、哈尔滨工业大学、北京工业大学、华中科技大学、北京邮电大学和天津大学。

3. 都灵大学

Università degli Studi di Torino

都灵大学的前身是 1404 年根据萨沃亚、阿卡亚的卢多维克亲王(Ludovico di Savoia-Acaia)的意愿成立的"Studium Generale"。学校设有神学、教会法典、民法、医学和七艺课程①。18世纪时,大学在维多利奥·阿美迪奥二世(Vittorio Amedeo II)的改革中获得新的活力。20世纪,都灵大学曾是反法西斯主义的中心。第二次世界大战以后,大学持续发展,成为意大利优秀的大学之一。

1987年,都灵大学的文学哲学系在"外国语言文学"专业开设了汉语课程,由Federico Greselin副教授执教(1987—1994)。1994/1995学年起由讲师Stefania Stafutti②负责。从1997/1998学年起"中国语言和文学"课被划分到新成立的外国语言文学学院,Stefania Stafutti为任课教师,其于2000年晋升为副教授。其他合同教师有:Barbara Leonesi(2001年成为讲师)、Isabella Falaschi(2002—2005)、Luca Pisano(2003—2007)和Caterina Vigilone(2006年至今)。2004/2005学年"亚非语言文化"专业和"现代语言文化"专业也设置了汉语课程。最后,硕士专业中的"国际交流应用亚非语言文化"课程中也添加了汉语课。

三年制本科,汉语教学规定:意大利教师每年授课60个学时(9学分),母语教师(毛文和李丹,同音)80个学时。此外,学生们还有"语言练习"的课时:例如,二年级的母语教师授课90个学时,练习20个学时;三年级的"商务汉语"和"书面翻译"课,各30个学时,母语教师授课80个学时。使用的汉语教材有阿比亚提的《汉语》、李雪梅的《你好,中国!——汉语交际课程》。推荐的课本包括:阿比亚提《现代汉语语法》和练习册,以及Viviane Alleton的《中文书写》。此外,硕士学生还要学习"东亚和东南亚历史"(10学分)和"中国文学"(9学分)。

两年制硕士专业的"国际交流应用亚非语言文化"课程中,汉语教学规定意大利教师和中国教师每年共授课120个学时(9学分)。使用的教材是李雪梅的《你好,中国!——汉语交际课程》(第三册)。

2008/2009学年都灵大学的政治学院首次在硕士专业"国际学"课程中开设"国际经济和国际关系中的汉语"课程(6学分),由赵梅荣(同音)

---

① 中世纪的七种艺术课程是指:语法、修辞、逻辑、算数、集合、天文和音乐。
② Stefania Stafutti(史芬娜,1958—)都灵大学中国语言文学教授。1983年,毕业于威尼斯大学中文系,1981—1982年曾获得意大利外交部的奖学金在原北京语言学院和北京大学进修汉语一年。1990年因从事中国白话文学史研究,获得中国语言文学博士学位。次年,在那不勒斯东方大学进行博士后研究。1993年通过教师资格选拔考试,1994年起在都灵大学任教。主要教授汉语语法、翻译和中国文学,2000年晋升为中国语言文学副教授。现任意大利驻华使馆文化处文化参赞。

在第二个学期教授。

(二)瓦莱·达奥斯塔大区(Val D'Aosta)

首府：奥斯塔

无汉语教学机构

(三)伦巴第大区(Lombardia)

首府：米兰

4. 米兰理工大学

Politecnico di Milano

米兰理工大学成立于1863年，原名"高等技术学院"。当时，只有土木工程和工业工程两个专业。现在的米兰理工大学是一所科技大学，以培养工程、建筑和工业设计等领域的专业人才为目标。

2006年9月16日，在上海成立了米兰理工大学与上海同济大学共同创办的"意中学院"(Campus Italo-cinese PoliTong)，这是意中两国第一个政府级高等教育合作项目，标志着第一所互相承认学历的意中院校诞生。从最初的工程类本科双学位项目，已经扩大到设计、工程、建筑、经济管理等多学科的硕士、博士生合作项目。

合作计划规定中国学生在大四赴意大利米兰或都灵学习，意大利学生大二时在中国上海学习。为了使意大利学生能适应在上海的学习，米兰理工大学为机械工程制造(MPE)和工程信息技术(ITE)专业一年级的学生和老师开设了汉语课。100个学时意大利和中国教师各半：Silvia Pozzi 教授语法，母语老师负责口语练习。米兰理工大学与中国的大学建立了多家合作关系，例如，天津大学和清华大学等。

5. 米兰圣心天主教大学

Università Cattolica del Sacro Cuore Milano

米兰圣心天主教大学1921年成立于米兰。目前，该大学在意大利北部和中部都设有分校，成为意大利，甚至欧洲最大的私立大学。北方有米兰、布雷西亚(Brescia)和皮亚琴察—克雷莫纳(Piacenza-Cremona)三个校区，中部有罗马和坎波巴索市(Campobasso)两个校区。

本文只介绍与汉语教学相关的米兰和布雷西亚两个校区。米兰校区位于市内古老的圣·安布罗乔(Sant'Ambrogio)修道院。1965年，大学在布雷西亚市建立分校,原为教育学院,外国语言文学学院于1991/1992学年起改称为"外国文学和语言学院"。

在米兰本部,"外国文学和语言学院"从2005/2006学年起,在"语言学"专业里安排了汉语课程。同样,在硕士课程里的"语言学"专业中也有汉语课程。汉语在这里都是作为第二外语学习的。三年制本科的汉语教学规定:每年160个课时(8学分),由意大利和中国教师分别教授语法和会话练习。意大利教师是Giuseppina Merchionne,她2009年晋升为讲师。使用的汉语教材是吴中伟的《当代中文》。另外,还有"汉语语言学"课(4学分)和可以选修的"中国文化"课。两年制硕士汉语教学规定:一年级的理论课有"语言和表达技巧"(15学分),二年级有"特殊术语语言学"(5学分),由Maurizia Sacchetti教授,共30个学时。"中国语言与文明"(12+12学分)为两年制课程,由中国教师教授会话和翻译。另外,二年级还开设了为期一个学期的"语言与文明"课程。

在布雷西亚分校,汉语课程是从2006/2007学年开始设置的,课程所属类别与米兰总部的一样。

2013/2014学年的教师团队成员有米兰总部"语言学与外国文学"学院的Giuseppina Merchionne,教授三年制"汉语(一、二、三级)"和"中国语言与文化";母语教师毛文教授本科和硕士班中文。布雷西亚分校的汉语教师有Basciano Bianca教授"汉语(一、三级)",Victoria Bogushevskaya教授"汉语(一、二级)",Fumagalli Pierfrancesco教授"中国语言文化"。

6. 米兰博科尼商业大学

Università Commerciale Luigi Bocconi-Milano

米兰的博科尼商业大学建于1902年,由米兰富商费迪南多·博科尼为纪念独生儿子战死在殖民战争中的阿多瓦战役而捐款创立的。博科尼大学是意大利第一所设立经济学位的高等院校。1946年开设外国语言文学专业,汉语曾是教学语言之一,但于1972年被取消。目前,汉语课设于大学的语言中心,为自选的课外语言之一。"中国语言文化"课分初级和中级两种,每个学期36课时。授课主要是母语教师。使用的教材是Clara Bulfoni和孙晓丽的《汉语基础》。语言中心的汉语课程面向大学的所有学生,但是限制人数。课程结束时学生必须考试,而且出勤率必须达到75%以上方可获得2个学分。

博科尼商业大学与中国的多所大学建立了合作关系,例如:上海的复旦大学、交通大学和中欧国际工商学院,广东的中山大学,香港的科技大学和中文大学,以及北京的清华大学。同时,博科尼商业大学在多个国际组织、机构和公司建立了各种合作项目、培训点和博士后工作站等。

7.贝尔加莫大学

Università degli Studi di Bergamo

贝尔加莫大学的前身是1968年成立的"外国语言文学学院"。该学院来自米兰博科尼大学同年关闭的外语系,由当时的五个欧洲语言(法语、英语、西班牙语、俄语和德语)专业组成。1985年经济学院的成立大大加强了大学的实力。1992年贝尔加莫大学正式定名,成为一所国立大学。今日,贝尔加莫大学的教学涉及法律、工程、文学、哲学、语言文学、企业经济和人文研究等领域。

2004/2005学年外国语言文学学院的"企业合作中的跨文化交流"专业开设了汉语课程。授课教师为Mireille Lemonier de Gouville,她连续授课两年:汉语初级A和汉语初级B。2007/2008学年由Maria Giuseppina Gottardo接任,她于2009成为该校讲师。后来,汉语成为两年制教学语言,分别由两位意大利教师(de Gouville和Gottardo)和中国教师共同完成240个学时(10+10学分)的教学任务。使用的汉语教材是马西尼等编著的《意大利人学汉语》。2007年,大学为全校学生开设了75个学时的"汉语入门"课程。二年级还设有30个学时(5学分)的"中国文化"必修课,以丰富和完善学生的知识。

2010/2011学年教师团队有Maria Giuseppina Gottardo,负责"汉语一级"教学(5+5学分);Mireille Lemonier de Gouville负责"汉语二级"教学(5+5学分);"中国文学"(5+5学分)和"中国文化"(5+5学分)课程由Monica Morzenti教授。2013/2014学年Maria Giuseppina Gottardo和Daniele Beltrame共同教授一二年级的"汉语"(10+10学分)。此外,还有中国母语教师承担口语练习工作。

8.英苏布里亚大学—科莫分校与瓦雷泽分校

Università degli Studi dell'Insubria, Como/Varese

英苏布里亚大学1998年成立,是一所年轻的大学。1972年,已经开设大学课程,帕维亚大学派生出来的一部分与1990年米兰大学派生出来的另一部分共同组成了瓦雷泽分校;科莫分校的课程始于1987年,来自米兰理工大学的分支。英苏布里亚大学目前一共拥有5个院系(2012年)。

瓦雷泽分校的经济学院 2006/2007 学年设立了汉语课程,但是两年后撤销。当时的任课老师是 Daniele Cologna,60 个学时的语法课,母语教师的口语练习课共 30 个学时(共 5 学分)。先后使用的汉语教材是阿比亚提和任远合著的《现代汉语》第一册,以及马西尼等编著的《意大利人学汉语》。

科莫分校的法律学院在 2005/2006 学年第二个学期设置了汉语课程,比瓦雷泽分校早开设半年。汉语课程属于"跨文化和跨语际交际"专业。尽管这是一种尝试性的选修课,但是还是限制了人数。两年后的 2007/2008 学年,汉语正式成为"交际专业"的课程之一。课程分为 5 个学期,意大利教师教授 30 个学时,母语教师 30 个学时,一年共 60 个学时(4、5 个学分,因学期和学年不同而异)。使用的汉语教材是马西尼等编著的《意大利人学汉语》。此外,还开设了"汉语的历史、文化、制度和大众媒体"课(5 学分)。语言和历史文化课均由合同教师 Daniele Cologna 教授。

2013/2014 年三年本科的汉语教学工作由 Daniele Cologna 与母语教师共同主持:三年级的语法和口语练习共有 70 个学时(35+35,共 6 学分),二年级汉语则有 120 个学时(60+60,共 9 学分),一年级汉语共有 120 个学时(60+60,共 10 学分)。

9. 米兰大学

Università degli Studi di Milano

米兰大学成立于 1924 年,若与成立于 14 世纪的帕维亚大学①相比,它当然是一个"年轻"的院校。米兰大学的历史可以追溯到 17 世纪,但其发展一直受到同属于伦巴第大区历史悠久的帕维亚大学制约。1859 年,诞生了"哲学科学学院",1906 年建立了培养医科学生的临床学院,1923 年"剑帝垒教育改革"②为大学的建立铺平了道路:临床学院与哲学科学学院合并。1924 年 12 月 8 日,米兰大学举行了庆祝典礼。

1980 年,米兰大学的政治学院开设了汉语课,由合同教师 Mireille Lemonier de Gouville 与中国母语教师共同完成教学任务。1987 年,兰珊

---

① 帕维亚大学 18 世纪的情况可参见第五章"第二节一、帕维亚大学";现代汉语教学的情况见:"米兰大学"之后的"11.帕维亚大学"。

② 剑帝垒(Giovanni Gentile)为当时意大利政府的教育部部长,他所发起的教育体制改革称为"剑帝垒教育改革"。他还是 1933 年成立的"意大利中东远东研究所"的第一任所长。

德①接手了教学工作，执教至今。汉语教学团队的其他教师有：Clara Bulfoni 和 Bettina Mottura 两位讲师。2001/2002 学年政治系与文学哲学系协议，共同开办了跨系的三年制"汉语课程"；2004/2005 学年开设了硕士汉语课程。

三年本科的汉语教学规定：每个年级由意大利和中国教师共同承担，共 120 个学时（9 学分）：意大利教师负责讲解语法，母语教师进行补充练习。一年级使用的汉语教材有 Clara Bulfoni 的《初级汉语教程》，以及她与张永奋共同编著的《听听、读读、写写：汉语初级教程增补》；二年级的教材有 Clara Bulfoni 与金志刚编著的《汉语进阶教程》。除了汉语课程以外，学生们必修 Bettina Morattura 的"中国文化"课程（每年 6 学分）和每个学期 40 个学时的选修课"专业翻译"（6 学分）。

两年的硕士专业包括意大利和中国教师共同承担的每年 60 个学时（9 学分）的汉语课程和"中国文化"课程。2013/2014 年汉语教师团队由兰珊德教授和两位讲师 Clara Bulfoni 和 Bettina Mottura，以及合同教师（意大利教师和中国母语教师）组成。学生们除了使用大学配备的语音教室以外，还可以使用网络教学平台学习汉语②。

米兰大学和中国多所大学建立了合作关系，如中国人民大学、北京中医药大学和重庆大学等。同时，米兰大学还与欧洲联盟的十所大学共同签署了在北京大学建立欧洲大学中心的协议。在马可波罗计划中，米兰大学是参与院校之一，向中国学生提供意大利语的基础课程。1994 年，意大利第一个汉语水平考试（HSK）的考点在米兰大学的政治学院设立。

10. 米兰—比可卡大学

Università degli Studi di Milano-Bicocca

米兰—比可卡大学 1998 年成立，原本是米兰大学科技研究部（Murst）的一部分。当时，米兰大学注册学生人数已经超过 4 万，为了精简米兰大学烦琐的行政手续，大学决定把最大的学院分成两个部分，校址选在远离市中心的地方。

2002/2003 学年教育学院的"跨文化交际"专业设立了汉语课程，由

---

① 对兰珊德的详细介绍可参见第六章"第四节一、2.兰珊德"。
② Bettina Mottura, "E-Learning all'Università Statale di Milano: il corso di cinese online come sussidio glottodittatico", in *La Cina e L'Altro*. Atti del IX convegno dell'associazione italiana di studi cinesi, Napoli:419—433.

Clara Bulfoni 教授。2004/2005 学年由 Barbara Bisetto 教授,其于 2006 年晋升为讲师。同年,该院"人类学和人种学"专业也开设了汉语课程,由 Silvia Pozzi 教授。

2013/2014 学年的教学情况在教员上有所变动:讲师 Barbara Bisetto 和 Silvia Pozzi 教授一年级和三年级的汉语,合同教师狄霞娜(TizianaIoli)教授二年级汉语和必修课程"中国文化体制"(48 课时)。

上述三年制本科的汉语教学规定:意大利和中国母语教师每年授课98 学时(6+2 学分)。使用的课本是《你好,中国!——汉语交际课程》和阿比亚提与张若莹共同编写的《汉语交际口语》。

米兰—比可卡大学是马可·波罗计划的所属院校之一。

11. 帕维亚大学

Università degli Studi di Pavia

帕维亚大学是伦巴第大区一所古老的大学。它的历史可以追溯到 1361 年查理五世(Carlo V)建校的经历。除了在 16 世纪西班牙统治时期,大学曾经一度停滞,但是其后的发展活动一直很活跃。18 世纪哈布斯堡王朝开明的政治措施对大学的复兴做出了重要贡献。19 世纪时期,意大利境内第一位教授东方语言(汉语和阿拉伯语)的教师正是来自这所大学的哈格[①]。

大学从 1960 年起在政治学院"欧洲以外民族研究中心"设立了汉语课程,对所有院系的学生开放。1998 年时,汉语课程为期三年,每个学年结束时都有一个简单的合格考试,但第三年的考试较为正式,这种状况一直持续到 2000/2001 学年。从 2001/2002 学年起,"国际关系学"专业开设了汉语课程。第二年,成为三年制本科"政治学"专业中的正式语言课程之一。任课老师曾先后有何容毅、Mireille Lemonier de Gouville(1998—2006)、Daniele Cologna(汉语Ⅰ、Ⅱ级,2006—2008)、Tommaso Pellin(汉语Ⅲ级,2008—2009)。2003/2004 学年大学开设了"亚非研究"硕士专业,从 2005/2006 学年开设汉语课程到 2008/2009 学年的任课教师是 Tommaso Pellin。

三年制本科的汉语教学规定,三年中(一共三个学期)意大利教师每年授课 30 课时。使用的汉语课本是马西尼等编著的《意大利人学汉语》,

---

[①] 参见第五章"第二节一、帕维亚大学"中的汉学人物:哈格(Giuseppe Hager)。

以及 Charles N.Li 和 Sandra A.Thompson 合著的《汉语普通话:语法功能参考》。两年硕士专业的汉语课程规定:每年授课 20 个学时(12 个学分)。每年都有期末考试,教材与本科教材一样。

12.意大利非洲与东方学院(IsIAO)——伦巴第分校

Istituto Italiano per l'Africa e l'Oriente-Sezione Lombarda

意大利非洲与东方研究所(IsIAO)成立于 1995 年,由意大利非洲研究所(IIA:Istituto Italo-Africano,1906)和意大利中东远东研究所①(IsMEO,1933)合并而成。意大利非洲与东方研究所(IsIAO)俗称"亚非研究所",是意大利外交部监管的国家机关,总部②设在罗马。1952 年在北方的伦巴第大区建立一个东方语言学校,即伦巴第分校。其宗旨是推广东方语言和文化。1957 年学校与米兰市政府签订了一份协议,汉语逐步成为米兰市夜校所教授的外语课程之一。意大利非洲与东方研究所对伦巴第语言分校的教学质量予以监控,以达到统一标准。在此工作的中国教师有:何荣毅(同音,1958—1990),袁华清(同音)、毛文、徐玉敏;意大利教师有:Elvira Dell'Oro、Marco Mariani、Giuseppina Merchionne 和 Margherita Biasco。

Margherita Biasco 于 1997 至 1999 年在语言学校开设汉语课,向意大利学校里有中国学生的意大利教师教授基本汉语知识。2006 起,她的汉语课转为学校的正式课程之一。此外,学校还开设了商务汉语课程,以及为准备汉语水平考试而设立的汉语课程。2008 年,初级和高级汉语的总授课学时达到 2500 小时。三年的课程结束时,学生必须通过最终考试方可获得东方研究所颁发的、具有法律效力的证书。

(四)特兰提诺—阿尔托·阿迪杰大区(Trentino-Alto Adige)

首府:特兰托

13.特兰托大学

Università degli Studi di Trento

特兰托大学建于 1962 年,其前身是社会科学高等学院(后来称为社会科学学院)。1973 年,学院成为私立大学,1983 年再次成为公立大学。汉

---

① 意大利中东远东研究所(IsMEO)的历史可参见上文:第五章第二节六、从意大利中东远东研究所(IsMEO)到意大利非洲与东方研究所(IsIAO):图奇、瓦卡。

② 总部的情况可参见下文"十二、拉齐奥大区"下对该组织的介绍。

语课程始于 2004/2005 学年,设置在 1984 年成立的文学哲学学院的"欧美现代语言和文化"硕士专业,由合同教师 Giuseppina Merchionne 教授。2009 年,她晋升为讲师。中国一位教师负责口语练习,在语音室授课。

2004—2009 年,硕士二年级设有"中国和东南亚语言及文学"课程,分"语言"和"中国文化"两个专题。硕士一二年级的两个专业、四个专题一年授课 80 个学时,每个专题 3 个学分。自 2010 年起,两个专题合并为"语言和文化",共 45 个学时(9 学分)。使用的汉语教材是吴忠伟的《现代汉语》(第一、二册)。

特兰托大学与中国北京的清华大学建立了合作关系,从 2008 年起加入"意中学院"(PoliTong)项目。

(五)威尼托大区(Veneto)

首府:威尼斯

14.帕多瓦大学

Università degli Studi di Padova

帕多瓦大学的起源可以追溯到 1222 年建立的 Universitas Iuristarum,设有法律和神学研究科目。自 1399 年起,学校建立了 Universitas Artistarum,增设了医学、哲学、语法、天文学和修辞学的研究科目。1813 年,两个中心合并,1873 年,正式成为意大利大学体系中的一部分。这所大学是传播欧洲人文科学和科技文化的重要中心,缔造了伽利略、哥白尼、米兰多拉(Pico della Mirandola)和托玛索·康帕内拉(Tommaso Campanella)等著名历史人物。

2004/2005 学年,大学的文学和哲学学院的"宗教学"校际硕士专业开设"古汉语"课程,由 Tiziana Lippiello 教授。该专业是与威尼斯大学共同建立的。除此之外,2004 至 2009 年间,还有威尼斯大学的 Attilio Andreini,Riccardo Fracasso 两位教师兼任。分析研究中国古代经典作品和文献资料的课程每学期授课 30 个学时(6 学分)。

15.威尼斯东方大学[①]

Università degli Studi di Venezia-"Ca' Foscari"

威尼斯东方大学起源于 1868 年根据皇室法令而建立的"高级商业学

---

① 本段译文来自原书中的译文,余绮译。

校",目的是为这个环礁湖的城市建立一个商人进修的学校,在那里还培养了未来的经济学老师。尽管大学相对年轻,但至少根据学校创始人之一(路易吉·卢扎提(Luigi Luzzatti))的计划可以看出,大学在建校之初就考虑到了教授"除了主要的欧洲语言之外的活着的东方语言:阿拉伯语、土耳其语、波斯语(后来还有日本语和汉语),为的是能更有利地和东方民族发展关系和交流"。但是,还是经过了一个世纪之后在1965—1966年才设立了"东方语言和文学"专业,该专业开设在1954—1955年新成立的外国语言文学学院,学院的成立比专业的设立仅仅早10年。从设立"东方语言和文学"专业之初就开设了汉语课程。"中国语言和文学"课很快就交由里奥内罗·兰乔蒂来教授,他那时在罗马已经是讲师了,他在威尼斯工作的13年期间,在他的指导下,很快就培养出了一些来自罗马的学生,比如:桑德拉·玛丽娜·卡勒提(Sandra Marina Carletti)、马里奥·萨巴蒂尼(Mario Sabattini)和玛丽亚·克里斯蒂娜·皮肖塔(Maria Cristina Pisciotta),他们以后都成了同样学科的教授。尽管比别的大学年轻,但是威尼斯东方大学在传播和教授现代和古典汉语方面很快就展示出了很多活力,在这里,也像罗马大学和那不勒斯大学一样,我们只看2008—2009学年的教学情况。

在外国语言文学学院新开设的专业:"现当代语言文化"专业(LCMC)(学科类:L-11)下的科类"英美—汉语",以及"东亚语言文化和社会"专业(LICSAO)(学科类:L-11)下的两个科类:"东亚语言和文化-LICAO"和"东亚语言及法律和经济制度-LISAO"都开设了汉语课程。在硕士(Magistrale)专业:"东亚语言和文化"专业(LICAO)(学科类:LM-37)下的两个科类:"古典(中国)"和"现当代(中国)"、"东亚语言及法律和经济制度"专业(LISAO)(学科类:LM-38)下的科类"中国"以及校际硕士专业"宗教学"(学科类:LM-64)下的科类B"中东和远东的宗教"也都开设了汉语课程。

在2008/2009学年,在特雷维索(Treviso)分校的三年制本科专业"语言和文化调解"(学科类:L-12)的"汉语—英语"课类、在硕士(Specialistica)专业:"科技翻译"(TTS)的科类A"汉语—英语"(后来不再招生)以及"社论专栏口译和笔译"专业(ITES)(学科类:LM-94)下的科类"汉语—英语"都开设了汉语课程。

在2008/2009学年新开设的专业"东亚语言文化和社会"中,汉语教学规定每年授课60个学时(18学分)加上练习240个学时,分别由意大利教师和母语教师进行。汉语课由下列教师教授：马里奥·萨巴蒂尼（Mario Sabattini）教授和马格达·阿比阿提（Magda Abbiati）教授、弗朗科·嘎地（Franco Gatti）副教授、艾伦娜·保拉齐（Elena Pollacchi）讲师，以及合同制教师：玛丽亚·朱塞佩纳·果达多（Maria Giuseppina Gottardo）、丹妮拉·罗丝（Daniela Rossi）和瓦勒丽亚·扎尼尔（Valeria Zanier），练习课由下列合作教师和语言专家教授：陈连升（同音）、林玉梅（同音）、牛国强（同音）、王辉（同音）、徐景天（同音）、郑瑞芳（同音）和张若莹（同音）。主要使用的教材有：马格达·阿比阿提（Magda Abbiati）的《现代汉语语法》和《现代汉语语法学习练习册》（马格达·阿比阿提也是《汉语》一书的作者）。另外，在网上还提供给学生补充的教材。二年级开设了"古汉语"课，由教授茅乌立茨奥·斯卡勒巴里（Maurizio Scarpari）和教授蒂兹阿纳·利皮洛（Tiziana Lippiello）教授。在"现当代语言和文化"专业，汉语教学的授课学时和授课老师均与"东亚语言文化和社会"专业的一样。

在新设的硕士专业"东亚语言和文化"（LICAO）和"东亚语言及法律和经济制度"（LISAO）中，一年级与其他的课类都一样，汉语教学规定授课 60 个学时（12+12 学分）和练习 240 个学时，由意大利教师和母语教师进行。但是，在"古典（中国）"课类中，两年规定了 90 个学时的"古汉语"课（18 学分），由教授蒂兹阿纳·利皮洛（Tiziana Lippiello）和副教授里卡多·弗朗卡索（Riccardo Fracasso）教授，而在"现当代（中国）"课类中，二年级规定："文学翻译"课程授课 30 个学时（6 学分），"汉语 2 级"课程授课 30 个学时（12 学分）。

在特雷维索（Treviso）分校的三年制本科专业"语言和文化调解"中，汉语教学规定三年授课 210 个学时（42 学分）。汉语课由下列教师教授：费奥仁佐·拉斐仁扎（Fiorenzo Lafirenza）教授、尼可勒达·佩萨罗（Nicoletta Pesaro）副教授、费德里卡·帕西（Federica Passi）讲师、斯特法诺·扎克提（Stefano Zacchetti）讲师，以及合同制教师乔万娜·普平（Giovanna Puppin），练习课由下列合作教师和语言专家教授：陈舒柔（同音）、胡春双（同音）、李雪梅（同音）、杨刊（同音）和朱莎（同音）。涉及的教材有：李雪梅的《你好，中国！——汉语交际课程》、马格达·阿比阿提（Magda Abbiati）的《现代汉语语法》，以及马格达·阿比阿提（Magda Abbiati）和陈连升（同音）的《汉字》。另外，该专业的三年级还开设了"广东话"课程。最后，还开设了"汉意口译Ⅱ—Ⅲ"课程，授课 90 个学时加上练习75个学时,由讲师斯特法诺·扎克提(Stefano Zacchetti)教授,后来没再开设此课;还开设了"汉意谈判"课和"汉英谈判"课,都是30个学时(6学分),以及"汉学"课。在硕士(Specialistica)专业"科技翻译"(TTS)(该专业后来不再招生)中,2008年开设了"汉语和翻译"课,授课30个学时(5学分),由费奥仁佐·拉斐仁扎(Fiorenzo Lafirenza)教授,还开设了"汉意科技翻译"课,授课30个学时(5学分),由费德里卡·帕西(Federica Passi)教授,而在新的硕士(Magistrale)专业"社论专栏口译和笔译"(ITES)中,开设的"汉语专业翻译"课被分成两个专题来授课,各30个学时(6+6学分),由教师尼可勒达·佩萨罗(Nicoletta Pesaro)和费德里卡·帕西(Federica Passi)教授,"汉意口译Ⅰ"课程授课30个学时(6学分),由合同制教师利维奥·扎尼尼(Livio Zanini)教授,"汉语语言学"课程由副教授阿迪里奥·安德勒依尼(Attilio Andreini)授课30个学时(6学分)。在二年级开设了:"英汉口译"课30个学时(6学分)、"汉意口译Ⅱ"课30个学时(6学分)和"汉语专业翻译"30个学时(6学分)。在不同的专业中,不断增加的关于中国历史(现代和古代)、文学、法律、经济、文化、艺术和哲学的课程丰富和完善了对学生的教育。

威尼斯大学和中国很多的大学都有合作协议,这些大学是:首都师范大学、北京大学、大连外国语学院汉学院、上海大学和华东师范大学。

最后,在外国语言文学学院的多媒体中心(CMM)(建于1999年),开设的汉语课程同样由学院的教师教授。在多媒体中心学生们能使用一些专门的设备来学习和完善语言知识(多媒体教室和网络),还能使用自制的外语教材、在线课程和6间多媒体教室。在特雷维索(Treviso)分校还有一间具有音频主动可比系统(即跟读、回答纪录、可重放)的语音室,提供给"语言和文化调解"专业(MLC)和"社论专栏口译和笔译"专业(ITES)使用。

(六)弗留利—威尼斯·朱利亚大区(Friuli-Venezia Giulia)

首府:的里亚斯特
16.的里亚斯特大学
Università degli Studi di Trieste
的里亚斯特大学的前身是1877年成立的"高等商务学校",1924年获准使用"经济贸易大学"的称号。1978年"现代语言高等翻译学校"(1953年成立的意大利第一所翻译学校)并入的里亚斯特大学。

大学从1994/1995学年开始在"笔译和口译"专业开设汉语课。这个专业后来改称"应用语际交流"专业,有入学专业考试。2008/2009学年没有再招生,二、三年级学生继续学习汉语,直至大学毕业。此后没有再开设汉语课程。"二级汉语"有24个学时(4学分),"三级汉语语言翻译"授课30个学时(5学分),汉语教材是阿比阿提《现代汉语语法练习册》。2008/2009学年的硕士专业"会议口译"课程里有"汉意专业翻译",24个学时(4学分)。以上三个课程都由Franco Gatti教授负责。

这个学校早些年间,汉语教学课程的设置在内容和人员上比现在多。例如,1995/1996学年开始设立"一级汉语"和"汉意翻译",由阿比亚提授课;1996/1997学年,除了阿比亚提继续教授前一年的汉语和翻译课以外,Tiziana Lippiello开始教授"古汉语";1997/1998学年,阿比阿提教授一至三年级的汉语课程,而Franco Gatti负责"汉语和汉语语言学"、"意汉专业翻译"和"意汉口译"课程。此外,还有Tiziana Lippiello和Isabella Falaschi分别教授"古汉语"和"中国文学"。到了1998/1999学年,阿比阿提的语言课没有变化,但是意汉双向翻译课里的"意汉翻译"交给了中国教师李雪梅,自己保留了"汉意翻译";Franco Gatti把"汉语和汉语语言学(一级和二级)"和"意汉专业翻译"交给了合同制教师Fiorenzo Lafirenza,自己继续教授"意汉口译"课程和"汉意同声传译"。

最后,值得一提的是的里亚斯特大学政治学学院也开设了两门60个学时的汉语课程。

(七)利古里亚大区(Liguria)

首府:热那亚
无汉语教学机构

(八)艾米利亚—罗马涅大区(Emilia-Romagna)

首府:博洛尼亚
17.博洛尼亚大学
Università degli Studi di Bologna
博洛尼亚大学不但是意大利最古老的大学,也是欧洲历史最悠久的大学,建于1088年,有"大学之母"的称号。1158年,神圣罗马帝国皇帝费德利克一世(Federico I Barbarossa)颁布法令,确定这个大学是一个完全独立的研究机构,不受任何权势的影响。因此,欧洲各地的学生慕名而至,早在13世纪大学曾为拥有2000多注册学生而自豪。14世纪和16世纪大学从最初的法学专业,增加了哲学、医学、逻辑和天文学专业。在工业革命时期,大学的理工科进步很大,成为世界学术前沿,意大利著名的医生、物理学家、现代科学的先驱路易吉·伽伐尼(Luigi Galvani,1737—1798)、物理学家亚历山德罗·伏达(Alessandro Volta,1745—1827)和美国科学家本杰明·富兰克林(Benjamin Franklin,1706—1790)都曾在这里做过研究。在第一次和第二次世界大战期之间,由于其他大学的崛起和发展,博洛尼亚大学逐渐失去中心地位。

目前,博洛尼亚大学的汉语教学工作在三个地方同时进行,它们是文学哲学院、外国语言文学院和现代语言高等口译笔译学校。

汉语教学最早设在博洛尼亚大学文学哲学院,正式始于1980年。时至2008/2009学年,三年制本科的"东方历史和文化"专业下面的汉语课程由副教授Luciano Dalsecco负责。他退休后的教师团队包括副教授Claudia Pozzana①(教授"中国语言文学")和Antonella Ceccagno,以及合同教师Sabrina Ardizzoni。硕士专业由副教授Claudia Pozzana负责。三年制本科的汉语教学规定:意大利教师每年60个学时(10学分),中国母语教师林秀英20个学时。使用的汉语教材有李雪梅的《你好,中国》、马西尼等编写的《意大利人学汉语》和姜丽萍的《体验汉语》。推荐教材包括阿比阿提的《汉语》和Viviane Alleton的《汉语语法》。硕士专业设有"中国语言文学四级/五级"60个学时(10学分),由Claudia Pozzana和中国教师担任。学生们除了必修"印度和东亚宗教与哲学课"以外,学校还开设了"汉学""中国艺术"和"中国历史"等课程以丰富学生的东方知识。

从1999/2000学年起外国语言文学院也开设了汉语课程。教师包括:Antonella Ceccagno、Claudia Pozzana、Marco Fumian和中国教师林秀英。三年制的汉语教学规定:"汉语和语言学"每年30个课时,外加140个课时的

---

① Claudia Pozzana(克劳迪娅)博洛尼亚大学文学哲学院东方历史系副教授。威尼斯大学中文专业毕业,曾在北京大学和原北京语言文化大学进修。主要讲授中国语言、文学和历史,研究领域为中国当代诗歌和"五四运动"。

语言练习(第三学年 120 个课时)。使用教材有:Claudia Pozzana 的《汉语练习册》、马西尼等编写的《意大利人学汉语》和阿比阿提的《现代汉语语法练习册》。此外,"东亚历史""中国文学和文化""东亚哲学"和"东亚艺术史"等课程都可以丰富和完善学生的汉语学习。两年的硕士专业包括"汉语语言学"和"汉语翻译"两门课程,各自 60 个学时(9 学分),外加 120 个学时的语言练习。另外,汉语也是"意大利语言文化对外教学"专业可以选择的第二外语之一,规定授课 60 个学时(9 个学分)和 120 个学时的语言练习。

从 2005/2006 学年起,现代语言高等口译笔译学校(SSLMIT)也开设了汉语课程。这所学校只有 20 多年的历史,而且校址也不同于先前的两个学院(同在洛尼亚市),而是位于另一座城市弗利市(Forlì)。2008/2009 学年本科专业"应用语际交流"和"跨文化语言交际"课程都包括汉语。硕士专业的"会议口译"和"社论与专栏翻译"课程也同样包括汉语。本科和硕士的授课老师同为 Sabrina Ardizzoni。另外,汉语还曾经作为第三语言学习,学生必须学习两年。规定要求意大利教师授课 180 个学时,母语教师 40 个学时。硕士专业同上。使用的教材与文学哲学院相同,即李雪梅的《你好!中国——汉语交际课程》、马西尼等编写的《意大利人学汉语》和姜丽萍的《体验汉语》;推荐教材是阿比阿提的《汉语》和 Viviane Alleton 的《汉语语法》。

由于意大利 2010 年实施教育改革,这所位于弗利市(Forlì)的高等口译笔译学校从 2012 年起改名为"口译和笔译系",其教员来自原来的 SITLeC 系和政治学院,以及现代语言高等口译笔译学校。2013/2014 学年的教师团队有 Sabrina Ardizzoni、Serena Zuccheri 和丁莹莹(同音)。汉语作为第二外语学习的课程中,Sabrina Ardizzoni 负责一二年级的全部课程,包括:"中国语言与文化"课(5+5 学分);"汉意语言交际"课(5+5 学分);"谈判汉语翻译 I"(5+5 学分)。汉语作为第三外语学习的课程中,Sabrina Ardizzoni 教授"汉语"(6 学分)和"汉意翻译"(5+5 学分);中国教师教授"意汉翻译"课(5 学分);Serena Zuccheri 教授"中国文学"(6 学分)。2013/2014 学年暂时没有开设三年级的汉语课程。

最后,博洛尼亚大学还有一个语言中心,为来自各个学院的学生提供语言教学服务。自 2004/2005 学年起,该中心也开设了汉语学习课程。2008 年开办了两期汉语课,每期 50 个学时,分别由中国母语教师黄琴(同音)和张雅芳(同音)教授。使用的汉语教材是马西尼等编写的《意大利人学汉语》。

18. 费拉拉大学

Università degli Studi di Ferrara

费拉拉大学成立于 1391 年,由教皇博尼法爵九世(Bonifacio IX)特许阿尔伯特五世(Alberto V d'Este)建立。文艺复兴时期达到鼎盛,之后逐渐没落,到意大利统一时期,成为了一所自由(私立)大学。今天的费拉拉大学是一所拥有 8 个学院 80 个专业的公立大学。

汉语课程的设置始于 2007/2008 学年,属于文学哲学院的"外国语言文学"专业。"中国语言文学"是多种语言考试中可以自选的考试之一。授课教师 Amelia di Lieto 共有 60 个学时(9 学分),目的是让学生了解语言结构和中国历史朝代等基本知识。使用的汉语教材是阿比阿提、陈连生合著的《汉字》。

19. 帕尔马大学

Università degli Studi di Parma

帕尔马大学的历史可以上溯到 11 世纪,当时帕尔马市隶属米兰公国管辖。1387 年,米兰的维斯贡蒂(Gian Galeazzo Visconti,1347—1402)公爵掌管了大学。其后法尔内塞家族(Farnese)和波旁王朝统治时期(1748),院校有了重大发展,重组并规范了机构的各个部门。拿破仑统治时期之后的 1859 年大学以新的面貌诞生,并持续发展至今。

2006/2007 学年帕尔马大学的文学哲学院开设汉语课程,归属于"现代外国语言文化"专业。三年制本科课程中的"东南亚及中国语言文化"为(二、三年级)自选课程。另外,硕士课程中"欧美及欧洲语言文化"专业里也设置了汉语课,同为自选课程。2006/2007 学年的教师有 Clara Bulfoni 和 Carlotta Sparvoli,2007 至 2009 年有 Bettina Mottura Carlotta Sparvoli,硕士专业课程一直由 Carlotta Sparvoli 教授。

三年制本科的汉语教学规定:意大利教师两年一共授课 120 个学时(5+5 学分)。两年的硕士课程规定:授课 80 个学时(6 个学分)。使用的教材是:Clara Bulfoni 的《汉语初级教程》(Corso di lingua cinese elementare)和《听、读、写》(Ascolta, leggi, scrivi)。

此外,为了便于学生学习汉语,外国语言文学系的媒体语音室还安装了汉字的软件,用于语言课的教学,也可以在线使用。

中部的六个大区

(九)托斯卡纳大区(Toscana)

首府:佛罗伦萨

20.佛罗伦萨大学

Università degli Studi di Firenze

佛罗伦萨大学起源于 Studium Generale,是 1321 年根据佛罗伦萨市政府的决定建立的。教授的学科有法律、民法和教会法典、文学和医学。1364 年,查理五世(Carlo V)宣布大学为皇家大学。在随后的几个世纪里,大学的所属因管辖政府的改变而摇摆于佛罗伦萨和比萨之间。直到 1859 年利卡索里(Ricasoli)的临时政府建立了高等应用研究和进修学院,大学的雏形才得以确立。

佛罗伦萨大学的汉语教学始于 19 世纪中叶,持续到 20 世纪 20 年代末。佛罗伦萨大学在文学和哲学学院的"外国语言文学和跨文化研究"专业再次开设了汉语课程,从 2008/2009 学年起,规范后的汉语课程开设在"语言文学和跨文化研究"专业。先后由合同教师卢峥(Luca Stirpe,2000/2001—2004/2005)、Ester Bianchi(2005/2006—2007/2008)和 Maria Omodeo,2008—2009)等人教授。从汉语教学的第二年开始,母语教师为郭元平(同音)。硕士专业的"古代和现代东方语言和文化"和"语言学"课程中也设有汉语课。第一年是从 2008/2009 学年开始的,授课教师是 Valeria Zanier,母语教师是郭元平。在三年制本科,汉语教学规定三年里意大利教师和母语教师每年共授课 60 个学时(12 学分),外加 30 个学时(6 学分)的"汉语语音室"。使用的教材是刘珣的《新实用汉语课本》。推荐课本有阿比阿提的《汉语》和马西尼等编著的《意大利人学汉语》。

在两年制的硕士专业"古代和现代东方的语言和文化",汉语教学规定两年中意大利教师授课 120 个学时(12 学分),加上每个学年由母语教师授课的每周 4 个学时。这个设置同样适用于硕士"语言学"专业的汉语课程。使用的教材是祖人植和任雪梅的《高级汉语口语》。

21.锡耶纳外国人大学

Università per Stranieri di Siena

锡耶纳外国人大学是从建于 1917 年对外国人授课的"意大利语言和文化学校"发展而来的。大学的目标明确,即向外国人传播意大利的语言和文化知识,在此范围内开展教学和科研活动。

汉语课程开设在意大利语言和文化学院里的"语言和文化交际"专业,始于 2003/2004 学年。授课教师是 ValentinoCastellazzi,母语教师是王美惠。从 2007 年开始,汉语课由合同教师 Anna Di Toro 教授,母语教师不变。三年制本科的汉语教学规定:每年授课 27+90 个学时(9 学分)。使用的教材是马西尼等编著的《意大利人学汉语》。

在两年制硕士专业"语言学和跨文化交流"里的"跨文化交流应用东方语言"课类下开设了汉语课。这个课类的目的是深入研究一门东方语言及其文化,汉语教学规定两年里(高级汉语Ⅰ和Ⅱ)第一年由意大利教师和母语教师共授课 27+90 个学时(9 学分),第二年仅由意大利教师授课 36 个学时(9 学分)。使用的教材是马西尼等编著的《意大利人学汉语—提高篇》。另外,Anna Di Toro 还教授"中国历史"(36 学时,6 学分),以丰富和完善学生的知识。

锡耶纳外国人大学还与台湾天主教辅仁大学、秦皇岛大学(河北)、重庆大学和南京师范大学都建立了稳定的合作关系。

22.锡耶纳大学—阿雷佐分校

Università degli Studi di Siena-sede di Arezzo

锡耶纳大学在阿雷佐市的分校建于 1969 年。从 2006/2007 学年起,文学和哲学学院的"跨文化语言和交流"专业开设了汉语课程。

第一年的汉语课是由合同教师费林(Federica Casalin)教授,从 2007/2008—2008/2009 学年的汉语课是由合同教师(Cristiana Turini)教授。汉语作为第三外语和欧洲语言(法语、英语、俄语、西班牙语和德语)课一并开设。汉语课分两个专题 48 个学时(5 学分)。汉语课以对话练习为主。采用的教材是李雪梅的《你好,中国!——汉语交际课程》。

(十)翁布里亚大区(Umbria)

首府:佩鲁贾

23.佩鲁贾大学

Università degli Studi di Perugia

佩鲁贾大学来自 1285 年诞生的 Studium Generale,是根据佩鲁贾市政府所做的决定而建立的。1308 年教皇克莱孟五世(Clemente V)予以正式承认。1355 年,获得了查理四世(Carlo IV)的认可。之后佩鲁贾大学经历了一段严重危机,从 15 世纪下半叶开始一直持续了整个 16 世纪,直到教皇乌尔巴诺八世(Urbano VIII)进行改革。由于意大利统一,佩鲁贾大学的制度也被修改,成为国立大学。在整个 20 世纪里大学有了重大的发展,现在有 11 个学院。

从 1984 年起,文学和哲学学院的"外国语言文学"专业开设了汉语课程,由副教授 Anna Tung Chang 教授。2001/2002 学年由于执行了新的教育体制,"应用语言交际"课程里开设了汉语课,由 Anna Tung Chang 教授。进入这个专业学习须通过考试;下属这个专业的"企业管理语言交际"课程和"跨国机构间语言交际"课程都设有汉语课程,能招收 100 名学生。教授汉语的老师除了教授 Anna Tung Chang 之外,还有下列合同制教师:Ester Bianchi(2005/2006)、Valeria Varriano(2006/2007)、Mariarosaria Gianninoto(2007/2008),2008/2009 年又是 Ester Bianchi,她成了该校的讲师。2007/2008 学年,文学和哲学学院的硕士专业"国际交流应用外语"的二年级也开设了汉语课。

三年制本科专业,汉语教学规定意大利老师和母语教师每年分成 3 个专题授课,共 60 个学时(9 学分)。使用的教材有:阿比阿提的《汉语》和马西尼等编著的《意大利人学汉语》,三年级使用的是郭志良编著的《速成汉语初级教程——综合课本》(第二册)。

硕士专业"国际交流应用外语"的汉语教学规定由意大利教师和母语教师两年中共授课 100 个学时(60+40)(9 学分)。使用的教材是:马西尼等编著的《意大利人学汉语——提高篇》。此外,还开设了"汉学"课,由 Anna Tung Chang 教授。

教师团队是由一位副教授(Anna Tung Chang)、一位讲师(Ester Bianchi)和合同教师(意大利教师和母语教师)构成的。学院拥有一个装备很好的大学语言中心用于语言学习。大学与北京工业大学(2006)和南京中医药大学(1992)分别签订了合作协议。

24. 佩鲁贾外国人大学

Università per Stranieri di Perugia

佩鲁贾外国人大学是 1925 年根据皇室法令正式成立的,其目的是向国外传播意大利的知识和文化。这个大学是意大利在本领域中最古老的大学机构之一,大学规章的第一条中这样写道:"要大力传播意大利,目前或是过去,在语言、文学、艺术、历史、习俗、政治制度、文化、工业、爱国主义和她在过去几个世纪中所拥有的思想等方面所表现出的最好的、最丰富的知识"。

从 2006/2007 学年起,"意大利语言和文化的世界推广"专业开设了汉语课程。这个专业旨在培养能在推广和发展领域中工作的专业人士,还规定要通晓一门与欧洲语言相距甚远的语言(汉语或日语)及其背景文化。2006/2007 学年的汉语课程由合同教师李广利("中国语言和文学Ⅰ",9 学分)和索菲亚·傅锦薇(同音,Sophia Foo Kin-Way,"中国语言和文学Ⅱ",6 学分)担任;2007—2009 年由李英(同音,"中国语言和文学Ⅰ",9 学分)和陈雪丽(Chen Shelly,"中国语言和文学Ⅱ",6 学分)担任;2008/2009 学年,两个年级的课程都由合同教师李英(同音)教授。一年级授课 60 个学时(9 学分),二年级授课 20 个学时(3 学分)。使用的教材是马西尼等编著的《意大利人学汉语》。最后,佩鲁贾外国人大学加入了马可·波罗计划。

(十一)马尔凯大区(Marche)

首府:安科纳

25.马切拉塔大学

Università degli Studi di Macerata

马切拉塔大学的历史可以追溯到 1540 年,其前身是教皇保罗三世(Paolo III Farnese)建立的 General Studium cujuscumque facultatis et scientiae licitae,也有另外一个考证说它的前身是 1290 年在马切拉塔市建立的一所法律学校。大学的发展除了在拿破仑时期(1808—1816)有所中断外,大学归教会所有,教学活动一直很活跃。1860 年以后,大学归意大利政府所有。20 世纪 60 年代,大学有了新的发展,共有 7 个院系,并在费尔莫(Ferme)、杰西(Jesi)、奇维达诺瓦(Civitanova)和斯皮内托里(Spinetoli)等地建立了分校。

2002/2003 学年大学在奇维达诺瓦分校的传媒学院"语言交际规则(外贸用语)"专业开设了汉语课程。2004/2005 学年汉语课程被划分到外国语言文学学院。同年,"欧亚语言文化"专业也开设了汉语课程。2005/2006 学年的硕士专业"国际交流应用外语"也开设了汉语课程。从 2008/2009 学年开始,根据政府 270/40 法令,教改后的三年本科和硕士专业都开设了初级汉语课程。汉语教学主要集中在"语言交际规则"和"东西方外国语言文化"这两个新专业,它们取代了先前509/99号政府法令所设置的专业:"语言交际规则(外贸用语)"和"欧亚语言文化"。因此,这两个专业只有二、三年级开设汉语课。同样,硕士专业"国际交流应用外语"也只有二年级的汉语课。从2008/2009年起教改以后的硕士专业开设了一年级汉语课。另外,硕士专业"比较语言和文化"课程中也开设了汉语课。

三年制本科专业"语言交际规则(外贸用语)""汉语和翻译"课规定三年共195个学时(15+24个学分)。使用的教材是杨寄洲的《汉语教程》。任课教师有合同教师 Cristina Barbatelli(2002—2006),母语教师何平;2003/2004 有 Serena Jolanda Romoli 和 Irene Vaglio。从 2005 年开始由陈英担任汉语补充练习课程。2006 至 2008 年间,"汉语和翻译Ⅰ-Ⅱ-Ⅲ"课由合同教师 Giuseppina Tamburello 担任。2008/2009 年"汉语和翻译Ⅰ-Ⅱ"课由合同教师 Cristiana Turini 教授;Tommaso Pellin 和 Omar Vanni 教授"汉语和翻译Ⅲ"。另外,Giorgio Trentin 教授"汉语练习Ⅱ-Ⅲ",共 40 个学时。

"欧亚语言文化"专业的汉语课程:"汉语和翻译"课意大利和中国教师三年共有 105 个学时(21 个学分),教材为杨寄洲的《汉语教程》。任课教师有合同教师 Cristina Barbatelli(2004—2005)、Giorgio Trentin 教授(2005 年至今,2006 年晋升讲师)。"中国文学和文化"课由合同教师 Alessandra Brezzi(2004/2005)教授,2005—2007 年由 Sabrina Merolla 教授,2006—2007 年由 Giorgio Trentin 教授。

两年制硕士专业"国际交流应用外语"课程中的"汉语谈判口译"课,90 个学时(12+6 学分),由合同教师 Daniela Pilia 教授(2005—2006);"多媒体汉语翻译"课 30 个学时(6 个学分),由合同教师 Tommaso Pellin 教授,他同时还教授"汉语口译"(2005/2006),母语教师为陈英。2006/2007/2008/2009 学年,所有硕士专业的汉语课程都是由合同教师 Omar Vanni 教授。2008—2009 学年陈学礼教授"国际交流应用翻译"(60 学时,12 学分)和"汉语谈判口译"、Davide Vona 教授"汉语谈判口译Ⅱ"。最后,硕士专业"比较语言和文化"课中的"汉语和翻译 I/S"课,45 个学时(9 学分)由合同教师 Davide Vona 教授。

26. 乌尔比诺大学

Università degli Studi di Urbino "Carlo Bo"

乌尔比诺大学最早成立于 1506 年。1671 年,教皇克莱孟十世(Clemente X)建立了 Unam Universitatem Studij Generalis。在拿破仑统治时

期,大学发展受到抑制,直到1826才恢复教学工作。1862年的皇室法令规定乌尔比诺大学是一所私立大学。2003年,在"乌尔比诺大学"的名称之后添加了 Carlo Bo 一名。Carlo Bo 曾任乌尔比诺大学校长一职,在大学工作了58年,为乌尔比诺大学的发展做出了积极贡献。

从2002/2003学年开始,大学的外国语言文学学院"东方语言与文明"专业开设了汉语课程。2008/2009年"东方语言与文明"专业成为了"外国语言和文化"专业的一部分。汉语课程由伯艾丽(Alessandra Brezzi)负责(2005年晋升为副教授),母语教师有张雅芳(2004/2005)和王军荣(2006/2007)。2008/2009学年硕士专业开始有一年级汉语课程,授课教师是伯艾丽和王军荣。

三年制本科的授课地址在佩扎罗市(Pesaro)。汉语教学规定意大利教师每年授课30个学时(10学分),母语教师授课60个学时。汉语教材是马西尼等编著的《意大利人学汉语》、阿比阿提的《现代汉语语法》,以及 Clara Bulfoni 的《汉语》。

两年制的硕士专业"企业跨文化交流"的校址在乌尔比诺市(Urbino)总部。汉语教学规定意大利教师每年授课30个学时母语教师授课60个学时,共10个学分。实际授课内容为商务汉语。

2013/2014学年汉语教学人员因伯艾丽副教授调离而有较大的变动①:三年制本科的汉语教师有 Gloria Gabbianelli(一年级)、Agnese Formica(二、三年级),她们每年授课30个课时,10学分,其中包括与她们共同授课的中国老师张雅芳(同音)的口语练习课(100+120+100学时)。硕士专业一二年级的汉语课(30+30个学时,10+10学分)由 Gloria Gabbianelli 教授,张雅芳负责口语练习(80+80个学时)。

(十二)拉齐奥大区(Lazio)

首府:罗马

27.LUSPIO 大学

原罗马圣皮奥五世自由大学 ex.Libera Università San Pio V

圣皮奥五世自由大学1996年在罗马成立,现名为 LUSPIO 大学。该大学实行国际化的教育方针,与很多国外大学建立了合作关系,1997年成立

---

① 在此感谢伯艾丽(Alessandra Brezzi)副教授教授提供的最新信息。

"口译和笔译学院"。从 2005/2006 学年开始"口译和笔译用语"专业和"文化和语言交际"专业开设了汉语课程。2008/2009 学年起,硕士专业的"会议口译"和"翻译"课程里都增加了汉语课。

2008/2009 年的汉语教学设置如下:"一级汉语和翻译"共 120 个学时(8 学分),由合同教师 Valentina Pedone 和中国教师李博负责。汉语教材为马西尼等编辑的《意大利人学汉语》。"二级汉语和翻译"共 180 个学时(12 学分),由合同教师 Laura Cassanelli 和中国教师李博和吕晶负责。另外,二年级的学生还学习"汉意笔译"40 个学时,由 Laura Cassanelli 负责,而"意汉笔译"40 个学时,由白桦负责。最后是"汉意意汉口译"课程,共 100 学时,由 Laura Cassanelli 和吕晶负责。使用的教材是杨寄洲的《汉语教程》和 Miriam Castorina 与 Chiara Romagnoli 的《中文短篇》。Cristiana Turini 教授"中国当代历史和制度"(40 个学时,6 学分)。

两年的硕士专业从 2008/2009 学年开始的"会议口译和笔译"课程里也有汉语课程:"意汉、汉意口译一级"共 90 个学时(6 学分),由合同教师 Alessandro Listuzzi 和王靖(同音)负责。"汉意翻译一级"100 个学时(8 学分),由 Anna Maria Paoluzzi 和白桦教授。此外,"汉语写作应用"课共 80 学时(6 学分),由 Laura Cassanelli 负责。

2013/2014 学年三年制本科的汉语课程规定:一、二年级的"语言和翻译"课由意中教师 Luisa Paternicò 和李广利(同音)共同完成(120 个学时);三年级由 Laura Cassanelli、Francesco D'Arelli 和吕晶教授(120 个学时)。

28. 罗马智慧大学①

Università degli Studi di Roma "La Sapienza"

罗马智慧大学是 1303 年由于要建立"城市中的大学"(Studium Urbis)由博义八世(Bonifacio VIII)教皇所建。16 世纪教皇利奥十世期间,大学大发展。在大学被迁到新的地点——纳沃纳广场附近(1660)的同时,亚历桑德罗六世(Alessandro VI)建立了亚历桑德利纳(Alessandrina)图书馆(1670),他派了很多使者去近东地区,为了寻找文献书籍和语法书籍。18 世纪本笃十四世在大学增加了新的教学科目,专业数量增加到 5 个。意大利统一后不久,罗马大学处在一个意义深远的改革时期,在 1876 年汉语教

---

① 本段译文来自原书中的译文,译者余绮。

学被引入了。1903年首次诞生了有5位教授的"罗马大学东方学校",学校的首要目标就是发展和传播东方学。继瓦卡(Vacca)和德礼贤(D'Elia)之后,有很多有才华的学生,他们注定要成为二战之后意大利汉学界的重要人物:兰乔蒂(Lionello Lanciotti)1956—1964年期间执教,白佐良(Giuliano Bertuccioli)1981—1995年期间执教;罗马的汉语教师还有:嘎布列拉·莫勒(Gabriella Molè)(1983年成为副教授)、母语教师杨凤歧和白玉崑。

汉语课程1956年开设于文学和哲学学院的四年本硕连读专业"外国语言和文学",之后1994年又在"东方语言文化"专业开设了,但是因为精简大学的改革,这些课程都取消了,2001年3月根据校长政令成立了"东方学院",该学院继承了在罗马的东方文化研究的悠久传统,是意大利第一个具有该研究方向的学院。汉语课程开设在三年制本科专业"东方语言和文化"(学科类:L-11)和与学院同名的硕士专业"东方学",授课教师是:教授费德里科·马西尼(Federico Masini)(1997年成为副教授,2000年成为正式教授),辅以讲师保罗·德·特罗亚(Paolo De Troia)和讲师费德里卡·卡萨林(Federica Casalin),他们都是2007年开始工作的。

同时,"新的"文学和哲学学院也继续开设汉语课。汉语课开设在"现代世界语言和文化"专业(学科类:L-11),教学工作由伊丽莎白·科勒西(Elisabetta Corsi)(她2007年成为教授)辅以合同制教师阿尔伯特·索勒吉(Alberto Sorgi)(2003—2008)承担,同时还在硕士(Specialistica)专业"翻译"(文学翻译和科级翻译)开设了汉语课。三年制本科的汉语教学规定由意大利老师授课72个学时(8学分)。使用的教材是:叶德明的《远东生活华语》、威廉姆·迈克诺顿(William McNaughton)和李英(同音)的《汉语读写——汉语写作综合指南》。还规定了"汉语练习(初中级)"课程,由赵洪涛(同音)教授。在硕士(Magistrale)专业"翻译"(学科类:104/S)规定教授"汉语和翻译"(8学分)和"汉语翻译理论"(4学分)。还开设了"语文学"和"汉学",这些课程完善了对学生的知识教育。文学和哲学学院还和台北"国立"师范大学建立了合作关系。东方学院2008/2009学年"汉语和翻译"课的三年教学规定每年授课100多学时(10学分),由意大利教师和母语教师(白桦、李秀兰、孙萍萍和张彤冰)共同教授。使用的汉语教材是马西尼等编著的《意大利人学汉语》(推荐的教材还有阿比阿提的《现代汉语》和维韦安勒·阿勒同(Viviane Alleton)的《汉语语法》)。在两年制硕士专业"东方语言和文化"的"中国语言和文学"课规定:除了100多学时的授课(9学分)外,还有很多和母语教师的练习。使用的教材是马西尼等编著的《意大利人学汉语——提高篇》。此外还开设了"语文学""中国文学""现当代中国文学""东亚宗教和哲学""中国现代史""东亚历史""中国艺术建筑及历史",硕士专业还开设了"中国法律入门""中国现代政治和社会制度"和"中意关系史",这些课程都有利于学生丰富和完善自身的知识。

学生们在位于Principe Amedeo路的东方学院还可以使用3个语音室。另外,学院还和不同的中国大学建立了合作关系,在北京有北京外国语大学和北京大学,在台湾有辅仁大学。根据这些合作协议,每年都有一百多名学生在本科三年级的下学期或硕士二年级的下学期前往中国学习并获得学分。

在人文学院的"跨文化语言调解"专业(学科类:L-12)2007/2008学年的第二学期开设了"汉语言调解"课,到2008/2009学年的第二学期都是由米丽娅·卡斯托丽娜(Miriam Castorina)教授,后来由瑟仁娜·祖克里(Serena Zuccheri)教授。一学期授课24个学时,分成若干主题授课,每个主题4学分。使用的教材是马西尼等编著的《意大利人学汉语》。

29.罗马第三大学

Università degli Studi Roma Tre

罗马第三大学建于1992年,是首都较为年轻的大学之一,其建立减轻了罗马智慧大学注册学生过多的负担,其学员主要来自罗马市和周边地区。经过20多年的发展,罗马第三大学已经成为一个拥有8个学院、注册学生超过4万的综合大学。

2000/2001学年,大学的语言中心开设了汉语课程,一年后在"文学哲学学院"的"国际语言和交流"专业开设汉语课程。2008/2009学年,这个专业改为"文化语言学的交际",汉语课被纳入"跨文化交流工作者"课程之一(这一课程主要关注欧洲以外的语言文化环境)。硕士专业"国际交流的现代语言"中也开设了汉语课。汉语课程由罗莎(Rosa Lombardi)副教授负责。2007年以后增加了Chiara Romagnoli(2013年讲师)和母语教师吕晶、邝逸臣和王军荣(均同音)。

2013/2014学年,三年制本科的"东南亚和中国的语言文化"课程由意大利教师承担,授课144个学时,母语老师120个学时。使用的汉语教材是马西尼等合编的《意大利人学汉语》。另外,"中国语言文学"课程由 Miriam Castorina 教授(72 个课时)。两年制硕士专业的"国际交流的现代语言"课程规定汉语教学两年一共授课 108 个学时,一年级 72 学时(12 学分),二年级 36 学时(6 学分)。罗马第三大学与西安外国语大学、北京大学,以及上海外语大学建立了合作关系。

30.意大利非洲与东方研究所①

Istituto Italiano per L'Africa e L'Oriente(IsIAO)

意大利非洲与东方研究所成立于 1995 年,由意大利非洲研究所(IIA: Istituto Italo-Africano,1906)和意大利中东远东研究所(IsMEO,1933)合并而成。1933 年成立的意大利中东远东研究所是意大利外交部监管的国家机关,总部设在罗马②。其宗旨是促进意大利与中亚、南亚和东亚国家的文化交流,并研究这些国家在经济方面的问题等,并定期出版关于政治经济方面的专著和期刊。1947—1978 年间,杰出的考古学家、东方研究学家图奇③担任该所所长,大力推动了研究所的发展和学术研究,其贡献巨大而影响深远。

意大利非洲与东方研究所在意大利境内设有米兰、拉文纳(Ravenna)和法诺(Fano)三个分部,在亚洲设立了日本京都和中国上海两个分部。1938 年在北部伦巴第大区米兰市成立的"非洲与东方语言和文化学校"历史最悠久;1999 年在艾米利亚—罗马涅大区的拉文纳市成立了另一所分校;1982 年在京都成立意大利东亚研究所(ISEAS, Italian School of East Asian Studies);2007 年在上海成立了中国分部④。

罗马总部的语言学校早在 1934 年就组织了汉语和日语课程。从那以后,逐步开设了孟加拉语、乌尔都语、印地语和波斯语等东方语言。1951 年后学校更加正规化,规定入校生必须具有高中毕业文凭方可在校学习,学校设立了三年制"实用非洲和东方语言文化课程"。

汉语课程规定每年 11 月到第二年的 5 月间,学生每个星期 5 个小时语言课,同时还要学习 3 个小时文化课,包括文学、艺术和哲学。学校实行

---

① 参见第五章"六、从意大利中东远东研究所(IsMEO)到意大利非洲与东方研究所(IsIAO)"。

② 另外,意大利非洲与东方研究所 1952 年在伦巴第大区设立了分部:伦巴第分校。可参见本节"12.伦巴第分校"。

③ 同上:第五章"六 1.图奇"。

④ 上海分部的主任为 Giorgio Casacchia 教授。

严格的考勤制度。三年课程结束时有一个结业考试,通过者可以获得具有法律效力的学习证书。在学校悠久的历史中,先后执教过许多中意汉语教师。最早的意大利教师有瓦卡教授,后来有卡萨齐教授和卢峥(Luca Stirpe)。2000 至 2011 年的任课教师有:Giorgio Trentin、万丽雅(Valeria Varriano)和 Donatella Guida;母语教师有白玉崑和吕晶。学校配有现代的多媒体语音室,能投放原声电影。2007 年,学校还在卡西诺大学(Università degli Studi di Cassino)的语言中心为那里的学生和人员组织了一次汉语课程,Chiara Romagnoli 承担了这 120 个学时的教学任务。之后,这一课程没有继续开设。

(十三)阿布鲁佐大区(Abruzzo)

首府:拉奎拉

31.基埃蒂—佩斯拉卡地区的"邓南遮"大学

Università degli Studi "G.D'Annunzio" Chieti-Pescara

"邓南遮"大学 1965 年诞生,起初是一所私立院校,1982 年成为国立大学。校址有三处,学生们分别在基埃蒂(Chieti)、佩斯拉卡(Pescara)和特拉莫(Teramo)三个城市上课。1993 年,特拉莫校区正式与大学脱离关系,成立了特拉莫大学。因此,"邓南遮"大学目前由基埃蒂和佩斯拉卡两部分组成。

2005/2006 学年的第二个学期,佩斯拉卡的外国语言文学学院开始设置汉语课程。任课教师有 Floriana Castiello、卢峥(Luca Stirpe)和母语教师谢怡。两年后,汉语成为三年制课程之一,增加一位合同教师糖莲花(Serena Zuccheri)。

2008/2009 年汉语教学工作规定:三年共授课 232 个学时,分三个级:初级汉语 96 个学时(12 学分),中级 72 个学时(8 学分),高级 64 个学时(8 学分)。课本使用北京语言大学杨寄洲主编的《汉语教程》。语言课程由意大利教师 Floriana Castiello 和中国教师谢怡共同完成。"意汉汉意翻译课程"①和"汉语调解课程"②分别由卢峥(Luca Stirpe③)和 Floriana

---

① 32 个课时,4 个学分。
② Mediazione della lingua cinese, 一年级 32 个课时,4 个学分;二年级 24 个课时,3 个学分。
③ 特此感谢 Luca Stirpe 为笔者提供的最新教学信息。

Castiello 教师分别担任。这两个课程可以加深学生汉语学习的深度。此外,中国语言文学课程和古汉语课程由卢峥担任,其目的是丰富和完善学生的汉语知识。

目前,汉学课程的教师团队有所扩大。2013/2014 学年,除了两名讲师(Luca Stirpe,Marco Fumian)和一名母语教师以外,还增加了合同教师 Lara Colangelo 和 Luisa Panternicò。

三年本科汉语课程中,一年级汉语课(12 学分)和二年级汉语课(10 学分)由 Lara Colangelo 教授;三年级(6 学分)由 Marco Fumian 教授。另外,"中国文学课程 I"(9 学分)由 Marco Fumian 教授;"中国文学课程 II"(8 学分)由 Luca Stirpe 教授,同时,他还教授"古汉语"课程(8 学分)。三年共 61 学分,366 个学时。两年制硕士专业中,"汉语和翻译 I"(4+4 学分)由 Luca Stirpe 和 Luisa Panternicò 共同教授;"汉语和翻译 II"(5+1 学分)由 Marco Fumian 和 Luisa Panternicò 共同教授。两年共 22 学分,132 个学时。

(十四)莫利塞大区(Molise)

首府:坎波巴索

32.莫利塞大学

Università degli Studi di Molise

莫利塞大学 1982 年成立。目前有 8 个院系,分布在坎波巴索和伊泽尼亚两个城市。成立于 1992 年的经济学院率先在 2004/2005 学年开设汉语课程。汉语作为可选修的语言考试之一,由合同制教师 Mariarosaria Gianninoto 教授。2006/2007 学年"汉语"改称"中国语言和文化",仍然是可选修的考试,教师不变。2007/2008 学年的汉语教学由 Loredana Cesarino 负责。2008/2009 学年教学工作由大学的语言中心承担,课程规定授课时间为 80 个学时,分两个专题进行,各 40 个学时,6 学分。使用的汉语教材是杨寄洲的《汉语教程》(第一册)。

<u>南部的四个大区</u>

(十五)坎帕尼亚大区(Campania)

首府:那不勒斯

33.那不勒斯东方大学①

Università degli Studi di Napoli "L'Orientale"

那不勒斯大学东方大学是欧洲最古老的汉学机构,其历史可上溯到 18 世纪。如果要对其汉学教育的历史和发展做一个完整的论述需要另外写一篇文章,过去也有很多关于该学府文章和研究;因此在这的介绍中我们就只简短地介绍一下该学府历史至于从 1870 年到 19 世纪初的汉语教学,已经在第一部分的论述中介绍了。关于汉语教学历史,同样也需要一部长篇大作才能叙述完,在这我们只就本文讨论范围内的 2008—2009 学年来看看大学的情况。有很多杰出的教授和汉学家们曾经在那不勒斯大学任教,在这我们只列举几位:马丁·贝内迪克特(Martin Benedikter)任教于 1959—1965 年,里奥内罗·兰乔蒂(Lionello Lanciotti)任教时间是从 1979 年一直到他 1997 年退休,之后是乔治·卡萨齐(Giorgio Casacchia)。

那不勒斯大学东方大学最早是由传教士马国贤(Matteo Ripa)创建的中国学院(Collegio dei Cinesi),从 1711 到 1723 年马国贤作为画师在康熙皇帝的宫廷里服务。1724 年,马国贤回意大利的时候带了 4 个年轻的中国人和一位汉语和书法教师。创办这个学院的目的是培养年轻的中国神父去中国传教,这个目的在 1732 年得到了教皇克莱孟七世的认可。意大利统一前夕,1868 年学院变成了皇家亚洲学院(Real Collegio Asiatico)并且也向对东亚语言(包括阿拉伯语和俄语)感兴趣的世俗年轻人开放,之后在 1888 年皇家亚洲学院变成了东方学院。新的法律取消了原有的传教部,学院呈现出大学的样子。

在东方学院最古老的核心部分文学和哲学系,"亚非语言文化"(学科类:L-11)专业下的"中南亚"和"东亚"两个方向、"比较语言和文化"(学科类:L-11)专业下的"文学"和"历史文化"两个课类、"东西方考古遗迹"(学科类:L-13)专业下的"东方"这一课类以及"哲学与交流"(学科类:L-29)专业下的"东西方哲学"这一课类都开设了汉语课程 294。在下列的硕士专业也开设了汉语课程 295:"考古学"(学科类:2/S)专业下的"东方:印度/远东"这一课类、"亚非语言文化"(学科类:41/S)专业下的"语言和文学"和"历史和文化"两个课类、"比较文学和文化"(学科类:42/S)专业下的"亚非第二语言"这一课类、"亚非语言学"(学科类:44/S)专业(跨学

---

① 本段译文来自原书中的译文,余绮译。

院)以及"跨文化交流"(学科类:101/S)专业(跨学院)。

在2008/2009学年里,汉语课程规定一、二年级由意大利教师授课50个学时(12学分),由中文母语教师授课75个学时,而三年级意大利教师授课50个学时,中文母语教师授课100个学时。主讲教师是:副教授桑德拉·玛丽娜·卡勒提(Sandra Marina Carletti)、安娜·玛丽亚·梅林诺·帕勒莫(Anna Maria Merlino Palermo)和玛丽亚·克里斯蒂娜·皮肖塔(Maria Cristina Pisciotta),还有合同制教师美琳达·皮拉佐里(Melinda Pirazzoli)(一、二年级)和瓦勒丽亚·瓦利阿诺(Valeria Varriano)(三年级)。使用的教材是:李雪梅的《你好,中国!——汉语交际课程》和马格达·阿比阿提(Magda Abbiati)的《现代汉语语法》。汉语课上要讨论的话题以简要的形式列在了CILA的网站上。硕士汉语课程(四五年级)都规定由意大利教师授课50个学时(8学分),由汉语母语教师授课75个学时。另外还开设了"语文学""中国文学""现当代中国文学""东亚宗教和哲学""中国历史""东亚历史"和"远东历史和文化",这些课程都是丰富和完善学生汉语知识的。

在政治学学院的"国际关系"(学科类:L-36政治和国际关系)专业下的"亚非研究"方向开设了汉语课,同时在硕士专业"亚非关系和体制"(学科类:LM-52国际关系)也设有汉语课程。在2008/2009学年里汉语教学工作委派给了玛丽亚·齐丽亚诺(Maria Cigliano)(她于1983年成为讲师)和副教授毛务力齐亚·萨克提(Maurizia Sacchetti)。在三年制本科规定授课6学时,3学时意大利教师,3学时母语教师(8学分)。使用的教材是黄为之的《商务汉语》(初级1和2)。在两年制硕士规定授课6学时,3学时意大利教师,3学时母语教师(8学分)。使用的教材是:董瑾的《汉语商务通——中级阅读教程》和梁镛的《经贸汉语——中级》。同时还开设了"改革时期的中国""中国的历史和制度""远东的历史文化和制度""远东的历史和制度""中国的历史和制度"(高级课程)和"东亚政治外交史",这些课程丰富和完善了学生的汉语知识。

那不勒斯东方大学和下列中国的大学建立了合作关系:北京语言大学、北京外国语大学、人民大学、北京师范大学、中央民族大学、西北大学、复旦大学、上海大学、上海外国语大学,以及沈阳大学。

(十六)普利亚大区(Puglia)

首府:巴里

34.萨兰托大学

Università degli Studi di Salento

萨兰托大学在奥特朗托(Ottranto)地区最早的一些高等教育机构的历史可追溯到18世纪末期,但是在19世纪最初几十年里建立的皇家大学的短暂经历没能继续到20世纪中叶,当时成立了一个由省、地方市政府和其他一些团体赞助的大学联合委员会,委员会创建了一个自治的师范学院,该学院于1959年获得法律上的承认。2006年,莱切大学(Università di Lecce)改名为"萨兰托大学",以此呼应其在布林迪西市(Brindisi)新开设的一个分校。

从1997/1998学年起,萨兰托大学在外国语言文学学院的"高等口译和笔译"专业开设了汉语课程,由合同教师Giuseppa Tamburello教授。从2000/2001学年起,三年制本科"笔译和口译"专业开始了汉语课程。其后,这个专业更名为"语言调解学及技巧"。教师是Giuseppa Tamburello,她于2002年成为讲师。从2005年起,Maurizio Paolillo也教授汉语课,同年晋升讲师。鉴于所研究学科的特性,汉语教学从一开始除了开设"汉语"课之外,还设置了"汉意翻译""意汉翻译""汉意口译""意汉口译",以及专业翻译:多媒体和旅游"等课程。硕士专业"文学翻译与科技翻译"也开设了汉语课。于2005/2006学年开始,授课教师有:Giuseppa Tamburello、Maurizio Paolillo和Paolo De Troia(2005—2006)。最后,汉语课还成为博士专业"文学和语文学"(东方和欧洲语言和文学方向)必不可少的课程。

三年制本科(2006—2009届)的2008/2009学年的汉语课程有:"意汉翻译"和"意汉口译",共授课100个学时(第二学期,6+6学分),由Maurizio Paolillo教授。两门课所使用的教材都是马西尼等编著的《意大利人学汉语》。"语言和翻译——中文"课由Giuseppa Tamburello教授,共授课50个学时(第一学期,6学分)。硕士专业"文学翻译与科技翻译"(2007—2009届),2008/2009学年汉语教学规定:"意汉、汉意专业翻译:多媒体和旅游"课由Giuseppa Tamburello教授,50个学时(6学分)。由于Giuseppa Tamburello调离,主要任课教师只剩下讲师Maurizio Paolillo。

（十七）巴西利卡塔大区（Basilicata）

首府：波坦察
无汉语教学机构

（十八）卡拉布里亚大区（Calabria）

首府：卡坦扎罗

35.卡拉布里亚大学
Università degli Studi della Calabria

卡拉布里亚大学 1972 年成立。现有 6 个学院，分布在韦伯·瓦伦蒂亚（Vibo Valentia）和科森察（Cosenza）两地。卡拉布里亚大学文学哲学院从 2005/2006 学年开设汉语课程，"中国语言文学"归属在"现代语言文化"专业之下，作为选修语言之一，考试占 8 个学分。2008/2009 学年这门课程有 64 个学时，使用杨寄洲的《汉语教程》作为汉语教材。此外，这所大学没有中国母语教师，只有意大利合同教师，而且人员变化不断，先是 Mariarosaria Gianninoto，后来有 Loredana Cesarino。

两个岛屿

（十九）西西里岛（Sicilia）

首府：巴勒莫

36.恩纳自由大学
Libera Università degli Studi di Enna "Kore"

恩纳自由大学成立于 2004 年 9 月 15 日（2005 年 5 月 5 日的第 116 号政府法令批准大学有权颁发学位证书）。大学是从 1995 年开始建立的：把巴勒莫大学和卡塔尼亚大学的众多专业分散到恩纳的一个结果，并且成立恩纳大学"康采恩"（委员会），这也是恩纳省和许多西西里中部城市的强烈要求。恩纳自由大学是私立大学，受科勒基金会（Fondazione Kore）管理，是西西里的第四大学。

从 2005/2006 学年起，恩纳大学在教育心理学院的"亚非语言文化"专业开设了汉语课程，后来这个专业在 2008/2009 学年被归为"现代语言和文化"专业的一部分，学生可以选择一个欧洲的课类和一个以汉语或阿拉伯语为第一外语的亚非课类。汉语课由教授 Stefania Stafutti 担任（2005—

2008,2008—2009 教授三年级)。从 2006/2007 学年起,增加合同教师 Luca Pisano,他于 2008 年成为讲师。到 2007/2008 学年为止,汉语母语教师为李丹(同音),后来是全释然(同音)和朱莎(同音)。

37.巴勒莫大学

Università degli Studi di Palermo

巴勒莫大学是 1805 年由那不勒斯和西西里王国的国王波旁费迪南多三世(Ferdinando III di Borbone)建立的,当时称为 Panomitana Studiorum Universitas,是从 1778 年建立的巴勒莫学院(Accademia panormitana degli Studi)演变而来的。1860 年,加里波底(Garibaldi)吞并了西西里,大学彻底成为世俗大学。在法西斯时期,大学设立了新的学院,扩大了大学教育的领域。1992 年,分别在特拉巴尼(Trapani)、恩纳(Enna)、卡尔塔尼塞塔(Caltanissetta)、阿格里琴托(Agrigento)、玛尔萨拉(Marsala)和切法路(Cefalù)建立了分校。

巴勒莫大学从 2006/2007 学年起,在文学和哲学学院的"语言教学和技巧"硕士专业开设了汉语课程,由 Giuseppa Tamburello 教授。"中国语言和文学"课程规定授课 40 个课时(6 个学分),使用的教材是《汉语教程》第一册。

(二十)撒丁岛(Sardegna)

首府:卡利亚里

38.卡利亚里大学

Università degli Studi di Cagliari

卡利亚里大学在 1620 年西班牙国王腓力普三世(Filippo III)时是非常出名的"皇家大学"。其实早在 1606 年教皇保罗五世时它就已经是一所有名的大学了。18 世纪后半叶萨沃亚地区的卡罗·埃马努埃莱三世(Carlo Emanuele III di Savoia)批准的法令,大学发生了一些有意义的变化。从 20 世纪 30 年代起,注册学生数量持续增长,特别是五六十年代,以至于需要一个新的建筑规划。大学现在有 11 个学院。

卡利亚里大学从 1999/2000 学年起,在政治学院开设了"中国语言文化"的汉语课。因 2002/2003 学年开始教育改革,在三年制本科专业"政治学"开设了名为"中国语言文化Ⅰ"(初级)课程;在硕士专业"政治学"、"国际关系"和"社会学与发展合作"科目下开设了名为"中国语言文化Ⅱ"

课程。从2008/2009学年起，由于政府法令270/04生效，三年制本科专业"政治学"和硕士专业"全球体制和治理"都开设了与以前同名的汉语课程，都是60个学时（10学分）。汉语课从开设到2002/2003学年是由教授Emilio Bottazzi承担的；从2003/2004学年起讲师Barbara Onnis接任，同时还有母语教师。2008/2009学年，两学期课时共120个学时：一年级60个学时，二年级60个学时（9+9学分）。使用的教材是马西尼等编著的《意大利人学汉语》。此外，"亚洲国家的历史和制度"（由Emilio Bottazzi教授）和"中国现代史"（由Barbara Onnis教授），这两门课丰富和完善了学生的知识。最后，学生们每周可以使用4个小时的语音室。卡利亚里大学和对外经贸大学有合作协议。

39. 萨萨里大学

Università degli Studi di Sassari

萨萨里大学是撒丁岛大区的第一所大学，其起源可上溯到16世纪中叶。1617年，西班牙腓力普三世（Filippo III）授予其"皇家大学"地位；19世纪大学经历了严重的危机之后而关闭，1877年大学进入了一个新的发展阶段。在过去整整一个世纪里，大学提供的教学范畴得以扩大。截至2002年，大学已经达到11个学院，15000名注册学生。

从2006/2007年开始萨萨里大学在"外国语言文学院"开设了汉语课，由合同教师授课，汉语为选修课程之一。Melinda Pirazzoli教授"语言交际""现代外国语言和文化""国际交流应用外语"三个专业，共30个学时（6学分）。学生在大学的语言中心可以做30个学时的练习。使用的教材是李雪梅的《你好，中国！——汉语交际课程》（第一册）。2007/2008学年的任课老师有Agostina Doro，20个学时。另外，张超（同音）负责20个学时的汉语练习，以及语言中心的30个小学时。

四、中外人名对照录

说明：

1. 本表以中译名首字的汉语拼音为序；拼音相同者，按声调顺序排序；声调相同者，则按第二字排序，依次类推。

2. 为避免重复，本书正文中涉及的外国人名一般以中文译名形式出现

（引文除外）。除生卒年不详及一部分作品中人物名外,其余均可查生卒年。教皇则仅列其在位时间。

3.同一人有多个中文译名的,以常用译名出条,不常用的放在括注内,如"柏朗嘉宾(Giovanni de Piano Carpine,一译普兰·迦尔宾)"。

A	
阿比提	Magda Abbiati,1950—
阿桂委瓦	P.Claudio Acquaviva,1543—1615
安德罗齐	Alfonso Andreozzi,1821—1894
阿利俄斯托	Lodovico Ariosto,1474—1533
艾迪生	Joseph Addison,1672—1719
艾尔卡纳·塞特尔	Elkanah Settle,1648—1724
艾儒略	Giolio Aleni,1582—1649
艾斯玎	August Berelli
安德列·波罗	Andrea Polo
安文思	Gabriel de Magalhães,1609—1677
奥托·弗兰克	Otto Franke,1863—1946
B	
巴德里	Giuseppe Bardelli,1815—1865
巴范济	Pasio Francesco,1554—1612
巴耶	T.S.Bayer,1694—1738
白乃心	John Grueber,1623—1680
白佐良	Giuliano Bertuccioli,1923—2001
毕方济	Francesco Sambiasi,1582—1649
波赛维诺	Antonio Possevino,1533—1611
薄伽丘	Giovanni Boccaccio,1312—1375
柏朗嘉宾	Giovanni de Piano Carpini,1182—1252,一译普兰·迦尔宾
伯灵顿勋爵	Lord Burlington
柏应理	Philippe Couplet,1623—1693
布拉卓利尼	Poggio Bracciolini,1380—1459
C	
晁德莅	Angelo Zottoli,1826—1902

续表

D	
达·芬奇	Leonardo da Vinci,1452—1519
达·伽马	Vasco da Gama,1469—1524
戴密微	Paul Demiéville,1894—1979
但丁	Alighieri Dante,1265—1321
德金	Joseph de Guignes,1721—1800
德理格	Teodorico Pedrini,1671—1746
德礼贤	Pasquale D'Elia,1890—1963
德西德里	Ippolito Desideri,1684—1733,一译德西迪利
迪亚士	Bartholmeu Dias,1450—1500
杜赫德	Jean-Baptiste Du Halde
杜乔	Duccio di Buoninsegna,1255—1319
多罗	Carlo Tornmaso Maillard de Tournon,1668—1710
E	
鄂本笃	Bento de Goes,1562—1607
鄂多立克	Odorico da Pordenone,1265—1331,一译和德理
恩理格	Christian Herdtricht,1624—1684
F	
樊蒂卡	Michele Fatica,1936—
范礼安	Alexandre Valignani,1538—1606
费赖之	Louis Pfister,1833—1891
冯秉正	Joseph-Francois-Marie-Anne de Moyriac de Mailla,1669—1748
富尔纳里	P.Martino de Formari,1547—1612
伏尔泰	Voltaire,1694—1778
弗兰西丝·伍德	Frances Wood,一译吴芳思
弗朗西斯·德雷克爵士	Sir Francis Drake,1540—1596
福特纳特·普兰迪爵士	Sir Fortunato Prandi
傅海波	Herbert Franke,1914—2011,一译福赫伯
G	
哥伦布	Cristoforo Colombo,1451—1506
郭栋臣	Giuseppe Maria Kuo,1844—1922

续表

郭纳爵	Ignatius da Costa,1599—1666
H	
哈格	Giuseppe Hager,1757—1819
海格尔	J.W.Haeger
韩百诗	Louis Hambis,1906—1970
亨利·玉尔	Henry Yule,1820—1889
洪堡特	Baron von Wilhelmvon Humboldt,1767—1835
J	
基歇尔	Athanasius Kircher,1602—1680
加尔西亚·德·萨	Garcia de Sa
加莱格尔	Louis J.Gallagher,S.J.
伽利略	Galileo Galilei,1564—1642
江浦拉	Giovanni Blaeu
金尼阁	Nicolas Trigault,1577—1628
京生	Anthony Jenkinson,1529—1610
K	
卡尔洛·斯戈隆	Carlo Sgorlon,1931—2010
卡莱利	Giuseppe Callèri,1810—1862
卡洛六世	Carlo VI d'Asburgo,1685—1740
卡萨齐	Giorgio Casacchia,1945—
卡斯特拉尼	Alberto Castellani,1839—1924
柯恒儒	Julius Klaproth,1783—1835
克拉维乌斯	Clavius,1537—1612
克莱孟十四世	Pope Clemente XIV,1769—1774 在位
克莱孟十一世	Pope Clemente XI,1700—1721 在位
克莱孟五世	Pope Clemente V,1305—1314 在位
克雷格·克鲁纳斯	Craig Clunas,一译柯律格
L	
拉斐尔	Raffaello Sanzio,1483—1520
莱布尼茨	Gottfried Wilhelm Leibniz,1646—1716
赖麦锡	Giambattista Ramusio,1485—1557

续表

兰乔蒂	Lionello Lanciotti, 1925—2015
兰珊德	Alessandra Lavagnino, 1948—
雷慕莎	Jean Pierre Abel Rémusat, 1788—1832
黎玉范	Jean Baptiste Moralès, 1597—1664
李希霍芬	Richthofen, Ferdinand von, 1833—1905
利类思	Lodovico Buglio, 1606—1682
利玛窦	Matteo Ricci, 1552—1610
龙华民	Nicolo Longobardi, 1559—1654
鲁德照	Alvare de Semedo, 1585—1658
鲁日满	Franois de Rotagemont, 1624—1676
鲁思梯谦诺	Rusticiano di Pisa
罗德里哥·文森斯	Rodrigo Vincens
罗明坚	Michele Ruggieri, 1543—1607
罗雅谷	Giacomo Rho, 1593—1638
M	
马国贤	Matteo Ripa, 1682—1746
马可·波罗	Marco Polo, 1254—1324
马西	Edoarda Masi, 1927—2011
马西尼	Federico Masini, 1960—
麦安东	António de Almeida, 1556—1591
麦古里亚诺	Everardo Mercuriano, 1573—1580 在任
麦哲伦	Fernando de Magallanes, 1480—1521
梅尔基奥尔·努内斯·巴雷托神父	Melchior Nunes Barreto, 1520—1571
孟高维诺	Giovanni da Montecorvino, 1247—1328
孟三德	Duarte de Sande, 1547—1599
蒙图齐	Antonio Montucci, 1762—1829
米开朗基罗	Michelangelo di Lodovico Buonarroti Simoni, 1475—1564
莫里斯科·利思	Maurice Collis, 1889—1973
N	
那坦	Nathan

续表

南怀仁	Ferdinand Verbiest, 1623—1688
尼哥罗·康梯	Nicolo Conti, 1395—1469
尼科洛·波罗	Nicolo Polo
诺臣提尼	Ludovico Nocentini, 1849—1910
O	
欧几里得	Ευκλειδης, 约公元前 325—前 265
P	
潘国光	Francesco Brancati, 1607—1671
潘如	Domenico Perroni
庞迪我	Diogo Pantoja, 1571—1618
庞克修	Joseph Ceru, 1674—1750
裴化行	Bernard R.P.Henri, 1889—1975
佩格洛蒂	Francesco Balducci Pegolotti, 1310—1347
平川佑弘	1931—
卜弥格	Michel Boym, 1612—1659
普契尼	Giacomo Puccini, 1858—1924
菩雅多	Matteo Maria Boiardo, 1440—1494
普易尼	Carlo Puini, 1839—1924
Q	
乔托	Giotto di Bondone, 1266—1336
乔瓦尼·卡博托	Giovanni Caboto, 1450—约 1499
乔治·洛埃尔	Gerges Loehr
乔治一世	George I of Great Britain, 1660—1727
R	
任掌晨	Don Gennaro Amodei
儒莲	Stanislas Julien, 1797—1873
瑞克贝	Riquebourg Trigault
瑞维茨基伯爵	Count Charles Reviczky
S	
萨巴蒂尼	Mario Sabattini, 1944—
萨马拉尼	Guido Samarani, 1951—

续表

塞维里尼	Antelmo Severini, 1828—1909
沙夫茨伯里伯爵	3rd Earl of Shaftesbury, 1671—1713
沙勿略	Francis Xavier, 1506—1552
山遥瞻	Guillaume Bonjour, 1670—1714
圣奥斯丁	St. Augustine, 354—430
圣依纳爵·罗耀拉	S. Ignatius de Loyola, 1491—1556
史华罗	Paolo Santangelo, 1943—
史惟贞	Pierre Van Spiere, 1584—1628
斯塔夫里阿诺斯	Leften Stavros Stavrianos, 1913—2004
斯坦因	Marc Aurel Stein, 1862—1943
苏立文	Michael Sullivan, 1916—2013
T	
汤若望	Johann Adam Schall von Bell, 1592—1666
图奇	Giuseppe Tucci, 1894—1984
W	
瓦卡	Giovanni Vacca 1872—1953
瓦兰泽尼	Carlo Valenziani, 1831—1896
王佐才	Francesco Saverio Wang, 1842—1921
威达雷	Guido Amedeo Vitale, 1872—1918
威廉	Gulielmus de Solagna
威廉·肯特	Willian Kent 1685—1748
威廉·琼斯	Sir Willian Jones, 1746—1794
威廉·坦普尔爵士	Sir William Temple, 1628—1699
卫匡国	Martino Martini, 1614—1661
吴尔铎	Albett D'—orville, 1622—1662
X	
西塞罗	Marcus Tullius Cicero, 公元前 106—前 43
席勒	Johann Christoph Friedrich von Schiller, 1759—1805
小德金	Chrétien Louis Josephe de Guignes, 1759—1845
熊三拔	Sabatino de Ursis, 1575—1620
徐日升	Thomas Pereira, 1645—1708

续表

Y	
雅各布·布克哈特	Jacob Christoph Burckhardt, 1818—1897
亚里士多德	Αριστοτέλης, Aristotéles, 公元前 384—前 322
亚历山大七世	Alexander Ⅶ, 1655—1667 在位
亚美利哥·维斯普齐	Amerigo Vespucci, 1454—1512①
叶尊孝	Basilio Brollo, 又名 Basilio da Gemona, 1648—1704, 一译叶宗贤
伊本·白图塔	Abu Abdullah Muhammad Ibn Battuta, 1304—约 1377
伊大仁	Bernardo Della Chiesa, 1644—1721
伊伦斯特	Landgrave Ernst of Hessen Rheinfels
殷铎泽	Prosper Intorcetta, 1626—1696
殷宏绪	Francois Xavier d'Entrecolles, 1664—1741
英诺森十世	Pope Innocent X, 1644—1655 在位
英诺森四世	Pope Innocent Ⅳ, 1243—1254 在位
余宜阁	Giovanni Francesco de Nicolais
约·彼·马吉多维奇	J.P.Magidovich, 1889—1976
约翰生	Samuel Johnson, 1709—1784
Z	
曾德昭	Alvaro Semedo, 1585—1658
张诚	Jean Fran ois Gerbillon, 1654—1707
朱利奥·福利嘉蒂	Giulio Fuligatti, 1550—1633

---

① 《利玛窦中国札记》中译者序言中的何兆武引文里显示亚美利哥·维斯普齐出生于1451年，但所查阅大部分资料显示其出生于1454年。故而此处存疑。

后 记

  这里,我还有几句意犹未尽的话想说。
  其实,我跟意大利是有点缘分的。从某种意义上来说,我本人应该就是意大利汉学传播的参与者、见证者。1999 年,国家汉办重启对外汉语小语种师资储备项目,我报了名想学法语,却被选去学意大利语。通过意大利语的学习,深化了我对意大利的了解,开始实质性地触摸到意大利博大深厚的文化。
  2003 年,我被派到意大利米兰大学教汉语。在此后的整整三年间,置身于意大利这个文化国度,其所给予我的震撼是与日俱增的。在与意大利学生的教学互动中,在与意大利民众的日常交流交往中,实际上一方面我在向他们传达着中国语言的奥妙和中国文化的魅力,同时也直接汲取了他们所传达的意大利文化的滋养。我周围的许多意大利同事,如 Alessandra Lavagnino、Clara Bulfoni、Luciana Bressan 等,无不对中国文化有着深刻的热爱和了解。她们兢兢业业地把中国文化的种子播散在学生的心田里。这可以说是我对意大利汉学的直接观感。
  我真正着手意大利汉学的专题研究,同样基于一个特殊的缘分。虽然知道作为一门学问的意大利汉学,过去有着辉煌的历史、今天仍有强劲的回响,但我确实从来没想过,有一天,它会与我的关系这么近。这个讲述意大利汉学史的任务,有一天会落到我的头上。记得那是 2011 年冬的一个下午,我带着孩子与赵秀英教授在北京语言大学的餐厅一起午餐。因为好久不见,我们边吃边聊,一顿饭从中午吃到了傍晚。赵老师是国内意大利语教育界的知名专家,我 1999 年开始学习意大利语时就有幸师从于赵老师和它的先生张全森教授。两位老师带着我们一群成年学生走上了认识意大利之旅,班上的不少同学也借由意大利语改变了人生轨道和人生面貌。在我们吃饭聊天的过程中,不时有赵老师的熟人朋友过来打招呼,赵老师一一把我介绍给他们。其中就有阎纯德老师。他笑眯眯地过来问好,

后　记

然后问赵老师什么时候可以开始撰写意大利汉学史。赵老师显出为难的样子，因为她手头的工作实在太多。突然她对阎老师说："这个任务可以交给张永奋来完成。"就因为这么偶然的一顿饭、一个见面、一句话，我自此开始了长达数年埋头于故纸堆的生活。现在回想起来，还觉得整个过程非常有意思。在此，我要向阎纯德和赵秀英两位教授对于我的信任和厚爱表示特别的感谢。

因为需要一位非常了解意大利汉学情况的专家，我又请罗马大学的白桦老师与我一道完成这项任务。白桦老师的父亲白玉崑教授具有良好的意大利语言文化修养，在意大利生活工作多年，既是一位中国文化的传播者，又是一位汉学的传播者。他与卡萨齐教授合编了《汉意大词典》，翻译了白佐良教授和马西尼教授合著的《意大利与中国》等，成果卓著。白桦老师从小耳濡目染，对意大利语言文化颇为了解。她在那不勒斯东方大学攻读博士期间，更是深入研究了18世纪初期那不勒斯的一批汉学代表人物。白桦老师翻译的《中国文法》，也是三百多年前意大利汉学家卫匡国的重要著作之一。与她合作，无疑是最合适的。在繁忙的教学与研究之余，白桦老师承担了本书第五、六章的撰写工作。

经过几年的努力，反反复复，几经易稿，我们终于交出了阎纯德老师交给我们的"作业"。坦白地说，我们的心里有自豪，也有惶恐。意大利汉学历史久远，有突出贡献的人物很多，虽然我们一再搜寻考证，但挂一漏万或以讹传讹的情形恐怕也在所难免。这需要各位方家不吝指教。

历史仍在延续和发展，意大利汉学是一门开放、永恒的学问。我相信随着中意两国交流的日益频繁，意大利汉学的明天一定会更加多姿多彩。

张永奋

2015年8月25日